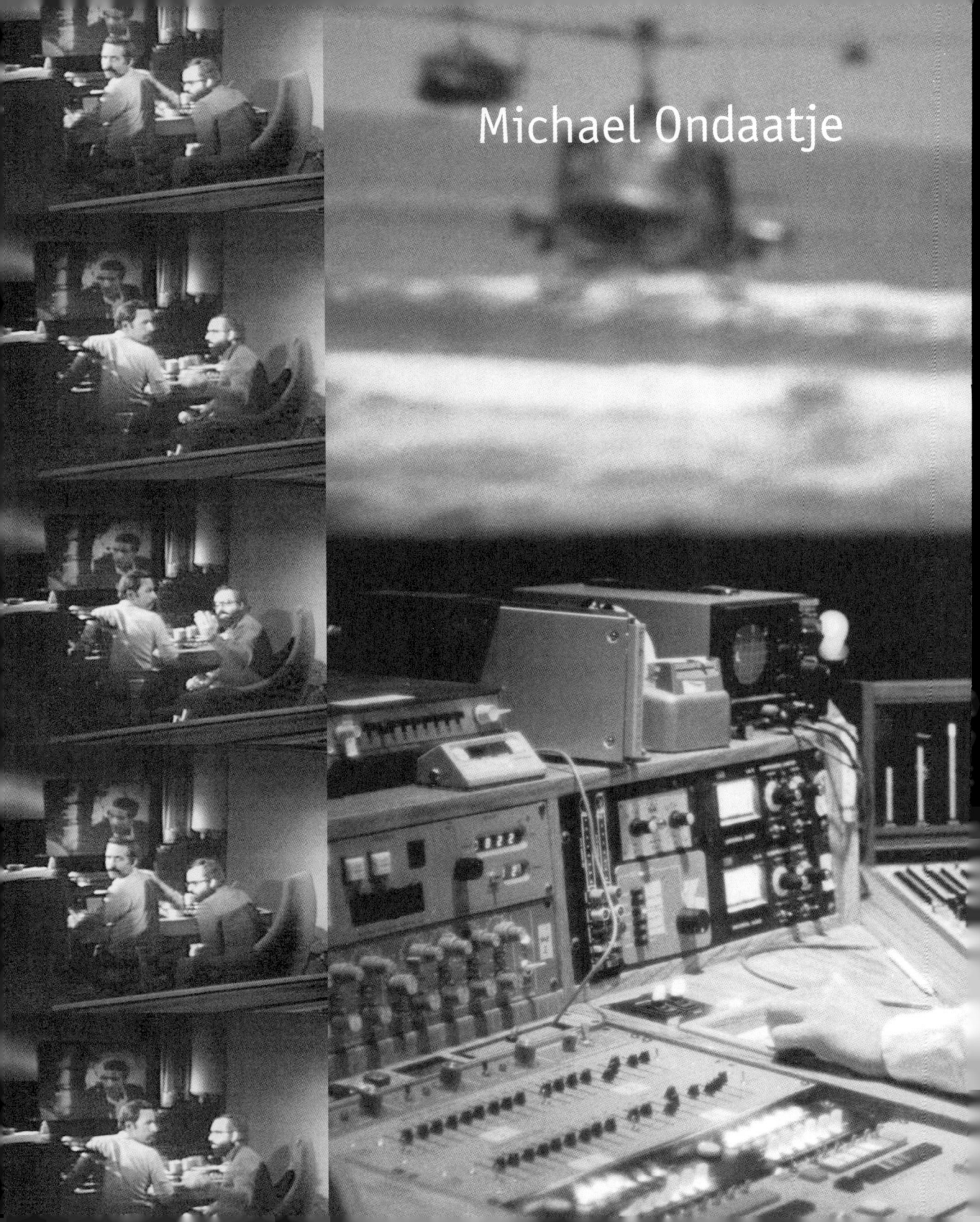

Michael Ondaatje

DIE KUNST DES FILMSCHNITTS

Gespräche mit Walter Murch

Carl Hanser Verlag

Aus dem Englischen
von Gerhard Midding

Die Originalausgabe erschien erstmals 2002 unter dem Titel
The Conversations. Walter Murch and the Art of Editing Film bei Knopf in New York.

Der Verlag dankt dem Canada Council für die Förderung der Übersetzung.

Conseil des Arts du Canada   Canada Council for the Arts

1 2 3 4 5   09 08 07 06 05

ISBN 3-446-20588-8
© 2002 Michael Ondaatje
Alle Rechte der deutschen Ausgabe:
© Carl Hanser Verlag München Wien 2005
Umschlaggestaltung: Peter-Andreas Hassiepen, München, unter Verwendung
von Szenenbildern aus den Filmen *Der englische Patient, Der Dialog, Apocalypse Now,
Der talentierte Mr. Ripley, Der Pate – Teil II, Im Zeichen des Bösen* und
Die unerträgliche Leichtigkeit des Seins, alle Cinetext Bildarchiv
Satz: Satz für Satz. Barbara Reischmann, Leutkirch
Druck und Bindung: Memminger MedienCentrum AG, Memmingen
Printed in Germany

*Für Arthur Motyer,
der mich in die Literatur und das Theater einführte.
Und für die drei Lektoren,
mit denen ich zusammengearbeitet habe –
Dennis Lee, Ellen Seligman und Louise Dennys.*

»Harry, gib doch mal zum besten, wie du eine Wanze in einen Wellensittich gesetzt hast.«
Der Dialog

»Der Filmschnitt ist eine wunderbare, rätselhafte Kunst, wie das Mosaiklegen.
Ich schaue gern bei der Arbeit zu. Aber natürlich hassen es die Künstler, wenn man
ihnen über die Schulter blickt.«

Donald E. Westlake

INHALTSVERZEICHNIS

Einleitung   XIII

Erstes Gespräch   3

Gewöhnliche Töne · Vertrauliches aus der High-School · »So seltsam wie ich selbst« – George Lucas · Einflüsse · Regisseure und Cutter · Mit halb geschlossenen Augen · Es gibt nur ein erstes Mal · Das finstere Mittelalter · »Ich werde diesen Film *nicht* auf dem Kopf abmischen!« – Francis Ford Coppola · *Apocalypse* damals und jetzt · Zelluloid verbrennen · Brando · Willards Blick · »Wie man Schauspieler schneidet« – Walter Murch · Die neuen Szenen · Die toten Franzosen · *Apocalypse Now Redux*

Zweites Gespräch   87

Der richtige Zeitpunkt für die Erfindung des Rads · Mordmusik · Fünf Arten der Mehrdeutigkeit · Zwei Gerüchte · Teufelswerk · Achten Sie darauf, *wie* es gesagt wird · »Kalunk« · Romane und Filme – der redundante Überfluß · Hiob-Momente · »Wideo« · Das Leben jenseits des Films

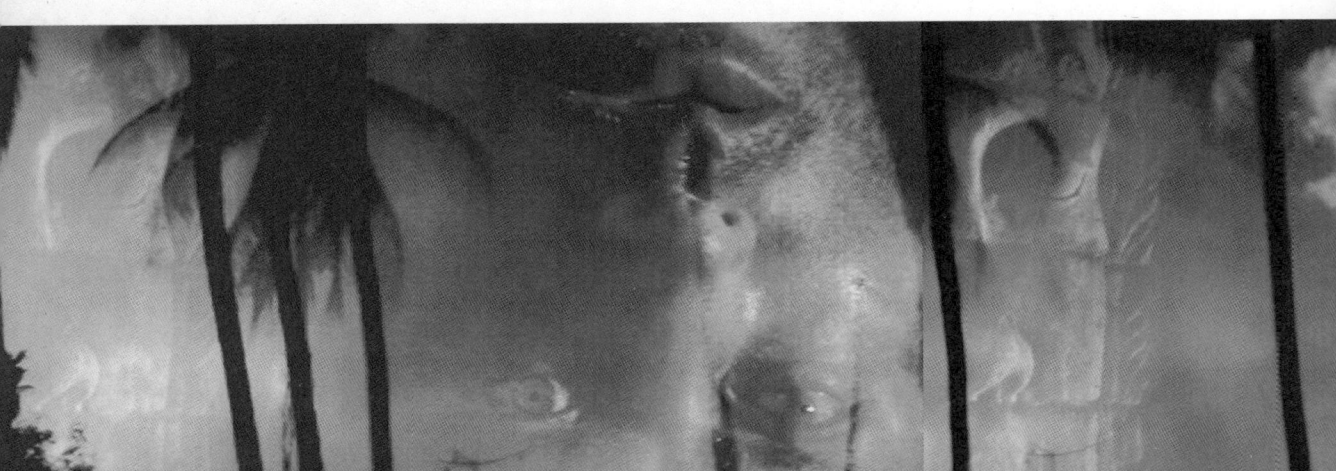

Drittes Gespräch   151

Der Schnitt im *Dialog* · Der unsichtbare Partner · Die Moll-Tonart · Was ist unter den Händen? · »Nacht war Nacht«: der Neuschnitt von *Im Zeichen des Bösen* · »Als würde Orson uns Notizen schicken« – Rick Schmidlin · Das falsche Echo · Der aussagekräftigste Winkel

Viertes Gespräch   201

Einflüsse · Zwanzig negative Fragen · Erzwungene Untätigkeit · Zwei Arten des Filmemachens · Warum hat es ihm besser gefallen? · Familienleben · Die unerwarteten Zusammenstöße der Dinge · Ein Kieselstein, eine Grille, ein Schraubenschlüssel · »Das Blau wirkte tot« · Eine falsche Deutung · Divergent/konvergent · Der verschwundene Bruder · Einleitungen · Ein Fettstift und Echtzeit · »Warten auf die Provokation« – Anthony Minghella

Letztes Gespräch   277

Selige Unruhe · Das Drehbuch für *Oz – eine fantastische Welt* · Direkt unter der Oberfläche · Ein wunderbarer Vers von Rilke · Träume

Anhang   311

Murch und seine Filme · Danksagung · Bildnachweis · Personen- und Sachregister

EINLEITUNG

Jedem, der einmal bei Dreharbeiten dabei war, fällt es schwer zu glauben, daß nur ein einziger Mann oder eine einzige Frau einen Film macht. Manchmal ähnelt ein Filmset einem Bienenstock oder dem Alltag am Hof Ludwigs XIV. – man kann jegliche Art von Gesellschaft in Aktion erleben, und es scheint, als wäre jeder mögliche Beruf schwer gefragt. Aber für das Publikum gibt es immer nur einen Sonnenkönig, der im Alleingang für die Geschichte, den Stil, das Design, die Spannung, die Geschmacksrichtung und sogar für das Wetter verantwortlich gemacht wird. Wobei natürlich viele hart erarbeitete Berufe am Werk sind.

Die Kunst des Filmschnitts behandelt die Kunst und den Prozeß des Filmemachens aus der Perspektive eines der wichtigsten schöpferischen Talente beim Film – aus der des Cutters. So wichtig dieses Handwerk ist, beschäftigt die Kunst des Cutters die Phantasie des Publikums viel zu wenig, und seine Arbeit wird gewiß unterschätzt. Filmleute kennen die zentrale Bedeutung, aber außerhalb ihrer Welt bleibt das Schneiden eine unbekannte, eine geheimnisvolle Kunst – etwas Rauch, ein paar Spiegel, ein bißchen Retusche, ein bißchen Hokuspokus. Große Namen wie Dede Allen, Cécile Decugis, William Chang, Thelma Schoonmaker, Gerry Hambling und Margaret Booth gehörten nie zum allgemeinen Wortschatz.

Kürzlich gab mir ein Freund ein etwa zwanzig Jahre altes Buch von Dai Vaughan über Stewart McAllister, einen brillanten englischen Dokumentarfilmcutter aus der Zeit des Zweiten Weltkriegs. Passenderweise heißt es *Portrait of an Invisible Man*; es spricht einen Punkt an, der zu Beginn des 21. Jahrhunderts noch immer gültig ist:

»Daß McAllister nirgendwo erwähnt wird, lag nicht ausschließlich an Gleichgültigkeit, Nachlässigkeit oder gar bösem Willen. Selbst die, die sich über den Beruf des Cutters austauschen wollten, waren dazu nicht in der Lage. Es gab keine Tradition, auf die man sich beziehen konnte, keinen Kanon überlieferter Weisheit – es gab einfach keine Möglichkeit, über Filme zu sprechen und dabei die Arbeit des Cutters einzubeziehen.«

Eine Szene mit Juliette Binoche als Hana, die in der endgültigen Schnittfassung des *Englischen Patienten* fehlt.

Die Gründe dafür sind zahlreich. Doch Vaughan nennt wohl den wichtigsten Grund:

»Allen Debatten über dieses Thema, egal, ob in Fachzeitschriften, auf Gewerkschaftstreffen, in Klatschkolumnen oder in der Kneipe, liegt eine wesentliche Vorstellung zugrunde, die jedes Argument abschmettert, auch wenn es nicht offen genannt oder sogar ausdrücklich zurückgewiesen wird: das Bild des Künstlers als einsamer Schöpfer.«

Wenn der Schwerpunkt in der *Kunst des Filmschnitts* also manchmal gewollt oder einseitig erscheint, liegt es daran, daß immer noch ein Ausgleich nötig ist. Walter Murch würde niemals den Stellenwert eines Regisseurs unterschätzen, aber sogar Napoleon brauchte seine Marschälle.

Wie alle meine Bücher, so wurde auch dieses aus purer Neugier geboren. Ich hatte Walter Murch bei den Dreharbeiten zum *Englischen Patienten* kennengelernt. Während der Monate, in denen er den Film schnitt, sah ich ihn häufig, und wir schlossen Freundschaft. Es war immer interessant, Walter zuzuhören. Als ich mich zum erstenmal richtig mit ihm über Film unterhielt, hatte mich seine Frau Muriel (alias Aggie) gebeten, in ihrer Radiosendung bei KPFA in Berkeley aufzutreten. Ich sagte gern zu, schlug aber vor, auch Walter einzuladen. Wir sprachen mit Aggie über unser jeweiliges Handwerk, und daraufhin bekam ich Lust, mich ausführlicher darüber zu unterhalten. Vielleicht später einmal, dachte ich. Ich habe mich immer schon – geradezu zwanghaft – für die scheinbar unüberbrückbare Kluft zwischen der frühen Fassung eines Buchs oder eines Films und dem endgültigen Produkt interessiert. Wie gelangt man von hier nach dort? Und ich kann mich an den Augenblick erinnern, als das Handwerk des Filmemachens (und nicht nur die pure Unterhaltung) mich zu faszinieren begann, nämlich als ich mir 1962 *Haie der Großstadt* in Lennoxville, Quebec, ansah, den Dede Allen geschnitten hat. Als *Der englische Patient* in die Kinos gekommen war, trafen Walter und ich uns ab und zu, und wir aßen zu Mittag, als ich auf einer Lesereise zu meinem Roman *Anils Geist* in San Francisco war. Nach dem Essen schlug er vor, ich solle in den Schneideraum mitkommen, um mir anzusehen, was er machte. Tatsächlich fing er gerade an, die Neufassung von *Apocalypse Now* zu schneiden, und außerdem setzte er einen siebzehn Sekunden langen Film von Thomas Edison und William K. L. Dickson zusammen, der die älteste Verknüpfung von Film und Ton darstellt. Ich verbrachte zwei Stunden mit ihm und machte mich dann wieder auf den Weg. Ein paar Tage darauf war ich in Minneapolis. Ich hatte sieben Jahre für meinen Roman gebraucht, und nun wurde mir klar, daß ich mich als nächstes ausführlich mit Walter über seine Arbeit und über seine

Ansichten zum Film und zum Filmemachen unterhalten wollte – besonders natürlich über das Handwerk des Schneidens. Noch in der Nacht meldete ich mich bei ihm, unterbreitete ihm meinen Vorschlag, er stimmte zu, und ein paar Monate später fingen wir an.

Die Kunst des Filmschnitts besteht aus Gesprächen, die wir von Juli 2000 an bei unseren Treffen im Verlauf des nächsten Jahres führten. Wir trafen uns, wo immer und wann immer wir konnten. Walters Ideen überraschten mich immer. George Lucas sagt, er habe Walter ursprünglich schätzengelernt, weil er »so seltsam wie er selbst« sei. Meine Lieblingszeilen in diesem Buch sind die, in denen sich Walter an ein Ereignis erinnert, das zur Lösung eines technischen Problems in einem seiner Filme führte: »Aus irgendeinem Grund hatte ich dann den Rekorder ans eine Ende des afrikanischen Saals gestellt, stand selbst am entgegengesetzten Ende und brüllte einige unverständliche gutturale Sprachfetzen. Sie hallten wunderbar wider und wurden deshalb aufgenommen.« Aber in seiner Erinnerung an den Vorfall deutet nichts auf sein reichlich ungewöhnliches Benehmen hin, zumal er zugibt, daß es sich spät in der Nacht zutrug.

Die andere Qualität, die dieses Projekt beflügelt hat, ist die, daß Walter an vielen interessanten Orten gewesen ist. Er hat an Projekten mitgearbeitet, die zu Meilensteinen der Gegenwartskultur geworden sind. Und wenn er über diese Vorhaben spricht, beschreibt er die genauen Techniken, mit denen Probleme gelöst wurden oder Augenblicke verbessert wurden, und diskutiert keine abstrakten Themen oder Theorien. Vor allem ist Walter ein Filmemacher, dessen Interessen sich keineswegs nur auf den Film beschränken. Es gibt nicht viele in Hollywood, die derart kenntnisreich über Beethoven, Bienen, Rupert Sheldrake, Astronomie oder Guido d'Arezzo sprechen können. Tatsächlich wurde bald deutlich, daß Walters einzige größere Wissenslücke die Filmgeschichte war. Sein »Ich weiß nicht genug über Filmgeschichte« ist keine bescheidene, sondern eine wahre Feststellung.

■

Bei einem meiner ersten Besuche fuhren Walter und ich auf den kurvenreichen Küstenstraßen nach San Francisco, als er auf den Tacho sah und sagte: »Dieser Wagen hat fast den Mond erreicht.« »*Was?*« »Die Entfernung zum Mond beträgt 384 089 Kilometer, und dieser Wagen hat 383 146 Kilometer hinter sich. Die meisten davon auf dieser Kurvenstrecke.«

Walter ist ein Mensch, dessen Geist es ihm erlaubt, über den Tellerrand in die Welt der Wissenschaft und der metaphysischen Spekulation zu blicken. Auf seinem Tisch könnte man beispielsweise ein Buch wie *Evolution aus dem Weltraum* (1987) oder *Die Lebenswolke* (1982) von Hoyle und Wickramasinghe sehen. Seit Jahren setzt er sich dafür ein, die diskreditierten Theorien von Johannes Bode zu rehabilitieren, eines Astronomen aus dem 18. Jahrhundert. Von Bode hörte ich zum erstenmal bei den Dreharbeiten zum *Englischen Patienten*. Walters Computer enthielt alle von ihm gesammelten Informationen zum *Englischen Patienten*, eine eigenartige Datenbank, ein Röntgenbild des gerade gedrehten Films: Auf Knopfdruck konnte Walter demonstrieren, daß Hana sechsundsiebzig Minuten im Film zu sehen ist, der Patient vierundfünfzig und Kip dreizehn. Außerdem hatte er Notizen und Planetenkarten zu Bodes Theorien gespeichert.

In der Filmwelt ist er ein Unikum. Ein Renaissancemensch, der weise und zurückhaltend wirkt inmitten der verschiedenen Stürme, die gegenwärtig um den Film und seine Generation von Filmemachern toben. Er hat den Ton- und/oder den Bildschnitt von Filmen wie *American Graffiti*, *Der Dialog*, *Der Pate* (Teil I, II und III), *Julia*, *Apocalypse Now*, *Die unerträgliche Leichtigkeit des Seins*, *Ghost* und *Der englische Patient* gemacht. Vor vier Jahren schnitt er *Im Zeichen des Bösen* aus dem Jahre 1958 neu und folgte dabei Orson Welles' achtundfünfzig Seiten langem, von den Studiochefs bei Universal seinerzeit ignoriertem Memo. Er hat bei *Oz – eine fantastische Welt*, einer ambitionierten Fortsetzung vom *Zauberer von Oz*, Regie geführt und auch das Drehbuch geschrieben. Von ihm stammt das Buch *Ein Lidschlag, ein Schnitt*, eine Art »Zen und die Kunst des Filmschnitts«, das für Autoren und Leser genauso wichtig ist wie für Filmemacher und ihr Publikum.

Er ist aber zugleich ein Mensch, der auch außerhalb der Filmwelt lebt, der Sohn eines Künstlers, dessen Theorien und Einstellungen zur Kunst ihn maßgeblich beeinflußt haben. Er kann am Klavier sitzen und von ihm in Akkorde übersetzte »Sphärenmusik« spielen, die auf der Entfernung der Planeten zueinander basiert. In den letzten Jahren hat er die Werke von Curzio Malaparte übersetzt. Er sieht sich nicht gern andere Filme an, wenn er selbst an einem Film arbeitet, wie es zu neunzig Prozent des Jahres der Fall ist. Und er sieht niemals fern.

Durch einen vollen, lauten Saal gleitet er als eine ruhige, zurückhaltende Erscheinung. Er hat Ohren, die das leiseste Summen auf einer Tonspur erkennen, deren Zwanzig-Spur-Aufnahme aus Gewehrfeuer, brennendem Napalm, gebrüllten Befehlen und Hubschrauberlärm besteht. In den Schneideräumen von Francis Ford Coppolas Zoetrope-Studio oder im Saul Zaentz Film Center steht er vor einer Avid-Schneidemaschine und macht die Feinarbeit an einem Schnitt, der am Ende flüssig *scheinen* wird, in Wirklichkeit aber ein radikaler Jump Cut ist. Er wendet sich den selbst erfundenen kodierten Diagrammen an der Wand zu und liest das dramatische Knochengerüst des Films, an dem er arbeitet. Gelb für die Präsenz dieses Darstellers, blau für einen bestimmten Schauplatz – »Venedig« oder »Wüste« oder »italienisches Restaurant« –, ab und zu eine diagonale Karte für eine Szene, die einen Wendepunkt in der Geschichte darstellt: die »Spiegelszene« im *Talentierten Mr. Ripley*, der erste Tanz im *Englischen Patienten*. So kann er als Cutter den Pfad der Erzählung entlangblicken, als handelte es sich um ein unkompliziertes Hindernisrennen oder um die Tour de France. Und aus dieser Perspektive befaßt er sich mit den zentralen Fragen und Möglichkeiten, die ein Cutter früher oder später abwägen muß: Können wir diesen Umweg zur Oasenszene vollkommen streichen? Können wir die nächsten drei Minuten überspringen und diesen Augenblick mit jenem zusammenbringen, um damit zwei an sich fremde Szenen zu verbinden?

Die wichtigeren Überlegungen ergeben sich freilich aus diffizileren Problemen. Wie mildert man den leicht hochmütigen Ton eines Hauptdarstellers, wie vermeidet man eine Reihe von späteren Plot-Engpässen, wie verändert oder »rettet« man eine Szene in der dreiundfünfzigsten Minute des Films, indem man eine Kleinigkeit in der siebten ändert, wie erhöht man die Spannung, indem man den Eindruck von Stille verdoppelt oder gar nicht erst zu diesem Messer schneidet. Sogar, wie man die Tatsache verschleiert, daß eine wichtige Szene nie gedreht wurde. Murch bei der Arbeit zuzusehen heißt, ihn in beinahe unsichtbare Einzelheiten eintauchen zu sehen, wobei er die Knochen oder Arterien einer Szene zusammenfügt, umstellt und so anordnet, daß sie das Aussehen der Haut verändern. Seine Arbeit trifft uns vor allem im Unbewußten. Sie ist keine Kunst, die auf sich selbst aufmerksam machen will. Ich kann mich erinnern, wie ich zum erstenmal die Filmversion vom *Englischen Patienten* sah, nachdem er sie abgemischt hatte. Ich erzählte ihm, ich hätte in dem Moment ein fernes Glockenläuten gehört, als der Patient eine Pflaume aß. »Aha«, sagte er und freute sich, daß mir das aufgefallen war. »Ja, wir haben den Ton einer knapp einen Kilometer entfernten Glocke eingebaut. Das sollte den Beginn einer Erinnerung andeuten. Als der Patient seine Pflaume ißt, beginnt er sich zu erinnern« (tatsächlich folgt seine erste Rückblende eine

Minute später). »Die Glocke, die wir jetzt hören, signalisiert für ihn die Vergangenheit; sie löst den Geschmack der Pflaume als Katalysator für diese Erinnerung ab.« Walter wies auch darauf hin, daß die für das Publikum kaum hörbare Glocke das bis dahin erste positive Anzeichen menschlicher Zivilisation in den bis dahin gelaufenen fünfzehn Minuten des Films ist. Bis zu diesem Punkt stammen die von Menschen erzeugten Geräusche einzig und allein von Bomben, Maschinengewehren, abstürzenden Flugzeugen und entgleisenden Zügen. Auf diese Weise liegt viel vom wirklichen Einfluß des Cutters auf das Publikum bei Filmen wie dem *Englischen Patienten* im Unterbewußten. Mir fiel auch auf, daß nach dem Abmischen viele Bildschnitte von einem Schauplatz zum nächsten durch einen Tonschnitt leicht vorweggenommen wurden: Wir konnten nun beispielsweise das Geräusch von Sandpapier auf Stein hören, bevor wir im Bild zu den Archäologen in der Wüste kommen, oder es gibt ein leises Klappern des Metallzapfens, den Hana beim Himmel-und-Hölle-Spiel wirft; das Klappern verwandelt sich in Berbermusik und bereitet uns so auf eine Rückblende vor.

Das ist natürlich jene Art von Handwerk, die jeder sorgfältig arbeitende Schriftsteller ausübt, wenn er oder sie einen Roman redigiert, oder das Handwerk, auf das sich ein Plattenproduzent verläßt, wenn er bei der letzten Abmischung eines Albums noch hundert kleine Details unterbringt. Murch befaßt sich nicht nur mit dem Schnitt der einzelnen Szene, sondern auch mit der übergreifenden, der größeren Struktur: dem Herausarbeiten des Filmtempos, dem moralischen Ton des Films. Beides wird von tausend kleinen Fragmenten beeinflußt, die mit Geschwindigkeit und Hintergrundgeräuschen und sogar damit zu tun haben, wie sich der Gegenspieler in einer Unterhaltung abwendet oder, noch raffinierter, wie schnell uns der Cutter von der Bemerkung dieses Darstellers wegführt. Dies ist ein Zitat aus *Ein Lidschlag, ein Schnitt*:

»Wenn ich zum Beispiel von einer bestimmten Figur wegschneide, *bevor* sie aufhört zu sprechen, könnte ich damit die Zuschauer dazu bewegen, nur über das Vordergründige dessen, was die Figur gerade gesagt hat, nachzudenken. Bleibe ich andererseits jedoch bei der Figur, *nachdem* sie aufgehört hat zu sprechen, gestatte ich dem Zuschauer, am Ausdruck der Augen der Figur zu erkennen, daß sie wahrscheinlich nicht die Wahrheit gesagt hat, weshalb er über die Figur und das, was sie gesagt hat, nun anders denken wird. Weil aber eine solche Beobachtung eine *bestimmte Zeitspanne* erfordert, kann ich nicht zu früh von der Figur wegschneiden... ich bleibe bei der Figur, bis das Publikum merkt, daß sie lügt.«

Als ich Murch dabei zusah, wie er im Sommer nach den Dreharbeiten zum *Englischen Patienten* eine Szene mit Willem Dafoe und Juliette Binoche schnitt, sah ich, wie er ein Fünftel der Information entfernte, es deponierte und dadurch die Reichweite des Unausgesprochenen in dieser Szene bis zu einem späteren Punkt des Films verlängerte. Als ich mir *Washington Square* ansah (einen Film, mit dem Murch nichts zu tun hatte), verstand ich, was er plante. Der Schnitt dieses Films war so kompetent ausgeführt, die Szenen waren so eindeutig und ausdrucksstark, daß jede Episode in sich vollkommen war. Der Film schreitet in einer Folge von exzellenten, voneinander unabhängigen Szenen voran, und es scheint so, als stünde eine Mauer zwischen jeder perfekt ausgeführten Szene.

So nimmt Walter manchmal eine Szene, stellt sie auf den Kopf und schüttelt sie durch, um zu sehen, wie wichtig sie ist. Nicht selten beschleicht ihn die fixe Idee, es sei richtiger, etwas zu entfernen. Der Regisseur Anthony Minghella erzählt, daß er ein paar Tage nicht im Schneideraum war, und als er wiederkam, bemerkte er, daß Walter die Schlüsselszene mit dem Tanz von Almásy und Katharine Clifton entfernt hatte, weil er nun überzeugt war, sie sei überhaupt nicht notwendig. Aber obwohl die Szene schließlich wieder eingefügt wurde, ist sie doch durch die Auseinandersetzung und die drohende Kürzung straffer und noch stärker geworden.

Es gab Zeiten, da zeigte uns Walter Szenen, die perfekt geschnitten und komponiert schienen (die Liebesszene zwischen Almásy und Katharine bei der Weihnachtsfeier), und dann kam er ein paar Tage später mit einer magischen Ergänzung wieder. In diesem Fall bestand sie darin, die Tonspur zu überarbeiten, so daß sie Geräusche der fröhlichen Weihnachtsfeier draußen vor ihrem Zimmer ins Schlingern bringt; er hatte das Geräusch des Möbelrückens, die Ahnung eines Streits und andere Töne hinzugefügt, die die Szene beunruhigender machen. Er hatte die Tonspur zu einem Widerstreit zwischen der intimen, leidenschaftlichen Szene in ihrem Zimmer und der Weihnachtslieder singenden öffentlichen Welt nebenan gemacht. Murch und Minghella verfügen beide über ein profundes Musikwissen, das dazu beitrug, den Rhythmus und die Form ihres Films zu bestimmen. Sie sind beide auch ausnehmend redegewandt, so sehr, daß sie ihren Hals jederzeit aus der Schlinge herausreden könnten. (Im Vergleich zu ihnen gehören der Produzent Saul Zaentz und ich zu der Art von Menschen, die wütend ein Monopoly-Spielbrett umwerfen, davonstampfen und sich weigern, weiter nach den Konversationsregeln zu spielen.)

Henry Green hat die Prosa »eine lange Intimität« genannt. Das ist ein Ausspruch, der die Arbeit eines Cutters angemessen beschreibt, der stundenlang eine kleine Geste eines Schauspielers studiert und plaziert; der Schauspieler so genau kennt (auch wenn sie ihn meist nicht kennen), daß er sogar weiß, wie er ihre schlechten Momente einsetzen muß, damit ihre Darstellung davon profitiert. In unserem Radiogespräch mit Aggie hatte Walter davon berichtet, wie ein Cutter diese unterschwelligen Signale erkennt: »Manche Schauspieler drehen zum Beispiel den Kopf nach links, bevor sie das Wort ›Aber‹ sagen, oder sie blinzeln siebenmal pro Minute, wenn sie scharf nachdenken. ... Du lernst all diese Dinge, und sie sind wichtig. Sie sind für dich so wichtig wie die Spuren im Wald für einen Jäger. Wo waren die Rehe? Ist das eine Fährte? Was bedeutet dieser geknickte Zweig? All das gewinnt ungeheure Bedeutung. Du mußt brauchbare Sachen finden, die für den Film funktionieren. ... Ebenso wird dir klar, daß auch etwas Schwaches, an die richtige Stelle gesetzt, tatsächlich sehr zwingend sein kann. Ich habe schon öfter Einstellungen von Schauspielern verwendet, die versuchen, sich an ihren Text zu erinnern. Das ist ein sehr aufrichtiges Gefühl. Es ist ihnen peinlich, sie sind verwirrt, sie hoffen, sich an die Zeile zu erinnern, und du kannst das alles in ihren Gesichtern lesen. In einem bestimmten Zusammenhang kann es absolut falsch wirken. In einem anderen aber wunderbar und magisch.«

Als Schriftsteller habe ich entdeckt, daß ich in den letzten zwei Jahren der Arbeit an einem Buch nur noch redigiere. Ich habe vielleicht vier oder fünf Jahre im Dunkeln geschrieben, aber nun muß ich die Form des Objekts zeigen, mit dem ich mich abgemüht habe, seine wirkliche, organische Form, das Muster im Teppich. Ich habe zwei Dokumentarfilme gedreht, und auch meine belletristischen Arbeiten folgen meist diesem strukturellen Prozeß: ein paar Monate oder Jahre drehen oder schreiben und dann den Inhalt in eine neue Form bringen, bis er fast eine andere Geschichte ist. Ich bewege die Dinge hin und her, bis sie scharf und klar werden und am richtigen Platz stehen. An diesem Punkt entdecke ich auch die wahre Stimme und Struktur des Werks. Als ich meinen ersten Dokumentarfilm schnitt, begriff ich, daß *hier* die wahre Kunst einsetzt. Als ich Walter Murch während meiner peripheren Beteiligung an der Verfilmung des *Englischen Patienten* bei der Arbeit zusah, begriff ich, daß *dies* die Stufe des Filmemachens ist, die der Kunst des Schreibens am nächsten kommt.

    Murch zitiert gern Robert Bresson, der sagt, ein Film werde dreimal geboren: beim Schreiben des Drehbuchs, bei den Dreharbeiten und beim Schnitt. Beim *Englischen Patienten* gab es tatsächlich vier Geburten, weil es noch ein Buch als Quelle gab. Es ist interessant zu skizzieren, wie sehr sich diese Geburten bei nur einer einzigen Szene unterschieden. Im Roman gibt es einen Moment, in dem Caravaggio, dessen Hände verbunden sind, einem Hund beim Trinken aus einem Wassernapf zusieht und sich erinnert, wie er drei Jahre zuvor gefoltert wurde. Irgend etwas an dem Tisch, an dem er sitzt, löst diesen Schwall von Erinnerung aus. Die Szene ist etwa zwei Absätze lang; der Hund neben ihm, in der Gegenwart, und die Folterszene aus der Vergangenheit verschwimmen ineinander. Caravaggio will sich dieser traumatischen Erinnerung nicht stellen, also erinnert er sich absichtlich nur vage. Es ist wie ein Traum und überhaupt nicht realistisch.

Als Anthony Minghella das Drehbuch schrieb, wurde daraus eine etwa vier Seiten lange Szene mit einem gestochenen, angsteinflößenden Dialog. Eine Szene, in der der deutsche Vernehmungsbeamte (nicht wie im Buch ein Italiener) die Tarnung des gefangenen Spions Caravaggio aufdecken will. Um Caravaggio mit den Verbrechen des englischen Patienten in Verbindung zu bringen, ist in Minghellas Version klar, daß Almásy der Grund für Caravaggios Verhaftung und seine anschließende Folter ist. Daher sind wir schon weit von der Szene in meinem Buch entfernt: Im Roman wird Caravaggio in bestimmten Momenten von der Vergangenheit verfolgt, aber seine Folter wird nicht ausführlich beschrieben, sondern nur angedeutet – er erinnert sich nur daran, wie er mit Handschellen an den Tisch gefesselt war. Minghellas Verhörszene ist voller Spannung, die Dialogzeilen werden wieder und wieder gesprochen, wobei der Vernehmungsbeamte beiläufig hin und her springt, um Caravaggio auf dem falschen Fuß zu erwischen.

Die nächste »Geburt« war der Dreh der Szene. Willem Dafoe, der Caravaggio spielte, drückte es so aus: »Wir haben das Letzte aus der Szene rausgeholt.« Das haben sie wirklich, es wurden mindestens fünfzehn Takes gedreht, und dann folgten die Großaufnahmen – ein aufgeklapptes Rasiermesser, der Sekretär, der das Verhör mitschreibt, eine Fliege (betäubt davon, daß sie in einer Flasche durchgeschüttelt wurde), die Caravaggio über die Hand läuft und wieder wegsummt, als das Rasiermesser ins Bild kommt. Ich erinnere mich an einen erstaunlichen Take, in dem die Kamera während der ganzen Szene auf Dafoes Gesicht blieb, auch dann, als er den Tisch, an den er gefesselt ist, ganz ans Ende des Raums zerrt, um dem Rasiermesser auszuweichen. Als ich die Muster sah, war das für mich der bemerkenswerteste Augenblick: Minghella hatte vom geschriebenen Drehbuch bis zum Dreh der Szene einen weiteren Schritt nach vorn gemacht. Nun reichte er die Szene an Walter weiter.

Und was machte Walter Murch daraus?

Nun, er hatte gelesen, was der italienische Schriftsteller Curzio Malaparte über den Charakter der Nazis geschrieben hatte, und daraus die Erkenntnis gewonnen, daß sie jegliches Zeigen von Schwäche verabscheuten. Dieser Gedanke existierte nicht in meiner eigenen Szene, nicht in Minghellas Drehbuch und auch nicht in einer der bereits gedrehten hundert Minuten, die irgendwie zu nervenaufreibenden drei oder vier

Minuten zusammengeschnitten werden mußten. Für Murch braucht jede Szene und jeder Film ein zugrundeliegendes Muster, aus dem sich die Idee oder das Konzept ergibt und das bestimmt, wie er die Szene schneidet.

An einem Punkt sagt Caravaggio/Dafoe, schon bevor er das Rasiermesser sieht: »Nichts abhacken!« Er sagt es einmal. Walter läßt den Vernehmungsbeamten mit dem Verhör einhalten, als er das hört, und verlängert damit die Zeit seiner Antwort. Er hat dem Spion damit gedroht, ihm die Daumen abzuschneiden, aber nur beiläufig und nicht ernsthaft. Als Caravaggio sagt: »Nichts abhacken!« hält der Deutsche einen Moment inne, wobei sich sein Gesicht vor Abscheu verzieht. Das Verhör geht weiter. Walter fand einen weiteren Take von Dafoes Zeile, diesmal mit noch mehr Zittern in der Stimme, und er entschied sich, ihn ein paar Sekunden später wieder einzusetzen. Also *wiederholt* Dafoe diesen Moment der Angst. Und nun steht die Zeit still.

Wir sehen den Gesichtsausruck des Deutschen. Und jetzt wissen wir, daß er tun muß, woran er zuvor nur gedacht hat. Um das zu unterstreichen, zieht Murch genau in diesem Moment jeden Ton aus der Szene, so daß völlige Stille herrscht. Auch wenn es uns nicht klar wird, wenn wir im Kino sitzen, sind wir geschockt, und das liegt an der Stille. Der Spion hat etwas Schreckliches offenbart, etwas über sich selbst, und jetzt wird etwas Schreckliches passieren. Bis zu diesem Punkt hat Murch zahlreiche Tonebenen aufeinandergeschichtet, um uns das Gefühl zu geben, selbst in diesem höhlenartigen Raum zu sein; er fügt sogar Geräusche von außerhalb hinzu (einer seiner Lieblingskunstgriffe – hören Sie sich nur einmal die Straßengeräusche an, als Michael Corleone seinen ersten Mord im *Paten* begeht). In dieser Szene ist ein Erschießungskommando draußen zu hören, Soldaten schreien, während drinnen Schreibmaschine geschrieben wird, die Fliege summt, das Telefon ständig klingelt – all das liegt unter dem angespannten Gespräch der beiden Männer. Als Dafoe dann die Dialogzeile wiederholt, die er in Wirklichkeit gar nicht wiederholt hat und die auch nicht im Drehbuch stand, setzt Murch als Antwort auf die Zeile eine absolute und bedrohliche Stille ein.

Walter sagte, die Verwendung von Stille im Film habe es nicht gegeben, bis 1927 der Synchronton erfunden wurde. Bis dahin gab es durchgehende Musikbegleitung: ein Liveorchester, eine Orgel, ein Klavier. Murch versucht in seinen Filmen immer einen Augenblick zu finden, in dem der Schrecken der Stille das Kino erfüllt. Und im *Englischen Patienten* geschieht das genau in diesem Moment. Man denkt, er dauere fünf Minuten, aber in Wirklichkeit sind es nur etwa fünf Sekunden, und in dieser Zeit entscheidet sich alles. Nach diesem Moment bricht die Hölle los. Zu diesem Zeitpunkt machen manche Zuschauer die Augen zu, andere fallen in Ohnmacht. Wahrscheinlich fallen sie genau deswegen in Ohnmacht, weil sie die Augen zumachen. Auf der Leinwand sehen wir keine Gewalt. Wir *hören* aber, wie sie angedeutet wird. Und diejenigen mit den geschlossenen Augen sind jetzt in der Gewalt des Meistercutters und müssen sich alles vorstellen.

DIE GESPRÄCHE

ERSTES GESPRÄCH

San Francisco

Im Frühjahr 2000 begann Walter Murch auf Wunsch von Francis Ford Coppola, *Apocalypse Now* neu zu schneiden. Murch hatte an dem Film zwischen 1977 und 1979 als Sounddesigner und als einer von vier Cuttern gearbeitet. Zweiundzwanzig Jahre später wurde jeder Take, jeder Ausschuß, jede »verlorene« Szene, jedes Tonelement (die man sorgfältig in klimatisierten Kalksteinhöhlen in Pennsylvania aufbewahrt hatte) aus dem Archiv geholt, um sie noch einmal anzusehen. *Apocalypse Now* ist ein Teil des amerikanischen Unbewußten geworden. Und das war in gewisser Hinsicht auch das Problem. Als ich nach dem ersten Tag mit Walter bei Zoetrope dem Romancier Alfredo Véa während des Abendessens erzählte, was mit dem Neuschnitt von *Apocalypse Now* passierte, zitierte Véa augenblicklich Marlon Brandos Monolog über die Schnecke auf der Rasierklinge. Während des Essens imitierte er präzise Dennis Hoppers Gejammer: »Was werden sie über ihn sagen? Was werden sie sagen? War er ein guter Mann? War er ein weiser Mann?« Für Véa, der selbst in Vietnam gekämpft hatte, war *Apocalypse Now* *der* Film über den Krieg schlechthin. Es war das Kunstwerk, das den Krieg für ihn einfing, das ihm eine mythologische Struktur gab, an die er sich halten konnte, das ihm zeigte, was er durchgemacht hatte und worüber er später selbst in Büchern wie *Gods Go Begging* schrieb. Also mußten sich die Mitwirkenden am neuen *Apocalypse Now* darüber klar sein, daß es Probleme mit dem Auseinandernehmen und Wiederzusammensetzen des Klassikers geben würde. Er war inzwischen Allgemeingut.

Mark Berger, Francis Ford Coppola und Walter Murch 1974 bei der Mischung des *Paten II*.

»Er ist wirklich Teil unserer Kultur geworden«, sagte Murch. »Und wie Sie selbst vom Schreiben wissen, ist das keine Einbahnstraße. So sehr ein Werk auf die Kultur Einfluß nimmt, so geheimnisvoll wirkt die Kultur auf das Werk ein. *Apocalypse Now* im Jahr 2000 ist etwas ganz anderes als der gleiche Film in dem Augenblick, als er 1979 in die Kinos kam.«

Die Idee zu einer neuen Version entstand aus Coppolas Wunsch, eine DVD von *Apocalypse Now* mit einigen größeren Szenen als Zusatzmaterial herauszubringen, die wegen Überlänge in der Version von 1979 geschnitten worden waren. Außerdem war 2000 der fünfundzwanzigste Jahrestag der Kapitulation Saigons, und so schien es angemessen, Schnittentscheidungen zu überprüfen, die getroffen worden waren, als der Krieg eine noch frische Wunde in der amerikanischen Psyche darstellte. Warum aber sollte man die restaurierten Szenen nicht, wie ursprünglich geplant, in den Film einfügen, anstatt sie abgetrennt als Bonusmaterial anzuhängen? Das Problem lag darin, daß Schnitt und Tonmischung des weggefallenen Materials nie fertiggestellt worden waren, und darüber hinaus hatte man eine Szene gestrichen, bevor sie vollständig abgedreht war. Glücklicherweise waren die Negative und der Originalton für all dieses Material noch bestens erhalten und konnten zwei Jahrzehnte später wieder verwendet werden, als wäre der Film erst ein paar Wochen zuvor gedreht worden.

Also arbeitete Walter Murch nun im alten Zoetrope-Gebäude in San Francisco. Er mußte hauptsächlich Material für drei lange Sequenzen sammeln und sichten, die 1978 herausgeschnitten worden waren – die Szene mit den Sanitätshubschraubern und den Playboy-Bunnies, zusätzliche Szenen mit Brando im Kurtz-Lager und eine gespenstische, düstere Dinner- und Liebesszene in einer französischen Kautschukplantage. Eleanor Coppola beschreibt diese Szene in ihrem Buch über die Dreharbeiten des Films:

»Ich habe gehört, daß die Szene, die auf der französischen Plantage spielt, jetzt endgültig herausgeschnitten wurde. Sie schien sich nie richtig in den Film zu fügen. Ich gehöre zu den Leuten, denen sie gefiel, aber sie hemmte den Fluß von Willards Reise. Heute mußte ich an all die qualvollen Tage denken, die Francis durchmachte, als diese Szene entstand. An die Hunderttausende von Dollars, die er für das Motiv und die aus Frankreich eingeflogenen Darsteller ausgegeben hat. Jetzt verschwindet das Ganze als Zelluloidrolle irgendwo in einer Gruft.«

»Der Film bekam ohne diese Gliedmaßen einen Körper«, sagte Murch über die fehlenden Szenen. »Jetzt versuchen wir, sie wieder anzunähen, und wer weiß? Ob der Körper sie annehmen oder abstoßen oder beim Hinzufügen Schwierigkeiten haben wird, ist etwas, womit wir gerade kämpfen. Ich bekomme allmählich ein Gefühl dafür, und es läuft tatsächlich schon ganz gut, aber bis wir schließlich einen Schritt zurücktreten und das Werk als Ganzes ansehen, können wir nicht sagen, ob es künstlerisch erfolgreich oder nur ein Kuriosum für jene Zuschauer sein wird, die sich ohnehin schon für den Film interessiert haben.«

Die drei Szenen sind die wesentlichen Ergänzungen in der neuen Version des Films, aber es gibt viele andere kleine Änderungen von Murch und seinen Kollegen – Zusätze, die dem Film in weiten Teilen einen anderen Grundton verleihen. Es gibt mehr Humor, und durch die nun ergänzten Brücken zwischen den Episoden, die man aus Zeitgründen geschnitten hatte, ist der Film nicht mehr so fragmentarisch. Diese bisher fehlenden Elemente, sagte Murch, »sind die Opfer des ewigen Kampfes in jedem Schneideraum: Wie kurz kann ein Film sein und immer noch funktionieren? Auch wenn Francis das Recht an der endgültigen Schnittfassung hatte, waren ihm genau wie allen anderen die Zwänge klar, einen Film so bündig wie möglich ins Kino zu bringen. In der neuen Version ist dieser besondere Druck – Verdichtung geht über alles – nicht so stark.«

Ein Großteil unserer ersten Unterhaltung fand an vier Tagen im Juli 2000 statt, als Walter an der neuen Version des Films arbeitete. In diesen Tagen drehte sich unser Gespräch um die »neuen« Szenen, aber auch um Verschiedenheiten und Gemeinsamkeiten von Schreiben und Schneiden, um Musik und um Walters Ansichten über andere Cutter. Wir redeten, während Walter an der Avid in seinem Schneideraum bei Zoetrope arbeitete, und unterhielten uns später beim Mittagessen in einem chinesischen Restaurant an der Columbus Avenue weiter. Die neue Version *Apocalypse Now Redux* sollte erst in knapp einem Jahr in die Kinos kommen, und Walter war sich noch nicht im klaren über einige Änderungen.

Wir unterhielten uns zunächst über die frühen Tage und darüber, wie es Walter in die Welt des Tons und schließlich in die des Films verschlagen hatte.

Gewöhnliche Töne

Ondaatje: Sie sind ein Cutter, der sich sowohl mit dem Ton als auch mit dem Bild beschäftigt. Sie haben regelrechte Tonlandschaften für Filme wie *Apocalypse Now* geschaffen. Wann haben Sie sich zum erstenmal für die Welt des Tons interessiert?

Murch: Das habe ich schon immer getan, solange ich denken kann. Vielleicht habe ich Dinge anders gehört, weil ich abstehende Ohren habe. Oder vielleicht dachten die Leute, ich würde deswegen anders hören, also habe ich ihnen den Gefallen getan. Das ist schwer zu sagen. Es stimmt allerdings, daß ich früher beim Sprechen zu Geräuscheffekten Zuflucht nahm, wenn mir die Worte fehlten – ich imitierte das Geräusch von etwas, das ich nicht benennen konnte. Damals gab es eine Zeichentrickfigur namens Gerald McBoing-Boing, die sich mit Geräuscheffekten statt mit Worten mit ihren Eltern verständigte. Das wurde mein Spitzname: Walter McBoing-Boing.

Etwa zu dieser Zeit setzten sich die Tonbandgeräte auf dem Markt durch. Der Vater eines Freundes kaufte eins, und ich war dauernd bei ihm, um damit zu spielen. Diese rauschhafte Begeisterung darüber, was das Gerät alles konnte, nahm mich völlig gefangen. Schließlich überzeugte ich meine Eltern, wie gut es wäre, wenn wir auch eines hätten, weil wir dann Musik aus dem Radio aufnehmen könnten und keine Schallplatten mehr kaufen müßten. In Wirklichkeit habe ich es selten dazu benutzt. Vielmehr habe ich immer das Mikro aus dem Fenster gehalten und die Geräusche von New York aufgenommen. Ich konstruierte auch kleine Metallvorrichtungen, befestigte sie am Mikro und schlug oder rieb das Metall dann an verschiedenen Stellen. Die dabei entstehenden Geräusche faszinierten mich.

Dann entdeckte ich den physischen Prozeß des Schneidens – daß man ein Band neu ordnen konnte, indem man Teile herausschnitt und sie dann in anderer Reihenfolge zusammensetzte. Man konnte zwei Dinge zu verschiedenen Zeiten aufnehmen und sie miteinander verknüpfen, den Mittelteil weglassen, oder man konnte das Band andersherum einlegen und rückwärts abspielen, oder es gar umdrehen, was dann dumpfe Klänge ergab – oder eine Kombination von all dem.

O: Sind Sie dann von europäischen Einflüssen wie der *Musique concrète* in den fünfziger Jahren angeregt worden?

M: Eindeutig. Eines Tages kam ich aus der Schule und schaltete den Klassiksender WQXR mitten in einer Sendung ein. Aus dem Lautsprecher kamen Töne, die mir eine Gänsehaut verursachten. Ich schaltete das Tonband ein und hörte die nächsten zwanzig Minuten zu, vollkommen fasziniert von dem, was da geboten wurde. Es stellte sich als Platte von Pierre Schaeffer und Pierre Henry heraus, zwei frühe Vertreter der *Musique concrète*. Ich konnte eine Verwandtschaft zu dem feststellen, was ich versucht hatte – gewöhnliche Töne zu nehmen, sie rhythmisch anzuordnen und damit auf dem Band eine Art Musik zu komponieren. Zu dieser Zeit gingen die Leute in Frankreich zu Konzerten, bei denen ein großer Lautsprecher auf die Bühne gefahren wurde. Dann kam jemand heraus und stellte mit großer Geste ein Tonband an, und das Publikum saß da und hörte geduldig dem Playback der Komposition zu. Und am Ende applaudierten alle. Das war die Zukunft!

O: Wie alt waren Sie, als Sie damit konfrontiert wurden?

Während George Noble die Toneffekte liefert, wird sein Bruder Joe Noble im ersten lippensynchronen Zeichentrickfilm von British Talking Pictures 1928 k.o. geschlagen.

Pierre Schaeffer, ein gefeierter Komponist der *Musique concrète*, inspirierte Walter Murch, als dieser im Alter von zehn Jahren seine ersten Tonaufnahmen machte.

M: Zehn oder elf. Es war berauschend, sich vorzustellen, daß jemand anders genau dasselbe machte wie ich. Bis dahin hatte ich gedacht, das sei nur mein eigenes komisches Hobby. Aber nun fühlte ich mich bestätigt. Es gab Erwachsene auf der Welt, die das ernst nahmen. Ich fühlte mich wie Robinson Crusoe, der im Sand die Spuren von Freitag findet.

O: Das waren im wesentlichen Dokumentaraufnahmen mit künstlerischer Struktur?

M: Es war eine frühe, technisch primitive Form des Sampling. Wenn ich zurückblicke, wundert es mich, daß ich nicht damit weitergemacht habe. Als ich fünfzehn oder sechzehn war, tat ich diese Leidenschaft als eine vorpubertäre Phase ab – ich dachte, ich müßte jetzt ernsthafter werden. Vielleicht würde ich ja Architekt oder Meeresforscher. Ich habe erst in meinen frühen Zwanzigern entdeckt, daß alle meine Interessen im Film zusammenkamen.

O: Hat jemand wie John Cage Sie interessiert?

M: Mein Vater war Maler und hatte manche Berührungspunkte mit der Welt von Cage. Wir waren bei einigen seiner Konzerte. Sie gefielen mir, aber mich berührte mehr die *Idee* dessen, was er machte – daß man gewöhnliche Töne aus ihrem normalen Kontext nehmen und das Publikum dazu bringen konnte, genau zuzuhören und die musikalischen Elemente darin zu entdecken. Es war dem verwandt, was mein Vater in seinen Gemälden tat: weggeworfene Dinge nehmen und sie so anordnen, daß man sie mit anderen Augen sieht.

O: Waren Sie da schon am Filmschnitt interessiert? Oder kam das erst viel später?

M: Als ich Student an der Johns Hopkins University war, drehten ein paar von uns kurze Stummfilme, und ich merkte, daß das Schneiden von Bildern auf mich die gleiche emotionale Wirkung hatte wie das Schneiden von Ton. Es war berauschend. Sie schreiben sehr eindrucksvoll in *Anils Geist* darüber, über die Geistesverfassung eines Arztes bei einer OP: Man gerät in einen Zustand, in dem die Zeit keine Rolle spielt, man ist inmitten eines Geschehnisses, aber zugleich auch wieder nicht. Du bist die handelnde Person, aber zugleich hast du das Gefühl, nicht die Ursache davon zu sein, daß »es« irgendwie um dich herum geschieht, daß du von dieser Sache benutzt wirst, um mitzuhelfen, sie auf die Welt zu bringen. So kam es mir vor, als ich elf war und mit meinen Bändern spielte. Ich wußte damals nicht, was ich davon halten sollte, aber mit zwanzig entdeckte ich, daß das Schneiden von Bildern mich ebensostark berührte. Als ich dann als Student an die University of Southern California ging, kamen beide Dinge zusammen, Ton und Bild.

Im Lauf meines Lebens habe ich festgestellt, daß man am ehesten glücklich wird, wenn man an eine Erinnerung davon anknüpft, was man am liebsten getan hat, als man zwischen neun und elf Jahre alt war.

O: Ja – etwas, das einen Anflug von Hobby oder Neugier hatte und immer noch hat.

M: In diesem Alter weiß man schon genug von der Welt, um eine eigene Meinung zu haben, aber man ist noch nicht alt genug, um sich allzusehr von anderen beeinflussen zu lassen, von dem, was sie tun, oder von dem, was man selbst glaubt tun zu müssen. Wenn das, was man später macht, noch irgendwie aus dieser Quelle schöpft, dann zehrt ein wichtiger Teil des Selbst davon. In meinem Fall hat das mit Sicherheit gestimmt. Mit achtundfünfzig mache ich jetzt praktisch genau das, was mich mit elf am meisten fasziniert hat.

Aber ich habe eine spätpubertäre Phase durchgemacht, in der ich dachte: Töne zusammenzukleben kann kein richtiger Beruf sein, vielleicht sollte ich Forscher werden oder Kunstgeschichte studieren.

O: Haben Sie je daran gedacht, Naturwissenschaftler zu werden?

M: Nein. Ich habe mich allerdings für Mathematik interessiert, für ein Gebiet also, das versteckte Muster freilegt. Als Cutter sucht man sowohl nach oberflächlichen wie auch nach immer tiefer liegenden Mustern – so tief man kommt.

Tatsache ist, daß es immer viel mehr Filmmaterial gibt, als man je für den fertigen Film verwenden könnte, im Durchschnitt fünfundzwanzigmal soviel – das wären fünfzig Stunden Material für zwei Stunden Film. Manchmal beträgt das Verhältnis sogar hundert zu eins, wie bei *Apocalypse Now*. Filme werden fast nie in chronologischer Reihenfolge gedreht, was bedeutet, daß die Crew am gleichen Tag Szenen vom Anfang, vom Ende und aus der Mitte des Films drehen könnte. Man macht das, damit der Drehplan effektiver wird, aber es bedeutet, daß einer – der Cutter – die Verantwortung dafür übernehmen muß, das beste Material aus dem riesigen Überschuß herauszufinden und es in die richtige Reihenfolge zu bringen. Obwohl sich eine ganze Welt hinter den kurzen Begriffen »beste« und »richtige« verbirgt.

Wenn er funktioniert, dann identifiziert der Filmschnitt – man könnte ihn genausogut die »Filmkonstruktion« nennen – unterschwellige Muster von Tönen und Bildern, die nicht an der Oberfläche erkennbar sind, und nutzt sie aus. Einen Film zusammenzusetzen heißt im idealen Sinne, all diese Muster zu orchestrieren, so wie verschiedene musikalische Themen in einer Sinfonie orchestriert werden. Das ist alles ziemlich rätselhaft. Aber es ist der Kern der ganzen Kunst.

Walter Murch verdankt den Spitznamen Walter McBoing-Boing einer Zeichentrickfigur der fünfziger Jahre, die in Toneffekten sprach.

Vertrauliches aus der High-School

O: Wie ist dann aus dem Jungen in New York der Mann geworden, der in Kalifornien im Filmgeschäft arbeitet?

M: 1963 bis 1964, auf dem Höhepunkt der französischen Nouvelle vague, studierte ich romanische Sprachen und Kunstgeschichte in Italien und Paris. Mein Kopf steckte voller neuer Ideen über das Kino, als ich in die Staaten zurückkehrte, und dann hörte ich, daß es Universitäten gibt, wo man Film studieren kann – ich fand das unglaublich, herrlich, fast absurd. Bei einigen Universitäten bewarb ich mich und bekam erstaunlicherweise ein Stipendium für das Graduiertenprogramm der USC. Komisch, aber ich entdeckte erst dort, daß Filme Ton brauchen; für mich war es eine Offenbarung, daß der Ton separat vom Bild aufgenommen und »gekocht« (geschnitten und abgemischt) werden mußte, bevor er fertig war. Aber ich erkannte augenblicklich eine Verbindung zu dem, was ich zwölf Jahre früher gemacht hatte, und das war aufregend.

O: Waren Sie schon mit Filmemachern an der Filmschule, mit denen Sie später zusammenarbeiteten – Francis Coppola und George Lucas?

M: Francis studierte am anderen Ende der Stadt an der UCLA, aber George war mein Kommilitone an der USC. Die Schulen waren zwar naturgemäß Rivalen, aber wir kannten uns alle gut. Die von der UCLA warfen uns vor, wir hätten unsere Seele an die Technologie verkauft, und wir warfen ihnen wiederum vor, sie seien drogenverblödete Narzißten, die weder eine Geschichte erzählen noch eine Kamera halten könnten. Aber es war eine freundschaftliche Eifersucht, denn insgeheim waren wir alle gleich. Wir waren uns einig, daß es dem amerikanischen Kino Mitte der sechziger Jahre nicht gutging. Das alte Studiosystem Hollywoods war am Ende, und gleichzeitig gab es eine Renaissance des europäischen Kinos, zuerst in den späten Vierzigern in Italien und Japan, dann in den frühen Sechzigern die Nouvelle vague in Frankreich.

Als ich 1967 von der USC abging, stellte ich fest, daß die Jobs für einen Filmstudenten in Hollywood dünn gesät waren. Aber einer der praktischen Vorteile einer Filmschule ist, daß man Freundschaft mit Gleichgesinnten geschlossen hat. Und aus diesen Freundschaften entstanden Seilschaften. Wenn man mit fünfzehn anderen in einer Klasse ist, stehen die Chancen ziemlich gut, daß einer einen Job kriegt. Manchmal reicht das schon, um weiterzukommen. Mein Freund Matthew Robbins hatte eine Stelle bei Encyclopaedia Britannica Educational Films als Mädchen für alles bekommen, und als er ein anderes Angebot erhielt, fragte er mich: »Willst du meine Stelle haben?« Ich bewarb mich und wurde eingestellt. Drei oder vier Monate später fragte mich dort einer der Filmemacher, der gerade einen Film über die Funktion des Auges drehte, ob ich den Film schneiden wolle. »Fantastisch«, sagte ich.

Links: James Caan und Shirley Knight in *Liebe niemals einen Fremden* (1969). *Rechts:* George Lucas und Francis Ford Coppola während der Dreharbeiten zum Film *THX 1138*, den Lucas 1970 nach einem gemeinsam mit Murch geschriebenen Drehbuch inszenierte.

Nach der Encyclopaedia war ich eine Weile Freiberufler und arbeitete kurz bei Dove Films (einer kommerziellen Produktionsfirma, die den Kameraleuten Cal Bernstein und Haskell Wexler gehörte), wo ich Werbefilme für Foremost-Milch und einen Dokumentarfilm des Bildungsministeriums über moderne Kunst schnitt. Im Dezember 1968, etwa eineinhalb Jahre nach meinem Abschluß, rief George Lucas an. Er hatte sich mit Francis Coppola zusammengetan. Sie hatten Cal Bernsteins Ausrüstung für den Film *Liebe niemals einen Fremden* gemietet. Francis brauchte jemanden für die Tonmischung und fragte mich, ob ich dafür nicht nach San Francisco ziehen wolle. Er dachte daran, seine Produktionsfirma American Zoetrope dort anzusiedeln.

0: Wie gut haben Sie George Lucas an der Filmschule kennengelernt?

M: Wir kannten uns seit 1965, ich hatte an einigen seiner Studentenfilme mitgearbeitet. Wir waren beide in der Endausscheidung für ein Halbjahresstipendium bei Warner Brothers. Als wir zu unserer letzten Prüfung gingen, wurde uns natürlich klar, daß nur einer von uns gewinnen würde. Also schlossen wir einen Pakt, daß der Gewinner dem anderen helfen würde, wenn sich später einmal etwas ergeben sollte. Nun, das Stipendium ging an George. Und als sich die Gelegenheit ergab, rief er mich an. Er hatte Francis bei Warner Brothers getroffen, wo der beim *Goldenen Regenbogen* Regie führte. Sie taten sich aus vielerlei Gründen zusammen – nicht zuletzt deswegen, weil sie die

Walter Murch im Apennin mit seiner Ducati 2000 Elite, auf der er zusammen mit Matthew Robbins im Spätsommer 1963 eine Reise von Perugia nach Paris unternahm. *Folgende Doppelseite:* Die Feier aus Anlaß der Gründung der Produktionsfirma American Zoetrope und des Starts ihres ersten Films *THX 1138* (1971). Zur Gruppe, die sich auf dem Dach des Bürogebäudes, einem ehemaligen Lagerhaus, versammelt hat, zählen u.a. John Milius, Carroll Ballard, Jim McBride und Walter (mit Schiebermütze), George Lucas und Francis Ford Coppola.

einzigen im Studio waren, die Bärte trugen. Francis schrieb anschließend *Liebe niemals einen Fremden*, den Warner Brothers finanzierte, und beauftragte George damit, einen Dokumentarfilm über die Dreharbeiten zu machen.

O: Also sollten Sie zu ihnen nach San Francisco kommen.

M: Richtig. Ursprünglich für die Toneffekte und die Mischung von *Liebe niemals einen Fremden*, aber auch, um bei Zoetrope mitzumachen, das eine professionelle Fortsetzung des Filmschulideals war. Wissen Sie, als junger Mann kommt man an diesen Punkt, wo einem die Welt offensteht, und ich hatte nicht vor, mich dauerhaft in Los Angeles niederzulassen. Aggie und ich hatten 1965 geheiratet, nachdem ich von der Johns Hopkins abgegangen war, und auf unserer Hochzeitsreise durchquerten wir das Land auf dem Motorrad. Unser Sohn Walter wurde 1968 geboren, also war ich nun Vater. Es war alles sehr aufregend, und Zoetrope kam mir gerade recht.

O: Das war eine neue, unabhängige Firma – erschien Ihnen allen das als großes Risiko?

M: Nun, es stellte sich heraus, daß es ein großes Risiko für Francis war. Aber nicht für uns, abgesehen davon, daß man sich eben ins Ungewisse stürzte und seine Familie entwurzelte. Ich erinnere mich, wie George sagte: »Na ja, vielleicht stehen wir alle in einem Jahr mit eingekniffenem Schwanz da, aber wenigstens wird es Spaß machen, solange wir dabei sind.«

In Hollywood hielten uns die meisten für verrückt. Aber das waren die späten Sechziger, es war das Lebensgefühl von San Francisco, wir hielten es für einen Teil von dem, was uns als Beginn der technischen Demokratisierung des Filmemachens erschien – mit vergleichsweise wenig Geld konnte man losgehen und einen Film drehen, wo man wollte.

Außerdem war die Stimmung in Hollywood zu jener Zeit auf dem Tiefpunkt. Ein paar der alten Studiobosse waren noch da – Sam Goldwyn, Jack Warner –, aber das alte Paradigma funktionierte nicht mehr. Rückblickend sieht man, daß sich etwas Neues entwickelte, das sich aber noch nicht durchgesetzt hatte. Die Gewerkschaften waren immer noch ziemlich restriktiv. Ohne Beziehungen (und das galt für uns alle, keiner kam aus dem Filmgeschäft) gab es nur geringe Chancen, beim Film beschäftigt zu werden. In der Tat sprach es damals eher gegen einen, wenn man Filmstudent war. Also dachten wir, wenn wir schon klein anfangen, warum dann nicht an einem interessanten Ort? Und das war für uns San Francisco.

(Zoe gk. LIFE + Trope M

JOHN KORTY   CARROLL BALLARD   TIM HUNTLEY   JOHN MILIUS   GEORGE LUC
                                                BARRY BECKERMAN
                                                LAWRENCE STURHAHN

SAN FRANCISCO, DECEMBER 12TH: A CELEBRATION of the opening of the AMERICAN ZOETROPE f

nent, Turn, REVOLUTION)

DENNIS JAKOB
AL LOCATELLI FRANCIS COPPOLA
ROBERT DALVA
STEVE WAX WALTER MURCH
JIM McBRIDE

y, the completion of photography of its first production, THX 1138, and the beginning of A NEW DECADE.

»So seltsam wie ich selbst«

George Lucas

Ich lernte Walter in der Dunkelkammer an der University of Southern California kennen. Er redete nicht viel, also kamen wir gut miteinander aus. Als erstes fiel mir auf, daß er sehr groß war.

Ich weiß nicht, was das Besondere an diesen Jahren in der Tonabteilung der USC war ... außer der Tatsache, daß wir mit populärer Musik aufgewachsen waren. Wir konzentrierten uns wirklich auf den Ton. Der Fachbereich war architektonisch so gestaltet, daß der Vorführraum auf den Innenhof hinausging, wo man sich traf. Wenn ein Film einen besonders interessanten Soundtrack hatte, drängten alle Studenten in den Vorführraum, um zu sehen, was los war. Dort wurde mir klar, daß der Ton wirklich die Hälfte des Filmerlebnisses ist und daß sich das Visuelle und der Ton ergänzen müssen, damit es wirkt.

Wir versuchten, den Film neu zu erfinden, ohne jedoch allzuviel über das Medium zu wissen. Wir erfanden die Dinge bei der Arbeit. Wir gingen auf akademische Weise an den Film heran, aber in jenen Tagen waren unsere Beziehungen zur Filmindustrie eher lose.

Schon damals war Walter besonders gut, was den Ton anging. Francis und ich reisten mit einer kleinen Crew von insgesamt vierzehn Leuten durchs Land und drehten *Liebe niemals einen Fremden*. Wir sprachen darüber, nach San Francisco zu ziehen, und Francis wollte nach Deutschland, um sich ein neuartiges Mischpult zu kaufen. Er fragte: »Kennst du jemanden, der mit Ton umgehen kann?« Ich sagte: »Klar kenn ich einen, der ist genau der Richtige.« Es gab nur einen, den ich für geeignet hielt. Und das war Walter.

In der Filmschule hielt ich nicht viel von Story und Charakteren. Ich gehörte zur San-Francisco-Avantgarde-Schule, zum Cinéma Vérité. Francis verschaffte mir die Chance, einen Film zu drehen, und er fragte, was ich machen wolle. Ich sagte ihm, ich könne kein Drehbuch schreiben. Er darauf, das müsse ich eben lernen, wenn ich Regisseur werden wolle. Und ich sagte: »O Gott!« Also setzte ich mich hin, schrieb brav ein Drehbuch und gab es Francis. Er meinte: »Tja, du hast recht – schreiben kannst du wirklich nicht.« Also stellten wir einen Autor ein – einen wirklich guten Schriftsteller, einen Romancier und Dramatiker –, und er schrieb ein Drehbuch. Er gab sich viel Mühe, etwas daraus zu machen, aber es war nicht das, was ich mir für den Film vorstellte. Das war sehr enttäuschend, und Francis schlug vor, eine Woche auf dem Boot zu verbringen. Nach einer Woche fragte er, ob es noch jemanden gebe, der mir helfen könne. Ich sagte: »Vielleicht Walter, wir könnten das zusammen hinkriegen, denn er ist genauso seltsam wie ich.« Also traf ich mich mit Walter, und wir fingen an zu schreiben. Es war eine gute Zusammenarbeit, wir waren meist auf einer Wellenlänge. Ich denke, man merkt, daß *THX 1138* einerseits der Versuch ist, ganz normal zu erzählen, andererseits birst er vor jungendlichem, studentischem Humor, den Walter und ich teilen. Wir hatten wirklich viel Spaß bei den Dreharbeiten. Der Film wurde damals eher ratlos aufgenommen, aber später wurde er ein Kultfilm.

Der Ton war sehr wichtig für uns. In *THX 1138* entschieden wir uns für einen Soundtrack, der überwiegend auf Toneffekten basierte – die Musik würde wie ein Toneffekt fungieren und umgekehrt. Diese Idee übertrugen wir dann auf *American Graffiti*, wo die Musik allgegenwärtig ist, bis sie eine Einheit mit ihrer Umgebung bildet, wie ein Toneffekt, und nicht wie Musik. Dann verwendeten wir Toneffekte dort, wo wir Spannung und Dramatik brauchten – in den zwei, drei Szenen, wo es richtig aufregend wird. Wir nahmen die Musik raus und verwendeten nur Toneffekte.

O: War der Film schon geschnitten, als Sie die Arbeit an *Liebe niemals einen Fremden* begannen?

M: Als ich anfing, ging Barry Malkin, der Cutter, zurück nach New York. Er sagte: »Ich bin fertig, ich gehe nach Hause. Francis ist in Europa, er kommt in einem Monat oder so wieder.« Da saß ich also in einer Hütte im Benedict Canyon, allein mit dem Film, einem Nagra-Tonbandgerät, einem Filmdurchlaufgerät und einer Umspielmaschine, nahm Toneffekte auf und fügte sie ein. Ich wurde ein bißchen paranoid – ich war nicht in der Gewerkschaft und arbeitete als Exfilmstudent an einer Studioproduktion – und dachte, ich könne nicht in die Filmarchive gehen und mir Tonbeispiele ausleihen. Ich fürchtete, sie würden fragen: »Wer sind Sie, woran arbeiten Sie?«

Außerdem hatte ich die Archive nie genutzt, als ich an der Filmschule war. Ich war einfach losgegangen und hatte alles selbst aufgenommen. Das machte ich auch bei *Liebe niemals einen Fremden*. Ich nahm alle Toneffekte auf – den ganzen Ton außer dem Dialog und der Musik – und verteilte ihn dann auf mehrere Spuren. Wir mischten *Liebe niemals einen Fremden* im Mai 1969 in San Francisco mit der neuen KEM-Ausrüstung aus Deutschland ab, die Francis gekauft hatte.

Danach arbeitete ich mit George am Drehbuch von *THX 1138*. Grundlage von *THX 1138* war ein Entwurf, den Matthew Robbins und ich als Studenten geschrieben hatten. George, der nach eigenem Bekunden kein Autor war, brauchte ein Drehbuch für einen seiner Kurse und erinnerte sich an unsere Idee. Er fragte uns, ob wir unseren Undergroundfilm wirklich noch machen wollten. Als wir verneinen, nahm er es, benannte es in *THX 1138* um und machte es viel besser als wir mit unserem Zwei-Seiten-Schema.

Es kam dann so, daß George und ich im Sommer 1969 in San Francisco gemeinsam an der Spielfilmversion von *THX* arbeiteten. Er begann im September mit den Dreharbeiten. Ziemlich schnell, wenn man sich das mal überlegt, auch wenn es uns damals nicht so vorkam.

Sobald sie mit dem Drehen angefangen hatten, begann ich, die Toneffekte aufzunehmen. Neben seiner Regie machte George auch noch den Schnitt. Wir arbeiteten in einem kleinen Haus in Mill Valley, wo George und seine Frau Marcia Lucas wohnten. Zu dritt machten wir die Nachproduktion: George war für den Schnitt zuständig, Marcia war Georges Assistentin, und ich machte den Ton. Ich kam um neun Uhr morgens mit dem Motorrad, ging an die Arbeit und fuhr abends zurück zu dem Hausboot in Sausalito, auf dem ich mit Aggie und Walter wohnte.

Als die Manager bei Warner im Juni 1970 unsere Schnittfassung von *THX 1138* sahen, waren sie derart schockiert, daß sie den Entwicklungsvertrag mit Zoetrope kündigten.

Sämtliche geplanten Projekte – *Apocalypse Now, American Graffiti, Der schwarze Hengst, Der Dialog* und andere – wurden aufgegeben. Und nicht nur das, sie verlangten auch alle Drehbuchvorschüsse zurück. Wegen dieser Krise entschloß sich Francis, beim *Paten* Regie zu führen, um über die Runden zu kommen.

Wir waren immer noch mit *THX 1138* beschäftigt, als Francis mit den Dreharbeiten zum *Paten* anfing. Im Mai 1971 stellten wir *THX* zwar in Cannes vor, aber der Film wurde kein finanzieller Erfolg, als er in den Staaten herauskam. In diesem Sommer begann ich, am Ton des *Paten* zu arbeiten. Der Film etablierte Zoetrope als renommierte Produktionsfirma, ein Sprungbrett für Filme wie *American Graffiti, Der Pate II, Der Dialog, Der schwarze Hengst* und *Apocalypse Now*. All diese Filmklassiker aus den siebziger Jahren konnten durch den Erfolg des *Paten* produziert werden. Ironischerweise entsprach der *Pate* gar nicht der Art von Film, die Francis drehen wollte. Ursprünglich war es genau eines jener großen Hollywoodprojekte, von denen er wegkommen wollte. Als er aber daran arbeitete, erkannte er, daß er seine eigenen Interessen in den Film einsickern lassen konnte, einschließlich persönlicher Details über italienisch-amerikanisches Leben. So würde er ihn auf seinen persönlichen Stil des Filmemachens zuschleifen, um daraus eine europäischere Art von amerikanischem Film zu machen. Aus diesem Grund beauftragte er auch Fellinis Komponisten Nino Rota mit der Filmmusik.

Murch mit der Filmkopie von *THX 1138*, die er gemeinsam mit Lucas und dessen Frau Marcia auf dem Dachboden von Lucas' Haus in Mill Valley geschnitten hat.

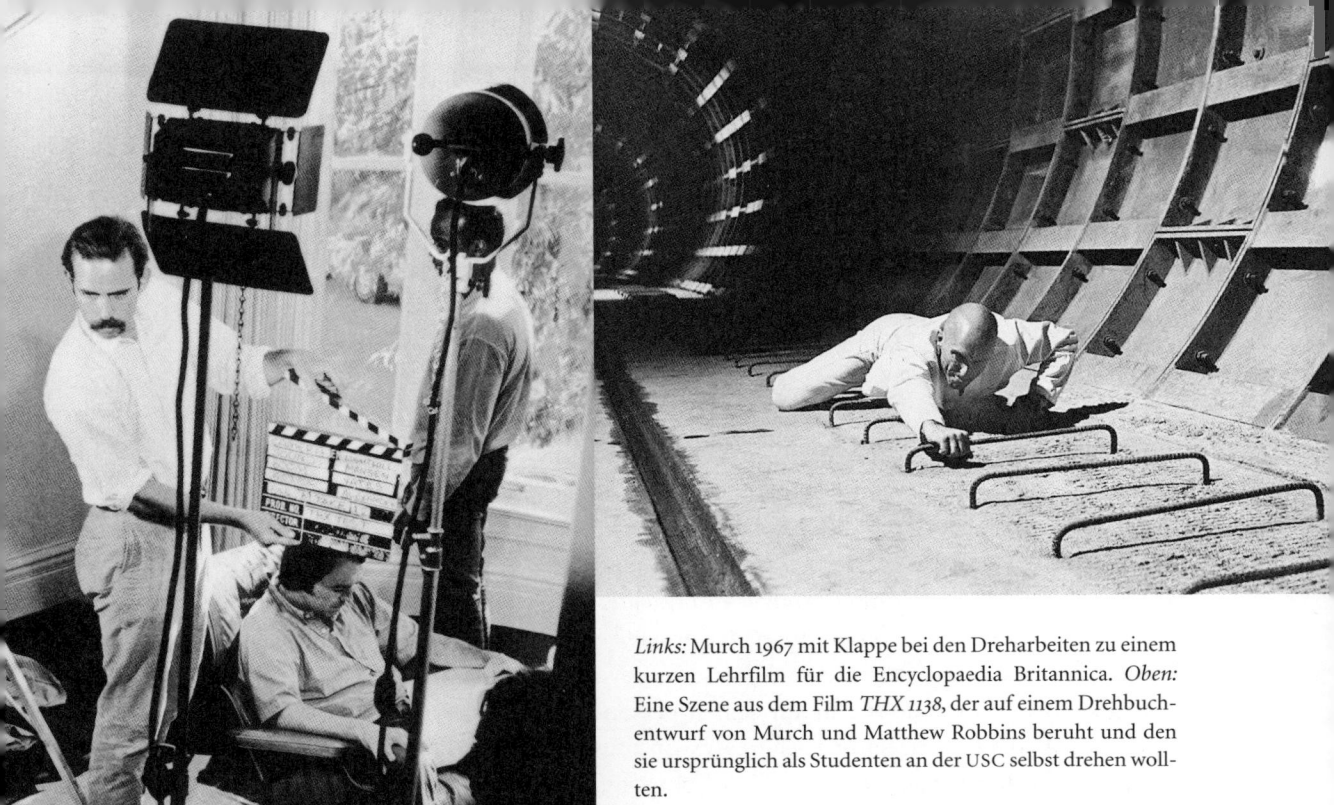

Links: Murch 1967 mit Klappe bei den Dreharbeiten zu einem kurzen Lehrfilm für die Encyclopaedia Britannica. *Oben:* Eine Szene aus dem Film *THX 1138*, der auf einem Drehbuchentwurf von Murch und Matthew Robbins beruht und den sie ursprünglich als Studenten an der USC selbst drehen wollten.

Einflüsse

O: Waren Ihnen allen die europäischen Filmtraditionen wichtig? Welche Vorbilder hatten Sie?

M: Godard, Kurosawa, Bergman. Eindeutig Fellini. Kubricks *Dr. Seltsam*. Aber Kubrick war aus dem Hollywoodsystem ins Exil gegangen. Ich fühlte mich nicht zu den Amerikanern hingezogen. Eher zu den Europäern und Japanern.

O: Und Truffaut?

M: Ich erinnere mich noch lebhaft an die Wirkung des Standbilds am Ende von *Sie küßten und sie schlugen ihn*. Es hat mich elektrisiert, nicht nur im dramatischen Sinn,

Oben: Das Hausboot, das Murch in Sausalito baute und in dem er mit seiner Frau Aggie und ihrem Sohn Walter 1971 lebte. *Rechts:* »Der Kuß« – Aggie und Walter Murch mit ihrer Tochter Beatrice auf einem Foto, das Francis Ford Coppola 1972 in seinem Apartment im Sherry-Netherland Hotel schoß.

sondern auch weil es zeigte, was technisch im Kino alles möglich war. So etwas hatte ich noch nie gesehen.

O: Gibt es andere Momente, die Sie so beeindruckt haben?

M: Die Verwendung der Zeitlupe in den *Sieben Samurai*. Es gibt da einen Dieb, der in einem Haus ein kleines Mädchen als Geisel festhält. Der Anführer der Samurai geht hinein, um mit ihm zu reden. Man sieht nicht, was im Haus passiert, dann aber schneidet der Film zur Tür, und der Dieb kommt in Zeitlupe mit einem verschreckten Gesichtsausdruck heraus und greift in die Luft. Er stolpert und fällt tot um, und es wird klar, daß Takashi Shimura, der den Anführer spielt, ihn erschlagen hat.

Ich war fünfzehn, als mir die Idee des Filmemachens klarwurde: und zwar als ich mir Ingmar Bergmans *Siebtes Siegel* ansah. Ich hatte natürlich schon eine Menge Filme gesehen – so wie jeder Jugendliche, der in New York aufwächst. Aber das *Siebte Siegel* war der Film, bei dem ich auf einmal verstand, daß *jemand Bestimmtes diesen Film gedreht* hatte und daß es eine Reihe von Entscheidungen gab, die anders ausgefallen wären, wenn jemand anders ihn gedreht hätte. Dieser Film vermittelte mir einen Eindruck von den individuellen Interessen und Leidenschaften eines Menschen. Es war erstaunlich – immerhin war das Ingmar Bergman!

Ich erinnere mich, daß ich den Film im Plaza Theater an der 58th Street nahe Madison Avenue sah, und dann lief ich bis zur 119th Street nach Hause und dachte über ihn nach. Wie ich schon sagte, muß ich etwa fünfzehn gewesen sein. Wenn man jünger ist, rauschen Filme wie dieser noch an einem vorbei. Man sieht sie sich an wie eine Landschaft. Fragt man einen Zehnjährigen: »Wie hat dir der Film gefallen?«, ist das ein bißchen so wie: »Wie hat dir der Wald gefallen? Wie hat dir dieser Gebirgszug gefallen?« Er gefällt ihm oder er gefällt ihm nicht; vielleicht findet er ihn komisch. Aber er kann sich nicht vorstellen, daß er ganz anders hätte sein können.

Natürlich schlummert in der Erkenntnis, daß *eine bestimmte Person diesen Film gedreht hat,* die logische Folge, daß *ich einen Film drehen könnte.* Godards *Außer Atem*

Links: Toshiro Mifune in den *Sieben Samurai* (1954). *Rechts:* Das Standfoto, das Murch »elektrisierte«: Jean-Pierre Léaud am Ende von Truffauts *Sie küßten und sie schlugen ihn* (1959).

und Truffauts *Schießen Sie auf den Pianisten* haben mich in diesem Gedanken bestärkt. Aber das alles war noch unbewußt.

O: Truffaut nahm (für *Schießen Sie auf den Pianisten*) David Goodis' amerikanischen Roman und verpflanzte ihn nach Frankreich. Es ist interessant, was die Franzosen aus den amerikanischen Groschenromanen gelernt haben und dann ihrerseits der amerikanischen Kultur zurückgaben... Wie steht es mit einem Film wie Robert Rossens *Haie der Großstadt*, der auf einem Buch von Walter Tevis basiert? Das ist ein großartiger Film, er unterscheidet sich sehr von vielen amerikanischen Filmen seiner Zeit, er ist sehr schön geschnitten, aber dabei durch und durch amerikanisch – und auf seine Weise nicht so sentimental wie die französische Sichtweise Amerikas.

M: Absolut. Wenn ich einen amerikanischen Film aus dieser Zeit nennen sollte, der großen Einfluß auf mich ausgeübt hat, dann ist es *Haie der Großstadt*. Es war überhaupt keine typische Hollywoodproduktion, auch wenn der Hauptdarsteller Paul Newman ist.

O: Der Schnitt bei den Billardszenen ist phänomenal.

M: Die Cutterin war Dede Allen.

O: Sie hat meistens mit Arthur Penn zusammengearbeitet, nicht wahr?

M: Ja, sie haben fünf Filme zusammen gedreht: *Little Big Man*, *Bonnie und Clyde* und so weiter ... Bevor Sie das Zoetrope-Gebäude verlassen, sollten Sie auch mal bei Anne Coates vorbeischauen, sie arbeitet im zweiten Stock. Sie ist etwa im gleichen Alter wie Dede, beide sind Mitte siebzig. Anne hat *Lawrence von Arabien* geschnitten. Sie ist ein Energiebündel. Sie hat seit 1952 jedes Jahr einen Film geschnitten.

O: Wirklich? Und sie arbeitet immer noch!

M: Ihr letzter Film war *Erin Brockovich*. Anne gehört schon seit langem zu meinen Heroen.

O: Warum werden Ihrer Meinung nach Frauen wie Dede Allen und Anne Coates zu Cutterinnen? Es scheint der Beruf zu sein, in dem Frauen mehr Macht haben.

M: In der Tat gab es viele Cutterinnen in der Stummfilmzeit. Es wurde als ein Frauenhandwerk angesehen, wie das Nähen. Man nähte die Teile eines Films zusammen. Und der Schnitt hat auch etwas vom Bibliothekarsberuf, der als reiner Frauenjob angesehen wurde.

O: Und der Mann ist der Jäger und Sammler, der das Zeug nach Hause bringt, das sie dann kocht!

M: Die Männer brachten es nach Hause, aber sie wußten nicht so recht, was sie damit anfangen sollten. Es gab aber eine große Verschiebung, als 1927 der Ton kam. Der Ton war irgendwie eine »männliche« Angelegenheit – er war elektrisch. Er war auf andere Weise kompliziert, wie die Arbeit eines Ingenieurs. An diesem Punkt kamen viele Männer zum Schnitt, und die Frauen gingen.

Wenn man aber eine Liste der zehn besten Cutter und Cutterinnen aller Zeiten aufstellte, dann wären Anne Coates und Dede Allen dabei. Sie haben eine ganze Generation inspiriert. Dede fing in New York an. Ich habe sie nie dort getroffen, weil ich an die

Westküste gezogen bin, aber Richard Marks, Barry Malkin, Steve Rotter und viele andere New Yorker Cutter in meinem Alter sind unter ihrer Anleitung vorangekommen. Margaret Booth, die inzwischen 102 Jahre alt ist, war die wichtigste Cutterin in den großen Jahren von MGM. Zu ihren Filmem zählen *The Barretts of Wimpole Street*, *Meuterei auf der Bounty* und *Die Kameliendame* ...

O: Wer gehört noch zu Ihren Lieblingscuttern?

M: Der Regisseur David Lean, der als Cutter anfing und seine Filme auch weiter schnitt, obwohl er sich nie im Vorspann als Cutter nennen ließ. Gerry Hambling, der hauptsächlich für Alan Parker arbeitet. Thelma Schoonmaker, die Scorseses Filme schneidet.

O: *Wie ein wilder Stier* ist ohne Zweifel ein Meisterwerk, was den Schnitt angeht.

M: Da stimme ich zu.

O: Haben Sie im Lauf der letzten zehn Jahre Filme gesehen, deren Schnitt Sie so erstaunt oder beeindruckt hat, daß Sie möglicherweise Ihre eigenen Techniken oder Regeln ändern werden?

M: Hmm ... Wissen Sie, ich sehe mir so wenige Filme an. Mein Filmhintergrund ist sehr selektiv und begrenzt ...

O: Hat Ihnen ein Film wie *Schlacht um Algier* einen Blick auf neue Möglichkeiten beim Schneiden eröffnet?

M: Ja, das ist einer der Filme, die mich neben den Werken von Godard, Truffaut, Kurosawa und Bergman als Student beeinflußt haben. Ich bin wohl so etwas wie eine Bienenkönigin, die einmal befruchtet wird und hinterher Millionen von Eiern legen kann. Ich stehe immer noch unter dem Einfluß dieser Filme. Da kommt unsere Rechnung ...

O: In meinem Glückskeks steht: »Führungsqualität gehört zu Ihren herausragenden Eigenschaften.«

M: Meiner lautet: »Sie haben ein ruhiges und unaufdringliches Wesen ...«

Oben: Cutterin Dede Allen und Regisseur Jim McBride in den ehemaligen David O. Selznick Studios in Los Angeles. *Mitte:* David Lean (im weißen Hemd) während der Dreharbeiten zu *Geheimnisvolle Erbschaft* (1946). Lean begann als Cutter und wirkte auch als Regisseur am Schnitt seiner Filme mit. *Rechts:* Thelma Schoonmaker arbeitet an *Woodstock* (1969).

Regisseure und Cutter

O: Worin unterscheidet sich die Rolle des Regisseurs von der des Cutters – darin, wie eine Szene schließlich geschnitten wird? Oder wie sich die Handlung möglicherweise vom Drehbuch unterscheidet? Wir wissen, daß der Cutter ein inniges Verhältnis zum Filmmaterial hat. Gibt ihm oder ihr das ein größeres Feingefühl für unterschwellige Details und verborgene Strukturen im Film als dem Regisseur?

Für mich gibt es beispielsweise in Coppolas *Der Dialog* ein paar wunderbare Bildkompositionen oder merkwürdige Akzentsetzungen, beispielsweise eine abstrakte Einstellung von Gene Hackmans Hinterkopf oder eine von der graugrünen Wand oder von der Szenerie hinter ihm – und ich frage mich, ob die von Ihnen entdeckt wurden, also aus einer zweitrangigen Einstellung herausgepflückt und dadurch vielleicht bedeutsamer wurden als ursprünglich von Coppola geplant. Zwei beliebige Einstellungen der Füße eines Darstellers können in einem Film plötzlich ausdrucksstark sein und Symbolkraft gewinnen. Ich finde es interessant, wie Fragmente in einer Leinwandecke wichtig werden können. In Gerichtsszenen zieht es mich unweigerlich zur stumm tippenden Stenografin hin; ich sehe ihr immer auf die Hände.

M: Ein talentierter Regisseur eröffnet Möglichkeiten, die von anderen aufgegriffen werden können – das gilt für alle wichtigen Mitarbeiter einschließlich der Schauspieler. Ich glaube, das ist die wirkliche Funktion eines Regisseurs. Und diese gemeinsame Vision dann zu schützen, indem man bestimmte Vorschläge annimmt oder ablehnt. Letztendlich ist der Regisseur das Immunsystem des Films.

Die Bilder, die Sie aus dem *Dialog* ansprechen, hat Francis gedreht. Er hat sich entschieden, sie zu drehen, und in neunundneunzig Prozent der Fälle habe ich mich entschieden, sie zu verwenden – ich erkannte ihre Kraft und ordnete sie so an, wie sie dann im Film zu sehen sind. Francis hat meine Arbeit natürlich begutachtet und meine Herangehensweise akzeptiert oder abgelehnt.

Es gab viele mögliche Alternativen: Die Struktur eines Films entsteht durch das Aufspüren der Harmonien, von denen wir vorher gesprochen haben – visuelle und thematische Harmonien –, und dadurch, daß man sie in immer tieferen Ebenen findet, während man an dem Film arbeitet.

Manchmal geschieht das vollkommen zufällig, aber ich glaube nicht, daß ein Cutter einem Film eine Vision geben kann, die nicht schon vorher da war. Von bestimmten Dokumentarfilmen einmal abgesehen. Alles, wovon Sie sprechen, hatte Francis in irgendeiner Form im Kopf. Vielleicht habe ich Nuancen gefunden, die einzigartig zu seiner Vision paßten, sie in manchen Bereichen vielleicht wirkungsvoller orchestriert, aber ich bezweifle, ob das passiert wäre, wenn Francis nicht schon die Melodie geschrieben hätte.

Wenn ich an einem Film arbeite, stimme ich mich darauf ein, Dinge auf bestimmte Weise zu sehen. Eine der Pflichten des Cutters ist es, Geist und Stil des Films in sich aufzusaugen, bis zu dem Punkt, wo das kleinste Detail genauso bedeutsam ist wie das wichtigste übergeordnete Thema. Das gilt auch für jeden anderen Mitarbeiter. Wahr-

Oben: Eine Szene aus *Schlacht um Algier* (1965): »Diese Filme beeinflussen mich immer noch.« *Rechts:* Murch und Coppola. Murch (verdeckt) arbeitete in England an *Julia*, als ihn Coppola für ein Wochenende auf die Philippinen einfliegen ließ, um die Mischung von *Apocalypse Now* zu besprechen.

scheinlich ist das so ähnlich wie die Beziehung eines Dirigenten zu den Orchestermusikern.

Der praktische Aspekt dessen, was Sie angesprochen haben, ist allerdings sehr wichtig. Der Cutter ist der einzige, der Zeit hat, sich mit dem ganzen Puzzle zu beschäftigen. Die hat der Regisseur einfach nicht. Es obliegt dem Cutter, das gesamte Material durchzugehen, das der Regisseur gedreht hat, es auszubalancieren und winzige Details zu beachten, die extrem bedeutsam sein können.

Es war immer so, daß ich die erste Schnittfassung eines Films allein gemacht habe. Ich sitze mit dem Regisseur zusammen und sehe mir die Muster an. Wenn er oder sie etwas über einen bestimmten Augenblick zu sagen hat, schreibe ich mir das auf. Aber wenn ich die Kommentare des Regisseurs in meiner Datenbank zusammenfassen sollte, würde ich da nicht allzu viele Informationen finden. Aber *was* er sagt, ist wichtig und führt zu anderen Entscheidungen. Der kleinste Vorschlag kann mir helfen, den Film so zu sehen, wie der Regisseur ihn sieht.

Am Ende muß der Cutter versuchen, aus all dem Material das Beste zu machen und es so darzubieten, daß es wie eine natürliche und gleichzeitig spannende Entwicklung der Filmideen wirkt. Alles ist eine Frage der Orchestrierung: Bilder und Töne so zu organisieren, daß es interessant und für das Publikum verständlich ist. Mysteriös, wenn es mysteriös sein muß, und verständlich, wenn es verständlich sein muß.

O: Und nicht zu offensichtlich.

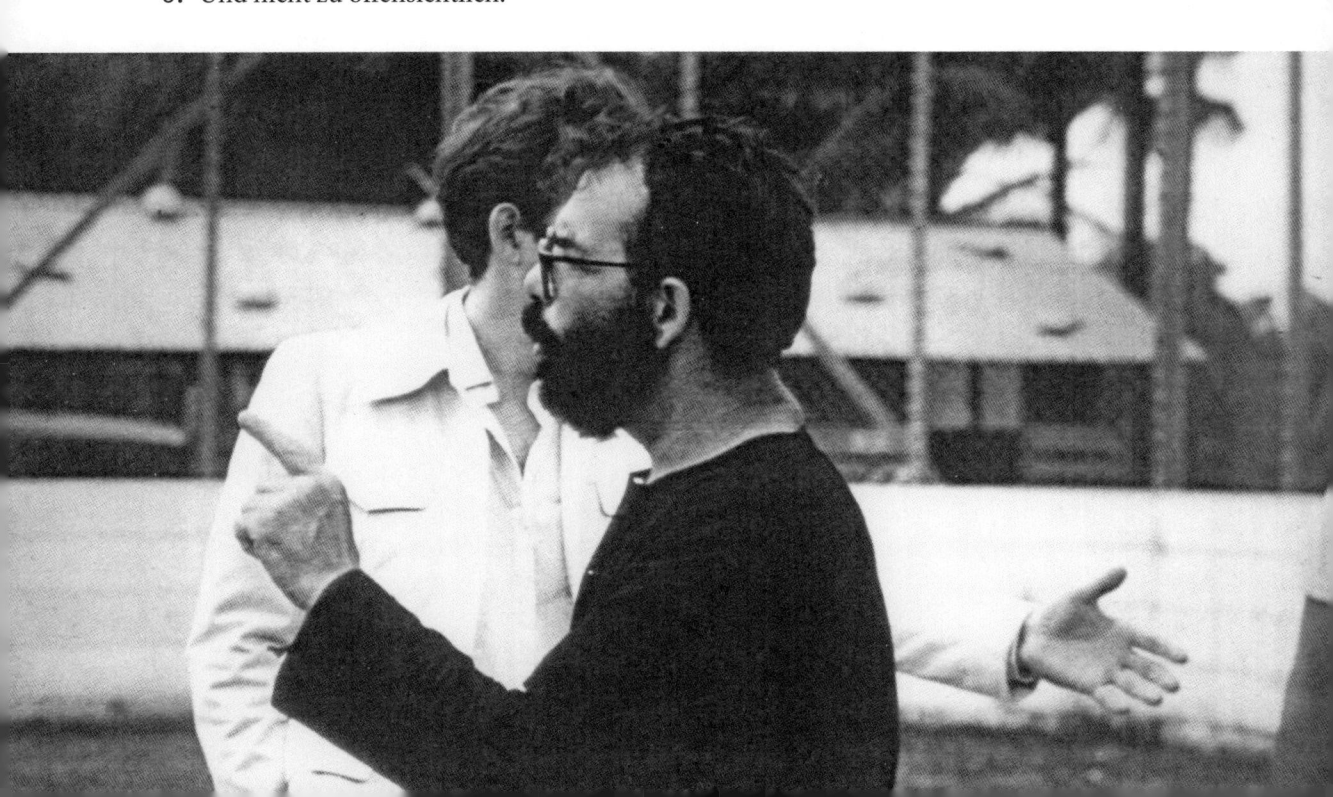

M: Wenn man zu plakativ wird oder zu schnell zu viele Ideen vorstellt, sind sie entweder so offensichtlich, daß sie langweilig werden, oder es entsteht so viel Verwirrung, daß man nicht alles begreifen kann.

Der Cutter arbeitet auf der makroskopischen und gleichzeitig auf der mikroskopischen Ebene: von der Entscheidung, wie lange genau jede Einstellung dauert, bis zur Umstrukturierung und Umsetzung von Szenen – manchmal bis hin zum Streichen ganzer Handlungsstränge.

Mit halb geschlossenen Augen

O: Als Sie vor dreißig Jahren als Cutter anfingen, müssen Sie bestimmte Prinzipien entdeckt haben, die für Sie funktionierten. Wenn Sie sich diese frühen Filme ansehen, finden Sie dann, daß sich diese Regeln und Werte verändert haben? Würden Sie diese Filme am liebsten noch einmal umschneiden, so wie ein Schriftsteller vielleicht eins seiner alten Bücher redigieren möchte?

M: Ich fand es in der Tat interessant, mir meine ersten beiden Filme *Der Dialog* und *Julia* noch einmal anzusehen, die ich »mechanisch« geschnitten habe, also wirklich mit der Schere. Nachdem ich den Übergang zur Digital-Elektronik mitgemacht und 1995 mit dem Avid zu arbeiten begonnen hatte, war ich neugierig, ob ein Unterschied zwischen meinem mechanischen und meinem elektronischen Stil bestünde. Es gab keinen – tatsächlich war ich erstaunt, wie unmittelbar mir die früheren Filme erschienen. Ich würde heute die gleichen Entscheidungen treffen. Woher wußte ich, wie man so etwas macht?

O: Ich weiß, Sie sehen sich nicht gern andere Filme an, wenn Sie beim Schneiden sind – wenn Sie aber doch Filme ihrer Kollegen sehen, sind Sie dann über die Cutter und ihre Arbeit überrascht?

M: Das kommt vor. Aber es muß schon extrem sein. Wenn ich einen Film sehe, schalte ich normalerweise einen Teil meines kritischen Denkens ab. Würde aber derselbe Film auf meinem Schneidetisch auftauchen, würde ich ganz anders auf ihn reagieren. So ging es mir mit Orson Welles' *Im Zeichen des Bösen* und mit Robert Duvalls *Apostel!*. Als ich eine Vorführung von *Apostel!* sah, dachte ich, na ja, könnte kürzer sein. Ich hatte kaum konkrete Ideen, wie man helfen könnte: Das Negativ war schon geschnitten, und die ersten Voraufführungen waren gut gelaufen. Als man mir dann den Film gab, um ihn um zwanzig oder dreißig Minuten zu kürzen, und ich ihn mir auf dem Avid ansah, wurde mir klar, sicher, dies könnte kürzer sein, das anders, ich könnte einige Szenen verschieben ... Ich könnte dies und jenes verändern. Es gibt dazu eine musikalische Entsprechung und bestimmt auch eine chirurgische – von einem bestimmten Punkt an tun deine Finger etwas, was jenseits des Zugriffs des bewußten Handelns liegt.

O: Meinen Sie, daß Sie im wesentlichen Ihren Geschmack aufdrängen, wenn Sie schneiden? Es ist mehr als etwas rein Mechanisches...

M: Ich stehe immer im Dienst des Films, und der Film gehört dem Autor und dem Regisseur. Ich liege auf einer Linie mit ihnen. Rechnerisch gehört er dem, der ihn finanziert hat. Im Fall von *Apostel!* hat Robert Duvall den Film finanziert, geschrieben, die Hauptrolle gespielt und Regie geführt. Ich habe ihm mein Auge als Cutter geliehen, aber das war nur meine Interpretation seiner Vision.

O: War es schwierig, *Apostel!* neu zu schneiden?

M: Nein, denn der Originalschnitt war gut und die Story geradlinig. Geradlinigkeit bringt allerdings auch ihre eigenen Probleme mit sich, besonders was die voraussichtliche Filmlänge angeht. Das galt auch für *Der Dialog* und für *Der talentierte Mr. Ripley*. Diese drei Filme werden aus der Perspektive des Hauptdarstellers erzählt: der Apostel, Harry Caul, Tom Ripley. Filme mit einer einzigen Perspektive leben mit geborgter Zeit, wenn sie länger als zwei Stunden dauern. Da nur eine Perspektive existiert, gibt es keine Abwechslung, wenn das Publikum nicht hundertprozentig mit dem Film mitgeht, und er kann später zu lang wirken.

O: Wenn Sie filmspezifisch von Perspektive reden, dann meinen Sie, sich auf eine Person zu konzentrieren?

M: Im *Talentierten Mr. Ripley* sieht das Publikum entweder Tom Ripley selbst oder das, was er sieht. Es gibt keine Szenen, in denen andere Personen den Blick lenken – so wie es beispielsweise immer wieder im *Englischen Patienten* passiert, wo Sie einen komplexen Tanz haben, wo Menschen auf unterschiedliche Weise auf die gleichen Ereignisse reagieren. Aber *Ripley* handelt von Tom Ripley. Genau wie *Apostel!*, wo es nur die Geschichte des Apostels gibt.

O: Und Sie halten das für fatal?

M: Nein, nein, es ist nicht fatal, es ist nur so, daß die Uhr bei so einem Film schneller läuft, und wenn nicht etwas wirklich Ungewöhnliches dran ist, sollten solche Filme besser nicht länger als zwei Stunden dauern. *Der Dialog* dauert nur eine Stunde und zweiundfünfzig Minuten. Und manchen kommt das schon zu lang vor. Mit wechselnden Perspektiven kann man dieses Jonglieren länger durchhalten, denn es ist dann gehaltvoller und komplexer. Eine Sinfonie darf länger als eine Sonate sein.

O: Wenn man einen Roman oder gar ein Gedicht schreibt, versucht man immer, Allianzen zwischen ungleichen Dingen oder erstaunliche Gegenüberstellungen zu finden, man sucht die richtige Kurzform für Ideen und Metaphern. Nehmen Sie nur den Einfluß der spanischen Lyrik, das, was wir im Westen »springende Lyrik« nennen – diese manchmal surrealen, manchmal unterschwelligen Verbindungen, die erstaunliche Wege oder Übereinstimmungen zwischen Fremdem offenbaren. Wie auf einfacherer Ebene ein Wortspiel oder ein Schreibfehler funktioniert. Von W. H. Auden heißt es, er habe in einem Gedicht die Zeile »The poets know the names of the seas« geschrieben. Vom Setzer kam sie als »The ports know the names of the seas« zurück, und Auden wurde klar, daß dieser Schreibfehler eine Verbesserung war, also behielt er ihn bei.

M: So hat Harry Caul seinen Namen bekommen. Francis las zu der Zeit gerade den *Steppenwolf*, und er änderte den Namen der Hauptfigur von Harry Haller in »Harry Caller«. Dann dachte er, nein, das ist übertrieben, zu wörtlich, weil Harry ein professioneller Lauscher ist, der Telefone und so weiter abhört. Also kürzte er den Namen zu »Harry Call«. Seine Sekretärin schrieb dann versehentlich »Caul«. Und wie Auden dachte Francis, dieser Schreibfehler sei viel richtiger. »Caul« klingt wie »Call«, und das gab Francis eine visuelle Metapher für den Film, einen Mann, der immer einen fast durchsichtigen Regenmantel trägt, der wie eine netzartige Membran wirkt, und wann immer er bedroht wird oder etwas Gefährliches passiert, zieht er sich hinter Plastik

Gene Hackman trägt als Harry Caul im *Dialog* einen durchsichtigen Regenmantel (*caul*: Netz), der zur visuellen Metapher des Films wurde.

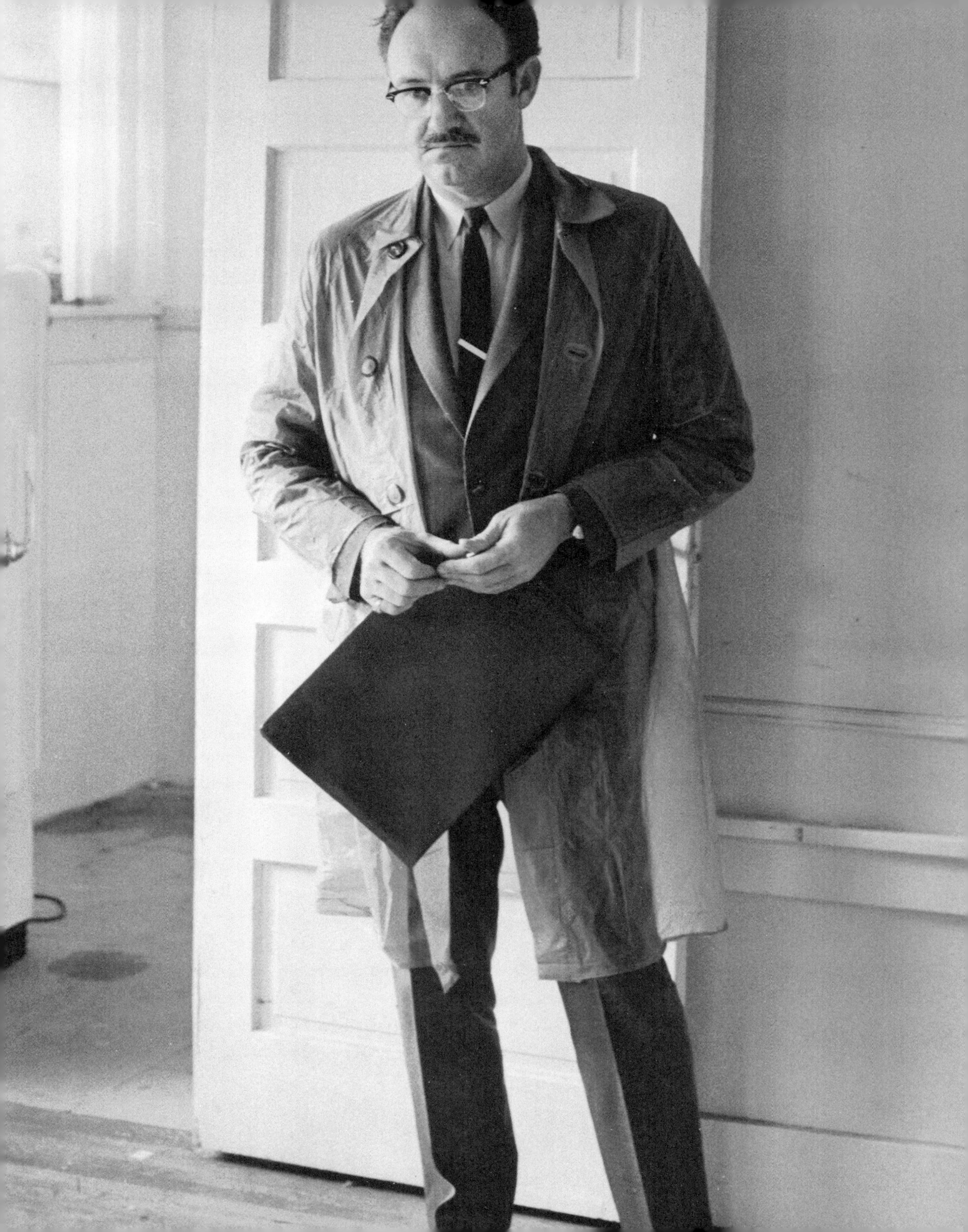

oder Milchglas zurück. Francis läßt Harry in mehreren Szenen seinen Namen buchstabieren, C-A-U-L, also verstehen wir es.

O: Und das führte zu...

M: Es führte vom Kostüm zu einer Darstellungsweise, zu einer Daseinsweise: Harry Caul ist ein Mann, der eine Membran zwischen sich und der Wirklichkeit trägt. Der Film handelt vom Ablegen dieser Membran und davon, wie schmerzhaft das für diese Person ist.

O: In welcher Stimmung sind Sie, wenn Sie anfangen, das Material zu bearbeiten? Wie streng sind Sie? Wie schnell entscheiden Sie?

M: Es gibt ein interessantes Phänomen, das mir am Anfang des Schnitts des *Dialogs* unterlief. Wenn man zum erstenmal etwas zusammensetzt, hat man seine eigenen Vorstellungen davon, wie es funktionieren soll. Man sieht das gedrehte Material, reagiert darauf und formt es behutsam. Natürlich hat ein Film ein dramatisches Auf und Ab, Höhen und Tiefen, aber das Drehbuch gibt die Gesamtform vor. Glaubt man, eine Abweichung von dieser Form gefunden zu haben, dann ist der erste Impuls: »So, ich mach mich an die Arbeit und bring das in Ordnung.«

Sagen wir, der dramatische Anstieg scheint zu steil nach oben zu gehen. Dann neigt man dazu, das beim Schnitt auszugleichen. Kommt es einem dann zu langsam vor, kürzt man oder steigert die Intensität.

Wenn man diesem Impuls unbeherrscht folgt, kann es dazu führen, daß man etwas an Punkt A ausgebügelt hat, was sowieso später an Punkt C ausgeglichen wird, ohne daß bis dahin jemand davon weiß. Denn Filme werden normalerweise nicht in der späteren Szenenfolge gedreht. Mit dem Ausbügeln von A hat man also eine Überreaktion bei C.

Das ist eine Stufe des Prozesses, die ich »Schneiden mit halb geschlossenen Augen« nenne. Man kann die Augen nicht ganz öffnen, man kann nicht vorbehaltlos seine Meinung äußern. Man weiß noch nicht genug. Man ist nur der Cutter. Man muß sich im Zweifelsfall für den Angeklagten entscheiden. Man darf aber die eigene Meinung auch nicht völlig verleugnen, sonst würde ja nie etwas fertig. Einen Film zusammenzusetzen heißt, Standpunkte zu vertreten: dies und nicht das, jetzt und nicht später, rein oder raus. Aber es ist eine sehr knifflige Frage, wo genau das Gleichgewicht zwischen Neutralität und eigenem Standpunkt liegen sollte. Die Sache ist, wenn du *dies* rausnimmst, drückst du die ganze Kurve des Films nach unten, wobei vielleicht geheimnisvollerweise von selbst ein Ausgleich stattgefunden hätte. Wenn du versuchst, den Film zu korrigieren, während du ihn zusammensetzt, jagst du am Ende deinem eigenen Schwanz hinterher.

Was man beim ersten Rohschnitt eines Films wirklich will, ist, ihn von Anfang an richtig zusammenzusetzen, ohne irgend etwas zu hinterfragen. Versuch nicht, zu früh zu schlau zu sein. Wenn du schließlich alles zusammengesetzt hast, kannst du erkennen, wie weit der Film von seiner beabsichtigten Flugbahn abweicht. Vielleicht gab es viele Abweichungen, aber sagen wir, am Ende des Films haben sie sich ausgeglichen, und der Film liegt nur zu zehn Prozent daneben. Jetzt kannst du ein paar Schritte von der ganzen Sache zurücktreten und sie umsichtig und mit etwas Objektivität neu formen. Ist das so ähnlich wie das Schreiben eines ersten Entwurfs?

O: Ich verfüge bei der ersten Fassung eines Buchs nicht über ein strenges Kontrollorgan. Ich schreibe, als wäre es eine Probe, ich versuche alles, probiere alles aus, obwohl natürlich eine unterschwellige Auswahl stattfindet. Aber daran denke ich nicht. Und dann bin ich später immer überrascht. Eine Szene, die mir beim Schreiben zu locker vorkommt, wird im späteren Kontext genau die richtige Straffheit bekommen. Ich erinnere mich an ein ziemlich wildes und zugleich schlaffes Kapitel in der ersten Fassung von *Anils Geist* – der erschöpfte Arzt Gamini mietet einen Wagen, fährt zur Erholung nach Norden und erlebt im Suff ein paar Abenteuer ... Ich habe improvisiert und gedacht, na schön, ich schreib das jetzt mal so, aber ich muß das später wieder rausnehmen. Aber als ich dann zu dem Abschnitt zurückkam, hatte er genau die richtige Energie und den passenden Tempowechsel für diesen Augenblick des Buchs.

M: Genau. Aber im Gegensatz zum Schreiben gibt es beim Filmschnitt diese pausenlos vor sich hin ratternde unaufhaltsame Maschinerie, egal, ob man etwas macht oder nicht. Es gibt immer Abgabetermine. Man muß bestimmte Entscheidungen treffen, aber es ist alles eine Frage der Intuition und des Urteilsvermögens, wie tief diese Meinungen beim erstenmal reichen ...

Ich möchte Sie etwas fragen. Als Buchautor entsprechen Sie in mancher Hinsicht unserer Vorstellung eines Filmemachers im Jahr 2100, der eine digitale Wundermaschine in der Hand hat und einen ganzen Film machen kann, indem er ihn sich ausdenkt – der in ein Zimmer hineingehen und mit einem fertigen Film wieder rauskommen kann. Was ihr Handwerk anbetrifft, haben Schriftsteller das immer gemacht. Es gibt selten eine Zusammenarbeit beim Schreiben eines Romans, so wie das beim Filmemachen üblich ist. Wie gehen Sie dann mit der Autorität um, die Sie dadurch bekommen? Wie Sie sehen, versuche ich immer, die Autorität des Films aufzubrechen, um anderen Stimmen Gehör zu verschaffen – zufälligen Stimmen.

O: Es gibt Schriftsteller, die einen Plan haben, bevor sie sich für Jahre hinsetzen und ein Buch schreiben – sie haben ein Konzept oder eine Handlung, die sehr fest steht. Das sind gute Schriftsteller, die genau wissen, wie die Geschichte ausgehen wird. Ich besitze offenbar keine dieser Gewißheiten. Ich bin viel unsicherer, ich werde andauernd von den Möglichkeiten der Welt um mich herum inspiriert und abgelenkt – zufällig aufgeschnappte Anekdoten, Gerüchte –, genauso wie von dem, was meine Recherchen ergeben. Vier oder fünf Jahre lang recherchiere ich, und das Gesammelte wird zu einer Form, einer Gestalt oder einer von mir geschaffenen Situation ... die letzten Kriegstage in Italien, ein Revolverheld, der sich auf den Tod vorbereitet ... Wie gesagt, ich besitze kaum ein Kontrollorgan bei der Arbeit. Es ist also so ähnlich wie das, was Sie über die erste Schnittfassung sagen. Wenn ich schreibe, lehne ich nichts ab. Ich bin in dieser frühen Phase viel lockerer und aufnahmewilliger.

Das mache ich, bis ich eine vollständige, noch vorläufige Rohfassung habe, mit der ich dann im Grunde die Geschichte entdecke. Dann setze ich einen anderen Hut auf – ich setze *Ihren* Hut auf – und fange an, die falschen Töne zu beseitigen, die Wiederholungen, die Spuren, die ins Nichts führen. Ich fange an, das Werk zusammenzusetzen und zu straffen ... An diesem Punkt können drei Szenen zu einer werden. Den Prozeß setze ich so lange wie möglich fort. So entstehen zahlreiche Fassungen ... Schließlich zeige ich das Ergebnis meinen Kollegen und meinem Lektor und versuche, nicht zu sehr darauf zu beharren. Ich stimme nicht immer mit ihnen überein, aber ihre Reaktionen und Notizen sind eine sehr wichtige Stufe für mich. Die einzige Art, wie ich dieses demokratische, kollektive Gefühl bekommen kann, ist, mir dessen nicht so gewiß zu sein, was ich getan habe. Es ist aber auch wichtig, ihnen das Werk nicht zu zeigen, bevor diese Stufe erreicht ist; bevor ich es nicht so weit wie möglich vorangebracht habe. Ihr Einfluß darf nicht wirksam werden, bevor ich die Geschichte und die Form nicht selbst entdeckt habe.

Und bis zuletzt weiß ich immer, daß dies nicht die endgültige Fassung ist. Durch eine kleine strukturelle Verschiebung kann sich der ganze Ton ändern oder ein Problem gelöst werden. Darum arbeite ich so gern am Theater. Ich liebe die Energie dieser kollektiven Meinung und Teilnahme. Und besonders den Einfluß der praktischen Seite einer Kunst. Ich habe mich schon immer mehr für Stellproben, Gesten, Beleuchtung und Tempo als für die Richtigkeit meines Textes interessiert. Und ich mag die radikal veränderten zufälligen Situationen. Ganz anders als Beckett, der darauf bestand, daß sein Stück nur auf eine Weise gespielt wurde, immer nach seinen unnachgiebigen Regeln.

Aber Schriftsteller haben unterschiedliche Gewohnheiten und Regeln. Anthony Burgess, der als Komponist begann, konnte sich kaum Notenpapier leisten, also perfektionierte er jede Seite, bevor er sie aufs Notenblatt übertrug. Als Romancier schrieb er zunächst die erste Seite, schrieb sie darauf zehnmal neu und machte sich erst dann an die zweite. Für mich wäre das eine fatale Behinderung des natürlichen Tempos – sich andauernd selbst zu redigieren und neu zu bewerten und erst dann weiterzugehen.

M: Es ist irgendwie alles eine Frage der richtigen Mischung von generativem Impuls mit der entsprechenden Menge von kritischem Impuls. Man muß wissen, wann man sagen muß, das fasse ich jetzt nicht an, ich warte, bis ich mehr darüber weiß.

O: Ich erinnere mich an eine Sequenz bei *Anils Geist*, in der Anil an einem Grab arbeitet. Ich war mir in der ersten Fassung nicht sicher, wo sie spielen sollte. Vielleicht in Guatemala? Oder irgendwo in Sri Lanka? Die Szene erschien nach etwa zwei Dritteln der Geschichte. Sie funktionierte nicht, also nahm ich sie raus. Viel später, in der letzten Fassung des Buchs, als ich Reaktionen darauf erhielt, fanden einige, Anil sei in ihren Worten zunächst zu streng mit ihrem Umfeld (ich hatte das als eine defensive Qualität gesehen, aber es wurde nicht deutlich). Ein Lektor meinte, das Buch würde von Anfang an zu schnell losrennen – Anil landete mit dem Flugzeug in Sri Lanka, und die Geschichte fing an, bevor wir viel über sie wissen. Dann erinnerte ich mich an die Szene am Grab und setzte sie probeweise als Prolog ein, jetzt ganz eindeutig in Guatemala, wo Anil vor Sri Lanka gearbeitet hatte. Das gab Anil eine Geschichte, klärte ihren Beruf als forensische Anthropologin, zeigte dem Leser das Nomadenhafte ihres Berufs und daß der Job in Sri Lanka als ein ganz normaler Auftrag anfing, obwohl sie dort geboren war. Noch wertvoller war aber, daß die Szene auch ihr unausgesprochenes Mitgefühl und ihre Sympathie für die Frau zeigt, die neben dem Grab wartet. Ich hatte diesen Moment zu schnell verworfen. Als ich aber den richtigen Platz gefunden hatte, löste es eine Menge Probleme. Und jetzt sagte die Szene auch viel über Anils Charakter aus.

M: Wir hoffen immer, daß wir durch Erfahrung bessere Cutter werden! Man muß aber eine Intuition für das Handwerk mitbringen – für mich beginnt es damit, sich zu fragen, was das Publikum sieht. Was es denkt. Man versucht, soweit wie möglich selbst Zuschauer zu sein. Beim Übergang von einer Einstellung zur anderen muß man sich

Sarah dropped his arm down into the bottom and struck a match against the rock. So in was not a river down there. Light spluttered up and she smelled bidi smoke. Well, when she slammed the door in Borrego he was a dead man to her.

An insect chirped like someone winding a watch. One of the inhabitants of the forest of ascetics. The mind stopped, slid alongside

An insect chirped like someone winding a watch, one of the inhabitants of the forest of ascetics. The mind kept being interrupted by, kept sliding alongside, the activity of such things. "There has always been slaughter and passion," she heard Perera say.

(next 2 pages with are later in book, does not [illegible] this.)

Sarah struck a match against the rock. So it was not a river down there. Light flickered up and she smelled the bidi smoke. Well, when she slammed the door in Borrego he was a dead man to her.

An insect chirped like the sound of a watch being wound, one of the inhabitants in this the forest of ascetics. [Her mind kept being interrupted by, kept sliding alongside, the activity of such creatures.] "There has always been slaughter and passion," she heard Perera Palipana say.

ziemlich sicher sein, wohin das Auge des Publikums blickt und worauf sich die Aufmerksamkeit konzentriert. Das läßt den Schnitt funktionieren – oder auch nicht.

O: Wenn Sie also vor dem Schnitt der Meinung sind, das Publikum sehe Punkt X an, dann schneiden Sie zu einer anderen Perspektive, wo die Aufmerksamkeit irgendwo um Punkt X herum liegt.

M: Stimmt. Wenn man die Aufmerksamkeit des Publikums mit einem sich auf der Leinwand bewegenden Punkt vergleicht, dann ist es der Job des Cutters, den Punkt auf reizvolle Weise hin und her zu bewegen. Wenn sich der Punkt also von links nach rechts und dann in die rechte Ecke des Bilds bewegt und wenn es danach einen Schnitt gibt, dann sollte man sichergehen, daß es in der nächsten Einstellung etwas in der rechten Ecke gibt, was die Aufmerksamkeit fesselt.

O: Andernfalls erlahmt die Bewegung des Films und geht dann sprunghaft wieder los.

M: Richtig. Nach jedem Schnitt braucht das Publikum ein paar Millisekunden, um zu entdecken, wohin es jetzt schauen soll. Trägt man seine Aufmerksamkeit nicht über die Schnittstellen hinweg, läßt man es bei jedem Schnitt suchen, dann wird es desorientiert und verärgert, ohne zu wissen, warum. Schneidet man jedoch eine Kampfszene, strebt man ein Element der Desorientierung an – das macht das Ganze spannend. Man verlegt die Aufmerksamkeit irritierend an eine andere Stelle, und man schneidet in unerwarteten Momenten. Man macht einen gemischten Salat daraus, man mißbraucht die Aufmerksamkeit des Publikums. Das erweckt den Eindruck von Chaos. Oder wenn man etwas verstecken will, dann führt man die Aufmerksamkeit des Publikums in die Irre und lenkt es von dem ab, was man ihm nicht zeigen will. So wie die Hand eines Schauspielers in einer anderen Stellung, eine Szene, in der die Bildachse übersprungen wird, ein nicht passendes Kleidungsstück, irgend etwas in der Art. Das alles sind traditionelle Kunstgriffe, die das Publikum dazu bringen sollen, nach rechts zu sehen, während man heimlich etwas am linken Bildrand unternimmt ...

Und das führt zur Frage der Komposition, die tiefgreifender und geheimnisvoller ist. Man kann den Mann die Frau ansehen lassen und ihr ins Gesicht sagen lassen: »Ich

Eine Manuskriptseite von *Anils Geist*.

liebe dich.« Wenn der Bildausschnitt nicht stimmt, kann das bedeuten, daß er sie nicht wirklich liebt. *Sie* glaubt ihm, weil er es gerade gesagt hat. Aber die Filmemacher können die Einstellung so wählen, daß das Gegenteil verdeutlicht wird.

Im *Paten* gibt es ein faszinierendes Beispiel dafür, als Michael sich von Kay verabschiedet. Sie fragt: »Kann ich mitgehen?« Er antwortet: »Nein, Kay, leider nicht. Detektive sind da und Leute von der Presse.« Und auf einmal hat sich der Bildausschnitt verschoben, was unterstellt, daß etwas nicht in Ordnung ist. Er sieht sie immer noch an und ist nett zu ihr, aber der Bildausschnitt sagt das Gegenteil aus. Er wird von etwas weggezogen, das hinter ihm steht, etwas, das ihn von ihr trennen wird. In dieser neuen Bildkomposition ist es einfach für ihn, sich von ihr wegzubewegen, in den leeren Raum am rechten Bildrand ...

Eine Verschiebung in der Bildkomposition kann dem Dialog eine andere Bedeutung verleihen: Michael Corleone sagt Kay im *Paten*, es sei besser, sie würde ihn nicht begleiten.

Es gibt nur ein erstes Mal

O: Wenn Sie mit Regisseuren wie Francis Coppola oder Anthony Minghella zusammenarbeiten, gehen Sie dann mit ihnen das Drehbuch durch, bevor sie anfangen zu drehen? Treffen Sie sich mit ihnen? Und wenn ja, was wird dann besprochen? Ihr Einfluß ist bestimmt viel größer, als daß Sie den Film nach dem Ende der Dreharbeiten schneiden.

M: Wenn ich über ein Projekt nachdenke, lese ich das Drehbuch, mache mir Notizen, tippe sie ab und gebe sie dem Regisseur. Ich erwähne das, was mir am Drehbuch gefallen und was mich gereizt hat, aber auch das, was ich für verbesserungsfähig halte. Vielleicht weiß ich nicht, was ich in einem bestimmten Moment fühlen soll. Der Regisseur hatte vielleicht eine sehr gute Idee, aber ich teile ihm dann mit, daß ich die Absicht nicht ganz verstehe. Oder im Drehbuch steht eine zu lange Passage oder etwas Repetitives, vielleicht hat es mich auch angeregt, zwei Szenen umzustellen. Schon da schneide ich den Film im Kopf.

Meine Notizen helfen mir, in das Projekt einzutauchen, und sie vermitteln dem Regisseur meine Gedanken und meine Ansatzpunkte zum Material. Wenn er nicht zustimmt, dann ist es gut, das früh zu erfahren. Vielleicht kann etwas geändert werden – oder vielleicht bin ich auch nicht der richtige Cutter für den Film. So oder so sind die Notizen hilfreich.

O: Als ich Sie zum erstenmal in Rom in Cinecittà sah, haben Sie sich Muster des *Englischen Patienten* vom Vortag angesehen. Sie saßen da im Dunkeln mit Ihrem Laptop und schrieben bei jedem Take mit ...

M: Ich notiere alles, was mir auf der Leinwand auffällt. Dieser Text erscheint dann in der linken Säule meiner Datenbank. Das sind die *emotionellen* Reaktionen: Wie wirkt die Einstellung auf mich, wenn ich sie zum erstenmal sehe? Weckt sie irgendwelche Assoziationen? Wenn ich zum Beispiel das Bild einer Banane vor mir sehe, dann schreibe ich »Banane« auf, auch wenn ich keine Ahnung habe, warum. Vielleicht verstehe ich es später – aber in dem Moment hinterfrage ich das alles nicht. Ich versuche, vollkommen offen dafür zu bleiben, was mir durch den Kopf schießt.

O: Das ist Ihre Reaktion auf die allererste Sichtung?

M: Ja, und weil der Film gerade erst aus dem Labor kommt, wird er in der Reihenfolge gezeigt, in der er gedreht wurde, und es herrscht ein gewisses Maß an Chaos. Man sieht zum Beispiel Material aus der Mitte einer anderen Szene, das zufällig als Schnitt-Bild gedreht wurde.

Diese »emotionellen« Notizen kommen der Reaktion des Publikums so nahe wie nur möglich. Es gibt nur ein erstes Mal.

Wenn ich dann später die Szene zusammensetzen will, mache ich mir noch einmal Notizen – die sind weniger emotionell und eher chirurgisch; sie tauchen in der mittleren Säule der Datenbank auf. Ich bin dann nicht mehr der Liebhaber, der die Geliebte betrachtet, sondern der Chirurg, der die Patientin ansieht und ihre Gelenke und Bänder analysiert; ich schreibe mir die genaue Stelle zu jedem Kommentar auf. Die frei assoziierten emotionellen Notizen geben mir Aufschluß über primäre Reaktionen, die chirurgischen Notizen sagen mir, wie ich die Dinge am besten auseinandernehme und wieder zusammensetze.

Beide Säulen liegen immer vor mir, wenn ich den Film zum erstenmal montiere, aber

Murchs Notizen zum *Englischen Patienten*: das Verhör Caravaggios.

● Interrogation Room 1942 • Caravaggio interrogated and thumbs cut off   14

		Scene 147		Side on to Caravaggio lying head on table • Muller o phone. Questions Caravaggio up to "Why is there a noise?" Then CUT this A camera.
546	A	CARAVAGGIO & MULLER (MWS) beginning of interrogation.		
				Anthony's Comments / Misc Comments
3	171	Throws off coat • Caravaggio off mike completely • Nurse is great - bogus	Caravaggio starts to move "Petty Thief" 059 Gets pretty confusing around "Get me a doctor" 155 Ends with "Why so much noise" 171	Very nice.
154 • 000				
4	173	Bellini - don't believe it. Jack Lemon •	Less psychotic with leather coat, better 213 "Bellini" - sounds like Jack Lemmon 242	
154 • 174				
7	86	Pickup.... from second phone call • Lots of overlaps • Very bad sound	Pickup from "You are a canadian spy" 369 Clearest "Kicks me all the time" 406	
154 • 350				

		Scene 147		We are behind Caravaggio now and wider than the camera. This goes further than the A camera - dow is your nurse......."
546	B	CARAVAGGIO & MULLER (WS) behind Caravaggio • beginning of interrogation.		
				Anthony's Comments / Misc Comments
3	224	Behind Caravaggio • Better angle • Caravaggio the whiner • Cut when nurse comes in	*Better angle, more stagelike* Good "Canadian spy codename Moose" 550 He walks into the deep scene "Can't hear self Think" 615 *This goes on longer than A camera* Nurse down stairs, nice 646	
154 • 439				
4	207	Caravaggio dialogue on camera better • Caravaggio's posture strange •	"Canadian spy" moment not as crisp as previous 780	
154 • 665				
7	150	Pickup from "you are Canadian spy" • Caravaggio spits on the table •	Good man running upstairs to get nurse 971 Good nurse coming out of the darkness 1020	Good

später, bei der zweiten Schnittfassung, beachte ich sie weniger. Wenn ich die Voraussetzung einer Szene vollkommen ändern will, dann greife ich wieder darauf zurück, aber nur dann. Als ich 1986 mit dieser Datenbank anfing, dachte ich, ich würde mich andauernd an meine Notizen halten. Aber es hat sich anders ergeben. An einem bestimmten Punkt habe ich sie verinnerlicht.

O: Als ich für mein Buch *Es liegt in der Familie* recherchierte, habe ich Interviews mit vielen Leuten auf Band aufgenommen. Tatsächlich habe ich mir die Bänder aber nie wieder angehört. Es war, als lernte ich, wie sie redeten, und das ließ mich entdecken, *wie* sie ihre Geschichten erzählen würden.

Anders als ein Cutter muß ein Schriftsteller wohl recherchieren *und* komponieren *und* gleichzeitig eine erste Fassung zusammensetzen. Als ich mit dem Buch anfing, hatte ich noch keinen Plan und ganz bestimmt keine Struktur oder Reihenfolge dafür im Kopf. Das Buch führte mich in hundert verschiedene Richtungen. Mir wurde klar, daß ich einen Rahmen oder ein Limit brauchte, wenn auch nur in geringem Umfang. Ich wußte, daß es mit der Person des Erzählers zu tun hatte, der zwischendurch an seinen Geburtsort in Sri Lanka zurückgekehrt war und durch seinen Gefühlszustand zu dieser Zeit in bestimmte Geschichten hineingezogen wurde. Daraus entwickelte sich dann die Erzählperspektive – auch wenn Thema und Inhalt von irgendwoher kommen konnten. Ebenso wurde mir klar, daß die Ereignisse der Geschichte nur in Sri Lanka stattfinden konnten, auf der Insel, die ich mit elf Jahren verlassen hatte. Sie konnten nicht in England oder in Nordamerika weitergehen. Die Werte und der Verhaltenskodex dieser Kultur mußten anderswo zwangsläufig anders sein. Das Buch würde die Magie und die Gesetze jener halb erfundenen Landschaft verlieren, diese Ahnung von Märchen, die aus einer Neuinterpretation der Kindheit entsteht. Dadurch ist das Porträt meines Vaters, mit dem ich nur in Sri Lanka zusammen war, wesentlich länger ausgefallen als das meiner Mutter, die ich erst in England und in Kanada wirklich kennenlernte. Aber das waren die Grenzen, die ich der Struktur beim Schreiben setzte.

Es ist doch so, daß die Struktur eines Buchs dem Leser eine meditativere Teilnahme erlaubt als ein Film. Denn wir sind nicht an die Zeit gebunden. Die Erfahrung beim Lesen eines Buchs ist nicht endlich. Der Leser kann der gegebenen Geschichte »nachforschen«, er kann zurückblicken, innehalten, das Material einschätzen. Ich vermute, Sie werten die Beteiligung des Zuschauers an einem Film anders.

M: Im Film gibt es einen Tanz zwischen Worten, Bildern und Tönen. So reichhaltig Filme auch erscheinen mögen, sind sie doch auf zwei der fünf Sinne begrenzt, Hören und Sehen, und sie sind auch zeitlich begrenzt; der Film dauert nur so lange, wie er projiziert wird. Es ist nicht wie bei einem Buch. Wenn man einen Absatz im Buch nicht versteht, kann man ihn noch einmal lesen, so langsam man will. Einen Film muß man auf einmal in einer vorgegebenen Geschwindigkeit konsumieren.

Ein Film kann allerdings die Mitwirkung des Publikums provozieren – *wenn* der Film ein gewisses Maß an Informationen gibt, das Publikum aber auffordert, die Gedanken zu vollenden, dann läßt er jeden Zuschauer kreativ an der Arbeit teilhaben. Wie jeder Moment vollendet wird, hängt von jedem einzelnen ab. Obwohl der Film also technisch dieselbe Folge von Bildern und Tönen darstellt, sollte er idealerweise leicht unterschiedliche Reaktionen bei jedem Betrachter hervorrufen.

Wenn er auch ein Massenmedium ist, sind es doch diese individuellen Reaktionen, die jeden Menschen fühlen lassen, daß der Film ihn oder sie anspricht. Das Fantastische an dem Prozeß ist: Man sieht tatsächlich die eigene Version auf der Leinwand. Die Zuschauer würden schwören, sie hätten sie gesehen, aber in Wirklichkeit war sie gar nicht da. Es war *genug* vorhanden, damit sie es für sich vervollständigen können, aber während es passiert, denken sie nicht: Das bin nur ich, der das gerade zu Ende denkt. Sie *sehen wirklich* etwas, was ihnen so authentisch wie alles andere vorkommt, was tatsächlich im Film zu sehen ist.

Wie kann das passieren? Es liegt daran, daß der Film an den richtigen Stellen mehrdeutig ist und etwas aus dem Betrachter herausholt, was aus der eigenen Erfahrung kommt. Und dann sieht er es auf der Leinwand und denkt: Das weiß nur ich, also muß der Film für mich gedreht worden sein.

O: Ich erinnere mich an sehr bewegende Briefe von Leuten, die den *Englischen Patienten* einem Elternteil oder einem Freund vorgelesen haben, die im Sterben lagen. Als der Film dann in die Kinos kam, fanden sie es herzzerreißend, die junge Frau zu sehen, die dem Sterbenden vorliest… Das Seltsame beim Film ist, daß private Erfahrung im öffentlichen Raum stattfindet. Ein Buch liest man allein im Wohnzimmer, aber dieses Gefühl in einem Kinosaal zu haben…

M: Es ist eine Art von Massenintimität. Ein paradoxer Zustand, da man Teil einer Gruppe ist und auf seltsame Weise von der Gruppenerfahrung profitiert – aber wenn der Film etwas taugt, glaubt man auch, er spreche einen persönlich an. Auch wenn er all diese anderen Menschen ebenfalls berührt. Die Mehrdeutigkeit kommt daher, daß er wie ein Fluß weiterfließt. Man hat keine Gelegenheit zu sagen…

O: Moment mal…

M: Wie man es bei einem Buch könnte.

O: Wenn man ein Video sieht, hat man nie das Gefühl, es wäre etwas Privates. Ich bin mir immer bewußt, daß es eine Gruppenerfahrung ist. Das Gefühl hat man aber nie im Kino – auch nicht bei einer Komödie, wo die Leute um mich herum lachen. Sehe ich mir zu Hause ein Video an, bin ich mir immer der anderen im Raum bewußt – und selbst wenn ich allein bin, ist da immer noch die Situation des Raums. So kann man bei einer erotischen Szene verlegen werden …

M: Der erste Schritt in diesem kinematischen Gefühlszustand (ich glaube, das ist es, was Sie meinen) ist der Drang, die gewohnte Umgebung des Hauses zu verlassen und draußen einen bestimmten Film zu sehen. Man ist dort, wo man ist, irgendwie unzufrieden. Man muß raus, Teil von etwas werden, was größer ist als man selbst, aber man wird von diesem bestimmten Film in der Hoffnung angezogen, er werde einen direkt ansprechen. Es ist also das gleiche Paradox: Film ist ein Massenmedium – man geht wegen der Massenerfahrung ins Kino –, aber man ist nur zufrieden, wenn der Film einen auf intime Weise anspricht. Dagegen ist Video etwas, was man nach Hause mitbringt. Es ist nur zum eigenen Vergnügen da.

O: Sieht man sich eine DVD am Computer mit Kopfhörer an, bekommt man komischerweise diese wahre Intimität zurück, die der Film hat.

M: Daran hatte ich nicht gedacht, aber Sie haben recht. Das reicht zu den Anfängen des Films bei Edison zurück, der den Gedanken der Projektion nicht mochte. Er fand, ein Film sollte von einzelnen Menschen gesehen werden, die in ihr eigenes Kinetoskop schauen. Er dachte, so würde er mehr Geld verdienen.

O: Marcel Duchamp bestand darauf, sein letztes Kunstwerk, »Étant donnés«, könne nur betrachtet werden, indem man auf eine alte Tür in der Galeriemauer mit winzigen Löchern zuging, durch die das Kunstwerk hinter der Mauer zu sehen war. Sein letztes Werk sollte eine ursprünglich private und kindliche Neugier wecken. Das ist dann das von zwei geteilte Geheimnis …

Juliette Binoche als Hana liest Ralph Fiennes als Almásy vor; eine Szene, die letztlich nicht im *Englischen Patienten* verwendet wurde.

Das finstere Mittelalter

O: In Dai Vaughans Buch *Portrait of an Invisible Man* über den Dokumentarfilmcutter Stewart McAllister im Zweiten Weltkrieg gibt es einen schönen Sinnspruch von Ernst Toller: »Was wir Form nennen, ist Liebe.« Vieles im Buch dreht sich um McAllisters Interesse an Mathematik, Musik, Naturwissenschaften und an Mustern – Dinge, die auch im Mittelpunkt Ihrer Interessen und Ihrer Arbeit stehen. Vielleicht haben alle Cutter diese Fähigkeit, Muster zu erkennen.

M: Es gibt unterschwellige mathematische Einflüsse, die bestimmen, wie ein Film zusammengesetzt wird und die erstaunlich beständig und anscheinend unabhängig von den Filmen selbst sind. Im Lauf der Jahre habe ich gelernt, mich bei der Arbeit an jedem Film auf diese Einflüsse – Navigationspunkte – zu verlassen. Zum Beispiel: 2,5 – ein Publikum kann nicht mehr als zweieinhalb thematische Elemente zur gleichen Zeit verarbeiten; 14 – eine längere Actionszene hat im Durchschnitt bis zu vierzehn neue Kamerapositionen pro Minute; 30 – ein Rohschnitt sollte nicht mehr als dreißig Prozent über der idealen Filmlänge liegen. Aber vielleicht sind das nur Inseln in einem unterseeischen Kontinent der Theorie, den wir noch entdecken müssen.

Wenn man einmal darüber nachdenkt, ist es erstaunlich, daß Filmschnitt überhaupt funktioniert. In diesem Moment stehen wir auf der Spitze des Mauna Kea, und – Cut! – im nächsten sind wir auf dem Grund des Marianengrabens. Der augenblickliche Übergang beim Schnitt ähnelt nichts, was wir im täglichen Leben erfahren und was eine fortgesetzte Einstellung vom Aufwachen bis zum Schlafengehen zu sein scheint. Es hätte mich nicht gewundert, wenn man den Filmschnitt ausprobiert und dann wieder abgeschafft hätte, wenn er eine Art Seekrankheit hervorgerufen hätte. Aber das tut er nicht: Wir halten das gerne aus und haben sogar Spaß an diesen plötzlichen Übergängen, auf die uns anscheinend nichts in unserer Evolutionsgeschichte vorbereitet hat.

O: Was glauben Sie, was da passiert?

M: Nun, viele Dinge – nicht zuletzt die visuellen Verschiebungen, die uns beim Träumen andauernd widerfahren. Ich glaube, einer der geheimen Motoren, der das Kino funktionieren läßt und diese wunderbare Macht über uns hat, ist die Tatsache, daß wir seit Tausenden von Jahren jede Nacht acht Stunden in einem »kinematischen« Traumzustand verbracht haben und deshalb mit dieser Version der Wirklichkeit vertraut sind.

Andererseits gibt es ein wunderbar einfaches Experiment, das deutlich zeigt, daß unsere visuelle Großhirnrinde ebenfalls routinemäßig unsere Wahrnehmung schneidet, und das, während wir hellwach sind und ohne daß es uns jemals auffällt. Stellen Sie sich in zwanzig bis fünfundzwanzig Zentimeter Entfernung vor einen Spiegel und sehen Sie Ihr linkes Auge an. Sehen Sie dann Ihr rechtes und danach wieder Ihr linkes Auge an. Machen Sie das fünf-, sechsmal schnell nacheinander. Sie werden keine Bewegung bemerken – Ihre Augen werden vollkommen bewegungslos erscheinen. Aber das ist nicht wirklich so, wie Ihnen ein Beobachter sagen kann: Ihre Augen bewegen sich erheblich mit jeder Verschiebung der Perspektive.

Das verschwommene Schwirren bei der Augenbewegung wird aus unserer Aufmerksamkeit ausgeblendet, und wir sehen nur die entscheidenden Bilder vor und nach der Bewegung. Nicht nur sehen wir die verschwommene Bewegung nicht, *wir sind uns nicht bewußt, daß irgend etwas fehlt.* Und das passiert andauernd: Bei jeder Augenbewegung ist ein unsichtbarer Cutter am Werk, der die schlechten Teile herausschneidet, bevor wir sie jemals sehen können.

Ich glaube, das Kino ist heute an dem Punkt, an dem die Musik vor der Erfindung der Notierung war, des Niederschreibens von Musik als Zeichenfolge auf dem Papier. Musik war seit Jahrtausenden ein wichtiger Teil der menschlichen Kultur, aber es gab keine Möglichkeit, sie aufzuschreiben. Ihr Fortbestehen hing von mündlicher Überlieferung ab, so wie die Literatur zu Zeiten Homers. Als aber die moderne musikalische Notierung im elften Jahrhundert erfunden wurde, begründete sie die zugrundeliegende Mathematik der Musik und machte diese Mathematik gefühlsmäßig zugänglich. Man konnte die musikalische Struktur auf dem Pergament leicht manipulieren, so daß sie beim Spiel erstaunlich anspruchsvolle emotionelle Wirkungen hatte. Und das ermöglichte seinerseits das Konzept der Polyphonie – mehrere gleichzeitig gespielte musikalische Bögen. Mit der allgemeinen Anerkennung der mathematisch festgelegten ausgeglichenen Tonleiter Mitte des achtzehnten Jahrhunderts erhielt die Musik erst ihren eigentlichen Aufschwung. Komplexe und emotionelle Tonartwechsel wurden über das tonale Spektrum hinweg möglich. Und das brachte die gesamte Musik des späten achtzehnten und des neunzehnten Jahrhunderts ins Rollen: Mozart, Beethoven, Mendelssohn, Berlioz, Brahms, Mahler!

Ich stelle mir vor, daß das Kino gerade in der »Vor-Notierungsphase« seiner Geschichte herumstolpert. Wir peilen immer noch alles über den Daumen. Nicht daß wir nicht schon wunderbare Dinge gemacht hätten. Wenn Sie aber die Musik des zwölften Jahrhunderts mit der des achtzehnten vergleichen, können Sie einen Unterschied von einigen Graden in der technischen und emotionellen Entwicklung bemerken, und das alles wurde dadurch möglich, daß man Musik auf Papier niederschreiben konnte. Ich weiß nicht, ob wir jemals imstande sein werden, so etwas wie eine kinematische Notierung zu entwickeln. Aber der Gedanke ist reizvoll.

Eine dieser großen audiophilen Erfahrungen hatte ich mit neunzehn bei einem Radiosender, wo ich Klassikplatten katalogisierte. Ich dachte, das sei eine gute Gelegenheit für mich, Musikgeschichte zu lernen, also fing ich mit der ältesten Musik an und hörte mir gleich alles an, was ich katalogisierte. Es war eine Aufgabe für den ganzen Sommer, und in drei Wochen war ich erst beim fünfzehnten Jahrhundert angelangt. Ich sollte erwähnen, daß es eine einsame Einzelbeschäftigung war – ich hatte kaum Kontakt zu anderen Mitarbeitern des Senders. Eines Tages mußte ich aus irgendeinem Grund nach oben in den Regieraum, und als ich die Tür aufmachte, brach eine Kakophonie aus Rhythmus und Dissonanz über meine Ohren herein. Es war ein seriöser Klassiksender, und ich dachte: Solche Musik spielen wir doch gar nicht. Was ist denn das?

Ich hielt mir die Ohren zu und fragte den Tontechniker, und er zeigte mir das Plattencover: Johann Sebastian Bachs *Matthäuspassion*. Auf einmal begann sich diese »chaotische« Musik zu verändern, und in nur wenigen Sekunden steuerten meine Ohren durch die dreihundertjährige Entfernung zwischen dem fünfzehnten Jahrhundert, wo ich gerade eben noch gewesen war, und dem achtzehnten Jahrhundert, wo ich mich jetzt wiederfand. Ich lernte instinktiv, daß das, was wir als normal ansehen, im wesentlichen eine Frage davon ist, was am häufigsten auf uns einwirkt.

Die Regeln der Musik des fünfzehnten Jahrhunderts hatten sich mir nach drei Wochen ins Hirn gebrannt, und so konnte ich hören, daß Bach, den wir heute als sehr »klassisch« und »formal« ansehen, tatsächlich radikal fortschrittlich war. Die *Matthäuspassion* gehört zu den großen Wundern.

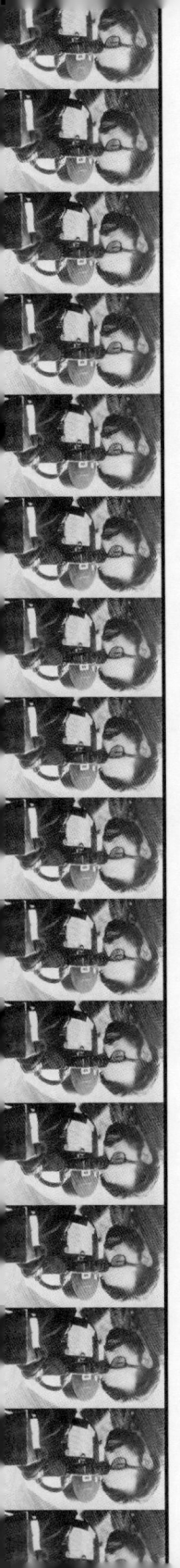

»Ich werde diesen Film *nicht* auf dem Kopf abmischen!«
Francis Ford Coppola

Ich lernte Walter kennen, als er in den Zwanzigern war. Er kam aus New York. Er war sehr nett, offensichtlich sehr intelligent, so etwas wie der einzige Intellektuelle der Filmwelt – er hatte die unterschiedlichsten Interessen. Erst hielt ich ihn nur für einen Tonkünstler. Als ich ihn dann kennenlernte, wurde mir klar, daß seine Interessen weiter reichten. Wir unterhielten uns über alle möglichen seltsamen Sachen, die ihm etwas bedeuteten, und mein Respekt vor ihm als dreidimensionalem Denker und Menschen wurde nur noch größer. Dazu hatte er seinen eigenen schelmisch-schwärmerischen Stil. Zu dieser Zeit war Zoetrope eher ein Lebensgefühl als eine Produktionsfirma. Wir waren ein Freundeskreis, wir hatten Kinder, und die Kinder kamen zum Spielen vorbei. Wir waren durchs Land gefahren und hatten *Liebe niemals einen Fremden* wie ein unabhängiges Filmstudio gedreht – all unsere Ausrüstung war in einem Speziallaster, den George Lucas und ich ausgedacht und gebaut hatten.
In Europa hatte ich junge Leute beim Filmemachen gesehen. Sie hatten alles, was sie brauchten – alle möglichen Mischpulte, und ich sagte zu George: »Das können wir auch kriegen!«
Das ganze Geld für die Tonmischung von *Liebe niemals einen Fremden* gab ich für ein Mischpult aus Deutschland aus. Also war kein Geld mehr übrig. Ich sagte zu Walter: »Sieh mal, wir haben diese wunderbare Maschine, und du kannst die Mischung machen!« Natürlich war die Gebrauchsanweisung auf deutsch ... Ich dachte, man schließt das nur an und fängt an zu arbeiten – aber das war alles sehr neu und viel komplizierter.
Inzwischen hatten wir *Liebe niemals einen Fremden* beim Festival in San Sebastián angemeldet, also mußten wir den Film zu einem bestimmten Zeitpunkt abliefern. Walter sah sich die Ausrüstung an und kratzte sich am Kopf. Zum Glück hatten wir einen Fernschreiber und schickten Fragen nach Deutschland: Was müssen wir tun? Wie machen wir das? Die Antworten kamen auf deutsch zurück, und jemand übersetzte sie. Wir schliefen alle dort, weil wir nur zehn Tage Zeit hatten. Dann kam alles fast zu einem plötzlichen, schrecklichen Ende, als sich herausstellte, daß wir die Tonmischung machen mußten, während wir den Film in einem Fernseher sahen. Und dann funktionierte diese deutsche High-Tech-Videokameraausrüstung nicht, und wir konnten den Film nicht sehen.

Alle hatten den Mut verloren. Was sollten wir tun? Wir hatten kein Geld. Ich konnte den Film nicht in ein Studio mitnehmen. Aber ich hatte eine brillante Idee – ich kaufte eine Amateurkamera von Sony. Es wurde immer später, und Walter war bereit – er ist wie ein Konzertpianist –, er wollte diesen Film abmischen. Ich schloß also den Fernseher an und der Film erschien, aber das Bild stand auf dem Kopf.
Walter sagte: »Jetzt reicht's! Ich arbeite mit dieser deutschen Ausrüstung, aber ich werde diesen Film *nicht* auf dem Kopf abmischen!«
Wir steckten wirklich fest. Dann nahm ich den Fernseher und drehte ihn um. Walter fing in seinem Raum mit der Tonmischung von *Liebe niemals einen Fremden* an, und er schaffte es in drei Tagen und Nächten. Wir brachten den Film rechtzeitig zum Festival. Walter hatte uns gerettet.
Wegen seiner unglaublichen Arbeit wollten wir Walter gern im Abspann nennen – nicht nur bei *Liebe niemals einen Fremden*, sondern bei allen Filmen, an denen er mitarbeitete. Er war aber nicht in der Gewerkschaft und durfte deswegen nicht als Toncutter genannt werden. Dann meinte Walter: »Wenn sie das nicht wollen, kann ich mich dann Sound Designer nennen?« Wir meinten: »Das können wir probieren, dann bist du eben Sound Designer ...« Ich fand es immer schon komisch, daß Sound Designer diese tolle Berufsbezeichnung wurde, aber sie ist nur deswegen entstanden. Damit umgingen wir die Gewerkschaftszwänge.
Als mir später klarwurde, daß mein Film *Der Dialog* eine Tonkomposition würde, dachte ich wieder an eine Zusammenarbeit mit Walter. Obwohl der Film von Privatsphäre handelte, würde der Ton das Herzstück darin sein. Also schlug ich ihm vor, er solle den Film auch schneiden, was er bis dahin noch nie so richtig getan hatte und nicht für seine Stärke hielt. Er war einverstanden. Und dann lernte ich Walter als Filmemacher kennen, weil er sowohl den Film als auch den Ton schnitt.
Walter ist in vieler Hinsicht ein großartiger Theoretiker, und das gilt besonders für die Struktur. Ich glaube, er ist einer der wenigen Filmkünstler, die wirklich in einem größeren Kontext denken, was Literatur oder Philosophie anbetrifft, anstatt sich nur auf den Film zu konzentrieren. Sein Ansatz wird von diesen anderen Interessen beeinflußt. Walter hat beim Arbeiten und Diskutieren seine eigene langsame Art, zum Ziel zu kommen. Denn er denkt die Dinge zu Ende – für ihn ist Struktur ein Aspekt der Handlung oder der Präsentation –, wogegen ich sehr sprunghaft bin und von einer Sache zur nächsten eile. Er ist wie diese Gangschaltungen, bei denen man Zwischengas geben muß. Ich weiß noch, wie wir ausführlich über die Struktur von *Apocalypse Now* sprachen, als ich in einer Drehpause für drei Wochen zurückkam. Er schlug vor, ich solle eine Sequenz hinzufügen, so etwas wie eine My-Lai-Massaker-Szene. Der

Sampan-Hinterhalt am Anfang des ersten Akts stand ursprünglich nicht im Drehbuch. Es war seine Idee.

Normalerweise konzentriert sich ein Cutter auf die Details seines Handwerks – den Schnitt so anzupassen, daß er nahtlos erscheint –, aber Walters Herangehensweise beginnt mit dem übergeordneten Thema oder mit den erzählerischen Absichten des Werks, nicht mit bestimmten dramatischen Momenten.

Jeder Cutter ist anders. Man muß überlegen, ob man damit leben kann, sich bei dem großen erzählerischen Bogen auf ihn zu verlassen. Oder arbeitet man mit ihm eher an strukturellen Problemen, also am Schnitt als Handwerk? Das ist, als ob man mit einem Schneider zusammenarbeitet. Es mag einen Schneider geben, der das Tuch sehr gut schneiden und nähen kann. Ein anderer hat dazu noch eine Vorstellung vom ganzen Design. Walter ist am ganzen Design interessiert, aber ein Handwerker für die Einzelheiten ist er obendrein. Egal, was er tut, auch beim Ton – er hat immer eine unglaublich umfassende Perspektive. Er ist so etwas wie ein Produzent oder ein Mitwisser, der einem beim ganzen Projekt hilft.

Eine Besprechung in Francis Ford Coppolas Haus während des Schnitts und der Mischung des *Paten II* im Oktober 1974.

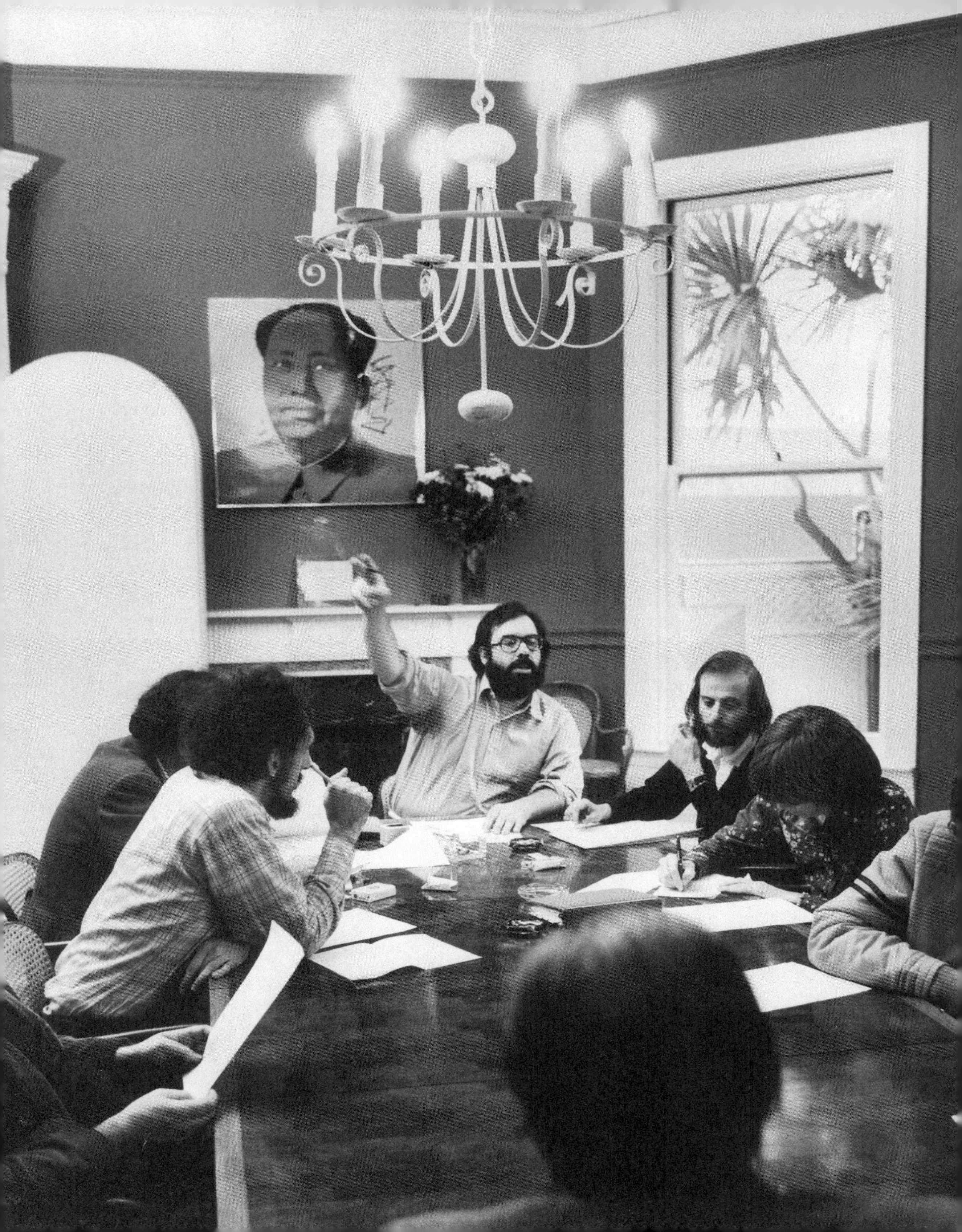

Apocalypse damals und jetzt

O: Sie haben in den letzten Monaten an der Neufassung von *Apocalypse Now* gearbeitet und sind immer noch mittendrin. Mir scheint, der Film verändert sich in wichtigen Punkten. Die Mannschaft des Kanonenboots ist jetzt enger mit den Menschen verbunden, die sie unterwegs trifft, und sie reagiert stärker auf die Situationen, in denen sie sich wiederfindet: Sie ist nicht nur Zeuge von Kilgores Ansprachen, sondern erwidert sie, lacht ihn aus, stiehlt ihm sogar sein geheiligtes Surfbrett. Wenn ich an die Originalversion zurückdenke, stelle ich fest, daß die Geschichte trotz ihrer kraftvollen dramatischen Handlungslinie (»Findet Kurtz und bringt ihn um«) anscheinend aus ihrer episodischen Qualität bestand.

M: Sie *ist* episodisch. Das ist die Natur dieses Projekts. Als Gegengewicht dient der Fluß – die flüssige Spur, die die Geschichte trotz aller episodischen Zwischenspiele voranbringt.

Rechts: Albert Finney als Lawrence von Arabien. Nach vier Tagen stieg er aus dem Film aus und wurde durch Peter O'Toole ersetzt. Martin Sheen ersetzte nach dem ersten Monat der Dreharbeiten zu *Apocalypse Now* Harvey Keitel als Willard. *Ganz rechts:* Coppola gibt Regieanweisungen für eine Szene am Fluß.

O: Vielleicht liegt dieser episodische Eindruck auch in der Natur des Genres der Suche, in dem der Hauptdarsteller – Willard, der in geheimem Auftrag einen amerikanischen Oberst töten soll, der anscheinend verrückt geworden ist – einfach auf die Dinge reagiert, die ihm passieren ... Er ist keine ausgesprochen dramatische Hauptfigur!

M: Richtig, Willard (Martin Sheen) ist fast vollkommen untätig, bis er Kurtz (Marlon Brando) am Ende des Films umbringt. Seine einzige Aktion besteht darin, nach einem Massaker eine verwundete Frau zu töten. Ansonsten ist er Auge und Ohr, durch die das Publikum den Krieg sieht und hört. Übrigens glaube ich, daß Willards Passivität ein Grund dafür war, warum Francis nach einem Monat den ursprünglich besetzten Harvey Keitel gegen Martin Sheen austauschte.

O: Keitel tendiert zu extremen Darstellungen – er ist bestimmt kein Jedermann.

M: Marty hat eine Offenheit in seinem Gesicht, so tiefgründige Augen, die das Publikum dazu brachten, ihn als das Objektiv zu akzeptieren, durch das sie diesen unglaublichen Krieg sahen. Keitel ist als Attentäter vielleicht glaubhafter, aber man sieht eher ihn als die Dinge *durch* ihn. Und wenn er nichts tut, ist das eine frustrierende Erfahrung.

O: Haben Sie je das Filmmaterial mit Keitel als Willard gesehen?

M: Etwa fünf Monate nach Beginn des Schnitts des ursprünglichen *Apocalypse Now* hing ich an einem Punkt der Geschichte fest, also stand ich auf und ging den Korridor hinunter ... Dort fand ich ein ganzes Filmregal – stundenlang Material! –, von dem mir keiner erzählt hatte. Ich sagte mir, vielleicht hilft mir etwas davon, mein Problem zu lösen. Ich fragte meinen Assistenten Steve Semel, aber er schüttelte nur den Kopf und murmelte: »Das willst du nicht sehen.« Natürlich wollte ich es jetzt erst recht sehen. Ich fragte: »Warum? Wieso denn?« Schließlich gab er zu, es sei das gesamte Originalmaterial mit Harvey Keitel.

Jetzt brannte ich vor Neugier. Ich schnappte mir irgendeine Filmrolle, fädelte sie in meinen Projektor ein, drückte auf Start und wußte nach zehn Sekunden, daß Steve vollkommen recht gehabt hatte. Es war, als drehte sich mein Kopf in einem Raum-Zeit-Experiment. Das Material war in Ordnung, es war nur ganz anders. Und trotzdem derselbe Film.

Mehr als ein Jahr nach Produktionsbeginn und viele Monate nach dem ersten Schnitt hatte *Apocalypse Now* mit Marty Sheen sein eigenes Immunsystem bekommen – seine eigene Blutgruppe, seinen genetischen Code. Beim Durchsehen des Materials wurde ich nun plötzlich mit diesem Unterschied konfrontiert. Es war, als träfe man einen Bruder, von dem man bisher nichts wußte.

Wäre Francis in der ursprünglichen Harvey-Keitel-Richtung weitergegangen, dann wäre der Film ganz anders geworden. Bald aber wurde ihm klar, daß er einige wesentliche Änderungen vornehmen mußte. Nicht nur Keitel, sondern auch andere Mitarbeiter an der Produktion verließen den Film. Eine regelrechte Kabinettsumbildung. Ich weiß nicht, wie lange die Unterbrechung dauerte – vielleicht ein paar Wochen –, und dann fingen sie mit einem neuen Ansatz von vorn an.

O: Albert Finney sollte ursprünglich die Titelrolle in *Lawrence von Arabien* übernehmen, ist aber nach vier Tagen gegangen. Man fragt sich genauso, was daraus hätte werden können. Hat sich das Drehbuch durch Keitels Weggang verändert?

M: Nicht so sehr das Drehbuch wie die Einstellung zum Material. Am Ende des *Paten II* – in allen Belangen eine große, aufreibende Produktion – sprach ich mit Francis über die Erfahrung, und er sagte so etwas wie: »Ich weiß, man kann Filme auch anders machen, als wir das hier getan haben. Es war, als würde ich mir die Eingeweide rausreißen, sie vor dem Publikum zerhacken und dann in den Film stopfen. Warum muß ich so persönlich betroffen sein und all diese Bezüge zwischen meinem Leben und meinen Filmen herstellen? Ich möchte nur einmal erleben, wie es ist, einen gesunden Abstand zum Material zu haben. Mein nächster Film soll ein actiongeladener Film sein, mit drei, vier zugkräftigen Stars, die die Finanzierung garantieren. Dann kann ich mich hinsetzen und »Action« ins Megafon rufen, und dann werden all diese wunderbaren Dinge vor mir geschehen. Das würde ich gern machen, nur ein einziges Mal!«

Man höre und staune, nur ein paar Wochen später sagte Francis, er würde *Apocalypse Now* machen. Wie lautete doch die Zeile im Film? »Ich wollte einen Auftrag, und meiner Vergehen wegen erteilten sie mir einen.«

Rückblickend erscheint es komisch, aber der Auslöser von Francis' Wunsch, *Apocalypse Now* zu drehen, war verständlicherweise die Anziehungskraft eines formelhaften großen Actionfilms mit zugkräftigen Stars. Also schleppte sich *Apocalypse Now* einen Monat diesen unwahrscheinlichen Weg entlang, bis Francis zu seinem Bedauern klarwurde (was ihn aber auch ehrte): Ich beherrsche dieses distanzierte, formelhafte Filmemachen nicht, ich muß darin aufgehen.

Die dramatischen Krisen in den *Pate*-Filmen und sogar im *Dialog* sind nah genug an seinem eigenen Leben, seiner Familie und seiner Arbeit, so daß er bei Bedarf auf seine eigene Erfahrung zurückgreifen konnte: Er konnte diesen oder jenen Darsteller seinem Onkel Mike nachempfinden. Harry Cauls elektronische Spitzelei im *Dialog* war dem Filmemachen ähnlich genug, um darin Metaphern aus einer ihm bekannten Welt zu entdecken. Allerdings hatte Francis, abgesehen von einem Jahr Militärschule, keine Kriegserfahrung – außer daß er Filme machte!

Zelluloid verbrennen

O: Die bemerkenswerte Anfangssequenz von *Apocalypse Now*, in der wir den betrunkenen Willard in seinem Hotelzimmer in Saigon sehen, scheint alle Aspekte und Momente des Films zusammenzufassen und uns gleichzeitig Willard vorzustellen, den man schließlich mit der Ermordung von Kurtz beauftragen wird. Wie wurde diese Szene angelegt und aufgebaut?

M: Nachdem Francis Martin Sheen engagiert hatte, bemerkte er erst, daß Marty Willard-ähnliche Züge hatte, die Marty nicht voll ausnutzen konnte, weil sie zu gefährlich waren: eine gewisse Wut und Verletzlichkeit, die von Martys Alkoholproblemen zu dieser Zeit herrührten. Also legte Francis die Hotelszene als Schauspielübung an, die er aber mit zwei rechtwinklig zueinander aufgestellten Kameras aufnahm, fast wie ein Laborversuch. Das ist eine Technik, die Francis schon früher angewandt hatte: eine Probe vor laufender Kamera, Zelluloid beinahe so wie Weihrauch verbrennen. Es ist nämlich eine natürliche menschliche Reaktion, die Dinge auf eine tiefere Ebene zu führen, wenn gedreht wird. Es erhöht die Chance, daß die Szene im Film auftaucht. Wenn die Bedingungen stimmen und wenn man Glück hat, kann diese Technik bestimmte Dinge in die Psyche des Schauspielers einbrennen, die man mit einfacher Improvisation nicht erreicht. Es war ursprünglich nicht die Absicht, das Material im Film zu verwenden, aber es hatte Aspekte, die bei der Projektion provokativ erschienen: Etwa Marty, der spontan sein Spiegelbild zerstört.

Um diese Zeit herum zündete Francis die größte Benzinexplosion der Filmgeschichte. Und zwar für den Napalmabwurf in der Kilgore-Sequenz mit Robert Duvall. Ein riskantes, absolut einmaliges Ereignis, also liefen acht Kameras in verschiedenen Positionen mit. Eine von ihnen hatte ein Teleobjektiv und lief mit erhöhter Geschwindigkeit, was einen Zeitlupeneffekt erzeugte. Das Material von dieser Kamera wurde nicht in der Kilgore-Sequenz verwendet, aber die Einstellung selbst – mit dem durch

Die Szene, in der sich Martin Sheen als Willard in seinem Hotelzimmer in Saigon betrinkt, wurde während der Proben mit zwei Kameras gedreht, die im rechten Winkel zueinander postiert waren. Niemand ahnte, daß diese Lösung auch im fertigen Film beibehalten werden würde.

Zeitlupe und Teleobjektiv abgeflachten Dschungel, den sinnlich züngelnden Flammen, den Hubschraubern, die wie stählerne Libellen kreuz und quer durchs Bild taumeln – war so zwingend, daß sie für Francis die Essenz des Films darstellte.

In der Anfangsszene des Films prallen also diese beiden Ideen aufeinander: Willard in seinem Hotelzimmer und diese Napalmexplosion in Zeitlupe, zusammengestrickt mit dem anderen Material, das Francis als Verbindung gedreht hatte. Dieses Konzept stand schon fest, als ich im August 1977 zum Team stieß. Wie das aber alles zusammenkommen sollte, war noch nicht entschieden – und das war dann mein Job: eine abstrakte, dramatische, vielschichtige, visuell fesselnde Szene aus diesem Rohmaterial zusammenzustellen.

O: Sie haben am Ton des Films mitgearbeitet und waren auch einer der Cutter. Wie viele Cutter gab es?

M: Als ich anfing, gab es schon drei, also wurde der Film in vier Abschnitte unterteilt. Ich war für den Anfang bis zum Ende des Sampan-Massakers verantwortlich, mit Ausnahme des gesamten Hubschrauber-/Walkürenangriffs, der von Jerry Greenberg geschnitten wurde, und des Playboy-Konzerts, das Lisa Fruchtman übernahm. Richie Marks, der verantwortliche Cutter, machte den gesamten Teil nach dem Sampan-Massaker. Jerry verließ das Team im Frühjahr 1978, und dann übernahm ich die Hubschraubersequenz. Ich arbeitete ein weiteres halbes Jahr daran und an der restlichen ersten Hälfte. Insgesamt schnitt ich ein Jahr lang den Film und arbeitete ein weiteres Jahr am Ton. Zwei Jahre – fast wie Wehrdienst!

O: Wie haben diese Cutter bei der stilistischen Verbindung des Films zusammengearbeitet? Haben Sie versucht, die Stile zu kombinieren?

M: Wir waren ständig in den Räumen der Kollegen, und es gab etwa einmal im Monat eine Vorführung des Films. Die Arbeit war so kompliziert, und es gab so viele notwendige, bewußte und unbewußte Entscheidungen, daß man sich nicht darauf verlassen

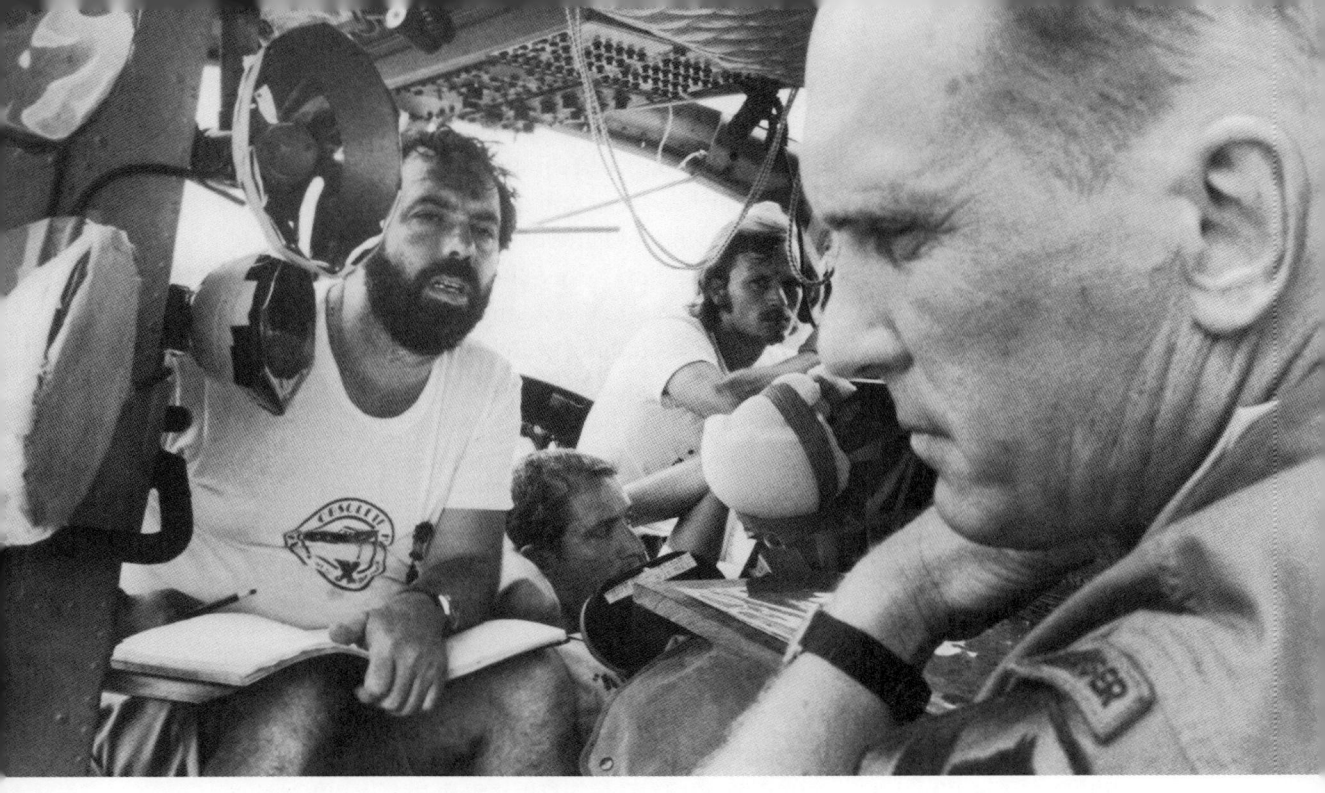

Coppola gibt Robert Duvall während der Dreharbeiten zu *Apocalypse Now* in einem Helikopter Regieanweisungen.

konnte, alle Ziele ausdrücken zu können. Von einem bestimmten Punkt an entwickelten wir allerdings jeweils die Intuition, wie jeder von uns auf das Material eingehen würde. So geht das. Man nimmt die gute Arbeit der anderen Cutter und wandelt diese Ansätze in das um, was man selbst tut, und umgekehrt. Das ist so wie bei Frauen, die zusammen wohnen und schließlich zur gleichen Zeit ihre Periode bekommen.

Die intensivsten Diskussionen gab es, nachdem Michael Herr den Erzähltext zu schreiben begann: Die Ideen, an welche Stellen des Films Michaels Material sollte, flogen nur so hin und her.

O: Wie lange war Michael Herr beim Schnitt dabei?

M: Ich glaube, er fing im Frühjahr 1978 an – also ein Jahr nachdem die Nachproduktion begonnen hatte –, und er war bis zum Schluß dabei.

O: Stand der Erzähltext von Anfang an im Drehbuch, oder wurde er hinzugefügt?

M: Im Originaldrehbuch gab es einen Erzähler aus dem Off – Willard sprach uns direkt an. Im August 1977 wurde aber entschieden, den Erzähltext über Bord zu werfen. Und wir sollten den Film bis zum Dezember 1977 fertig haben. Also blieben uns vier Monate für den Schnitt und die Tonspur. Im nachhinein ist das unrealistisch, wenn man sich das Arbeitsstadium ansieht, in dem der Film zu dieser Zeit noch war.

Aber ich war neu dazugekommen und dachte, daß wir den Dezembertermin nur einhalten könnten, wenn wir den Erzähltext wieder einsetzten. Das schien mir das Natürlichste von der Welt, weil ich gerade den Schnitt zu Fred Zinnemanns *Julia* fertiggestellt hatte, der auch einen Erzähltext hat. Und unter jenen Umständen schien es auch notwendig zu sein – weil Willard eine eher inaktive Figur ist, die sich kaum ausdrückt. Also verwendete ich die alte Erzählpassage des Originaldrehbuchs, nahm mich selbst beim Vorlesen auf und legte das dann unter den Film, um die nötigen Informationen zu vermitteln – in der verbleibenden Zeit schien das die einzig mögliche Lösung – und um die Ereignisse zu strukturieren. Ich wollte nur mal sehen, ob das funktioniert.

O: Wurde der Erzähltext, den Sie an diesem frühen Punkt aufnahmen, von Michael Herr geschrieben?

M: Nein, von Francis und von John Milius.

O: Ich nehme an, Herr kam dann wegen *An die Hölle verraten* dazu, seinem großartigen Vietnambuch.

M: Und auch deshalb, weil Milius einige Artikel von Michael für das Drehbuch von *Apocalypse Now* verwendet hat, glaube ich.

O: In Herrs Buch gibt es eine Situation, die der Szene an der Do-Lung-Brücke sehr ähnelt.

M: Milius hatte die Artikel im *Esquire* gelesen und sie für das Drehbuch bearbeitet – ohne Michaels Zustimmung, nehme ich an. Also war das eine Lösung, Michael in den Film einzubeziehen und ihn nicht von außen sagen zu hören: »Moment mal, das ist doch von mir!«

O: Hat Herr den Erzähltext in großem Maße umgeschrieben?

M: Ja, er hat ihn vollkommen umgeschrieben. Das Schreiben des Erzähltextes hat etwa ein Jahr gedauert. Der Film erreichte einen bestimmten Punkt, Michael schrieb etwas Neues, Marty kam rein und las es, dann fügten wir das in den Film ein. Dadurch veränderte sich der Film, und so etwa sechs Wochen später ging alles von vorne los. Ich glaube, es gab sieben verschiedene Erzähltextaufnahmen.

O: Hat Michael Herr konkret auf Ihren Schnitt reagiert? Hat er den Rohschnitt gesehen und gesagt …

M: Er sah die Version, in der ich die Erzählung lese. Ich bin sicher, er dachte: »Das kann ich besser!«

O: Der Erzähltext ist großartig, nicht nur wegen der Dinge, die er uns mitteilt, sondern auch wegen der Art, wie wir ihn zu hören bekommen. Wie wurde diese sehr intime innere Stimme geschaffen?

M: Es gibt eine direkte Verbindung von der Erzählung in John Hustons *Moby Dick* über Fred Zinnemanns *Julia* bis hin zu *Apocalypse Now*. Les Hodgson, den ich bei den Dreharbeiten zu *Julia* kennenlernte und der die Toneffekte bei *Apocalypse Now* schnitt, hatte auch die Toneffekte für *Moby Dick* gemacht. Fred Zinnemann wollte eine tontechnisch intime Stimmung für die Erzählung von *Julia*, als belauschte er die Gedanken einer Person, aber wie setzt man so etwas um? Les erwähnte die Erzähleraufnahme für *Moby Dick* – ich glaube, mit Richard Baseheart –, die Huston nicht gefiel, weil sie ihm wie aufgesagt vorkam. Huston war unten im Studio und Baseheart oben in der Sprecherkabine. Baseheart lehnte sich zum Mikrofon vor und fragte: »John, was soll ich jetzt machen?« Das Mikrofon war genau vor seinem Mund. Und Huston sagte: »Genau das! So sollst du's machen! Ich will, daß die ganze Erzählung so klingt.« »Aber ich bin viel zu nah dran.« »Nein, bist du nicht.« Also war die Erzählstimme in *Moby Dick* die erste, die mit dem Mikrofon genau *hier* aufgenommen wurde, so wie ich jetzt spreche, sehr leise und sehr nah.

Wenn man das Mikrofon perfekt ausrichtet, kann man diese Intimität ohne allzu viele unerwünschte Nebengeräusche wie verzerrte »B«, »P« und »S« erreichen. Ich bat Marty, sich vorzustellen, das Mikro sei der Kopf einer Frau neben ihm auf dem Kopfkissen, und er spräche auf diese intime Weise mit ihr.

O: Wurde das speziell abgemischt und neu aufgenommen?

M: Bei der letzten Mischung nahmen wir die Spur mit seiner Stimme und legten sie auf alle drei Lautsprecher hinter der Leinwand, so daß das Publikum von dieser weichen, intimen Klangmauer umgeben wird. Der normale Dialog im Film kommt nur aus dem mittleren Lautsprecher. Abgesehen von der Intimität der Originalstimme gibt es also eine spezielle Form des Klangs, wenn er auf die Leinwand trifft, ganz anders als beim übrigen Dialog im Film.

O: Als Russell Banks auf die Erzählstimme in seinem Roman *Gangsta Bone* angesprochen wurde, meinte er, er stelle sich zwei kleine Jungen im Sommer in ihren Betten kurz vor dem Einschlafen vor. Einer von ihnen sieht an die Decke und redet. Russell wollte, daß die Erzählstimme einen ähnlichen Bekenntniston haben sollte. Etwa: »Es ist dunkel und ich vertraue dir, und du liegst neben mir, und wir schlafen gleich ein, und ich wage es, dir die Wahrheit zu sagen.«

Brando

»Es waren übliche Alltagsworte – die vertrauten vagen Laute, die an jedem wachen Tag des Lebens gewechselt werden... Sie hatten meinem Empfinden nach die ganze erschreckende Vieldeutigkeit von Worten hinter sich, wie man sie in Träumen hört, von Sätzen, die in Alpträumen gesprochen werden. Seele! Wenn je ein Mensch mit einer Seele gerungen hat, dann war ich es. Und dabei hatte ich es nicht einmal mit einem Irrsinnigen zu tun. ... Keine Beredsamkeit hätte zersetzender auf den Menschheitsglauben in einem wirken können als seine am Ende ausbrechende Offenherzigkeit. Obendrein rang er mit sich selbst. ... Ich sah das unvorstellbare Rätsel einer Seele, die keine Hemmungen, keinen Glauben und keine Furcht kannte und die doch blind mit sich selbst rang.«
Herz der Finsternis

O: In Joseph Conrads *Herz der Finsternis* wird die moralische Auseinandersetzung zwischen Marlow und Kurtz bei ihrem Zusammentreffen niemals ausgesprochen – es gibt nur einige niederdrückende Passagen, in denen Marlow vom Kampf um Kurtz' Seelenheil spricht, und diesen Kampf gibt er schließlich auf. Bei den letzten Sequenzen des Films in Kurtz' Lager erinnere ich mich an Rauch und Schatten, und Kurtz ist nur schemenhaft erkennbar. Für mich hatte das Finale nicht die Bedrohlichkeit und die Klarheit des übrigen Films. Da war ein »religiöser« oder »mythischer« Grundton, der für mich nicht wirklich glaubhaft war. Haben Sie beim Neuschnitt anderes Material gefunden, das den Höhepunkt klarer und weniger obskur erscheinen läßt?

M: Nun, wir fügen eine Szene im Lager von Kurtz hinzu, nachdem Willard geistig und physisch gebrochen wurde. Er liegt in einem eisernen Schiffscontainer, einem Conex-Container, der in der Sonne schmort. Die Tür geht auf, und da steht Brando alias Kurtz. Er setzt sich wie ein zufriedener Buddha in einen Kreis kambodschanischer Kinder und liest Willard drei kurze Artikel aus einem *Time Magazine* von 1967 darüber vor, wie gut der Krieg angeblich steht. Als er geht, wirft er Willard die Artikel hin und sagt: »Wir können später über diese Dinge reden.« Willard versucht aufzustehen, bricht zusammen und wird in den Tempel gebracht.

Diese Ergänzung läßt Kurtz in voller Lebensgröße im Tageslicht erkennen, und das hat seine Bewandtnis: Kurtz ist verständlich, ironisch und gebieterisch. Außerdem lei-

Eine Szene, die in *Apocaplypse Now Redux* wieder eingefügt wurde: Nachdem Willard aus dem Container entlassen ist, in dem er gebrochen werden sollte, liest Kurtz ihm und den kambodschanischen Kindern einen Artikel aus dem *Time Magazine* über den Verlauf des Krieges vor.

tet die Szene die nächste Sequenz des Films ein, nämlich Kurtz' Monolog vom »Haufen kleiner Arme«: Ihm ist klar, daß es keinen sauberen Weg zum Sieg gibt – einen Krieg wie diesen muß man am Boden führen, und um zu gewinnen, muß man am Ende so brutal werden wie diejenigen, gegen die man kämpft. Aber gewinnt man wirklich? Und um welchen Preis? Ein Intellektueller wie Kurtz, der bereit ist, bis zum Ende zu gehen, wird wohl brutaler als seine Gegner, weil ihm mehr Mittel zur Verfügung stehen. So oder so ist der persönliche Preis, den Kurtz zahlen muß, sein Verstand: Er kann nicht brutal handeln und dabei der Mensch bleiben, der er war. Es wird faszinierend sein zu sehen, wie sich das Gleichgewicht des Films verändert, wenn wir diese Szene einfügen!

O: Vielleicht wird uns das eher an diesem Ort und in dieser Zeit verankern als die abstrakten Visionen von Kurtz im Halbdunkel.

M: Das hoffe ich. Auf jeden Fall wird es die früheren Diskussionen auf der französischen Plantage vertiefen, wo sich die Franzosen über ihre Version des gleichen Problems vor fünfzehn Jahren in Vietnam streiten: Wie ist für einen Soldaten an der Front das Gefühl, von Demonstranten zu Hause sabotiert zu werden, die nichts von seiner Lage verstehen? Und warum ist er überhaupt in diese Lage gebracht worden? Die Franzosen waren in Vietnam, weil sie dort Kolonialmacht waren ... Das ist vergleichbar mit dem, was jetzt in Zimbabwe passiert. Die weißen Farmer glauben, das Land gehöre ihnen. Nach ihrer eigenen Logik ist es ihre Heimat: Sie haben vier Generationen lang dort gelebt, lange genug, um davon überzeugt zu sein, daß es ihr Land ist und sie kein anderes haben. Aber ihre Vorfahren haben Menschen vertrieben, die Hunderte oder Tausende von Jahren auf dem gleichen Land gelebt haben.

Diese Geschichte hatten die Amerikaner in Vietnam nicht. Abgesehen von den Philippinen gehörte Südostasien nie zum amerikanischen Einflußbereich, also lauten die hartnäckigen Fragen: Was haben wir hier verloren, und was glauben wir hier zu erreichen? Die Franzosen hatten sehr gezielte persönliche Antworten auf diese Fragen, und sogar sie sind gescheitert.

O: Hat Brando seine Monologe improvisiert?

M: Ja, und zwar in dem Sinn, daß er keinen Text gelernt hat. Aber Francis und er haben ausgearbeitet, worüber er sprechen sollte.

O: Brando kam erst ziemlich spät zum Set, nicht wahr? Wie nah lag ihm die Rolle des Kurtz?

M: Er kam im September 1976 auf die Philippinen und meinte, er sei mit dem Drehbuch unzufrieden. Die folgenden Auseinandersetzungen wurden dadurch verschärft, daß er dicker war als versprochen und deswegen nicht tun konnte, was die Rolle von ihm verlangte. Als diese Diskussionen ins Stocken gerieten, meinte Francis: »Lies doch einfach *Herz der Finsternis*, da steht drin, was ich meine.« Brando antwortete, er habe *Herz der Finsternis* gelesen und könne es nicht leiden! Francis dachte, o mein Gott.

Die Produktion kam für etwa eine Woche zum Erliegen, während Marlon und Francis sich stritten. Schließlich lag zufällig oder absichtlich eine Ausgabe von *Herz der Finsternis* in Brandos Hausboot. Am nächsten Morgen erschien er mit kahlrasiertem Schädel und sagte, jetzt ist mir alles klar. Er hatte die ganze Zeit gedacht, John Milius' Originaldrehbuch sei *Herz der Finsternis*.

O: Also hatte er Conrads Novelle nie gelesen ...

M: Und sie machte einen unglaublichen Eindruck auf ihn. Nun war er auch so kahl wie Kurtz, der Protagonist der Novelle. Nach diesem Wendepunkt ging alles bestens. Das Problem war nur, daß sie so viel Zeit mit Streiten vergeudet hatten und Brando nicht von seinem ursprünglichen Vertrag abrücken wollte. Die Millionen oder was auch immer er bekommen sollte, galten für einen bestimmten Zeitraum. Sie hatten die erste Woche verloren, und alle Szenen mit Brando mußten nun in der Hälfte der Zeit gedreht werden.

Er wollte sogar den Namen Kurtz akzeptieren, den er zuvor noch abgelehnt hatte. Als er vorher das Drehbuch gelesen hatte, sagte er noch so etwas wie: »Amerikanische Generäle haben andere Namen. Sie haben blumige Namen aus dem Süden. Ich möchte ›Colonel Leighley‹ sein.« Francis hatte zugestimmt. Nachdem Brando aber Conrad gelesen hatte, wollte er auf einmal wieder Kurtz sein. Es gab aber schon viele Szenen, in denen von ihm als Colonel Leighley die Rede war. In der Szene, in der Willard seinen Auftrag bekommt, wird von Brando als Colonel Leighley gesprochen.

O: Was ist dann aus dieser Szene geworden?

M: Wir mußten den Dialog neu aufnehmen. Man sieht die Schauspieler »Colonel Leighley« aussprechen, aber wir hören, wie sie »Colonel Kurtz« sagen. Das wurde sehr sorgfältig gemacht. Passen Sie auf, wenn Sie sich diese Szene ansehen …

O: Harrison Ford ist da in einer kleinen Rolle als Offizier zu sehen, wie er »Colonel Kurtz« sagt, aber ich glaube, die Lippenbewegung ist »Leighley«. Das ist tatsächlich eine seltsame Szene.

M: Der italienische Kameramann von *Apocalypse Now* konnte kein Englisch. Und bei dieser Szene sagte Francis zu ihm: »Wenn dir langweilig ist, dann mach einfach einen Schwenk.« Sein Grundgedanke ist, daß Willard einen schlimmen Kater hat und diese Kameraposition seine Perspektive einnimmt. Das war aber extrem schwierig zu schneiden. Ich konnte nie sagen, wann jemand im Bild sein würde: Mitten in einer großen Rede schwenkte die Kamera auf einmal nach links. Die Schauspieler waren nicht sicher, wann sie im Bild sein würden, was ihrer Darstellung ein Gefühl der Unsicherheit gab. Da steht Harrison Ford und vergewissert sich, wo das Objektiv ist. Das Ganze hat aber eine wunderbare Aura. Er scheint Willard wie ein Verschwörer zu beobachten, als wollte er sagen: Was hier vor sich geht, ist vollkommen verrückt.

O: Haben John Milius und Coppola während der gesamten Produktion weiter am Drehbuch gearbeitet, oder war Milius' Originaldrehbuch nur ein Ausgangspunkt?

M: Ich glaube, John flog auf die Philippinen. Es gibt eine sehr witzige Passage in *Hearts of Darkness*, dem Dokumentarfilm über die Dreharbeiten von *Apocalypse Now*, in der John auf die Philippinen fliegt, um Francis wegen einiger Dinge die Meinung zu sagen, wenn ich mich recht erinnere. Aber dank Francis' Persönlichkeit und seiner Überredungskünste kommt John vollkommen umgekrempelt zurück und ist bereit, Francis in einen Vulkan zu folgen, wenn nötig.

O: Waren es diese beiden, die sich *Apocalypse Now* ausgedacht haben?

M: Nein. George Lucas sollte Regie führen; es war ein Projekt, das George und John für Zoetrope entwickelt hatten. Das war 1969. Als Warner Brothers dann die Finanzierung für Zoetrope stoppte, wurde das Projekt zunächst fallengelassen. Nach dem Erfolg von *American Graffiti* 1973 wollte George es wieder aufgreifen, aber das Thema war noch zu heiß, der Krieg dauerte immer noch an, und niemand wollte so etwas finanzieren. Also dachte George über die Alternativen nach: Was wollte er mit *Apocalypse Now* wirklich sagen? Die Botschaft lief auf die Fähigkeit einer kleinen Gruppe hinaus, eine riesige Macht nur durch die Kraft ihrer Überzeugungen zu besiegen. Er entschied sich: »Na schön, wenn es als zeitgenössisches Thema politisch zu heiß ist, dann versetze ich den Grundgedanken der Geschichte ins Weltall und lasse das Ganze vor langer Zeit in einer entfernten Galaxie spielen.« Die Rebellen waren die Nordvietnamesen, das Imperium war die USA. Und wenn die Macht mit einem ist, kann man die Übermacht besiegen, egal, wie klein man ist. *Krieg der Sterne* ist Georges umgewandelte Version von *Apocalypse Now*.

Willards Blick

O: Wenn ich mir heute *Apocalypse Now* anschaue, wird mir klar, wie sehr uns die Darsteller direkt anzusehen scheinen – direkt in die Kamera. In der Szene, in der Willard den Befehl vom General erhält, Kurtz zu finden und zu töten, sehen beispielsweise alle anderen Darsteller – der General, der CIA-Agent und der Adjutant – direkt in die Kamera.

M: Normalerweise lautet die Regel natürlich, daß keiner in die Kamera sieht, es sei denn, man will ausbrechen und die Darsteller direkt das Publikum ansprechen lassen, üblicherweise als komischer Effekt.

Aber bei *Apocalypse Now* haben Sie recht: Darsteller sehen häufig in die Kamera, was sich mühelos in den Fluß des Films einzuordnen scheint. Es ist nur komisch, daß ich nie davon gehört oder gelesen habe, daß jemand darüber gesprochen hätte – es wird in keiner Studie über den Film erwähnt, obwohl ein ehernes Filmgesetz gebrochen wird. In der Lagebesprechungsszene, in der Willard seinen Auftrag bekommt, sehen die Darsteller direkt in die Kamera, wenn sie Willard ansprechen. Wenn sie das tun, wäre es für Willard mathematisch korrekt gewesen, ebenfalls in die Kamera zu sehen. Statt dessen blickt er zum linken Rand des Objektivs, was nach der konventionellen Filmgrammatik richtig ist. Man hat aber nie das Gefühl, daß der General das Publikum ansieht – man glaubt, er sieht Willard an. Aber als Willard am Ende der Szene schließlich selbst in die Kamera blickt, glaubt man, er sieht uns – das Publikum – an, und denkt dabei: »Ist das nicht unglaublich?«

Das hat mit der intensiven Subjektivität des Films zu tun, mit der Tatsache, daß Willard Auge und Ohr ist, durch die wir diesen Krieg verstehen und durch dessen Sinne der Krieg gefiltert wird. All das ist logisch, aber es ist immer noch erstaunlich, daß es so mühelos funktioniert.

O: Wie bewußt war Ihnen das, als Sie den Film schnitten? Offensichtlich war es Ihnen klar, aber hatte Coppola das vor Drehbeginn ausgearbeitet? Haben Sie das zusammen erörtert?

M: Komisch, darüber haben wir nie geredet.

O: Nicht einmal beim Schnitt?

M: Nein. Wir hatten nur dieses Material. Es gab keine Alternative.

O: Diese Szene wurde nur so gedreht?

M: Es wurden keine anderen Takes mit Blicken zur einen oder zur anderen Seite gedreht. Als die Darsteller mit Willard sprachen, sahen sie direkt in die Kamera.

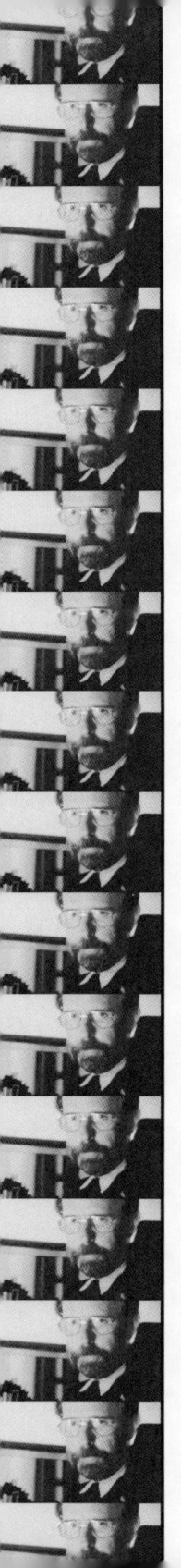

»Wie man Schauspieler schneidet«

Walter Murch

Der Cutter hat eine ganz besondere Beziehung zu den Schauspielern. Ich versuche, nie auf den Set zu gehen und die Schauspieler dort ohne Kostüm und außerhalb ihrer Rolle zu sehen – überhaupt gar nicht erst den Set zu sehen. Ich will nur sehen, was auf der Leinwand ist. Am Ende ist es das einzige, was das Publikum je zu sehen bekommt. Jeder andere, der am Film mitarbeitet, nimmt an allem rund um die gefilmte Szene teil: wie kalt es war, als sie gedreht wurde, wer auf wen wütend war, wer in wen verliebt war, wie schnell etwas gemacht wurde, was genau neben dem linken Bildrand stand. Ein Regisseur muß insbesondere darauf achten, daß so etwas keinen verdeckten Einfluß auf die Filmkonstruktion nimmt. Der Cutter aber, der ebenfalls Einfluß auf die Konstruktion des Films hat, kann (und sollte, wie ich finde) das alles völlig ignorieren, um Qualitäten zu finden, wo andere sie vielleicht nicht erkennen, und andererseits die Gewichtung von manchem zu verkleinern, was andere zu hoch angesetzt haben. Das ist eine der wichtigsten Funktionen des Cutters: soweit wie möglich den Blick des Publikums zu übernehmen, das den Film ohne jedes Wissen über die Hintergründe der Produktion sieht.

Im Lauf des Schneidens sieht man sich immer wieder das gesamte Material für die Szene an. Die Entscheidungen zum Timing, wo man eine bestimmte Einstellung schneiden und welche darauf folgen soll, all das beruht auf einem intuitiven Verständnis der Schauspieler. Man muß sehr, sehr gut über die Schauspieler Bescheid wissen, und dieses Wissen erwirbt man. Auf einer sehr schmalen Bandbreite weiß man manche Dinge besser als sie selbst und wahrscheinlich besser als irgend jemand sonst. Man sieht sie von vorn, von hinten, in vierundzwanzig oder in achtundvierzig Bildern pro Sekunde, immer und immer wieder. Man studiert sie so, wie ein Bildhauer ein Stück Marmor studiert, bevor er es bearbeitet. Also muß ich alle verborgenen Adern und Stärken und Schwächen des Steins kennen, um zu wissen, wo ich am besten den Meißel ansetze.

Für mich ist es tatsächlich beunruhigend, einen Schauspieler in voller Lebensgröße zu treffen. Meist haben sie keine Ahnung, wer ich bin – ich bin nur einer, der am Film mitgearbeitet hat. Ich sehe dann so eine vage Zerstreutheit in ihren Augen. Andererseits kenne ich sie besser als irgendwer sonst! Das ist aber nur ein sehr schmales Spektrum; es gibt Bereiche ihrer Persönlichkeit, von denen ich absolut keine Ahnung habe. Aber wenn ich dann einen Schauspieler treffe, fließt der Strom nur in eine Richtung. Bis zu einem bestimmten Punkt ist es interessant, aber nach einer Weile ist es für mich so unangenehm, daß ich mich verabschiede ...

Aus einem von Muriel (Aggie) Murch moderierten Radiogespräch mit Walter Murch und Michael Ondaatje über die Kunst des Schneidens und Redigierens beim Film und in der Literatur, ausgestrahlt von KPFA, Berkeley, Kalifornien, 1997.

Die neuen Szenen

O: Bei der Neufassung des Films fügen Sie nicht nur neue Sequenzen hinzu, sondern Sie verschieben auch einige sehr bekannte Szenen an andere Stellen der Handlung. Soweit ich sehen konnte, verändert dies auf erstaunliche Weise das emotionelle Spektrum. In der Version von 1979 kam beispielsweise die Wasserskiszene viel früher. Durch die Verschiebung wird sie zum wohlverdienten Delirium, also hat sie mehr Kraft. Eine wohlverdiente Party!

M: Ja, vorher kam sie vor den Kilgore-Szenen mit Robert Duvall. Wir haben sie jetzt dorthin verschoben, wo sie auch im Drehbuch stand, nach der *Playboy*-Bunny-Show. An der ursprünglichen Stelle sagte die Szene so etwas aus wie: »Dieses Boot und diese Mannschaft ist schon ziemlich durchgeknallt.« Das Publikum soll glauben, daß denen andauernd so etwas passiert. In der neuen Version haben sie gerade den Kilgore-Wahnsinn und den Tiger im Dschungel überlebt, es ist nach der *Playboy*-Show und nach dem Hau-Phat-Depot, wo Clean das Radio kauft, das *Satisfaction* spielt, und Chef den *Playboy* mit Miss Dezember auf der Titelseite. Und obwohl wir es nicht sehen, wird Kilgores Surfbrett irgendwie gegen die Wasserski ausgetauscht. In der neuen Version sieht man die Entwicklung der Mannschaft von der Ordnung zum Chaos. Es gibt einen sanfteren Bogen, der dazu beiträgt, das Episodische des Films zurückzunehmen.

O: Was das Ganze wohl am meisten für mich ändert, ist die Szene, in der Willard Kilgores Surfbrett klaut und wie ein kleiner Junge lachend aufs Boot kommt. Da ist er wie ein Teenager – sein glücklichster Augenblick in der ganzen Geschichte. So ändert sich plötzlich unser Bild von ihm.

M: Wie war doch gleich die Werbung für *Ninotschka*? »Die Garbo lacht!« Wir könnten hier das gleiche sagen: »Willard lacht!«

■

O: Was Sie da gerade mit dem Avid neu schneiden, passiert kurz vor der neuen Rettungshubschrauberszene, nicht wahr?

M: Ja. In dieser Sequenz liest Willard Kurtz' Brief an seinen Sohn auf dem Boot, während es an einem brennenden Hubschrauber und in den Bäumen hängenden Leichen vorbeifährt. Man hört, wie Chief ganz leise sagt: »Alpha Tango ... Erbitte Bergung von drei, vielleicht vier Gefallenen. Over.« Er will, daß jemand kommt und die Leichen abholt.

Wir werden jetzt etwas mehr Dialog ergänzen. Chief wiederholt: »Medevac, empfangen Sie mich? Over.«, um zu verdeutlichen, daß er keine Verbindung bekommt. Flußaufwärts stimmt etwas nicht.

Wir werden vom brennenden Hubschrauber zu dieser neuen Szene mit dem Boot überblenden, das im Regen an der Sanitätsstation ankommt. Und zusätzlich zum ursprünglichen Dialog gibt es dann ein paar Zeilen, in denen Chief ein Bergungskommando anfordert. Aber die Soldaten, mit denen er redet, scheint das alles nicht zu interessieren. Dieser neue Dialog muß neu aufgenommen werden, also müssen wir Albert Hall finden, der Chief gespielt hat, und ihn vierundzwanzig Jahre nach der Originalszene ins Studio holen.

Der brennende Hubschrauber, der vorher nur ein Vorkommnis am Rand war, ist jetzt der Grund, warum das Boot an der Sanitätsstation haltmacht. Dort erfahren wir, daß der Konzertimpresario Bill Graham (der sich selbst spielt) und die drei *Playboy*-Bunnies auch dort festsitzen. Willard verhandelt mit Graham, der selbst Treibstoff für

Eine neue Szene in *Redux*: Im Helikopter des *Playboy* hat Frederic Forrest als Chef das Glück, Collen Camp, seinem Lieblings-Playmate, zu begegnen.

Neu in *Redux*: Der Taifun sucht das Sanitätslager heim. Coppola drehte die Szene im strömenden Regen und schuf so eine Stimmung bedrückender Hoffnungslosigkeit auch für die folgende Sexszene.

seinen Hubschrauber braucht. Das Problem war, daß der Handel nie gefilmt wurde – an dem Tag brach ein Taifun mit voller Stärke los, und die Dreharbeiten mußten für etwa einen Monat unterbrochen werden.

O: Wie machen Sie das mit der fehlenden Szene mit Bill Graham, die nie gedreht wurde?

M: Diesen Augenblick behandeln wir wie eine Ellipse. Man sieht, wie Willard durch das verlassene Lager geht, und als Kontrast haben wir den Streit der Mannschaft auf dem Boot. Dann wird Willard von Bill Graham in eins der Zelte gerufen. Der Streit wird schlimmer, Willard kommt zurück, beendet den Streit und erzählt von seinem Handel: Die Mannschaft kann gegen Treibstoff ein paar Stunden mit den Mädchen verbringen.

O: Und das löst das Problem?

M: Das hoffe ich jedenfalls! Das Publikum wird eher das Ergebnis der fehlenden Szene als die Szene selbst sehen. Francis hat diesen Abschnitt gerade begutachtet und glaubt, wir sollten es damit versuchen.

Die toten Franzosen

O: In der neuen Version finde ich die Ergänzung der Szene auf der französischen Plantage ganz erstaunlich. Das Publikum fragt sich, ob die Figuren dort echt sind oder ob das Kanonenboot auf Gespenster trifft. Warum war die Szene nicht in der Originalversion?

M: Der wohl schwierigste Teil in der neuen Version von *Apocalypse Now* war die französische Plantagenszene und die Überleitung zu ihr – noch schwieriger war, wie man aus ihr wieder herauskommen sollte. Das hat uns 1978 kapitulieren lassen. Strukturell gesehen fand die Szene immer zu spät statt: Als das Boot den Alptraum des Sampan-Massakers und der Do-Lung-Brücke hinter sich hatte, schien es in einer anderen Welt zu sein, in der es keinen physischen, zeitlichen oder auch nur psychischen Platz für ein Tischgespräch über die französische Rolle im Vietnam der frühen 1950er gab. Der Zuschauer mußte so schnell wie möglich im Lager von Kurtz ankommen.

Wir haben eine Menge verschiedene Ansätze ausprobiert – wir haben die Szene gekürzt, wir haben sie früher eingebaut, aber nichts hat funktioniert. Ein wichtiges Element der französischen Plantage ist Cleans (Larry Fishburnes) Beerdigung, der gerade als erster der Mannschaft in einem Feuergefecht getötet wurde. Wäre die Szene früher gekommen, dann hätte die Beerdigung geschnitten werden müssen. Aber Cleans Beerdigung ist einer der Gründe, an Land zu gehen. Das war ein Dilemma.

Jedenfalls vegetierte die Szene wie ein Invalide vor sich hin und wurde immer kürzer, bevor wir sie schließlich ganz herausschnitten. Der unvermeidbare Nebeneffekt dieser Entscheidung war, daß Cleans Leiche einfach verschwindet. In der Originalversion erfährt man nie, was aus ihr geworden ist, was schon recht komisch ist, und es paßt nicht zu Chiefs offenkundiger Trauer um jemanden, der wie ein Sohn für ihn war.

1978 hatte ich noch kein Rohmaterial der französischen Plantage gesehen, weil sich meine Aufgaben auf die erste Hälfte des Films bis zum Sampan-Massaker beschränkten. Als ich es mir ansah, bemerkte ich, daß Francis die Ankunft auf der Plantage auf

Ansichten der französischen Plantage im ursprünglichen und nachträglich gedrehten Material. Am Ende wurde in *Redux* nur die geisterhafte Szene am Dock verwendet.

zwei verschiedene Arten gedreht hatte. In der ersten Version waren die Franzosen sehr korrekt, sie kamen herunter zum Dock, das in erstklassigem Zustand war, und stellten sich Willard und der Crew in aller Form vor.

Später drehte Francis die Anfahrt des Boots noch einmal; diesmal liegt das Dock in Trümmern, und die heruntergekommenen französischen Soldaten tauchen wie Gespenster aus dem aufsteigenden Nebel auf. Ich glaube, Francis reagierte damit zu diesem späten Zeitpunkt der Dreharbeiten auch auf das verzwickte Problem, daß die Franzosen so weit flußaufwärts und so spät im Film keine wirklichen Menschen sein können. Wo bekommen sie ihre Vorräte her, wie kommen sie dorthin und wieder weg, und wie verkaufen sie ihr Gummi?

Das alles war wie eine Offenbarung für mich.

Also ging ich das Material nach beiden Versionen der Ankunft durch, und die gespenstische Version schien mir der bessere Weg.

Allerdings kam da ein Problem auf mich zu: Die Abfahrt von der französischen Plantage war nur einmal gedreht worden und zeigte das Dock in unzerstörtem Zustand. Es gab keine Abfahrt von einem zerstörten Dock. Man konnte nicht in Trümmern ankommen und von einem reparierten Dock abfahren! Wenn wir das Material mit dem kaputten Dock als Einstieg in die Sequenz benutzten, kam ich da nicht wieder heraus.

Also durchforstete ich das Rohmaterial und fand eine Einstellung mit Martin Sheen (Willard) und Aurore Clément, in der sie vom Bett aufsteht, sich auszieht und das Moskitonetz um das Bett herum schließt. Da war etwas wundervoll Anziehendes an ihrer Silhouette hinter dem Moskitonetz, sie sah aus wie ein Geist und das Netz wie ein Nebel.

Genau *da* knüpfte ich die Verbindung. Wenn wir die Szene auf der französischen Plantage später beginnen und uns von Chiefs Trauer um Clean in den Nebel mitnehmen lassen und wenn der Nebel sich dann lichtet, sind da die Ruinen der Plantage, als wären Willard und die Mannschaft in der Zeit zurückgegangen. Dann konnte der Film dazu übergehen, was Francis das Buñuel-artig Gespenstische am Tischgespräch genannt hat: Menschen, die auf ewig bei den politischen Verhältnissen der frühen 1950er hängengeblieben sind, ein Spiegelbild der amerikanischen Einmischung in Vietnam fünfzehn Jahre später.

In der Plantagenszene in *Redux* verläßt Aurore Clément das Bett, zieht das Moskitonetz zu und wird zur Silhouette.

O: Das Gespenstische entsteht gegen Ende der Sequenz durch die einfache physische Barriere des Moskitonetzes zwischen Aurore Cléments Figur und Willard. Ein erstaunlicher Moment.

M: Ursprünglich packte Willard sie, zog sie durch das Moskitonetz, sie schliefen miteinander, und wie im Originaldrehbuch sieht man sie dann am nächsten Morgen wieder. In dieser Version löst sich das Bild von Aurore dagegen auf, es bleibt die Silhouette einer Venus von Milo, die vor einem milchigen Hintergrund schwebt. Dann erkennt man, daß man wieder auf dem Boot ist, wo alles anfing.

Als ich diesen Übergang fand, der im Drehbuch gar nicht beabsichtigt war, tat sich für mich etwas auf. Ich fühlte, daß ich die Sprache der neuen Version zu verstehen begann.

Apocalypse Now Redux

O: An welchem Punkt werden Sie sagen können, ob all diese Ergänzungen ein organisches Ganzes ergeben?

M: Ich habe die zusätzlichen Szenen bisher noch nicht im Verlauf des vollständigen Films gesehen, wenn auch in halbstündigen Abschnitten. Aber Francis und ich haben den Film noch nicht von Anfang bis Ende durchlaufen lassen, um zu sehen, was für eine Wirkung das alles hat, und um ein größeres Verständnis für den thematischen Aufbau zu bekommen. Wenn ich mir eine Szene im Kontext des gesamten Werks ansehe, kann sie genau den umgekehrten Effekt haben, als wenn ich sie nur für sich genommen sehe. Aber es ist bereits klar, daß dies die komische, politische, sexy Version von *Apocalypse Now* ist. Willard hat ein romantisches Zwischenspiel auf der französischen Plantage, Lance und Chef haben ihres im Sanitätshubschrauber. Es gibt politische Auseinandersetzungen über die französische Rolle in Vietnam, die unseren sehr ähnlich sind. Und Kurtz zweifelt an der Richtigkeit der Kriegsberichterstattung in Amerika.

Bei *Apocalypse Now Redux* pflanzen wir diese Äste an einen Baum, der bereits eine organische, ausgewogene Struktur hatte. Wir wissen, daß wir den Organismus verändern, und versuchen, nichts Schädliches damit anzustellen, sondern ihn im Gleichgewicht zu halten. Zur Zeit weiß ich noch nicht, wie das Ergebnis ausfallen wird. Ich habe ein paar Vorstellungen, aber ich bin vollkommen offen.

O: Was passiert als nächstes?

M: Wenn wir die Szenenfolge erst einmal in der endgültigen Reihenfolge haben, können wir mit dem Soundtrack für die abschließende Mischung anfangen. Das allein ist schon furchteinflößend: Wir müssen zu den Originalbändern zurückkehren und versuchen, den Ton erneut herzustellen, damit nicht nur die Übergänge hinein ins neue Material und vom neuen Material heraus absolut unauffällig sind, sondern auch die Tonqualität der neuen Szenen künstlerisch und technisch eine friedliche Koexistenz mit der unveränderten Arbeit von vor einundzwanzig Jahren eingeht.

Glücklicherweise stellen Mitglieder des damaligen Teams den neuen Soundtrack her, Michael Kirchberger, George Berndt und natürlich ich, also gibt es genug »Stammeswissen«, um uns durch einige schwierige Stellen hindurchzumanövrieren.

Uns fiel sofort auf, daß nichts vom Originalton mit dem Bild synchron war. 1977 war das ein Problem, und die schnelle Lösung dafür war, alle dreißig Sekunden ein Bild zu entfernen, damit der Ton nicht langsam dem Bild davonlief. Bei kurzen Takes von weniger als einer Minute wäre das kaum zu merken, aber Francis hatte viele Takes von mehr als zehn Minuten gedreht. Im Gegensatz zu damals haben wir jetzt glücklicherweise digitale Programme für solche Probleme: Wir können das Maß der Abweichung einstellen und automatisch ausgleichen. Ich weiß nicht, warum das Problem nie behoben wurde – ich glaube, es hatte etwas mit der Feuchtigkeit und mit den Technovision-Kameras zu tun, die Vittorio Storaro aus Italien mitgebracht hatte.

Wir müssen auch Marty Sheen, Robert Duvall, Albert Hall und Sam Bottoms, der den Lance gespielt hat, noch einmal ins Studio holen und einige Dialoge von 1976 neu aufnehmen lassen. Vierundzwanzig Jahre später – ich glaube, das hat es noch nie bei einem Film gegeben.

O: Wie werden die Originalteile und die neu hinzugekommenen Teile miteinander auskommen?

M: Vittorio Storaro möchte die neue Version mit dem Drei-Streifen-Prozeß von Technicolor kopieren. So wurden bis Mitte der 1970er alle Technicolorfilme hergestellt; dann gab man es auf, weil es zu arbeitsintensiv war. Jetzt hat man die alte Technologie mit einer computergestützten Version wiederbelebt. Das Kopieren der Filmversion wird dann ein Farbtransfer sein, so ähnlich wie beim Fotodruck in Magazinen. Auch wenn es ein Film ist, ist es kein fotografischer Prozeß.

Dieses System hat den Vorteil, daß die Körnung geringer ist und Vittorio größeren Einfluß auf die individuellen Farben und die Dichte nehmen kann – und dazu wird es sich nie verschlechtern. Ein normales Farbfilmnegativ verzehrt sich chemisch gesehen langsam von selbst, auch wenn es sehr sorgfältig bei der richtigen Temperatur und Luftfeuchtigkeit aufbewahrt wird. Man kann den Prozeß nur verlangsamen, aber nicht ausschalten.

Rechts oben: Die Tonleute von *Apocalypse Now* nehmen 1979 ihre Oscars aus der Hand von Rod Steiger entgegen. Von rechts nach links: Walter Murch, Mark Berger und Richard Beggs. Rechts unten: Vor dem Palais de Festival in Cannes, wo *Apocalypse Now Redux* auf den 54. Filmfestspielen am 11. Mai 2001 außer Konkurrenz lief. Von links nach rechts: Produktionsdesigner Dean Tavoularis, Aurore Clément, Francis Ford Coppola, Walter Murch und Sam Bottoms.

54ᵉᵐᵉ FESTIVAL INTERNATIONAL DU FILM
CANNES 2001

Das Haarsträubende an der Sache ist, daß wir für den Drei-Streifen-Prozeß das alte Negativ neu schneiden und es mit dem Negativ der neuen Szenen verbinden müssen, und danach können wir nie mehr zum Original zurück. Aber Vittorio glaubt, der Drei-Streifen-Prozeß sei die einzige Möglichkeit, daß die neue Version funktioniert, und außerdem wirkt er dem Ausbleichen des Originalnegativs entgegen.

Es gibt ein sehr gutes, feinkörniges Master-Band des Negativs von 1979, also wird es nicht vollkommen zerstört, aber es ist trotzdem ein unwiderruflicher Schritt.

O: Ingmar Bergman hat irgendwann gesagt, mit vielen Menschen einen Film zu drehen, das sei wie mit einer mittelalterlichen Gemeinschaft eine Kathedrale zu bauen.

M: Wir haben schon darüber gesprochen, daß bei einem Film wie *Apocalypse Now* mehrere Cutter beschäftigt werden. Aber das geschieht beim gesamten Prozeß des Filmemachens. Wie schafft man es, daß einhundertfünfzig temperamentvolle Künstlernaturen am gleichen Projekt zusammenarbeiten und es nicht nur rechtzeitig und innerhalb des Budgets fertiggestellt wird, sondern daß es auch einen künstlerischen Zusammenhang hat? Es steht einfach nicht in der Macht eines einzelnen Menschen, ob Regisseur oder Produzent, das durch eine Reihe direkter Befehle zu erreichen. Es ist zu kompliziert. Die Frage ist: Wie geschieht es?

Wenn Sie je ein Haus renoviert haben, wissen Sie, wie schwierig es ist, daß sich nur vier oder fünf Handwerker einig werden: Milliarden Menschen haben seit Tausenden von Jahren Häuser gebaut – »Häuslichkeit« sollte eigentlich in unserer DNS stecken. Aber beim Renovieren ist es nicht selten, daß Budget und Zeit um das Doppelte überzogen werden.

Im Vergleich dazu drehen wir erst seit hundert Jahren Filme, und ein Filmteam besteht oft aus Hunderten von Leuten, aber irgendwie steht da, so hofft man, wunderbarerweise am Ende von »nur« einem Jahr eine herrliche, geheimnisvolle, mächtige, zusammenhängende, zwei Stunden lange Vision, die nie zuvor dagewesen ist – und je origineller die Vision, desto erstaunlicher der Prozeß. Dennoch werden die Studiobosse fuchsteufelswild, wenn wir das Budget und den Zeitplan um zehn Prozent überziehen!

Wir neigen dazu, dieses Wunder zu akzeptieren, weil wir mittendrin stecken – irgendwie erscheint es normal –, aber in Zukunft, in ein paar hundert Jahren werden die Menschen auf unser Zeitalter zurückblicken wie wir auf die gotischen Kathedralen. Wie haben sie diese Kathedralen gebaut, wenn sie keine Computer, kein Ingenieurwissen und kein Werkzeug hatten wie wir? Wie wußten sie so genau, wie sie diese riesigen Bauwerke errichten mußten, von denen jedes prächtiger als das vorherige war? Trotz all unseres Könnens und Wissens wäre es heute eine große Herausforderung für uns, die Kathedrale von Chartres zu kopieren. Sie aber wurde durch Muskelkraft und buchstäblich durch Pferdestärken erbaut. Wie konnten die Menschen von so etwas träumen und es dann auch noch in die Tat umsetzen? Diese fantastischen Bauwerke kamen förmlich aus dem Nichts. Plötzlich gab es gleichzeitig überall in Europa gotische Architektur. Das gleiche gilt für die Pyramiden. Ich glaube, daß zukünftige Generationen mit von uns ungeahnten Kräften auf das Filmemachen im zwanzigsten Jahrhundert zurückblicken und sagen werden: »Wie haben sie das alles damals mit dieser lächerlichen Ausrüstung geschafft?«

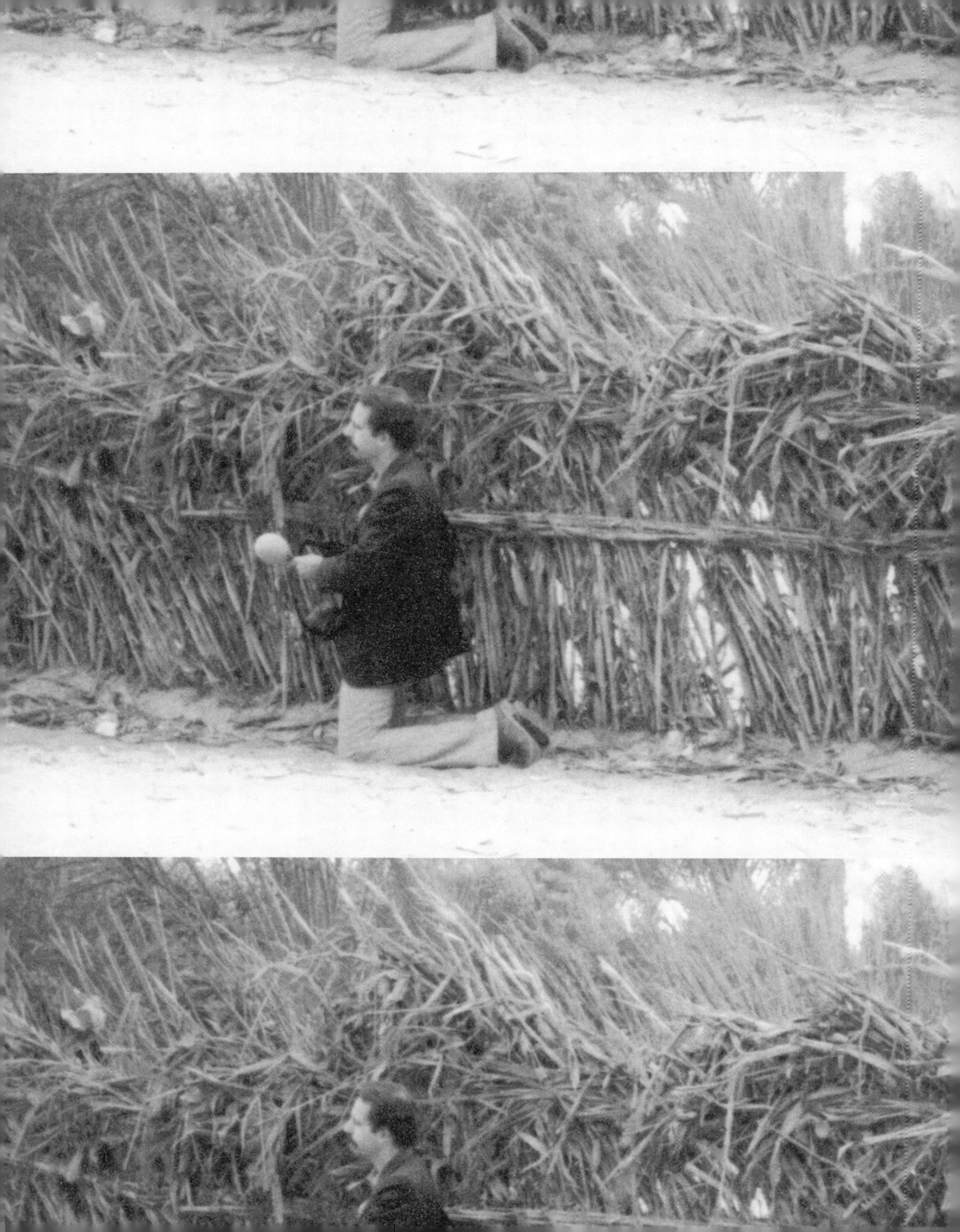

ZWEITES GESPRÄCH
Los Angeles

Walter und ich trafen uns das nächste Mal in Los Angeles an dem Tag im Oktober 2000, als er für seine Arbeit als Cutter und Sounddesigner von der Academy of Motion Picture Arts and Sciences geehrt werden sollte. Unter den Freunden, die an diesem Abend über seine Arbeit sprechen sollten, waren Francis Coppola, Saul Zaentz, George Lucas und Rick Schmidlin.

Der Saal war brechend voll und die Stimmung herzlich. Die Filmgemeinde feierte ein Talent, das zwar dem größten Teil des Publikums unbekannt war, nicht aber den Filmschaffenden. Bild- und Toncutter wie Randy Thom, die früher mit Walter gearbeitet und von ihm gelernt hatten, aber auch alte Freunde wie der Drehbuchautor und Regisseur Matthew Robbins waren da.

Auch unser zweites Gespräch umfaßte ein breites Spektrum an Themen – vom Einfluß Beethovens und Flauberts auf den Film über die Schnittechniken, die Eisenstein sowie Kurosawa und andere asiatische Künstler dem Westen vermittelt hatten, bis zur essentiellen Bedeutung, die die Mehrdeutigkeit in jeder Kunstform besitzt. Zwei lange Vormittage saßen wir nach dem Frühstück mit Walters Frau Aggie im leeren Café eines Hotels in Los Angeles über unserem Kaffee und diskutierten über die Oper, Jim Morrison, verschollene Filmszenen, den frühen »metaphorischen Ton« in *King Kong* und im Werk von Renoir, Welles und Hitchcock, die schwirige Kunst der Übersetzung von Romanen in Filme und schließlich Walters neue Leidenschaft – die Übertragung von Curzio Malapartes Prosawerk in Lyrik.

Walter nimmt 1980 im ägyptischen Saqqara während eines Sandsturms das ideale Windgeräusch auf, um es für spätere Projekte zu verwenden.

Der richtige Zeitpunkt für die Erfindung des Rads

O: Wir haben schon über die Menschen gesprochen, die Ihrer Meinung nach die Entwicklung und die Form des Films beeinflußten. Ich denke, Edison gehört natürlich dazu, aber auch ungeläufigere Namen.

M: Ja, die drei Väter des Films: Edison, Beethoven, Flaubert! Damit versuche ich, eine verlockende Frage zu beantworten: Warum entwickelte sich der Film nach seiner Erfindung so rasch zu einem Medium des Geschichtenerzählens? Heute kommt es uns ganz natürlich vor, aber vor einem Jahrhundert sahen viele Menschen, sogar die Erfinder des Films – Edison und die Gebrüder Lumière –, diese Entwicklung nicht voraus. Auguste Lumière ging so weit, das Kino eine »Erfindung ohne Zukunft« zu nennen.

Er hätte sogar recht haben können – es gibt häufig »Erfindungen ohne Zukunft«, die ihrer Zeit voraus sind oder außerhalb ihrer Kultur stehen. Die Azteken erfanden das Rad, aber sie konnten es nicht verwenden, außer als Kinderspielzeug. Obwohl sie Straßen bauten, die nach unserem Dafürhalten nach Rädern geradezu schrien, schleppten sie ihre Sachen weiter auf dem Rücken herum. Die Gesellschaft war blind für diese Möglichkeiten. Man muß also außer der Erfindung auch den sozialen und kulturellen Kontext betrachten, in dem sie steht. Alles muß ineinandergreifen.

O: Was wäre passiert, wenn der Film statt 1889 schon 1789 erfunden worden wäre? Hätten wir etwas damit anzufangen gewußt, oder wäre dieses imaginäre Kino des achtzehnten Jahrhunderts eine Art »Aztekenrad« geblieben?

M: Ich vermute das letztere, denn es gab kulturelle Entwicklungen, die erst im neunzehnten Jahrhundert reiften – Vorstellungen von Realismus (in Literatur und Malerei) und Dynamik (in der Musik) – und ebenso zum Kino gehören wie die technischen Eigenarten des Films. Und 1789 waren diese Vorstellungen von Realismus und Dynamik noch nicht geboren.

Hier setzt meine Idee der »Drei Väter« an. Der Name Edison steht für all die technischen Genies des frühen Films, die die physische Seite des Films erfanden, seinen mechanischen, chemischen Charakter. Aber fast fünfzig Jahre vorher hatten Schriftsteller wie Flaubert – auch er steht als Symbolfigur für alle anderen – schon die Idee des Realismus erfunden.

Es gab viele, die im Frankreich des neunzehnten Jahrhunderts realistische Romane schrieben, etwa Balzac. Aber Flaubert reflektierte am intensivsten, was er tat, und zermarterte sich am heftigsten den Kopf darüber. Eine solche in Nahaufnahme betrachtete Realität als Selbstzweck war im achtzehnten Jahrhundert noch nicht Teil der literarischen Tradition. Flaubert verwendet eine ganze Seite darauf, minimale Geräusche und Staubteilchen in einem leeren Zimmer zu beschreiben, weil er eine bestimmte Absicht verfolgt. Er sagt, daß sich den von ganz nah betrachteten Ereignissen der alltäglichen Realität eine Bedeutung abgewinnen lasse. Literarisch, wissenschaftlich und fotografisch – die Fotografie wurde erfunden, als er noch keine zwanzig war – befaßte sich das neunzehnte Jahrhundert viel stärker mit der intensiven Beobachtung der Realität als das achtzehnte. Die gesamte Naturwissenschaft des neunzehnten Jahrhunderts war der genauen Beobachtung kleiner Dinge gewidmet ... Das neunzehnte Jahrhundert konzentrierte sich auf diese Sinneswahrnehmungen und erweiterte sie maßgeblich. Sie wurden zum Mittelpunkt des Romans, der Sinfonie, der Malerei.

Wie so viele revolutionäre Ideen wurden sie zunächst nur widerstrebend anerkannt. Manchen Lesern muß diese Art von Realismus zu gewöhnlich erschienen sein, um als Literatur gelten zu können – wenn der Autor nur beschrieb, was der Leser mit eigenen Augen sehen konnte, warum schrieb er dann überhaupt? Wahrscheinlich wirkte das sehr freudlos und langweilig.

Dreißig Jahre vor Flaubert bedienten sich Komponisten wie Beethoven der Idee der Dynamik – durch das energische Erweitern, Verkürzen und Verwandeln der rhythmischen und orchestralen Struktur der Musik ließ sich große emotionale Wirkung und Kraft erzeugen.

Die Komponisten vor Beethoven hatten in der Regel einzelne Sätze komponiert, aber jeder Satz definierte und erforschte einen einheitlichen musikalischen Raum. Wenn man zehn Sekunden des ersten Satzes einer Haydn-Sinfonie anhört, dann zehn Sekunden aus der Mitte und noch zehn Sekunden vom Ende des Satzes, ähneln sie einander. Hört man das ganze Stück, dann ist es, als ginge man durch verschiedene Räume eines Palastes: Erst geht man in einen Raum und sieht sich um, dann schließt man die Tür und geht beim nächsten Satz in einen anderen Raum.

Beethoven verwarf das – ich vermute, weil er so viel stärker von der Natur als von der Architektur beeinflußt war. Der Raum jedes Satzes ist äußerst vielgestaltig. Beethoven nimmt einen gewaltigen Klang, an dem alle Instrumente des Orchesters beteiligt sind, und reduziert ihn plötzlich auf ein einziges Instrument. Es ertönt nichts als eine einzelne Flöte, dann schleicht sich im Hintergrund ein Rhythmus ein, den man noch nicht gehört hat, und dann ist man wieder auf einem anderen Kurs – und das alles in einem Satz.

Beethoven hat die musikalische Entwicklung des ganzen neunzehnten Jahrhunderts bestimmt. Im großen und ganzen wurde die Revolution, die er begonnen hatte, recht schnell akzeptiert. Er galt schon zu Lebzeiten als Genie. Junge Leute waren begeistert, und die alten dachten, das Ende der Welt sei gekommen. Als Carl Maria von Weber die *Siebte Sinfonie* gehört hat, soll er gesagt haben, Beethoven sei »reif fürs Irrenhaus«.

Wenn man an die alte Form gewöhnt ist, klingt die neue Form, als könnte jemand nicht beim Thema bleiben, als ob ein sehr aufgeregter Mensch sich zu einem setzt, während man ein nettes Gespräch führt, und anfängt, nacheinander über zehn verschiedene Sachen zu reden. Doch die Musik ist für den Rest des neunzehnten Jahrhunderts dieser Form gefolgt, und es ist eine Form, die dem Film von Natur aus angemessen ist.

O: So gibt es also einen Einfluß, obwohl Beethoven und der Film ein Jahrhundert auseinander liegen.

M: Wenn Sie heute Beethoven hören und seinen plötzlichen Wechsel von Tonart, Rhythmus und musikalischem Fokus, ist es, als könnten Sie hören, wie die Grammatik des Films – Schnitte, Überblendungen, Auf- und Abblenden, Mehrfachbelichtung, Totalen, Großaufnahmen – musikalisch entwickelt wird. Seine Musik hielt sich nicht an das geordnetere architektonische Kompositionsmodell des vorigen Jahrhunderts, er ersetzte es durch ein organisches, wildes, natürliches – manchmal übernatürliches – Modell.

Am Ende des neunzehnten Jahrhunderts existierte seit fast hundert Jahren Beethovens dynamische Darstellung der Form und, noch nicht ganz so lange, Flauberts intensiv beobachtete Realität. Und der Film entwickelte sich zu der Form, die wir heute kennen – es ging schnell vor sich, ohne lange Experimente –, weil er der richtige Ort war, an dem sich die beiden Bewegungen Realismus und Dynamismus trafen und zu einer Art Synthese werden konnten. Wegen seines fotografischen Charakters ist der Film gut geeignet, die Realität aus der Nähe zu beobachten. Weil sich die Kamera und die Menschen bewegen lassen – und weil man schneiden kann –, eignet er sich sehr gut zur dynamischen Darstellung der »Realität«, viel besser als etwa das Theater, wo Kampfszenen nicht sehr gut funktionieren. Bei einem großen Kampf kann man nur sehen, wie relativ kleine Gestalten auf der Bühne gegeneinander kämpfen, aber im Film kann eine Kampfszene atemberaubend sein.

Gegen Ende des neunzehnten Jahrhunderts waren die einst revolutionären Ideen

Realismus und Dynamismus vollständig von der europäischen Kultur akzeptiert worden. Generationen von bildenden Künstlern, Schriftstellern und Komponisten hatten, genau wie die ganze Gesellschaft von 1889, diese Arten des Sehens, Denkens und Hörens vollkommen verinnerlicht. Das neunzehnte Jahrhundert war von Realismus und Dynamismus durchdrungen!

Und dann kam der Film: ein Medium, das ideal für die dynamische Darstellung einer aus der Nähe beobachteten Realität geeignet war. Damit flossen diese beiden großen Ströme der Kultur des neunzehnten Jahrhunderts – der Realismus aus Literatur und Malerei und der Dynamismus aus der Musik – innerhalb des physischen Rahmens des Films zusammen und mündeten in wenigen Jahrzehnten in die neue künstlerische Form des Kinos.

Vierzehn Jahre nach seiner Erfindung wurde die Grammatik des Films im *Großen Eisenbahnraub* festgelegt – Schnitt, Großaufnahme, Parallelhandlung –, und der soziale und wirtschaftliche Wandel trug dazu bei, das Kino ins Alltagsleben der Menschen zu integrieren und zu einer gewinnträchtigen Unternehmung zu machen. Nach weiteren zwölf Jahren war der Spielfilm dank D. W. Griffith und der *Geburt einer Nation* fast so, wie wir ihn heute kennen. Mit der Hinzufügung des synchronen Tons war die Revolution 1927 so gut wie abgeschlossen.

O: Und es gab auch den Einfluß der Maler des neunzehnten Jahrhunderts, die das Konzept der großen, an eine Kinoleinwand erinnernden Bilder weitergaben.

M: Als Manet sein Gemälde *Olympia* ausstellte, gab es einen Aufschrei, weil die Frau auf dem Bild bloß eine gewöhnliche Frau war, keine mythologische Figur. Mythologische Figuren durften nackt gemalt werden, aber keine gewöhnliche Sterbliche, wie man sie auf der Straße sehen konnte.

O: Erinnern Sie sich an John Bergers Essay über Géricault und seine Porträts der Insassen von Irrenanstalten? Er schreibt, dies seien die ersten Porträts von Menschen gewesen, die nicht der Oberschicht angehörten. Der Film bedeutete nicht bloß die Erschütterung einer Kunstform, die den Zuschauer in dramatische Spannung versetzte, er bildete die Wirklichkeit auch plastisch ab. Und zusätzlich konnte er ein soziales Bewußtsein haben, indem er reale, gegenwärtige Menschen abbildete.

M: Manchmal gibt es in der Chemie eine Situation, in der eine Lösung übersättigt ist. Ein Gefäß ist voller Wasser und Salz, und das Salz kann nicht auskristallisieren. Die

Situation ist nicht im Gleichgewicht, sie ist bereit zur Reaktion, aber noch nicht ganz, weil das Gefäß vollkommen glatt ist. Wenn man es aber anstößt, bringt man die Lösung zur plötzlichen Kristallisation. Ich glaube, der Film ist eine dieser Erschütterungen, eine unvorhergesehene Erfindung, in all ihrer Pracht. Und diese Erschütterung brachte bestimmte Dinge innerhalb der übersättigten Lösung der Kultur des neunzehnten Jahrhunderts zur Kristallisation.

O: Und die rasche Veränderung der Bevölkerungsstruktur am Ende des neunzehnten Jahrhunderts, als die Menschen in die Großstädte zogen, unterstützte die Entstehung des Publikums für den Film.

M: Genau. Die Industrialisierung in Europa und Nordamerika konzentrierte die Menschen in den Großstädten und schuf ein Publikum, das es am Ende des achtzehnten Jahrhunderts noch nicht gab. Vor allem in Nordamerika gab es ein großes städtisches Publikum von Einwanderern aus vielen Ländern ohne gemeinsame Sprache. Diese Sprache schuf erst das Kino. Diese Fügung des Schicksals ist eine Säule des amerikanischen Kinos. Und einer der Gründe, weshalb das amerikanische Kino überall auf der Welt so stark verbreitet war und immer noch ist. Die Wurzeln des amerikanischen Filmschaffens liegen in der Suche nach dem gemeinsamen Element, das Menschen mit unterschiedlichem kulturellem Hintergrund verbindet. Das galt für kein anderes Land.

O: Und dann gibt es den technischen Einfluß – der andere filmische Einfluß, den Sie genannt haben –, den des Erfinders Thomas Edison.

M: An Edison ist so faszinierend, daß er sich viel mehr für den Ton als für das Bild interessierte. Gegen Ende seines Lebens wurde er nach seiner Lieblingserfindung gefragt und sagte ohne Zögern: »Die Tonaufnahme.«

O: Und das ist der Mann, der die Glühbirne, den Film und tausend andere Dinge erfunden hat...

M: Ich glaube, es lag daran, daß die Tonaufnahme vollkommen unvermutet kam. Sie erschien doppelt wunderbar. Man hatte schon im ganzen neunzehnten Jahrhundert in irgendeiner Form mit der Idee der bewegten Bilder gespielt, ebenso mit dem elektrischen Licht. Der Ton war dagegen nicht festzuhalten, fast per definitionem; in vielen Gedichten wurden Klangmetaphern zur Darstellung des Flüchtigen verwendet –

Thomas A. Edison und sein Mikrograph, 1893 von Edward M. Dickson fotografiert.

eine Blume, die im Blühen schon verwelkt. Deshalb war es für die Leute eine phantastische Überraschung, als Edison etwas so Flüchtiges festhalten konnte.

William Dickson hingegen war ein junger Mann, der mit der geradezu heiligen Mission, das bewegte Bild zu erfinden, aus England in die USA ausgewandert war. Er hatte die Konsequenzen von Muybridges Fotoexperimenten im England der späten siebziger Jahre erkannt.

Dickson löcherte Edison – man kann sich vorstellen, wie viele Leute damals für den berühmten Erfinder arbeiten wollten –, bis Edison ihn schließlich anstellte und auf die Probe stellte, indem er ihn fünf Jahre lang an einem Verfahren zum Schmelzen von Erz arbeiten ließ. Also war Dickson, der etwa sechsundzwanzig war, fünf Jahre lang ein Zauberlehrling und erfand schließlich eine Methode, aus Erz kostengünstig Wismut zu gewinnen.

Schließlich gab Edison nach, und sie begannen gemeinsam mit der Arbeit an bewegten Bildern – Edison hatte die Vorstellung, die Leute würden die Gesichter der Menschen sehen wollen, die auf seinen Schallplatten sangen. Das Kino begann als Musikvideo! Das war sein wesentlicher Reiz, soweit Edison sehen konnte. Dickson dagegen ahnte das Potential des neuen Mediums sehr genau voraus. Er schrieb 1895 ein Buch, das vom Museum of Modern Art in New York wiederaufgelegt worden ist, und es ist erstaunlich, wie viele seiner Voraussagen sich verwirklicht haben.

O: Als ich Sie zuerst an *Apocalypse Now Redux* arbeiten sah, haben Sie gleichzeitig ein altes Stück Film von Edison und Dickson bearbeitet. Das Projekt hat mich an eine archäologische Ausgrabung erinnert, weil ich glaube, daß Sie einen der frühesten Filme mit synchronem Ton rekonstruiert haben.

M: Ja, es war echte Detektivarbeit, die sich um einen vergessenen, kaputten Tonzylinder aus Edisons Labor in Menlo Park drehte. Es begann damit, daß Patrick Loughney, der Leiter der Film- und Fernsehabteilung der Library of Congress auf die Idee kam, dieser Zylinder, der in den sechziger Jahren falsch inventarisiert worden war, könnte der Ton zu einem siebzehn Sekunden langen Kinetoskope sein, das Edison 1894 machte. Der Film zeigt, wie Dickson vor einem riesigen Schalltrichter Geige spielt, und es ist klar, daß sie den Ton während des Filmens aufgenommen haben. Er war aber verloren gegangen – manche Leute waren nicht mal sicher, ob er je existiert hatte, zumindest bis vor ein paar Jahren, als Patrick Loughney genau diesen zerbrochenen Zylinder fand und reparieren ließ.

Und es stellte sich heraus, daß darauf wirklich jemand Geige spielte, mit vielen Aussetzern, und im Hintergrund waren Gesprächsfetzen zu hören. Die Library of Congress hatte jedoch keine Möglichkeit, Bild und Ton zu synchronisieren: der Film war mit vierzig Bildern pro Sekunde gedreht (im Gegensatz zum heutigen Standard von vierundzwanzig Bildern) und dauerte siebzehn Sekunden, aber der Ton auf dem Zylinder zweieinhalb Minuten. Also war die Frage: welche siebzehn Sekunden Ton gehören zum Film? Und sobald man das entschieden hatte – wie verbindet man sie synchron mit dem Film, der nicht mit der üblichen Geschwindigkeit läuft?

O: Wie sind Sie an dieses Projekt geraten?

M: Rick Schmidlin, der die restaurierte Fassung von Orson Welles' *Im Zeichen des Bösen* produziert hatte, brachte Patrick und mich zusammen, und Patrick fragte, ob ich helfen könne. Mein Assistent Sean Cullen digitalisierte den Ton und den Film und konnte dadurch den Film im normalen Tempo laufen lassen und verschiedene Stellen bezeichnen, die synchron mit der Musik waren. Ich habe mehrere Stunden lang viele Dutzend davon ausprobiert, bis ich die Stelle fand, die funktionierte. Nach 106 Jahren waren die Tonspur und der Film zum erstenmal synchron!

Die erste bekannte Tonfilmaufnahme: Bilder aus einem siebzehn Sekunden langen Kinetoscope von Edison aus dem Jahre 1894. William Dickson spielt vor einem großen Aufnahmetrichter Violine. Murch gelang es, Film und Ton wieder synchron zu machen.

O: Dann ist es das erste bekannte Stück Tonfilm?

M: Ja. Es verschiebt die Schwelle des Tonfilms um mehrere Jahrzehnte. Es gibt Gerüchte, daß schon 1891 so etwas gemacht wurde, aber weder der Film noch der Ton dafür sind bis heute aufgetaucht.

Was dieses Fragment von 1894 angeht, möchte ich unbedingt eine ganz neu entwickelte technische Methode anwenden, um zu sehen, ob wir die Nebengeräusche eliminieren und das anscheinend spontane Gespräch zwischen Edison und Dickson hören können. Das wäre doppelt faszinierend! Es wären nicht nur Edison und Dickson, die Pioniere des Films, sondern es wäre auch die erste Aufnahme einer Unterhaltung zwischen Leuten, die nicht wußten, daß sie aufgenommen wurden.

Alle erhaltenen Aufnahmen der menschlichen Stimme aus dieser Zeit sind ziemlich förmlich, wie Fotos von Leuten im Sonntagsanzug, die mit starrem Gesicht direkt in die Kamera schauen. Für die meisten Menschen war die Fotografie eine einmalige Erfahrung. Wenn sie in die Linse des Fotoapparats sahen, blickten sie die Ewigkeit an – so würden ihre Nachkommen sie sehen. Mit dem Ton war es das gleiche: Es war eine magische Erfahrung, seine Stimme aufnehmen zu lassen. Also sprach man sehr deutlich mit der Sonntagsstimme in den Schalltrichter.

O: Hoffentlich sagen sie nicht: »Er würde uns umbringen, wenn er es könnte.« (Zitat aus dem *Dialog*)

M: Vielleicht doch ...

O: Ich erinnere mich an das erste gefilmte Interview, das in einer englischen Bergarbeiterstadt gemacht wurde. Es war einer der ersten Dokumentarfilme, die John Grierson produzierte, glaube ich, und es geht um ein Paar, dessen Haus voller Ratten ist. Die Frau spricht in die Kamera, und der Mann schaut auch in die Kamera – so etwa –, als wäre er davon geblendet. Die erste Minute lang starrte er nur in die Kamera, und dann allmählich sehen wir, daß er seiner Frau zuhört, sein Kopf dreht sich, er schaut sie an und hört erstaunt zu, als sie erzählt, wie sie drei Ratten gefangen habe. Er hat die Kamera völlig vergessen ... zum erstenmal.

Mordmusik

O: Francis Coppola, George Lucas und Sie hatten zuerst nur mit Independent- bzw. Low-Budget-Filmen zu tun. Hatten Sie das Gefühl, Sie wären in einer neuen Welt, als Sie für ein großes Studio am Ton für den ersten Teil des *Paten* arbeiteten?

M: Und ob. Es war furchteinflößend! Wir waren schließlich noch keine dreißig. Wir waren noch immer Exfilmstudenten, aber plötzlich gab es zusätzlich den Einfluß eines Studios. Eine Weile konnten wir in San Francisco weiterarbeiten, aber im Oktober 1971 ließ Robert Evans, der Chef von Paramount, die Produktion nach Los Angeles verlegen. Ich arbeitete zum erstenmal in Los Angeles an einem Spielfilm in einem Studio und hatte Zugang zum Tonarchiv, aber es gab auch all die anderen Dinge, die mit Studioproduktionen zusammenhängen, gute und schlechte.

Ich habe viel gelernt, nicht zuletzt, wie weit ich trotz meiner mangelnden Erfahrung das Studiosystem unterlaufen konnte, um ungewöhnliche Resultate zu erzielen. Statt also einfach zu sagen: Das ist ein Studiofilm, so wird das gemacht, habe ich immer versucht, den Ton in die Richtung der Filme zu drängen, die wir vorher gemacht hatten.

Ich war zum Beispiel immer schon von der Möglichkeit fasziniert, durch den Ton die Perspektive zu verschieben, besonders in einer Szene wie der Hochzeitsfeier im *Paten* – die Verschiebung von den Hochzeitsgeräuschen draußen zu ihrer Wahrnehmung von drinnen, bis man, auch wenn man wieder draußen ist, unterschiedliche Perspektiven hört. Ich habe schließlich die Aufnahme der Musik verwendet, die Francis während der Dreharbeiten laufen ließ, um die Leute in die Stimmung einer fröhlichen italienischen Hochzeit zu bringen. Üblicherweise werden solche Aufnahmen später weggeworfen.

Ich dachte mir, das klingt toll, warum soll man es wegschmeißen? Es klingt wie eine echte Hochzeit. Im Film sah man sogar die Lautsprecher. Also konstruierte ich mühsam aus kleinen Schnipseln eine Tonspur mit dieser Atmosphäre – zum Teil Stimmen, aber hauptsächlich

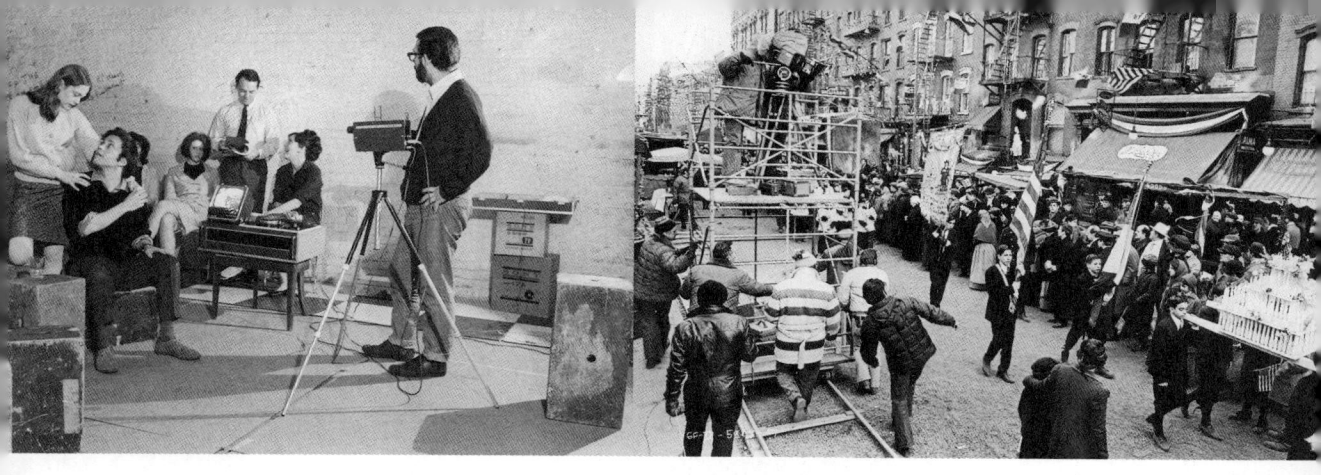

Gegenüberliegende Seite: Eine Szene aus *Housing Problems* (1935), einem Dokumentarfilm, den John Grierson über Probleme in Arbeiterwohnungen drehte – in diesem Fall eine große Ratte. Kleine und große Filme: *Oben links:* Coppola probt mit Elizabeth Hartman, Peter Kastner und anderen eine Szene für seinen zweiten Film *Big Boy, jetzt wirst du ein Mann*. *Oben rechts:* Coppola (im gestreiften Mantel) probt eine Kamerafahrt für den *Paten II*.

diese Lautsprechermusik –, suchte dann die Originalaufnahme und synchronisierte beides, so daß wir bei der Tonmischung vom einen zum anderen blenden konnten und viel Echo und laute Stimmen bekamen oder die Musik mit vollerem Sound weiter im Vordergrund hatten. Das habe ich dann ein Jahr später in *American Graffiti* in noch stärkerem Maße gemacht, aber kleine Elemente dieser Technik gibt es in embryonaler Form schon in *THX 1138* und *Liebe niemals einen Fremden*.

O: Das war damals bestimmt nicht das übliche Verfahren für einen Spielfilm.

M: Natürlich nicht! Viele Jahre später habe ich aber erfahren, daß Orson Welles 1958 genau das in *Im Zeichen des Bösen* gemacht hatte. Seine Idee war es, den »schlechten« Klang von Musik aus Lautsprechern zu verwenden, um den Ort zu verdeutlichen und um eine Partitur aus *source music* zu erzeugen.

Meine Abwandlung bestand darin, außerdem eine Aufnahme des guten Klangs zu haben, um zwischen beiden hin- und herblenden zu können, mit verschiedenen Anteilen, je nachdem, wo man gerade war. Wenn man nah bei der Kapelle war, nahm ich den Liveklang.

Es war eine Herausforderung, zu erklären, was ich wollte, und es durch die Studiomaschinerie zu bringen, aber die Toningenieure fanden es tatsächlich sogar faszinierend. Sie hielten es für eine gute Idee.

Um für die Hochzeitssequenz im *Paten* die richtige Tonstimmung zu bekommen, mischte Murch die während der Drehbarbeiten live gespielte Musik, die üblicherweise weggeworfen wird, mit Nino Rotas Originalkomposition. Im darauffolgenden Jahr wendete er bei *American Graffiti* das gleiche Verfahren an.

O: Hatten Sie beim *Paten* die Kontrolle über die Tonmischung?

M: Ja, bis zu einem gewissen Grad. Francis inszenierte zu dieser Zeit Noël Cowards *Hochzeitsreise* am American Conservatory Theater hier in San Francisco, deshalb war ich sein »Mann in Havanna« – ich war der Vertreter der Wünsche des Regisseurs, und das waren häufig meine eigenen Wünsche, weil Francis mir vertraute.

O: Gab es Szenen, die für das Studio problematisch waren?

M: Es gab eine große Krise wegen der Musik. Als Bob Evans die Musik von Nino Rota hörte, hatte er das Gefühl, sie laste zu schwer auf dem Film, sie war ihm zu schwermütig und hatte nicht genug Energie. Henry Mancini sollte den Film retten und ihm eine gewisse Härte geben. Evans gefielen die nicht so fest umrissenen Ideen von Francis und Nino nicht, er wollte die Musik amerikanischer und zupackender haben. Also kam es zu einem Kampf zwischen Francis und Evans, und an einem Punkt sagte Francis, wenn das passierte, würde er aussteigen und seinen Namen von dem Film zurückziehen.

O: Sie meinen die Titelmelodie?

M: Ja ... eigentlich die *ganze* Musik.

O: Mein Gott, sie ist doch ein Markenzeichen des Films!

M: Aber damals ahnte das noch keiner. Denken Sie nur, daß man bei MGM auch *Over the Rainbow* aus dem *Zauberer von Oz* rausschneiden wollte. Im Filmgeschäft ist es ja häufig so, daß irgendwer, meistens ein unkonzentrierter Manager, sagt: Ich mag die Musik oder die Kamera oder die Ausstattung oder die Schauspieler in Ihrem Film nicht. Wenn man aber diesem Vorurteil auf den Grund geht, findet man die spezifische Sache, die er wirklich nicht mag – die Erbse unter der Matratze. Als ich mit Bob Evans redete, stellte sich heraus, daß er die Musik aus der Pferdekopf-Szene nicht mochte, wo Jack Woltz die Decke zurückzieht und der abgehackte Kopf seines Millionenpferds im Bett liegt. Woltz ist ein Studiochef und Evans ist auch einer, und es ist eine besonders eindringliche, grausige Szene – der erste Moment von Gewalt im Film –, vielleicht hatte er deshalb das Gefühl, die Musik müsse dazu passen.

Ich versuchte, die Musik, die Nino geschrieben hatte, mit Bob Evans' Ohren zu hören, und fand, daß er nicht ganz unrecht hatte. Die Originalversion der Musik war ein Walzer, und sie stand im Gegensatz zum Schrecken der Szene. Es war liebliche Karussellmusik. Man sah diese schrecklichen Bilder, aber die Musik bildete einen Kontrapunkt zum sichtbaren Schrecken. Vielleicht mußte sie etwas früher schon verrückter sein.

Ich versuchte also etwas, das ich bei *THX 1138* gemacht hatte: die Musik in verschiedene Ebenen zu zerlegen, Platten rückwärts zu spielen, Melodien umzukehren oder zu verlangsamen. So etwas hatte ich schon mit elf Jahren gemacht.

Ninos Musik für die Pferdekopf-Szene hatte eine ABA-Struktur, also ein Anfangsmotiv, eine Variation und dann die Rückkehr zum Anfangsmotiv. Diese Struktur erlaubte es mir, eine Kopie der Musik zu machen, den Synchronpunkt der (zweiten) Kopie um ein ganzes Motiv nach hinten zu schieben und sie dann übereinander zu legen. Die Musik begann mit A, so wie sie geschrieben war, wurde dann aber zu A + B gleichzeitig, dann zu B + A. Jetzt hörte man Dinge übereinander, die eigentlich nacheinander stehen sollten. Es fängt also als dasselbe Musikstück an, aber als Woltz merkt, daß irgendwas nicht stimmt, beginnt es sich an sich selbst zu reiben. Es hat jetzt ein Element des Wahnsinns, das immer weiter wächst, bis zu dem Moment, wo Woltz schließlich die Bettdecke wegzieht.

O: Ist das die Szene, wo wir nachts oder früh am Morgen ins Schafzimmer kommen?

M: Früh am Morgen. Alles ist normal, bis er anfängt, sich zu bewegen, und merkt, daß da noch was im Bett ist – in diesem Augenblick kommt der Wahnsinn, dieses zweite Element ins Spiel. Eigentlich eine Wiederholung des Anfangsmotivs, aber mit den Harmonien des zweiten Motivs verbunden … Dieses Gefühl, wenn man von irgendwas geweckt wird und etwas nicht stimmt, und man fragt sich: Stimmt was nicht? Was ist es? Oh, mein Gott! Nein, das kann nicht sein! Es ist noch schlimmer, als ich dachte! Aaaah!

Wir haben Evans diese Version vorgespielt, und er war begeistert. Er ließ uns den Film zurückspulen, während er Charles Bluhdorn, den Chef des Mutterkonzerns von Gulf & Western in New York anrief. Er nahm das Telefon mit zur Leinwand und sagte: »Hör dir das mal an, Charlie! Los geht's!« und hielt den Hörer an die Leinwand, als die Musik lief. Ich habe keine Ahnung, wie es am anderen Ende der Leitung klang oder was Bluhdorn dachte, aber Evans war sehr froh. Er hatte das Gefühl, eine Klippe sei umschifft worden.

Ich saß mit Dick Portman, dem leitenden Tonmischer, am Mischpult, und die ganze Sache hatte Dick sehr nervös gemacht. So was mit der Musik zu machen … das ging einfach nicht. Wenn es nicht geklappt hätte, wäre es bestimmt sehr riskant geworden. Also saßen wir beide da und sahen uns diese wunderbare Szene an – eine große Projektion in Schwarzweiß vom Kopf dieses fiktiven Studiobosses, der einen Pferdekopf in seinem Bett entdeckt, während der echte Boss von Paramount einen Telefonhörer an die Leinwand hielt und seinen Schatten darauf warf. Es war einer dieser mythischen Momente, von denen man nicht glaubt, daß sie wirklich passieren.

Damit war der größte Druck von der Musik genommen. Es gab immer noch Konflikte, aber innerhalb des Rahmens von Ninos Musik; es ging nicht mehr darum, alles neu zu schreiben.

Murch 1974 bei der Mischung des *Paten II*.

O: Wurde diese Art von Dissonanz noch in anderen Szenen eingesetzt?

M: Nein, das war die einzige Stelle. Es ist eine ganz besondere Szene. Im allgemeinen finden im *Paten* die großen Szenen ohne Musik statt, sie kommt erst danach. Gegen Ende des Films, beim Mord an Carlo, dem Schwager von Michael, gibt es beispielsweise keine Musik. In einem sogenannten normalen Film würde es eine dramatische Mordmusik geben, aber hier ist nur das Geräusch von Carlos Schuhen, die an der Windschutzscheibe quietschen, während er erdrosselt wird. Dann zerschmettert sein Fuß das Glas, und am Schluß steht das Bild von seinem Fuß in der Windschutzscheibe, dann das

Geräusch von knirschendem Kies, als Michael zurück zum Haus geht. Jetzt erst kommt die Musik.

Auch der Mord an Luca Brasi, und sogar der Mord an Michaels erster Frau in Italien – all das geschieht nur mit Toneffekten. Die Musik kommt erst hinterher.

O: Der Mord im Auto, die Schuhe an der Windschutzscheibe … Als ich den Film gesehen hatte, sagte ich zu jemandem, wie unpornographisch das wäre, keine suggestive Manipulation, kein Kitzel …

M: Eine feststehende Kamera. Die Kamera ist auf der Motorhaube, und es gibt keinen Schnitt. Man sieht alles, den ganzen Vorgang. Auf Musik zu verzichten erzeugt auch die emotionale Wirkung eines fehlenden Schnitts.

Setzt in einem Film Musik ein, hat das die emotionale Wirkung eines Schnitts. Musik wirkt als Emulsion, die einem erlaubt, ein bestimmtes Gefühl aufzulösen und in eine bestimmte Richtung zu tragen. Wenn es keine Musik gibt, treten die Filmemacher beiseite und sagen scheinbar bloß: Schau hin.

O: Kennen Sie Szenen, zum Beispiel in frühen Gangsterfilmen, wo das gleiche passiert – ein Verzicht auf Musik –, oder war die Musik immer ein traditionelles Mittel?

M: Ich weiß nicht genug über die Filmgeschichte …

Fünf Arten der Mehrdeutigkeit

O: Anscheinend ist die Tonmischung die entscheidende Phase des Films, in der alles zusammenkommt und der Film seine Ausdruckskraft verdoppelt. Hat sich der Prozeß der Tonmischung seit der Zeit, als Sie am *Paten* arbeiteten, sehr verändert?

M: Die Mischung ist immer noch die letzte Phase, in der man eine letzte Gelegenheit ergreifen oder das letzte unlösbare Problem lösen kann. Wenn man Glück hat und es richtig anpackt, löst eine bestimmte Mischung aus Musik und Ton manchmal Probleme, die sonst weiterbestanden hätten. Das ist Teil des Vorgangs des Filmemachens. Jede Phase hinterläßt ein paar ungelöste Probleme für die nächste Phase, auch weil das besondere Dilemma, vor dem man steht, sich nicht mit den Mitteln des Mediums lösen läßt, in dem man gerade arbeitet. In der Drehbuchphase kann es zum Beispiel Fragen geben, die ungelöst bleiben müssen, damit die Schauspieler mit einer produktiven Mehrdeutigkeit arbeiten. Es wäre tödlich, wenn man *alle* Probleme im Drehbuch lösen würde – man will die Hilfe der Götter nicht in jeder Phase anrufen –, denn alles folgende wäre dann nur die mechanische Ausführung einer schon festgelegten Form.

Die Arbeit der Schauspieler, das Drehen, der Schnitt und der Ton können alle ineinander übergehen, aber ein Film hat eigentlich fünf Lebensphasen: die Drehbuchphase, die Vorproduktion, in der Besetzung und Drehorte ausgesucht werden, das Drehen, der Schnitt und dann die Mischung von Ton und Musik. Jede Phase ist auf ihre Art entscheidend.

Weil aber die Tonmischung die allerletzte Phase ist – und weil sie sehr flexibel ist –, gibt es ungeheuer viele Möglichkeiten während der Mischung, indem man entweder Dinge eliminiert, die man für absolut notwendig hielt, oder in letzter Minute ein neues Element hineinbringt.

Um Ihre Ausgangsfrage zu beantworten: Ich glaube, was sich seit der Zeit des *Paten* verändert hat, ist, daß wir jetzt viel häufiger provisorische Mischungen machen, damit wir den Film früher ansehen können. Fred Zinnemann zum Beispiel hätte so etwas grauenhaft gefunden.

Dadurch gibt es weniger Überraschungen bei der abschließenden Mischung. Das kann gut oder schlecht sein.

O: Es ist seltsam. Erst haben Sie über die Bedeutung der Mehrdeutigkeit im Film gesprochen und über die Notwendigkeit, diesen mehrdeutigen Charakter zu erhalten, den ein Buch oder ein Gemälde besitzt und von dem Sie meinen, er fehle oft in einem Film. Und zugleich versuchen Sie bei der Mischung, diese Mehrdeutigkeit zu »perfektionieren«.

M: Ich weiß. Es ist ein Paradox. Und eins der fruchtbarsten Paradoxe ist wohl, daß es noch ungelöste Probleme geben sollte, wenn der Film fertig ist. Es gibt nämlich noch eine weitere Phase nach der Fertigstellung: Wenn das Publikum ihn sieht. Man möchte, daß die Zuschauer ebenso an diesem Werk mitwirken wie der Cutter oder die Toningenieure oder der Kameramann oder die Schauspieler. Ich glaube, wenn wirklich jede Mehrdeutigkeit in der Endmischung getilgt würde, täte man dem Film keinen Gefallen. Das Paradox ist aber, daß man sich jedem Problem so nähern muß, als wäre die Lösung lebenswichtig. Man kann nicht sagen, ich will dieses Problem nicht lösen, weil es mehrdeutig bleiben muß. Wenn Sie das tun, gibt es in dem Organismus eine Art Blutsturz.

O: Und eher Verwirrung.

M: Ja. Ich denke ständig darüber nach. Es ist ein wunderbares Dilemma: Man muß akzeptieren, daß es in jeder Phase ungelöste Probleme gibt. Egal wie hart man arbeitet, man muß diese unausgesprochene Hoffnung haben, daß ein wichtiges Problem ungelöst bleibt. Bis der Film fertig ist, weiß man aber nie, welches es ist. Sie können einen Film fast durch das Problem definieren, das er selbst nicht lösen kann und folglich an das Publikum weitergibt.

In *Oz – eine fantastische Welt* zum Beispiel die Identität von Ozma: Wer ist diese mehrdeutige Figur, die man zu Beginn des Films sieht und die dann anscheinend stirbt und in den Himmel Oz kommt? Ist sie eine reale Person oder ein abstraktes Geschöpf von Oz, das sich in die Dimension des Wirklichen projizierte, um bestimmte Ereignisse zu beeinflussen?

Ganz am Anfang meiner Drehbucharbeit steht die Notiz: »Wer ist Ozma?« Wie soll ich diese Figur anlegen? Davon hing vieles ab, die Besetzung und wie ich sie filmen sollte, die Regie, einfach alles. Jahre später sprach ich mit David Shire, der die Musik komponierte, über die Themen – was sollte das Thema für Ozma sein? Und er fragte: Wer ist sie? Ich steckte fest. Ich hatte die Frage in vielen Formen beantwortet, aber nie musikalisch. Also trat das Problem von neuem auf.

Ich schaute in meine Notizbücher, und natürlich war die erste Notiz: »Wer ist Ozma?« Ich verlor den Mut und dachte: O Gott, ich habe diesen ganzen Prozeß durchlaufen und kann meine allererste Frage nicht beantworten! Aber dann las ich den nächsten Absatz, der die verschiedenen Aspekte des Buchs darstellte, in dem Ozma kein Mädchen, sondern ein in ein Mädchen verwandelter Junge war. Etwas, das ich nicht übernehmen wollte. Ich merkte plötzlich, wie weit ich gekommen war. Im Grunde hatte ich die wichtige Frage in jeder Phase beantwortet oder gelöst. Aber sie stellte sich erneut.

Also wird in diesem Film die Frage »Wer ist Ozma?« wahrscheinlich an das Publikum weitergegeben. Der Film beantwortet sie nicht. Er sagt nicht, sie ist eine reale Person, die starb und in den Himmel kam, und auch nicht, daß sie ein Wesen aus einer anderen Dimension ist, die in unsere Dimension kam, um Dorothy mitzunehmen, damit sie Oz rettet. Die Musik deutet vielleicht letzteres an, weil Ozmas Thema eine Art musikalischer Umkehrung von Dorothys Thema ist. Die Musik sagt, vielleicht ist sie die Projektion eines Aspekts von Dorothy, aber vielleicht auch das Gegenteil.

O: Vor ein paar Jahren las ich einen Aufsatz von Donald Richie über den Unterschied zwischen Film und Kunst im Osten und im Westen. Er unterschied zwischen Eisensteins und Kurosawas Arbeitsweise: Eisenstein baut durch den Schnitt eine Szene auf, während Kurosawa beim Schneiden streicht und entfernt. Die Szene wird in einem Kurosawa-Film *enthüllt,* demgegenüber aber in der Tradition Eisensteins oder des Westens *aufgebaut.* Richie weist darauf hin, daß der *master shot* – die Totale, die uns die Choreographie der ganzen Szene zeigt – traditionell die westliche Methode ist, während man im japanischen Film ein kleines Fragment einer Tischecke auswählen kann und dieses Fragment dann die ganze Szene suggeriert … Halten Sie das als Cutter für einen maßgeblichen Unterschied? Neigen wir im Westen dazu, nur mit der Eisenstein-Methode zu arbeiten?

M: Zunächst müssen Sie daran denken, daß der Film gerade erst gut hundert Jahre alt ist. Der Schnitt wurde 1903 entdeckt. Und so früh in der Entwicklung einer neuen Kunstform kann man schon erwarten, daß nationale oder regionale Eigenheiten die Grammatik des Films beeinflußen, besonders in Rußland. Die Dialektik, von Kant zu Hegel und Marx, hatte gewaltigen Einfluß, und Eisenstein und andere fanden einen Weg, die marxistische Dialektik – These, Antithese und Synthese – im Kino zu demonstrieren. In der Sowjetunion wurde der Film als die Kunst betrachtet, die in ihrem Wesen am klarsten die Überlegenheit der marxistischen Dialektik zeigte. Dementsprechend trieben die Kommunisten diesen Aspekt, den Schnitt, sehr stark voran.

Prinzessin Ozma von Oz, eine Schlüsselfigur in den Büchern von L. Frank Baum, die mit Dorothys Hilfe wieder Herrscherin der Smaragdstadt wird.

Wir, die wir keine Marxisten sind, haben auch stets mit diesen Elementen gearbeitet, trieben sie aber nicht so energisch voran. Im Lauf der letzten drei oder vier Generationen von Filmemachern hat es zwangsläufig einen Austausch von regionalen Eigenheiten gegeben. Wir wollen unbedingt herausfinden, was am besten funktioniert.

Ich halte Richies Unterscheidung vom östlichen und westlichen Film für richtig. Vielleicht tendieren wir im Westen dazu, die Vorstellung von Figuren in einem dreidimensionalen Raum für überaus wichtig zu halten, weil wir eine lange Tradition der Totalen haben, die bis zur Erfindung der Zentralperspektive in der Renaissance zurückreicht. Also ist es natürlich, daß wir im Film zunächst in diese Richtung gehen. Aus der Entwicklung der Künste leitet sich in Japan und China dagegen eine Vorstellung von eher flachen Figuren in einem zweidimensionalen Rahmen ab, in dem die Details derart herausgearbeitet werden, daß sie große Kraft gewinnen. Auf manchen chinesischen Gemälden ist die Stelle, wo der Himmel sein soll, eine leere Fläche auf der Leinwand.

Zwei Gerüchte

O: Ich habe das Gerücht gehört, Sie hätten am Times Square den Klang eines Glockenspiels aufnommen, der aus den Gullideckeln kam. Stimmt das?

M: Faszinierend! Leider stimmt es nicht.

O: Vielleicht sollten Sie es tun …

M: Ich habe mal an ein Experiment gedacht, das wirklich faszinierend wäre, nämlich den Glockenton – eigentlich das Glockenspiel – der Bucht von San Francisco aufzunehmen. Jede Wassermasse – egal ob eine Pfütze oder der Lake Superior – hat einen sogenannten Seiche-Ton. Auch wenn man es nicht sieht, vibriert das Wasser auf einer tönenden Frequenz, die der Größe der Wassermasse entspricht. Ich glaube, die Bucht von San Francisco hat einen Seiche-Ton von einer Stunde und dreiundvierzig Minuten.

Links: Akira Kurosawa führt Regie: Ein kleines Detail evoziert eine ganze Szene. *Rechts:* Der russische Regisseur Sergej Eisenstein rückt 1938 während der Dreharbeiten zu seinem Klassiker *Alexander Newsky* das Gewand eines Ritters zurecht.

In dieser Zeit überquert eine Welle die Bucht und kommt wieder zurück. Das sind sehr lange Wellen, die wir mit unseren gewöhnlichen Sinnen nicht wahrnehmen.

Darüber liegen Wellen – der Wellengang –, die wir sehen können, und daneben kleinere Miniaturwellen, die einfach zur Struktur des Wassers gehören. Wenn man irgendwo in der Bucht eine Stange aufstellt und einen Laserstrahl hätte, der von der Wasseroberfläche reflektiert würde und ständig die Entfernung zwischen der Spitze der Stange und der Oberfläche mißt, bekäme man eine Reihe von Kurven. Man könnte das als lange Reihe von Wellenformen ausdrucken, wie beim Seismographen eines Erdbebens. Eine der Wellenformen wäre dieser große Seiche-Ton, der sich über einen langen Zeitraum verändert, über Stunden. Andere wären schneller und deutlicher wahrnehmbar.

Jetzt kann man diese Wellenform beschleunigen und als Serie von Tönen hörbar machen. Ich weiß nicht, wie es klingen würde, aber die Bucht hätte einen eigenen Ton (*er summt*). Darüber würden alle anderen Töne der immer kleineren Wellen liegen. Es wäre eine Art Musik.

O: Sie könnten das für das Museum of Jurassic Technology machen.

M: Eigentlich wäre das Exploratorium in San Francisco ein guter Ort …

O: Die andere seltsame Geschichte, an die ich mich erinnere, war die, daß Sie auf einer Tonspur einen Hund imitiert haben.

M: (*lacht*) Das war in *Oz – eine fantastische Welt*. Ich drehte die Szene, wo Dorothy gerettet wird, ganz am Ende des Films. In einer früheren Szene geriet sie in eine Überschwemmung, aber am Schluß hängt sie in den Zweigen einer Weide am Ufer und lebt. In der Ferne hört man einen Hund bellen. Als ich das drehte, arbeitete ich mit Fairuza Balk, die Dorothy spielte, und um ihr das Zeichen zum Aufwachen zu geben, bellte ich wie ihr Hund Toto.

O: Und das hört man jetzt im Film?

M: (*bellt!*) Als wir später den Film geschnitten haben, war das einer der Toneffekte, den die Toningenieure benutzten, weil er einfach da war und gut klang. Aber als wir die Tonabmischung für die interne Vorführung machten, war er immer noch da. Ich fragte: »Ändern wir das Bellen nicht?« »Wieso?« fragten die Toningenieure. Ich sagte: »Das bin ich.« Und sie darauf: »Was? Wir dachten, das wäre ein Hund!« Also fingen sie an, Hundebellen zu suchen. Wir probierten viele verschiedene Versionen aus, aber schließlich klang aus irgendeinem mysteriösen Grund nichts so gut wie das improvisierte Bellen.

O: Als ich am *Englischen Patienten* arbeitete, brauchte ich die Zeichnung eines Taubenschlags für einen Brief, den Hana schreibt. Ich hatte mal einen Taubenschlag in Frankreich gesehen, also skizzierte ich ihn in ein paar Sekunden und nahm an, später würde jemand eine richtige Zeichnung machen. Das Manuskript ging an den Verlag Knopf, und man bestand darauf, meine Zeichnung zu nehmen, denn sie würde genau in einen Brief passen. Ich war schockiert, weil die Zeichnung so kindlich war. Und es ist mir ein bißchen peinlich, sie in ausländischen Ausgaben immer noch zu sehen.

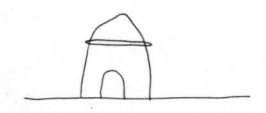

Teufelswerk

O: Eine Ihrer Thesen ist die, daß Zeichentrickfilme und Trickfilme wie *King Kong* in den dreißiger Jahren einen großen Sprung in der kreativen Verwendung des Tons verursachten. Wie ist das passiert, und warum?

M: Das war ein praktisches Problem. Da Trickfilme Bild für Bild gedreht werden, ob mit Zeichnungen wie Mickey Mouse oder mit Figuren wie King Kong, können sie keinen Ton haben. Man muß die Tonspur erst herstellen, die das dreidimensionale Wesen erschafft und vervollständigt, denn Trickfiguren haben in sich kein Volumen. Was dem Publikum hilft, an die Figuren zu glauben, ist die Tatsache, daß sie Geräusche machen. Also müssen sie in irgendeiner Weise wirklich sein.

O: Und das führt zu einer Fiktionalisierung des Tons ...

M: Genau. Weil es am Anfang keinen Ton gibt, ist man als Schöpfer frei, sich irgend etwas auszudenken. Wenn wir ein Theaterstück abfilmen, sprechen die Leute, gehen herum, nehmen Gläser in die Hand, stellen sie wieder hin, schließen Türen und haben automatisch eine physische Präsenz und erzeugen Töne. Bei Realfilmen war es nicht gleich einsichtig, daß man etwas anderes tun mußte, als diese Töne einfach aufzunehmen. Bei Trickfilmen muß man etwas erzeugen, was einen Ton liefert, wo vorher keiner war. Bei phantastischen Filmen wie dem *Zauberer von Oz* müssen Sie das Gegenteil machen, indem Sie das entfernen, was als falscher Ton erscheint, und es durch etwas anderes ersetzen. Ich glaube, die frühen Zeichentrickfilme, die nicht sehr ernst genommen wurden, waren eine Keimzelle dafür, daß der Ton sich metaphorisch einsetzen ließ.

O: Wer waren die frühen Filmemacher, die daran anknüpften?

M: Jean Renoir und René Clair in Frankreich, Cecil B. De Mille in den Vereinigten Staaten, Fritz Lang in Deutschland. Vor allem Renoir war sehr an einem realistischen Ton interessiert. Er ging so weit in diese Richtung, daß er fast beim Gegenteil wieder herauskam. Es gibt einen wunderbaren Ausspruch von ihm, daß die Synchronisation – das Ersetzen des Originaltons durch etwas anderes – eine Erfindung des Teufels sei. Wenn es sie im dreizehnten Jahrhundert schon gegeben hätte, wären die Leute, die sie praktizierten, auf dem Scheiterhaufen verbrannt worden. Man hätte ihnen unterstellt, die Dualität der Seele zu predigen!

Renoir war der Meinung, die Stimme eines Menschen sei ein Ausdruck seiner Seele, und es sei Teufelswerk, irgendwie daran herumzupfuschen. Der Teufel wird oft mit einer Stimme dargestellt, die nicht zu dem paßt, was man sieht. Im *Exorzisten* ist die Stimme, mit der das junge Mädchen spricht, nicht seine eigene Stimme. Diese Vorstellung von Teufelswerk und Dualität und Synchronisation sollte man mal weiter verfolgen ...

Renoir war nach eigener Einschätzung auch der erste, der den Ton der Klospülung aufnahm und in einem Film verwendete, indem er ein Mikrofon und ein Kabel aus der Tonabteilung holte, zur Toilette ging und die Spülung aufnahm. An so etwas hatte noch niemand gedacht. Es war für einen Film namens *Baby wird bestraft* – der Originaltitel lautet *On purge bébé* (Baby bekommt einen Einlauf) –, der zunächst eine Bühnenfarce war und Renoirs erster kommerzieller Erfolg wurde.

O: Es gibt eine Organisation in den USA, die jedes Jahr einen Preis für die beste Tonaufnahme aus der Natur vergibt. Einmal gab es einen fabelhaften Sieger – ein Mann gewann den Preis dafür, daß er das Summen von Fliegen *in* einem Kuhfladen aufnahm.

M: Hmm ...

O: Sie sagten, auch Hitchcock habe den Ton auf eine einfallsreiche neue Art benutzt. Aber das fällt mir nicht so stark auf, wenn ich seine Filme sehe. Ich bemerke viel stärker seinen visuellen Einfallsreichtum.

M: Der Ton ist bei Hitchcock unglaublich wichtig. Es gibt eine berühmte Stelle, ich glaube in den *Neununddreißig Stufen,* wo eine Frau schreit und der Film einen Tunnel zeigt, der dem Mund der Frau entspricht, aus dem ein Zug mit gellender Pfeife herausfährt. In dem Moment, wo man etwas Bestimmtes erwartet, wird es durch etwas anderes ersetzt.

Es gibt auch eine tolle Stelle mit verzerrtem Dialog in seinem frühen Film *Erpressung,* wo die Heldin, die in der Nacht zuvor jemanden mit einem Messer umgebracht hat, zum Frühstück mit ihren Eltern herunterkommt und alle Wörter außer »Messer« undeutlich sind – zum Beispiel sagt ihr Vater etwas wie: »Gib mir bitte das Butter-

messer.« Das ist eines der ersten Beispiele dafür, wie der Ton einen Seelenzustand ausdrückt.

O: Und dann kam Orson Welles …

M: Er hatte eine ausgeprägte Theater- und Radioerfahrung, wo er den Ton so weit entwickelt hatte, wie es damals möglich war. Denken Sie an die berühmte Verwendung der Stille in seiner Dramatisierung von *Krieg der Welten*. Als er Anfang der vierziger Jahre

King Kong war in den dreißiger Jahren ein Meilenstein in der Entwicklung des Tonfilms.

zum Film kam, brachte er seine ganze Trickkiste mit, um Raum durch den Ton zu simulieren. Im allgemeinen hatte man das in Hollywood nicht für nötig gehalten, weil es schon die visuelle Darstellung gab; indem man eine Kamera auf eine Szene richtete, erfaßte man schon die räumliche Wirklichkeit. Im Radio muß man jedoch alles durch den Ton suggerieren. Welles fand heraus, daß er seine Radiotricks gut auf den Film übertragen und die Ästhetik des Hörspiels mit der des Kinos verbinden konnte. Das ist eine der größten Innovationen seines ersten Films *Citizen Kane*.

O: Weil er also vom Radio kam, wo er den Schrecken *erfinden* mußte, die imaginäre visuelle Landschaft einer nassen Straße oder eines leeren, hallenden Stadions, um eine Atmosphäre für den Hörer zu schaffen, setzte er den Ton anders ein. Er wußte, daß er ihn manipulieren und übersteigern konnte, um einen Effekt zu erzielen. Der Ton brauchte nicht bloß ein »Mitschnitt« zu sein. Wenn der sterbende Kane »Rosebud« flüstert, spürt man, wie die Emotion dieses Wortes durchs ganze Haus wandert ...

M: Ja. Genau so ist es.

O: Ich habe den Film seit einiger Zeit nicht mehr gesehen. Wird diese selektive Steigerung des Tons im ganzen Film bewußt eingesetzt?

M: Ja.

O: Der Ton wird fokussiert, wie es auch bei der Lichtsetzung geschieht.

M: Fast wie beim Licht. Bei der Tonabmischung fasziniert mich, daß das, was wir mit der Tonpalette machen – welche Töne wir hervorheben, wie wir diesen Tönen eine räumliche Umgebung schaffen, was wir eliminieren –, fast das gleiche ist, was der Chefkameramann mit dem Licht tut. Indem er die Flächen eines Gesichts betont, dann den Hintergrund dunkler und etwas unscharf macht und dann ein Licht auf den Ring auf dem Tisch richtet, den man sonst nicht sehen würde, leitet er das Auge wie ein Maler. Er hebt Dinge hervor und läßt andere zurücktreten. Aber das wird beim Drehen festgelegt, hinterher kann man nicht mehr viel daran machen.

Wer weiß, jetzt, wo wir ins Zeitalter der digitalen Manipulation eintreten, gibt es vielleicht auch immer größere Möglichkeiten, die Beleuchtung einer Szene nachträglich zu ändern, je nachdem, welche Funktion die Szene im Film hat.

Beim Ton können wir das längst; durch die Plazierung des Tons oder die Regulierung der Lautstärke können wir die »Beleuchtung« einer Szene verändern. Wir können sie zum Beispiel durch den Ton »dunkler« machen, so daß die Atmosphäre hinter der Szene dieselbe emotionale Wirkung auf das Publikum hat, als wäre sie mit dunklerem Licht gedreht.

Was ich bei der Abmischung am deutlichsten im Kopf habe, ist die Vorstellung der Beleuchtung, sowohl körperlich – indem man Dinge im Bild hervorhebt, die wichtig sind oder den Zuschauer näher an die Figuren bringen –, als auch emotional, um bestimmte Elemente der Handlung zu betonen.

Je tiefer man in die emotionale Seite der Dinge eindringt, desto stärker benutzt man den Ton auf metapho-

Orson Welles während der berühmten Rundfunkaufnahme von *Krieg der Welten*.

rische Art. Die Realität hat ihre Grenzen, und danach muß man über die Realität hinausgehen, den Rahmen überschreiten. Ich habe gemerkt, daß ich unterschätzt hatte, wie weit ich gehen kann. Ich habe nur selten den Ton für einen Film gemacht, und die Wirkung war: »Hoppla, das geht zu weit!« Meistens war sie: »Nein, mach noch mehr!«

O: Haben Sie das bei bestimmten Filmszenen gemacht? Ihnen diese Art von Dunkelheit gegeben?

M: Ja ... Ich versuche, ein gutes Beispiel zu finden. Es ist sogar einfacher, die Dinge dunkler zu machen, als sie aufzuhellen.

O: Vermutlich etwas wie *Der talentierte Mr. Ripley*, der als sonniger Film beginnt ...

M: Der Sounddesigner Randy Thom hat genau über dieses Thema ein paar interessante Sachen geschrieben: wie der Ton leicht desorientieren und deprimieren, verdunkeln und nervös machen kann. Die düstere, beunruhigende Atmosphäre, die Alan Splets Industrieklänge in *Eraserhead* erzeugen, sind wahrscheinlich das beste Beispiel. Auf der anderen Seite ist es nicht so klar, wie der Ton die Dinge aufhellen kann. Manchmal geht es durch Vogelgesang, aber das ist ein Klischee.

Vielleicht hat es damit zu tun, daß unsere Träume nicht genau zwischen fröhlich und traurig unterscheiden. Die meisten Träume sind neutral oder geheimnisvoll oder beängstigend. Wir wachen nur selten mit dem Gedanken auf: War das aber ein fröhlicher Traum! Es sagt etwas über die Funktion des Träumens aus: Träume sind nicht dazu da, einen glücklich zu machen, sondern sie beunruhigen und lassen einen Ereignisse auf seltsame, zauberhafte Weise neu erleben oder voraussehen. Ich weiß nicht, ob die beiden Dinge irgend etwas miteinander zu tun haben, aber es gibt genügend Ähnlichkeiten zwischen Filmen und Träumen. Es könnte etwas dran sein...

■

O: Ich erinnere mich, daß Sie darüber sprachen, wie Sie den Klang der Wüste im *Englischen Patienten* erzeugten. Sie sagten, die echte Wüste bietet keinen guten Klang.

M: Die Wüste ist ein gewaltiger Raum. Wenn man da ist, erzeugt sie ein psychisches und zugleich ein körperliches Gefühl. Das Problem ist, daß die Aufnahme des Klangs, der zu diesem Raum gehört, nichts mit dem *Gefühl* zu tun hat, dort zu sein. Es ist in Wirklichkeit ein sehr leerer, steriler Klang. Man hört die Stimmen der Menschen deutlich, aber sonst ist da nichts, außer bei Wind. Also war der Trick im *Englischen Patienten,* durch Klang einen stummen Raum zu suggerieren. Wir haben das gemacht, indem wir insektenartige Geräusche hinzufügten, die in Wirklichkeit wohl nicht da wären. Diesen Insekten verdankten wir ein ganzes Spektrum winziger Laute und Lebenszeichen.

Hinzu kamen unmerkliche Geräusche – so unmerklich wie möglich – von Sandkörnern, die aneinander reiben, kleine Dinge, die man nicht einmal mit einem Mikrofon aufnehmen könnte, wie jene Fliegen im Kuhfladen. Wir machten ein Geflecht aus diesen kleinen Dingen.

O: Haben Sie auch versucht, Entfernung oder Raum zu suggerieren? Durch eine ferne Kamelglocke oder eine Stimme?

M: Hauptsächlich durch Stimmen, durch die Plazierung der Stimme. Es hing davon ab, wie Anthony Minghella die Szene drehte. Aber wenn jemand zwanzig Meter entfernt war, achteten wir sehr genau darauf, wie diese Stimme zwanzig Meter entfernt klingen würde. Wenn das auf der Originaltonspur nicht herauskam, gaben wir der Stimme eine akustische Umhüllung, damit sie zwanzig Meter entfernt klang.

O: Und das geschah während der Abmischung?

M: Ja.

O: Es gab also keine frühere Phase, vor der Abmischung, in der dieser Eindruck geschaffen wurde?

M: Nein. All die zusätzliche Feinabstimmung des akustischen Raums geschah beim Abmischen, nicht nur, weil dann alle Elemente beisammen sind, sondern auch, weil man sich im Kinosaal befindet und es genau so abstimmen kann, wie es klingen soll, wenn es dem Publikum vorgeführt wird.

O: Als Sie in einem frühen Film wie *American Graffiti* den Ton gemacht haben, wurde dieser Effekt – der Gebrauch von *source music* – von Ihnen und George Lucas während des Drehens erzeugt. Oder?

M: Nein. Das entstand alles hinterher. Nach dem Drehen, aber vor der Abmischung. Wir produzierten die Radiosendung, als hätte man zufällig im Sommer 1962 die Radiostation XERB eingestellt. Wolfman Jack hat geredet, es kamen Songs, Hörerwünsche und Werbung. Dann haben wir eine Aufnahme dieser Radioshow in unterschiedliche akustische Umgebungen in der Realität versetzt und auf einem zweiten Tonbandgerät wieder aufgenommen. Diesen Prozeß habe ich »Verweltlichen« genannt.

Bei der Abmischung hatte ich die Originalaufnahme der Radioshow und die »verweltlichte« Version zur Verfügung. Indem ich den einen Regler hochfuhr, konnte ich die Kraft und Klarheit der Radioshow und der Musik betonen. Wenn wir den Ton im Hintergrund haben wollten, konnten wir die Balance verschieben und die zweite Aufnahme betonen oder sogar die dritte. Wir machten das »Verweltlichen« zweimal, wodurch der Klang noch ungeordneter wurde, so daß wir ihn fast als Nebel, als feuchten Nebel im Hintergrund haben konnten. Er war fast abwesend und füllte trotzdem den Raum zwischen den Darstellern. Es ist das akustische Äquivalent der fotografischen Tiefenschärfe. Wenn ich Sie fotografiere, will ich den Hintergrund nicht scharf haben, weil ich mich auf Ihr Gesicht konzentriere. Also stelle ich die Tiefenschärfe so ein, daß der Hintergrund unscharf wird.

Das war vorher noch nicht so umfassend mit dem Ton gemacht worden. *American Graffiti* war dabei bahnbrechend.

Achten Sie darauf, *wie* es gesagt wird

O: Mich fasziniert das, was Sie den »metaphorischen Ton« nennen: die Vorstellung, das Visuelle zu betonen, indem man künstlich eine möglicherweise fragmentarische oder unrealistische Tonebene hervorhebt. Vor allem deshalb, weil der Ton, den Sie in Ihren Filmen verwenden, zugleich eine so große »Authentizität« besitzt. Sie haben das als »Wiedervereinigung von Bild und Ton in anderen Zusammenhängen« bezeichnet. Wie sind Ihnen die Möglichkeiten dieses Vorgangs bewußt geworden?

M: Ich erinnere mich, daß Polanski 1966 an meine Filmschule kam, die University of Southern California. Er dozierte begeistert über den Ton, wobei es ihm vor allem um die totale Authentizität des Tons ging. Als Beispiel wählte er das Tropfen eines Wasserhahns und was es über eine Person ausdrückt, über die Wohnung, in der sie lebt, über ihr Verhältnis zu vielen anderen Dingen. Die Tatsache, daß das Tropfen zu hören ist, drückt viele verschiedene Dinge aus. Darin stimmte ich ihm zu.

Für mich ist es immer eine Balance zwischen dem Hochhalten des Authentischen und dem Versuch, den Ton in andere, metaphorische Bereiche zu treiben. Denken Sie an das Kreischen der Hochbahn im *Paten*, wenn Michael Corleone in dem italienischen Restaurant Sollozzo und den Polizisten Captain McCluskey erschießt. Es ist ein authentisches Geräusch, denn es ist eine echte Hochbahn, und es wirkt authentisch für diesen Teil der Bronx, in dem das Restaurant liegt. Wir rätseln nicht, was dieses Geräusch ist, weil wir so viele Filme gesehen haben, die in der Bronx spielen, und dieses Geräusch ist allgegenwärtig.

Er ist aber metaphorisch, da wir nie die Schienen gezeigt haben und das Geräusch so unnatürlich laut ist, daß es nicht zu dem paßt, was wir objektiv sehen. Bei einem so lauten Geräusch müßte die Kamera auf den Schienen liegen.

O: Ich habe diese Szene vor kurzem noch einmal gesehen, und was daran so wundervoll ist, ist auch, daß sie mit dem vertrauten Geräusch eines ploppenden Korkens beginnt. Es ist eine derart eigensinnige Betonung eines kleinen Details in einem angespannten Moment, wie diese Flasche zu Beginn des tödlichen Essens entkorkt wird ... Und etwa vier Minuten später kommt das Geräusch des kreischenden Zugs. Und ein Doppelmord.

M: Das war sehr bewußt gemacht, damit man auf das kleine realistische Geräusch achtet und danach ein überwältigendes Geräusch hat, das man anders interpretieren muß – alles auf der Ebene des Unbewußten.

O: Und nach den Schüssen kommt die Oper! Es ist, als hätte die Szene drei oder vier Akte. Die ganze Komposition ist bemerkenswert.

M: Ein weiteres Element in dieser Szene ist Francis' Verwendung des Italienischen ohne Untertitel. Es ist sehr kühn, auch heute noch, in einem englischsprachigen Film eine längere Szene zwischen zwei Hauptfiguren in einer anderen Sprache ohne Übersetzung zu zeigen. Deshalb achtet man viel stärker darauf, *wie* etwas gesagt wird, mit welcher Körpersprache, man nimmt die Dinge anders wahr. Man achtet auf den *Klang* der Sprache, nicht auf die Bedeutung.

O: Welches Wort haben Sie gestern verwendet? Nicht aphasisch, sondern …

M: Doch, aphasisch. Man weiß nicht, was sie sagen, also kann man nur verstehen, worum es in der Szene geht, wenn man darauf achtet, *wie* es gesagt wird, durch den Klang der Stimmen und die Körpersprache. Der Ton beschäftigt den Geist auf sehr viel komplexere Art, als es die oberflächliche Ebene der Szene tut, die ansonsten bloß ein Wortwechsel zwischen drei Leuten ist. Durch das Italienisch ohne Untertitel achtet man auf den Ton, der einen darauf vorbereitet, was passieren wird.

In der Restaurantszene im *Paten* ist das Entkorken einer Weinflasche das einzige Geräusch in einem Augenblick höchster Spannung.

O: Unsere Betrachtung wird begrenzt. Wir erfahren nicht alles.

M: Und all das ergibt sich auch aus Francis' Entscheidung, in dieser Szene keine Musik einzusetzen. In den Händen eines anderen Filmemachers würde es Spannungsmusik geben, die unter der Oberfläche blubbert, aber Francis wollte alles für die großen Akkorde aufsparen, nachdem Michael die Pistole fallen gelassen hat. Sogar nach den Schüssen herrscht noch Stille, und im Geist hört man Clemenza sagen: »Denk dran, wirf die Pistole weg. Alle werden auf die Pistole schauen, also werden sie nicht auf dein Gesicht schauen.« Michael erschießt die beiden, dann kommt dieser Augenblick der Stille, und dann läßt er die Pistole fallen.

O: Er läßt sie nicht nur fallen, er wirft sie weg! Es ist eine viel ungewöhnlichere Geste, als sie einfach fallen zu lassen.

M: Ja, als wollte er sagen: *Seht auf diese Pistole!* Die Pistole fällt auf den Boden, und dann kommt schließlich die Musik. Für mich ist es ein klassisches Beispiel, wie man Musik richtig einsetzt, nämlich als Sammlung und Kanalisierung vorher geschaffener Emotionen, nicht als Mittel, das die Emotion erzeugt. Die Musik wird im *Paten* fast immer auf diese Art eingesetzt. Ich glaube, auf lange Sicht erzeugt diese Methode echtere Emotionen, weil sie aus der direkten Berührung mit der Szene entstehen, aus dem eigenen Empfinden angesichts der Szene – es sind also keine Emotionen, die von einer bestimmten Musik diktiert werden. Die Verwendung von Musik läßt sich am *Paten* gut studieren.

Das Kreischen des Zuges kündigt den Doppelmord an.

Die meisten Filme verwenden Musik so wie Sportler Anabolika. Ohne Frage kann man durch Musik bestimmte Emotionen erzeugen, genau wie Anabolika Muskeln aufbauen. Es bringt einen Vorsprung, es bringt Schnelligkeit, aber auf lange Sicht ist es ungesund für den Organismus.

Nachdem das Publikum also in diese erstaunliche Stille geworfen wurde, bevor die Pistole auf den Boden fällt, ist es emotional verwirrt. Ist Michael ein Guter? Ist er ein Böser? Hier ist jemand, der genau das getan hat, was er nie tun wollte: nämlich für die Familie arbeiten. Jetzt hat er für die Familie jemanden *ermordet*. Sind wir Zeugen, wie diese kennedyhafte Figur die Ideale zertrampelt, denen sie am Anfang gefolgt ist…

O: Und da kommt die Musik, um uns aus der Szene herauszuführen…

M: An diesem Punkt sagt die Musik: Dies ist ein Opernmoment. Michael ist eine Figur in einer Oper. Er ist jung und idealistisch, und jetzt geht er aus freier Entscheidung ins Zentrum der Dunkelheit und tut das, was kein anderes Mitglied seiner Familie tun kann – er opfert seine Unschuld. Denn jeder weiß, daß er unschuldig ist, die Polizei, die anderen Mafiafamilien. Dieser Junge ist der letzte, dem Sollozzo oder McCluskey zutrauen, daß er eine Pistole zieht und sie erschießt. Also opfert Michael seine Unschuld und begeht diese Morde, um – wie er glaubt – seine Familie zu retten. In der vorigen Szene, wo Tom Hagen, Sonny, Clemenza und Tessio herumsitzen und darüber reden, was zu tun ist, schlägt keiner vor: Laßt sie uns beide umbringen. Als Michael es sagt, lachen sie ihn sogar aus: »Du bist verrückt! Du kannst nicht mitten in New York einen Polizeicaptain umbringen.« Aber Michael, der die Kraft seines Willens entfaltet – die bis dahin geruht hat –, erklärt in dieser großartigen Szene, wie er es machen will, während die Kamera langsam auf ihn zufährt, und man sieht, wie aus dieser Musterschülerfigur eine Art Schlange schlüpft, die für den Rest des Films um seinen Hals liegen wird. Und ebenso in den anderen Folgen des *Paten*.

O: Gab es da nicht eine Geschichte von einem Mafiakiller, der den Ton in der Restaurantszene sehr realistisch fand?

M: Ja, vor ein paar Jahren brachte die *New York Times* ein Interview mit Salvatore Gravano, der mehrere Leute für die Mafia umgebracht hatte und dann Kronzeuge wurde. Der Interviewer fragte ihn, ob Mario Puzo je Verbindungen zur Mafia gehabt habe, und Gravano meinte, Puzo hätte bestimmt entweder Verbindungen gehabt oder gar selbst zur Mafia gehört. Als Beweis nannte er die Szene, in der Michael Sollozzo und McCluskey erschießt: »Wissen Sie noch, wie Michael nichts hört, als er auf sie zugeht, wie seine Augen glasig werden und es nur den Krach von dem Zug im Hintergrund gibt und er sie nicht reden hört? Genau so ein Gefühl hatte ich, als ich Joe Colucci umgebracht habe ... Der, der die Szene geschrieben hat, muß ein Gefühl dafür haben. Ich hatte fast das Gefühl, ich drücke selber ab.«

Es stellte sich heraus – abgesehen davon, daß Gravano das Buch mit dem Film verwechselte –, daß es bloß mein Versuch war, einen Tonraum zu füllen, der normalerweise von der Musik besetzt gewesen wäre – ein Versuch von mir, einem Jungen von der Upper West Side Manhattans, der absolut keine Verbindungen zur Mafia hatte!

Als nächstes wurde Gravano gefragt, ob *Der Pate* sein Verhalten beeinflußt hätte.

»Ich hab neunzehn Leute umgebracht«, war seine Antwort.

»Und was hat das mit dem *Paten* zu tun?« fragte der Interviewer.

»Bevor ich den Film gesehen hatte, hab ich nur einen umgebracht.«

»Ka-lunk«

O: Ich finde es faszinierend, daß Sie das Gefühl haben, durch den »metaphorischen Ton« könnten Sie eine atmosphärisch tiefere Wahrheit über die Szene erreichen. Fallen Ihnen noch andere Beispiele ein?

M: Mir fällt sofort die Verwendung des Tons bei den Übergängen im *Englischen Patienten* ein. Die Veränderung vom Patienten, nachdem Hana ihm Herodot vorgelesen hat ... Sie läßt Almásy allein und spielt unten Himmel und Hölle. Man hört sie die Metallspule werfen, mit der sie das Viereck markiert, und das Geräusch ihrer Füße, als sie springt. Das Geräusch setzt sich fort, aber es erscheint jetzt viel zu laut. Und während die Zuschauer ein bißchen verwirrt sind, blendet der Film zu der Szene über, in der die Forscher zu einem früheren Zeitpunkt um das Lagerfeuer sitzen und die Berberführer ihre Musik machen. Jetzt merkt man, daß Elemente dieses Trommelns den Weg in das Himmel-und-Hölle-Spiel gefunden haben und daß dadurch wahrscheinlich Almásys Erinnerung angeregt wurde. Auch er hat das Geräusch des Himmel-und-Hölle-Spiels gehört, und in diesem Rhythmus lag etwas, das ihn in die Vergangenheit versetzt hat.

O: Wo wir gerade von alltäglichen Geräuschen sprechen, die sich metaphorisch aufladen lassen: Da ist doch das berühmte Türgeräusch am Schluß des *Paten*. Ich glaube, Sie haben ziemlich viel Zeit damit verbracht, Türen zu testen ...

M: Das ist ein kleines, aber bezeichnendes Beispiel für die Dinge, die Teil der Routine sind: etwas so Harmloses, Unschuldiges wie ein Türschließen. Wenn man methodisch und ernsthaft herangeht, versteht man, daß es viele Schließgeräusche gibt, die in dieser Szene falsch gewesen wären, weil es erstens das letzte Geräusch im Film ist – außer der Musik –, und weil es zweitens der entscheidende Moment ist, in dem Michael die Tür zu seiner Frau und einem wichtigen Teil seiner Gefühlswelt schließt, was schließlich zur Tragödie im zweiten Teil des *Paten* führt, wo man die Folgen dieser Entscheidung in ihren großen Dimensionen sieht.

Wenn wir daran denken, was Polanski gesagt hat, muß das Türschließen dem entsprechen, was wir sehen: der Körperlichkeit der Tür und des Raums um sie herum. Es muß aber auch der metaphorischen Wirkung dieses Türschließens entsprechen, nämlich: »Ich rede nicht über meine Geschäfte, Kay.« Dieses *Ka-lunk,* dieser Klang der Solidität, muß etwas von der Endgültigkeit der Entscheidung ausdrücken.

O: Was bestimmt Ihre Entscheidung, den Ton in diesem Moment nicht nur realistisch, sondern auch symbolisch oder metaphorisch zu machen?

M: Der Korken, den Sie in der Restauranszene im *Paten* erwähnt haben, ist ein gutes Beispiel. Das ist einfach passiert, aber weil es so geschnitten war und weil in dem Moment, als die Flasche entkorkt wurde, keiner redete, beschlossen wir, es hervorzuheben. Man hätte sich dafür entscheiden können, es nicht hervorzuheben und sich statt dessen auf den Gesichtsausdruck der Gäste zu konzentrieren, aber irgend etwas an der Beharrlichkeit dieses kleinen Geräuschs – der Korkenzieher, der in den Korken eindringt – schien dazu beizutragen, den größeren Zusammenhang zu strukturieren und uns auf den Schock und den Lärm des Zugs und der Schüsse wenige Minuten später vorzubereiten. Ich erinnere mich also, daß ich das Quietschen und den Plopp des Korkens mit großer Aufmerksamkeit für die Details aufnahm …

Romane und Filme – der redundante Überfluß

O: Der Autor und Filmemacher Henry Bean hat mir die Geschichte von einem Schriftsteller erzählt, zu dem jemand sagte: »Stell dir vor, was der Filmproduzent deinem Buch angetan hat!« Und der Schriftsteller antwortete: »Er hat dem Buch *gar nichts* angetan.« Trotzdem gehen Bücher und Filme oft schlechte Ehen ein. Wo liegen die Probleme bei der Verfilmung von Romanen?

M: Das häufigste Problem ist der Überfluß. In einem Roman wird viel mehr erzählt, als ein Film darstellen kann. Im allgemeinen sind Kurzgeschichten leichter zu verfilmen als Romane.

Wenn man einen Roman für den Film adaptiert, ist die Grundregel, daß man sich fragt: Worin liegt die Kurzgeschichte dieses Romans? Dann trifft man weitreichende Entscheidungen. Es gehört offenkundig zum Wesen des Films, visuell redundant zu sein. In *Madame Bovary* beschreibt Flaubert Emma Bovarys Augen und erwähnt deren Farbe später vielleicht noch dreimal. In Claude Chabrols Verfilmung sagt jede Aufnahme von Isabelle Hupperts Augen: So ist die Farbe ihrer Augen. Oder: So ist ihr Haar, so ihr Kleid.

Darin liegt eine gewaltige Kraft, aber wenn diese Redundanz zum Erzählüberfluß des Romans hinzukommt, entsteht daraus ... jedenfalls eine Kombination aus Überfluß und Redundanz. Wir müßten da ein neues Wort prägen. Es ist jedenfalls überwältigend. Wenn Filmemacher zuviel Respekt vor der Erzählweise des Romans und jeder Einzelheit haben, kommt der Film garantiert in Schwierigkeiten.

Ein Roman, der sich gut verfilmen läßt, hat eine bestimmte Bewegung – ob als körperliche Bewegung oder als emotionale Bewegung von einem Zustand zum anderen. Oder sogar beides.

O: Ich weiß, daß Sie meistens die Romane lesen, auf denen die Filme beruhen, an denen Sie arbeiten. *Die unerträgliche Leichtigkeit des Seins, Der englische Patient,* die *Oz*-Bücher und im Fall von *Der Dialog* auch den *Steppenwolf*. Sie beschäftigen sich ebenfalls intensiv mit ihrem Kontext. Damit beginnt Ihre Arbeit also lange vor den Dreharbeiten.

M: Ja. Ich versuche mich dem so früh wie möglich auszusetzen, nicht nur dem Roman selbst, sondern wenn möglich auch dem Quellenmaterial des Autors. Ich versuche so weit wie möglich, zu den Wurzeln des Materials vorzudringen.

O: Anthony Minghella hat das auch gemacht, als er das Drehbuch für den *Englischen Patienten* schrieb. Er las viel über die Erforschung der Wüste und fand ein paar der Fakten, auf denen ich meine Fiktion aufgebaut hatte. Die verschieden Arten von Schutzhütten, die Expeditionsteams in der Wüste bauen, zum Beispiel.

M: Ich versuche auch, Projekte zu finden, die meine Interessen berühren. Das ist ein wichtiger Teil des Prozesses – man besetzt sich tatsächlich selbst, wie Schauspieler sich in eine Rolle versetzen. In einer idealen Situation, wie bei Vanessa Redgrave in *Julia*, wählen Schauspieler eine Rolle, die für sie eine persönliche emotionale Wahrheit darstellt und sie an einen Punkt bringt, an dem sie noch nie gewesen sind.

O: Das ist genau das, was auch Schriftsteller tun oder tun sollten.

M: Man braucht das richtige Gleichgewicht zwischen zwei Dingen – wenn man Schauspieler in eine Situation bringt, in der es keine emotionale Resonanz auf irgend etwas in ihrem Leben gibt, wird die Darstellung nicht stimmen. Wenn sie andererseits nur das tun, was sie schon zehnmal getan haben, bekommt man ein stilisiertes Spiel, in das Schauspieler sehr leicht verfallen. Das gilt genauso für Cutter.

O: Von Saul Bellow stammt der Satz: »Ich schreibe, um den nächsten Raum meines Schicksals zu entdecken.« Ich glaube, in diesem Sinne sind viele Romane Selbstporträts oder künftige Selbstporträts, Selbsterkundungen, auch wenn die Geschichte in einer fremden Situation spielt. Man probiert dieses oder jenes Kostüm an.

M: Jemand hat W. H. Auden mal gefragt: »Stimmt es, daß Sie nur das schreiben können, was Sie wissen?« Und er antwortete: »Ja. Aber man weiß nicht, was man weiß, bevor man es geschrieben hat.« Schreiben ist ein Prozeß, bei dem man entdeckt, was man wirklich weiß. Man kann sich nicht im voraus auf das beschränken, was man weiß, weil man gar nicht weiß, was man alles weiß.

■

O: War es ein schwieriger Prozeß, als Sie als Chefcutter an der *Unerträglichen Leichtigkeit des Seins* arbeiteten und die abschließende Auswahl des Materials trafen? Ich frage das auch deshalb, weil es ein Film ist, der in gewisser Hinsicht ein Roman bleibt. Er enthält eigentlich nicht diese Kurzgeschichte, die nach Ihren Worten so wichtig ist.

M: Die Schwierigkeit bei diesem Film – und es ist ein wunderbarer Film, ich habe ihn vor etwa einem Jahr wieder gesehen, und er funktioniert in meinen Augen nach wie vor sehr gut – bestand darin, daß der Roman eine Struktur hat, als ob jemand Skilanglauf durch eine Landschaft macht. Milan Kundera erzählt die Geschichte zeitweise durch die Augen einer Figur, dann wechselt er zum anderen Ski und geht in der Zeit zurück, nicht den ganzen Weg, aber vielleicht ein Drittel, und setzt dann aus der Sicht einer anderen Figur die Geschichte fort, wobei diese zweite Figur sie weiter führt als die erste. Hin und her, hin und her, aber letztlich immer vorwärts, wobei verschiedene Blickpunkte wie ein Paar Ski benutzt werden.

O: Und das ist die Struktur des Romans.

M: Ja. Ich war sehr gespannt, wie wir damit im Film umgehen würden! Jean-Claude Carrière und Philip Kaufman, die zusammen das Drehbuch schrieben, machten einen ausgezeichneten ersten Entwurf, in dem die Zeitstruktur glattgebügelt war und kontinuierlich von einem allwissenden Standpunkt aus erzählt wurde. Ich las diesen Entwurf und fand ihn toll. Dann wartete ich gespannt auf die nächste Fassung, in der die episodische, multiperspektivische Struktur filmisch umgesetzt werden sollte. Aber die ist nie entstanden. Es stellte sich heraus, daß die Erzähllinie einfach kontinuierlich sein *mußte*.

Das machte es, denke ich, so schwer, die Kurzgeschichte innerhalb des Films zu entdecken. Alles, was im Buch nichtlinear war, kam jetzt linear daher, deshalb waren die Bruchstellen ganz anders oder sogar verschwunden.

Der englische Patient hatte auch viele verschiedene Zeitebenen, aber Anthony Minghellas Drehbuch manövrierte sich raffiniert durch die Vorwärts- und Rückwärtsbewegungen in der Zeit und erzählte eine persönliche Geschichte, eine Liebesgeschichte vor dem historischen Hintergrund des Zweiten Weltkriegs.

In mancher Hinsicht sind sich die beiden Geschichten – *Die unerträgliche Leichtigkeit* und *Der englische Patient* – ähnlich. Wenn man all die Möglichkeiten der Literatur bedenkt, sind sie sich erstaunlich ähnlich. Was aber in Ihrem Buch steckte und filmisch umgesetzt wurde, war die fragmentarische Struktur. Ich glaube, es gibt über vierzig Zeitsprünge im *Englischen Patienten*, eine sehr hohe Zahl. Viel mehr als im Film *Julia*, der ebenfalls vor- und zurückschreitet, und auch viel mehr als im *Paten II*, der dasselbe tut.

In der *Unerträglichen Leichtigkeit* wurden diese Sprünge alle entfernt, so daß die Handlung kontinuierlich vorwärtsschreitet.

O: Ich liebe das Buch *Die unerträgliche Leichtigkeit des Seins* – ich war verblüfft, wie es als Roman funktionierte. Und es gab tolle Szenen im Film. Aber obwohl die erotische und persönliche Geschichte lebendig und straff wirkt und einige der politischen Sze-

Links: Daniel Day-Lewis und Lena Olin in einer Szene aus der *Unerträglichen Leichtigkeit des Seins* (1988).
Rechts: Philip Kaufman gibt ihnen für eine andere Szene des Films Regieanweisungen.

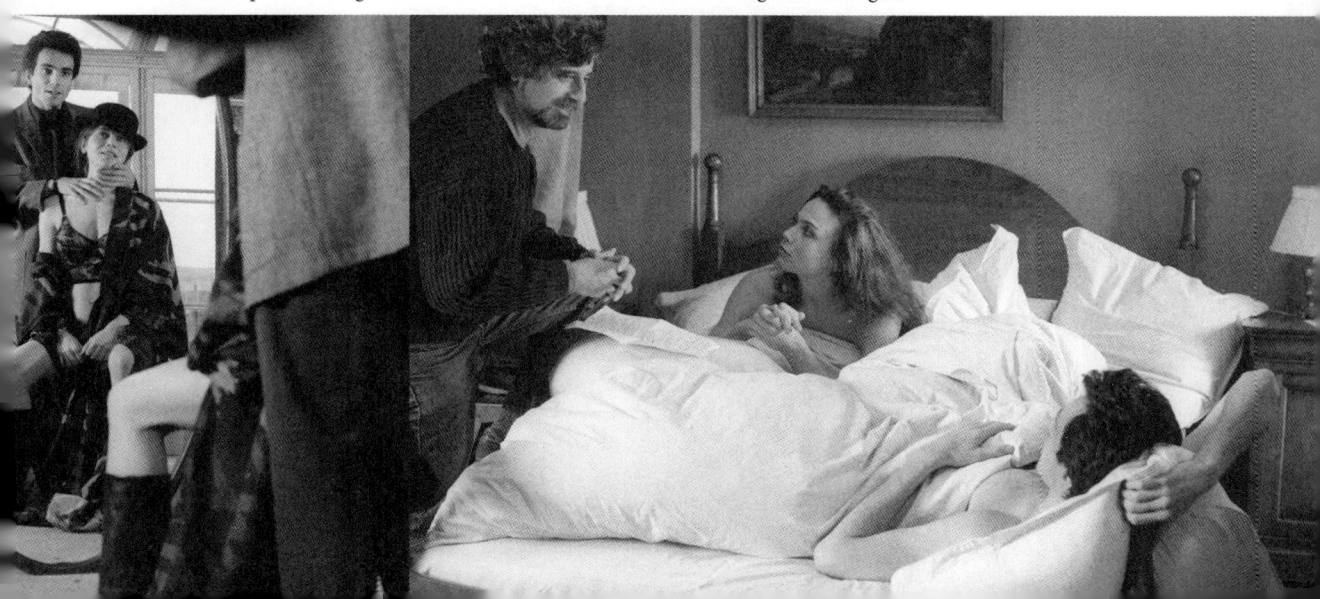

nen, wie etwa die Ankunft der Panzer und die Invasion, große Kraft besitzen, fehlt dem Film doch einiges von der jähen, wilden Anarchie des Buchs. Wieso?

M: Ich weiß nicht. Wir haben diesen Film nie gekürzt. Die erste Schnittfassung war schon lang. Ich glaube, der Film war schließlich zwei Stunden und fünfzig Minuten lang. Etwa so lang wie *Der Pate*, etwas unter drei Stunden. An einem bestimmten Punkt während des Schnitts kürzte Francis den *Paten* auf zwei Stunden und zwanzig Minuten, aber es war klar, daß er so nicht funktionierte. Dann stellten wir die Länge wieder her, aber durch diesen tiefgreifenden Prozeß war der Film nicht mehr wie vorher. Wir hatten etwas dadurch gelernt. Bei der *Unerträglichen Leichtigkeit* haben wir das nie gemacht. Phil wollte nicht so weit gehen, er hatte seine Gründe, und wahrscheinlich stimmten sie. Im Rückblick meine ich, wir hätten dabei wohl etwas gelernt. Szenen hätten miteinander in Konflikt gestanden, die es laut Drehbuch nicht tun sollten. Und hätte es nicht funktioniert, so hätten wir doch dabei gelernt, den Film in der längeren Fassung neu zu erfinden.

O: *Der englische Patient* ist als Film fast so lang wie *Die unerträgliche Leichtigkeit*.

M: Aber beim *Patienten* gibt es viele Experimente an den Verbindungspunkten der Geschichten. Von den vierzig Übergängen blieben nur sieben so wie im Drehbuch, glaube ich. Alles andere wurde neu erfunden, um die Stärken des Mediums Film zu nutzen. Weil die *Unerträgliche Leichtigkeit* eine lineare Geschichte ist, hatten wir nicht die Freiheit, die Szenen so umherzuschieben, wie wir es beim *Englischen Patienten* tun konnten.

Hiob-Momente

O: Ich weiß, das ist jetzt keine faire Frage ... Gibt es unter den Szenen, die Sie geschnitten haben, Lieblingsszenen?

M: (lacht) Ich mag besonders die Invasionsszene in der *Unerträglichen Leichtigkeit* – was wir da erreicht haben, indem wir Dokumentaraufnahmen von 1968 und neu gedrehte Szenen mit Daniel Day-Lewis und Juliette Binoche miteinander verknüpften. Weil der kalte Krieg 1986 noch nicht zu Ende war, konnte Phil nicht in Prag drehen. Es gab aber vierzig Stunden Dokumentarmaterial über den sowjetischen Einmarsch in Prag, die über die ganze Welt verstreut waren. Die Herausforderung bestand darin, dieses Material zu sammeln und das Wesentliche herauszudestillieren. Es war ein verrückter Flickenteppich. Manches war in Farbe, manches auf 16-Millimeterfilm gedreht, manches dreißigmal kopiert, manches existierte noch original als 35-Millimeter-Schwarzweißnegativ. Wir mußten dieses Material irgendwie in unsere Geschichte einbauen – die beiden Figuren sollten sich darin bewegen – *und zugleich* die ganze Geschichte der Invasion in zwölf Minuten erzählen. Wir mußten von diesem Material einen Übergang herstellen zu einem Film mit einer ganz anderen, »undokumentarischen« Textur und sehr stilisierten Bildern. Schließlich mußten wir auf interessante Weise am anderen Ende wieder herauskommen – und zurück zu unserer Geschichte finden, ohne daß der Zuschauer das Gefühl hatte, es sei eine Abweichung oder ein Fremdkörper. Obwohl wir in diese andere Technik, dieses ganz andere Universum eintauchten, mußte es authentisch und eindringlich wirken, als nähme das Publikum selber an den Ereignissen teil.

O: Gibt es Szenen, die Sie auf bestimmte Art geschnitten haben, die jedoch zuerst gestrichen und schließlich neu geschnitten wurden?

Folgende Doppelseite: Daniel Day-Lewis und Juliette Binoche in einer Straßenszene aus der *Unerträglichen Leichtigkeit des Seins*. Für die Straßenszenen in Prag wurden schwarzweiß gefilmte Bilder der Schauspieler mit Dokumentarmaterial montiert, um die sowjetische Invasion darzustellen.

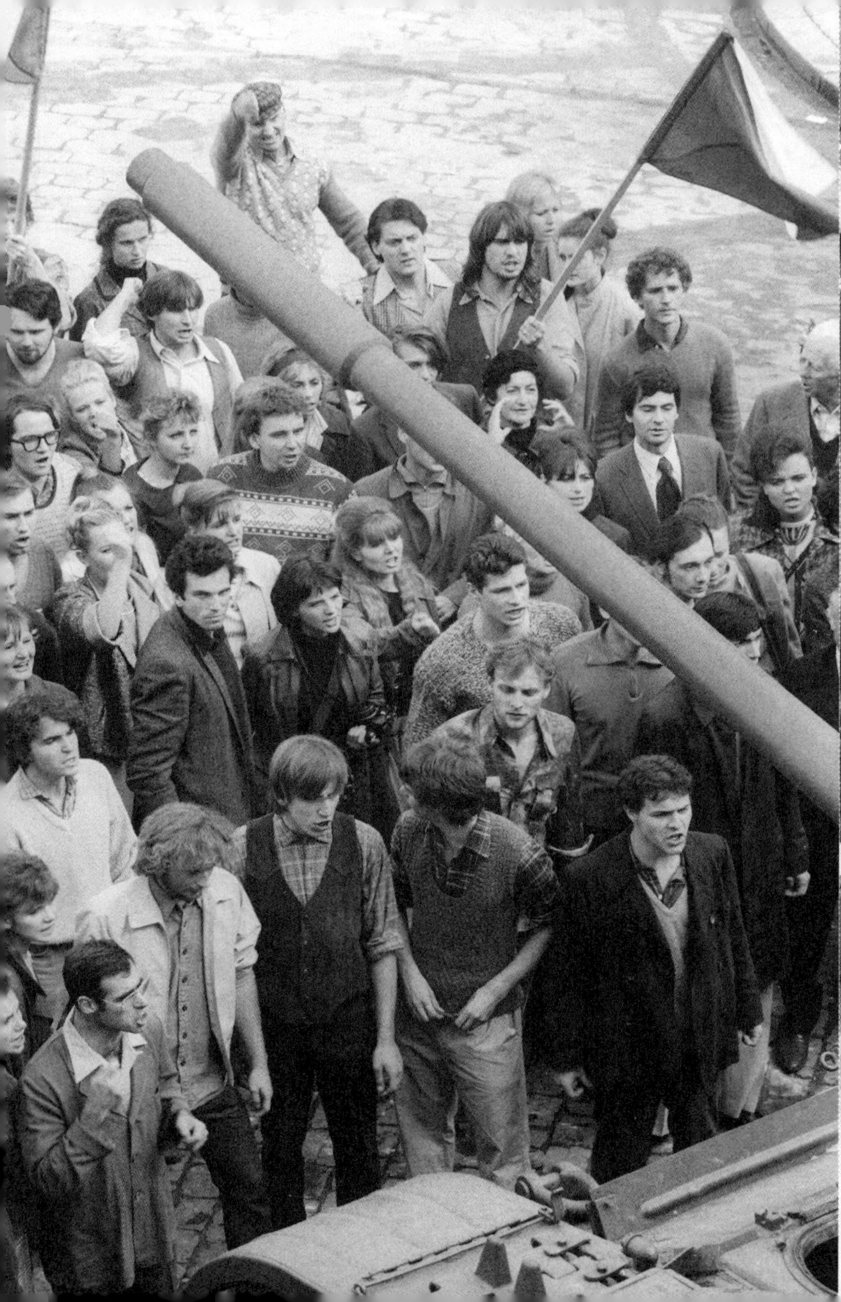

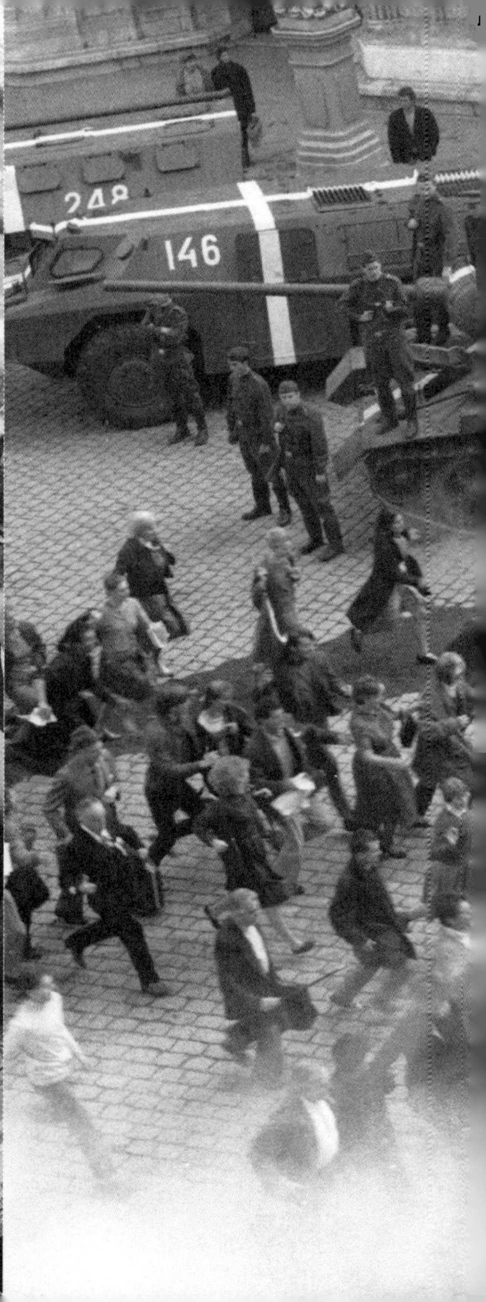
248
146

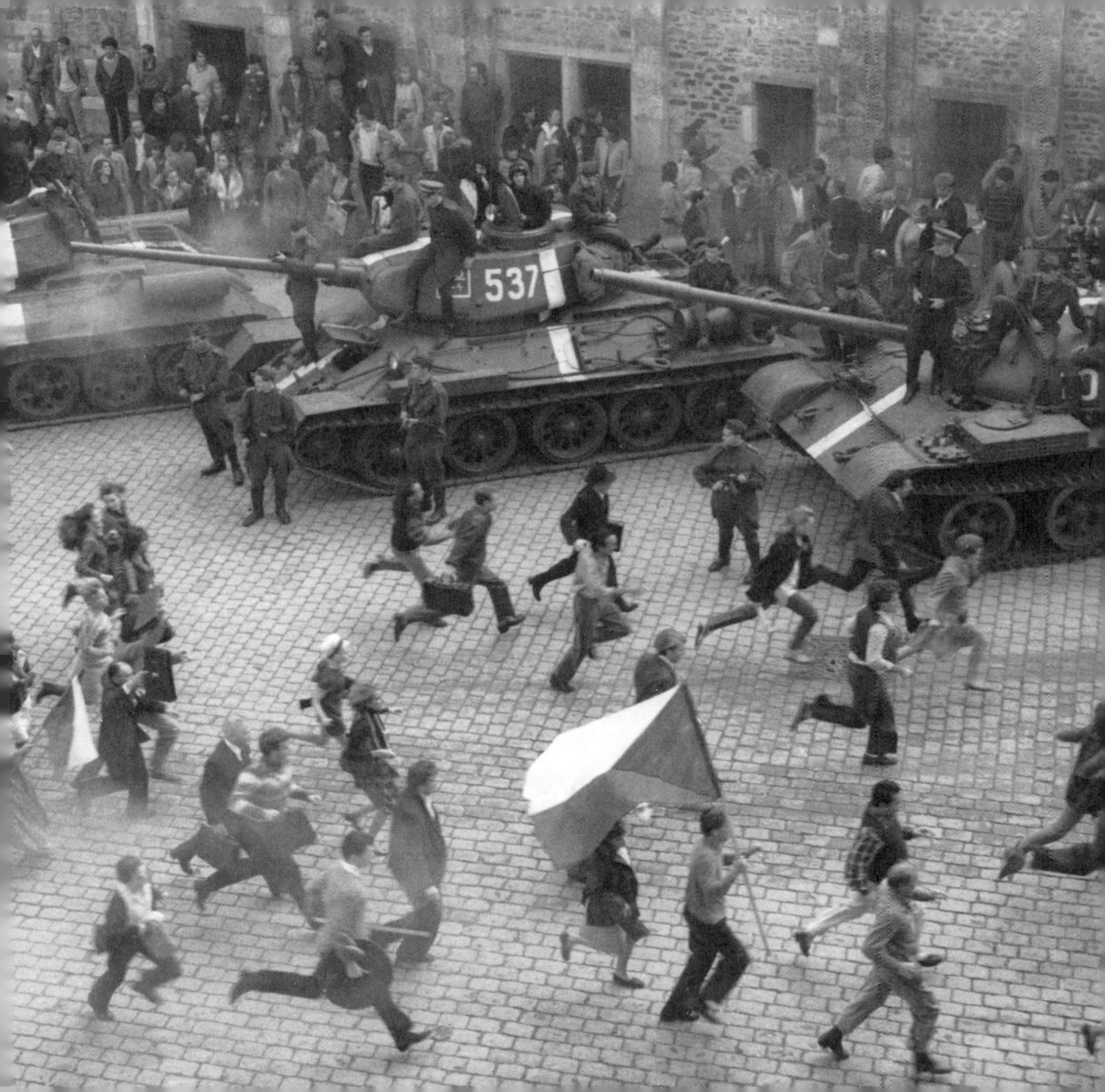
537

M: Das gilt zum Beispiel für das Geständnis von Almásy gegenüber Caravaggio am Schluß des *Englischen Patienten*. Gegen Ende des Schnitts änderten wir die Szene von einem vertraulichen Dialog zwischen zwei Menschen zu einem, bei dem eine dritte Person, Hana, das Geständnis des Patienten mit anhört. Als die Szene gedreht wurde, gehörte Hana nicht dazu. Indem wir sie zur Zeugin des Gesprächs machten, erfuhr sie, wer Almásy war, was im Drehbuch und beim Drehen nur Caravaggio wußte. Wenn sie also Almásy später die tödliche Dosis Morphium injiziert, tut sie es mit diesem Wissen. Wir benutzten Bilder von ihr aus einer Szene, die wir herausgeschnitten hatten. Sie war mit Kip zusammen – und in einem Fall entfernten wir Kip sogar durch einen optischen Trick, um ihr das ganze Bild zu geben.

O: Es war bemerkenswert, wie Hanas Ausdruck sich im Vergleich zu früheren Szenen mit Kip sofort veränderte und in diesem neuen Zusammenhang etwas ganz anderes ausdrückte. Außerdem brachte dieses künstliche Verbindungsglied die Erzählstränge des Films zusammen. Das ist ein wunderbares Beispiel für Improvisation während der Bearbeitung – ob bei einem Buch oder einem Film –, die für mich genauso kreativ ist wie die ursprüngliche Komposition. Es ist die Kunst, eine Szene auseinanderzunehmen oder auf den Kopf zu stellen, um die verborgenen Möglichkeiten zu entdecken.

Ich erinnere mich auch an eine Szene in einer frühen Fassung des *Englischen Patienten*. Nachdem sich Hana von Kip verabschiedet hat, geht sie zum Haus zurück. Es gab eine wunderbare Einstellung ihrer Rückenansicht, in der ihr ganzer Körper einen großen Verlust ausdrückt. In der nächsten Fassung war die Szene nicht mehr enthalten. Hanas Trauer über Kips Abschied war der Trauer in der letzten Szene des *Patienten* zu nah. Um das Tempo des Films zu halten, mußten sie sich die Trauer für die nächste Szene aufheben, deshalb wurde im Interesse des ganzen Films eine bemerkenswerte Einstellung herausgeschnitten.

M: Ja, so was nenne ich die »Hiob-Momente«. Sie sind wie der gute Mann Hiob, der alles – und noch mehr – tut, was Gott von ihm verlangt, aber Gott straft ihn und nicht Hiobs schlechten Nachbarn. »Warum ich?« fragt Hiob. Es geschieht, weil Gott das Ganze übersehen kann, und auf mysteriöse Weise gereichen diese Plagen dem Ganzen zum Guten, in einer Weise, die Hiob nicht erkennen kann.

Im *Dialog* gab es einen Moment, der mit Harry Cauls erster Bearbeitung der Tonbandaufnahme des Liebespaars zu tun hatte. Er war in jeder Fassung des Films, und irgendwie mußten die Änderungen in den umgebenden Szenen sich darin spiegeln. Die

Aus dem *Englischen Patienten*. *Oben:* Hana belauscht Almásys Geständnis. *Unten:* Kip wurde mit einem optischen Trick aus der Einstellung entfernt.

Szene war wie ein Scharnier. Ich bearbeitete sie immer wieder, und sie fügte sich den Änderungen und paßte sich dem Ganzen an. Anthropomorphisch könnte man sagen, die Szene wurde immer stolzer auf sich selbst und auf alles, was sie für den Film tat! Trotzdem kam ein Punkt, an dem ich sagte: Ich werde diese Szene herausschneiden. Inzwischen ist alles so klar, daß sie nicht länger nötig ist. Sie sagt etwas aus, was an anderer Stelle im Film ausgesagt wird.

Und während ich diese Szene entfernte, um zwei Uhr morgens, fing sie an, mit mir zu reden wie Hiob, und sie sagte: »Warum schneidest du von allen Szenen ausgerechnet mich raus, die ich so treu war und so sehr versucht habe, jeden deiner Wünsche zu erfüllen?« Ich sagte: »Ich weiß, was du meinst, und glaub mir, ich habe viele hundert

Stunden mit dir verbracht, und doch bin ich bereit, all diese Arbeit zum Nutzen des Ganzen wegzuwerfen.«

O: Das ist so ähnlich wie bei der Überarbeitung eines Manuskripts in den letzten Phasen, wenn man das richtige Gleichgewicht für die entstehende Form zu finden versucht. Es ist wie das Fällen von Bäumen in einer Landschaft. Man hat fünfzehn Bäume, dann nimmt man Baum drei, sieben und neun, und wenn sie weg sind –

M: Sieht man etwas ganz anderes.

O: Man sieht eine andere mögliche Form und entdeckt, daß ganz andere Bäume wegkönnen oder jedenfalls an eine andere Stelle versetzt werden sollten ... In der Literatur, sogar in etwas so Heiklem wie einem Gedicht, können die frühen Fassungen ebenso unberechenbar und planlos sein wie die frühen Phasen eines Films. Sehen Sie sich den Unterschied zwischen der lockeren, beinahe unsinnigen Fassung von Elizabeth Bishops »One Art« an und der bemerkenswert straffen und suggestiven Endfassung ihrer vierzehnzeiligen Villanelle (Abbildung auf der folgenden Doppelseite). Die subtilen Nuancen und die Präzision der Form entstanden erst im Lauf der Überarbeitung, so daß die Verbindung zwischen den ursprünglichen Zeilen und dem fertigen Gedicht fast nicht mehr zu erkennen ist. In einem Film ist der Abstand eher noch größer.

M: Allerdings. Filme werden mit einer Geschwindigkeit von 1,6 Kilometern pro Stunde durch den Projektor gezogen. Bei *Apocalypse Now* haben wir dreihundertachtzig Kilometer gedreht und sie dann auf vier Kilometer reduziert – ein Verhältnis von fast hundert zu eins. Das ist hoch, aber nicht ungewöhnlich; Michael Manns Film *Insider* hatte ein ähnliches Verhältnis. Es gibt lange Abschnitte in der Entwicklung eines Films, Plateaus, wo sich nichts grundlegend zu verändern scheint.

Und wie man die beschneidet oder entfernt, beeinflußt den Charakter des ganzen Films. Es gibt zwei Möglichkeiten, einen Film zu kürzen. Die eine nenne ich die Spaghettisaucen-Methode, bei der man einfach den Film auf kleiner Flamme köcheln läßt und umrührt. Ab und zu schmeckt man ab und sagt sich: Sehr gut! Jetzt harmonieren die Karotten mit den Tomaten, oder: Nein, jetzt wird es zu dick, da muß etwas Wasser ran. Nach und nach reduziert sich der Film organisch auf die passende Länge.

Die andere Methode ist brutaler. In der griechischen Mythologie gibt es den Räuber Prokrustes, der an der Straße zwischen Athen und Sparta lebte. Er hatte eine Hütte an einer Stelle, wo die Straße entlang der Küste verlief und sehr schmal wurde. Jeder, der an seiner Hütte vorbeikam, mußte dort übernachten und auf Prokrustes' eisernem Bett schlafen. Während man schlief, streckte er einen entweder, bis man so lang war wie das Bett, oder er hackte ab, was überstand, so daß man so groß war wie alle anderen, wenn man die Hütte verließ.

Prokrustes würde also sagen: »Hier haben wir einen drei Stunden langen Film, und er muß zwei Stunden lang sein. Wir hacken einfach ab, bis er richtig ist.« Man tut dem Film schreckliche, brutale Dinge an, aber man kommt schnell auf zwei Stunden. Das Gute daran ist, daß man jetzt den Luxus hat, sich hinzusetzen, den Film zu sehen und zwei Stunden später wieder aufzustehen. In seltenen Fällen funktioniert es sogar. Der Cutter Robert Parrish erzählt in seinem Buch *Growing Up in Hollywood*, wie *Der Mann, der herrschen wollte* in sechs Monaten siebenmal mit immer unbefriedigenderem Resultat getestet wurde, bis der Chef der Columbia, Harry Cohn, den Film fallenlassen wollte. Der Drehbuchautor und Regisseur Robert Rossen bat Parrish in seiner Verzweiflung, sich den ganzen Film vorzunehmen und »auszusuchen, was Sie für das Zentrum jeder Szene halten, den Film auf den Synchronschneidetisch einzulegen und eine Minute vorher und nachher zu schneiden, egal, was drauf ist. Schneiden Sie Dialog, Musik, alles. Wenn Sie fertig sind, führen wir den Film vor und sehen uns an, was Sie haben.« Parrish tat es – er machte aus einem Film von zwei Stunden und zehn Minuten einen von neunzig Minuten, und es funktionierte »auf eine aufregende, leicht verwirrende, sprunghafte Weise«. Und *Der Mann, der herrschen wollte* gewann den Oscar als bester Film.

Der Nachteil dabei ist, daß es kein organischer Prozeß ist, deshalb bleiben blutende Stümpfe in der Geschichte. Die ganze spätere Arbeit besteht darin, herauszufinden, wie man diese Wunden versorgt und den Film trotzdem bei zwei Stunden läßt. Letztlich benutzen wir meistens eine Kombination aus der Spaghettisaucen- und Prokrustes-Methode.

O: In Kanada wird die Spaghettisaucen-Methode das Ahornsirup-System genannt. Wir müssen das gesammelte Material einkochen.

M: Köstlich ...

O: Miles Davis sagte über seine Musik: »Ich höre auf das, was ich weglassen kann.« Das kommt mir so ähnlich vor wie Ihre »Blaues Licht«-Theorie, nach der Sie manchmal aus künstlerischen Gründen ein Schlüsselelement aus einer Szene entfernen müssen.

HOW TO LOSE THINGS /? / THE GIFT OF LOSING THINGS?

[Draft 1]

One might begin by losing one's reading glasses
oh 2 or 3 times a day - or one's favorite pen.

THE ART OF LOSING THINGS

The thing to do is to begin by "mislaying".

Mostly, one begins by "mislaying":
keys, reading-glasses, fountain pens
- these are almost too easy to be mentioned,
and "mislaying" means that they usually turn up
in the most obvious place, although when one
is making progress, the places grow more unlikely
- This is by way of introduction. I really
want to introduce myself -   I am such a
fantastic lly good at losing things
I think everyone shd. profit from my experiences.

You may find it hard to believe, but I have actually lost
I mean lost, and forever two whole houses,
one a very big one. A third house, also big, is
at present, I think, "mislaid" - but
maybe it's lost, too. I won't know for sure for some time.
I have lost one/long peninsula and one island.
I have lost - it can never be has never been found -
a small-sized town on that same island.
I've lost smaller bits of geography, like   and many smaller bits of geography or scen
a splendid beach , and a good-sized bay.
Two whole cities, two of the
world's biggest citiies (two of the most beautiful
although that's beside the point)
A piece of one continent -
and one entire continent.   All gone, gone forever and ever.

One might think this would have prepared me
for losing one average-sized not especially------- exceptionally
beautiful or dazzlingly intelligent person
(except for blue eyes)   (only the eyes were exceptionally beautiful and
But it doesn't seem to have, at all...   the hands looked intelligent)
                                  the fine hands

a good piece of one continent
and another continent - the whole damned thing!
He who loseth his life, etc. - but he who
loses his love - neever, no never never never again -

A
 x
B

One Art

The art of losing isn't hard to master;
so many things seem filled with the intent
to be lost that their loss is no disaster.

Lose something every day. Accept the fluster
of lost door keys, the hour badly spent.
The art of losing isn't hard to master.

Then practice losing farther, losing faster:
places, and names, and where it was you meant
to travel. None of these will bring disaster.

I lost my mother's watch. And look! my last, or
next-to-last, of three loved houses went.
The art of losing isn't hard to master.

I lost two cities, lovely ones. And, vaster,
some realms I owned, two rivers, a continent.
I miss them, but it wasn't a disaster.

—Even losing you (the joking voice, a gesture
I love) I shan't have lied. It's evident
the art of losing's not too hard to master
though it may look like (*Write* it!) like disaster.

Der erste und der endgültige Entwurf des Gedichts »One Art« von Elizabeth Bishop, das 1975 veröffentlicht wurde.

M: Diese Theorie habe ich in Zusammenhang mit dem *Dialog* formuliert, wahrscheinlich deshalb, weil wir schließlich so viel wegschnitten. Von fast fünf Stunden kam der Film auf unter zwei.

Als ich mit dem Herausschneiden begann, hatte ich oft das Gefühl, ich könnte auf eine bestimmte Szene nicht verzichten, weil sie so klar ausdrückte, was wir erreichen wollten. Ich hab sie trotzdem herausgeschnitten ... Ich mußte es wegen der Länge des Films tun. Danach hatte ich das fast paradoxe Gefühl, es sei durch das Wegnehmen mehr geworden. Es war eine fast biblische Vorstellung des Überflusses. Wie kann man etwas wegnehmen und danach mehr davon haben?

Ich fand dann die Analogie eines Raums, der von einer blauen Glühbirne erhellt wird. Sagen wir, die Absicht besteht darin, »Blauheit« in diesem Raum zu erzeugen; wenn man also reingeht, sieht man eine Glühbirne, die blaues Licht verbreitet. Andererseits ist die Glühbirne ohne Schirm so intensiv, daß man blinzelt. Es ist ein hartes, unangenehmes Licht. Es ist blau, aber so konzentriert, daß man sich davor schützen muß.

Häufig gibt es Szenen, die metaphorisch dieser Glühbirne entsprechen. Die Szene sagt etwas so direkt aus, daß man im Geist blinzelt. Und dann denkt man: Was würde passieren, wenn wir die blaue Glühbirne wegnehmen? Aber wo kommt dann das Blau her? Nehmen wir sie weg und gucken mal. Das ist immer der Schlüssel: Nehmen wir es mal weg und schauen, was passiert.

Also dreht man die Birne raus ... Es gibt noch andere Lichtquellen im Raum. Und sobald diese grelle Lichtquelle weg ist, öffnen sich die Augen. Das Wunderbare am Sehen ist, daß sich die Iris zusammenzieht, um sich zu schützen, wenn irgend etwas zu intensiv ist – wenn man zum Beispiel in die Sonne guckt. Wenn es aber weniger Licht gibt, öffnet sich die Iris und nutzt das vorhandene Licht besser aus.

Wenn die blaue Birne also fehlt und das Licht gleichmäßiger ist, beginnt man Dinge zu sehen, die von sich aus *authentisch* blau sind. Vorher hat man ihr Blau der Glühbirne zugeschrieben. Und das verbliebene Blau wirkt mit anderen Farben interessanter zusammen, als wenn es bloß ein intensives Blau wäre.

Viel weiter trägt die Analogie wohl nicht, aber so etwas passiert oft im Film. Man entfernt schließlich genau das, was man für die einzige Quelle einer Idee hielt. Und nach ihrer Entfernung sieht man, daß die Idee nicht nur noch da ist, sondern sich sogar organischer mit allem anderen verbindet.

In Dostojewskis *Schuld und Sühne* wird über eines nie gesprochen, den wahren Grund, warum Raskolnikow die Wucherin ermordet hat. Hätte Dostojewski erklärt, warum er sie ermordete, wäre alles andere verkleinert worden und nicht mehr so interessant und komplex gewesen. Das erinnert mich an etwas, was mein Vater sagte, wenn die Leute über seine Bilder redeten. Er bezog sich auf eine Äußerung von Wallace Stevens: Ein Gedicht ist nicht *über* etwas, es *ist* etwas.

»Wideo«

O: Sie haben vor ein paar Jahren in Ihrem Buch *Ein Lidschlag, ein Schnitt* eine großartige Theorie über den Schnitt entwickelt. Die beste Stelle, um von einer Einstellung zur nächsten zu schneiden, ist häufig die, an der ein Schauspieler blinzelt, vor allem, wenn es ein guter Schauspieler ist, denn ein Lidschlag markiert auf natürliche Art das Ende eines Gedankens.

M: Meine frühen Erfahrungen beim Schneiden brachten mich darauf, daß es eine Verbindung zwischen dem Rhythmus des Lidschlags eines Menschen und dem Rhythmus seiner Gedanken gibt. Der Lidschlag ist das Gegenstück zu den Satzzeichen – Komma, Punkt, Semikolon und so weiter –, die unsere Gedanken trennen und dadurch verständlicher machen. Ich schulde die Gleichung Schnitt = Lidschlag dem Regisseur John Huston, der die Idee Anfang der siebziger Jahre in einem Interview mit Louise Sweeney entwickelte.

Es läuft darauf hinaus, daß ich glaube, der Schnittrhythmus eines Films ist dann am besten, wenn er den Rhythmus der Gedanken der Figuren spiegelt – und das bedeutet letztlich den Gedankenrhythmus der Zuschauer. Während der Cutter die Folge der Einstellungen arrangiert, »blinzelt« er stellvertretend für die Zuschauer.

O: Hat sich an dieser Theorie etwas verändert, seit Ihr Buch erschienen ist?

M: Bei der Arbeit an *Ripley* habe ich etwas entdeckt, und ich war erstaunt, daß es mir nicht vorher aufgefallen war. Statistisch gesehen, kommt ein Lidschlag am häufigsten, wenn der Schauspieler einen nicht vokalisierten Konsonanten spricht. Ich glaube, sie heißen Reibelaute: *s, f,* aber nicht *d*(e) – *d* hat eine vokale Komponente. Wenn jemand spricht, fällt der Lidschlag oft auf Laute wie *s* oder *f.*

O: Weil diese Laute schwerer auszusprechen sind?

M: Ich weiß nicht. Ich habe es gerade erst entdeckt. Vielleicht ist das der Grund. Vielleicht wartet der Lidschlag auf eine Gelegenheit, und in dem Moment gibt es irgendwie eine kurze Pause, weil die Stimmbänder nicht benutzt werden, und diese Gelegenheit ergreift er, um zu blinzeln. Das ist auch ein Aspekt des Lidschlags, der eine kleine Studie wert wäre – herauszufinden, welcher Teil des Alphabets am häufigsten mit einem Lidschlag zusammenfällt.

In der Praxis bedeutet es, daß diese Reibelaute gute Stellen zum Schneiden sind, weil dasselbe, was einen Menschen zum Blinzeln bringt, auch das Publikum zum Blinzeln bringt. Das Publikum ist in diesem Moment aufgeschlossener für eine Verschiebung der Aufmerksamkeit. Der Schnitt sieht einfach besser aus, er fällt rhythmischer in die Sprachkadenz.

O: Wir hatten mal einen Premierminister in Kanada, der zum Lispeln neigte, deshalb sollten seine Redenschreiber möglichst das *s* vermeiden.

M: (lacht)

O: Als ich aus Sri Lanka nach England kam, war ich elf Jahre alt und hatte Schwierigkeiten damit, *v* und *w* zu unterscheiden. ich sagte »Wideo« und »Wagabund«. Die ersten drei Jahre in England mußte ich immer zweimal nachdenken, bevor ich ein Wort mit *v* oder *w* sagte. Das ist wahrscheinlich eine stärker kulturell geprägte Pause.

Das Leben jenseits des Films

O: Wie sind Sie auf die Bücher von Curzio Malaparte gekommen? Haben Sie Italienisch gelernt, um ihn zu übersetzen?

M: Ich lernte ein Jahr Italienisch an der Uni und studierte später in Perugia, mein Interesse für Italienisch war also schon da. Und ich spreche Französisch – ich mag die romanischen Sprachen.

Als wir 1986 in Lyon den Einmarsch der Sowjets in Prag für die *Unerträgliche Leichtigkeit des Seins* drehten, ging mir der Lesestoff aus. In einem Buchladen kaufte ich mir ein Buch über Kosmologie. Der Autor erklärte die ersten Momente des Universums nach dem Urknall und gab zu: »Ich könnte versuchen, Ihnen etwas über diesen Moment zu erzählen, aber es ist besser, einfach Malapartes Geschichte über die gefrorenen Pferde im Ladogasee zu erzählen.«

Die Geschichte spielte während der Belagerung von Leningrad, es gab Artilleriefeuer und Waldbrände, und Hunderte von Kavalleriepferden entkamen in panischer Flucht den Flammen, gefroren aber sofort, als sie ins eiskalte Wasser des Sees sprangen. Und zu allem Überfluß hatte das irgendwie mit dem Zustand des Universums kurz nach dem Urknall zu tun. Das war toll! Ich mußte rausfinden, wer dieser Malaparte war.

In Berkeley ging ich dann in die Universitätsbibliothek und fand die drei seiner Werke, die ins Englische übersetzt waren, eins davon war *Kaputt*, in dem die Geschichte von den gefrorenen Pferden stand. Während ich den Rest des Buchs las, fiel ich in eine Art Tagtraum. Ich las alles von ihm, was ich kriegen konnte, auch Bücher, die nicht übersetzt waren.

Nach der Arbeit am *Englischen Patienten* verglich ich bei einem Interview mit der Zeitschrift *Parnassus* die Filmadaption mit dem Übersetzen, in dem Sinne, daß viele Entscheidungen, die man trifft – wenn man vom Buch zum Drehbuch und von dort zum Drehen und weiter zum Schnitt geht –, wie die Übersetzung von einer Sprache in die andere sind, aus der Sprache der Wörter in die der Bilder und Töne. Aber natürlich werden in jeder Sprache bestimmte Dinge verschieden betont. Übersetzt man aus einer Sprache in die andere, muß man diese Differenz beachten.

Nach dem Interview dachte ich: Das klingt zwar gut, aber vielleicht sollte ich mal etwas übersetzen, um sicherzugehen, daß es auch stimmt. Also erinnerte ich mich an einige Werke von Malaparte, die es nur auf italienisch gab. Ich merkte, daß mir das

Übersetzen Spaß machte, besonders nachdem ich gerade einen Film beendet hatte. Wenn man einen Film macht, ist man so aufgedreht, daß man danach, nach einem Jahr Arbeit, in ein Loch fällt. Diese Arbeit in anderer Form fortzusetzen war eine sehr angenehme Art, den Übergang in das Leben jenseits des Films zu schaffen.

O: Die politische Seite von Malapartes Leben erscheint sehr kompliziert und ambivalent. Man kann nie sicher sein, wo er steht. Er wechselt ständig die Seiten.

M: »Kompliziert« ist noch untertrieben! Er hieß in Wirklichkeit Kurt Suckert – sein Vater war ein Deutscher, der ein Mädchen aus Mailand geheiratet hatte. Also war er ein protestantischer Deutscher in einer italienisch-katholischen Umgebung. Mit sechzehn lief er von zu Hause fort und kämpfte während des gesamten Ersten Weltkriegs auf seiten der Franzosen gegen die Deutschen. Durch seine Erlebnisse im Krieg war er so verstört, daß er der Bewegung der italienischen Faschisten in ihrer frühen idealistischen Phase beitrat. Später wurde er ausgeschlossen, weil er eine Studie über Mussolinis Aufstieg zur Macht schrieb, nachdem er den Eindruck gewonnen hatte, die ursprünglichen Ideale seien verraten worden. Nach dem Zweiten Weltkrieg wurde er Kommunist und konvertierte auf dem Totenbett offenbar zum Katholizismus.

Sein Künstlername »Malaparte« läßt sich als der »böse Teil« deuten, der nicht zum Rest der Gesellschaft paßt. In Italien ist er immer noch sehr umstritten, manche sehen in ihm nur einen egozentrischen Opportunisten. Ich glaube aber, daß er noch etwas anderes ist, ein verletzter Idealist, der in dieser Welt nie eine Heimat finden konnte …

O: Er war im wesentlichen ein Prosaautor, und Sie übersetzen seine Prosa in Lyrik. Warum?

M: Es kam von ganz allein dazu. Das hat mich überrascht, weil ich sonst nicht unbedingt Gedichte bevorzuge. Wenn ich die Wahl habe, lese ich eher Prosa. Also war ich überrascht, aber weil es automatisch zu geschehen schien, ließ ich es laufen.

Curzio Malaparte und Freund.

Im Rückblick würde ich sagen, daß es an der fast überwältigenden Dichte von Malapartes Urtext lag, seinen fabalhaften, entlegenen Bildern, den Wiederholungen und den synästhetischen Metaphern: »Die Luft war voller Wasser und Stein«, »ein bitteres blaues Licht«.

Einer der Gründe, warum seine Bücher es auf englisch schwer haben, ist diese extreme Dichte der Bilder. Wenn man einen Zugang dazu findet, ist es schön, aber es ist fast zu überladen. Im Italienischen wirkt es weniger überladen, weil die Musikalität die Dichte auflockert. In gewisser Weise lüftet die Auflösung in Gedichtzeilen den Text und bringt diese Musikalität wieder hinein. Es war auch deshalb faszinierend für mich, weil ich plötzlich eine Parallele zwischen der Entscheidung sah, wo eine Zeile und wo eine Einstellung enden sollte.

O: Ich weiß. Als ich Sie anrief und sagte, wie gut und natürlich die Zeilenübergänge wirkten, und dann hörte, daß Sie so was noch nie gemacht hatten ... Ich war wirklich verblüfft!

M: Beim Filmschnitt stehen wir andauernd vor solchen Entscheidungen. Der Punkt, an dem man beschließt, die Einstellung zu beenden, hat meist wenig mit der Grammatik der Szene zu tun. Man beendet eine Einstellung sozusagen nicht mit einem Komma. Man beendet sie manchmal mitten in einem Wort und geht zu einer anderen Einstellung über, wobei der Dialog überhängt. Die Architektur dieser Einstellungen und die Stelle, an der man eine Zeile beenden will, haben mit dem rhythmischen Gleichgewicht des Materials bis zu diesem Moment zu tun.

O: Einen anderen Aspekt dieser Idee findet man bei dem Lyriker Robert Creeley, der ein Meister des Zeilenendes ist. Wo er die Zeile beendet, hängt völlig von der gewählten Stimme und Figur ab – also ist das Handwerk ebenso ein Porträt seiner selbst wie der Text. So kann die Form den Zustand und das Wesen des Sprechers spiegeln. Die Lyrikerin Sharon Thesen hat etwas über Creeley gesagt, das dieses Phänomen wunderbar beschreibt: »Wenn man Creeley lesen sieht/hört, ist es fast, als ob man den Schmerz

Brigitte Bardot und Michel Piccoli auf der Dachtreppe der Villa Malaparte in Jean-Luc Godards *Die Verachtung* (1963), gedreht u. a. in der beeindruckenden Villa, die nach den Entwürfen des Schriftstellers auf Capri gebaut wurde.

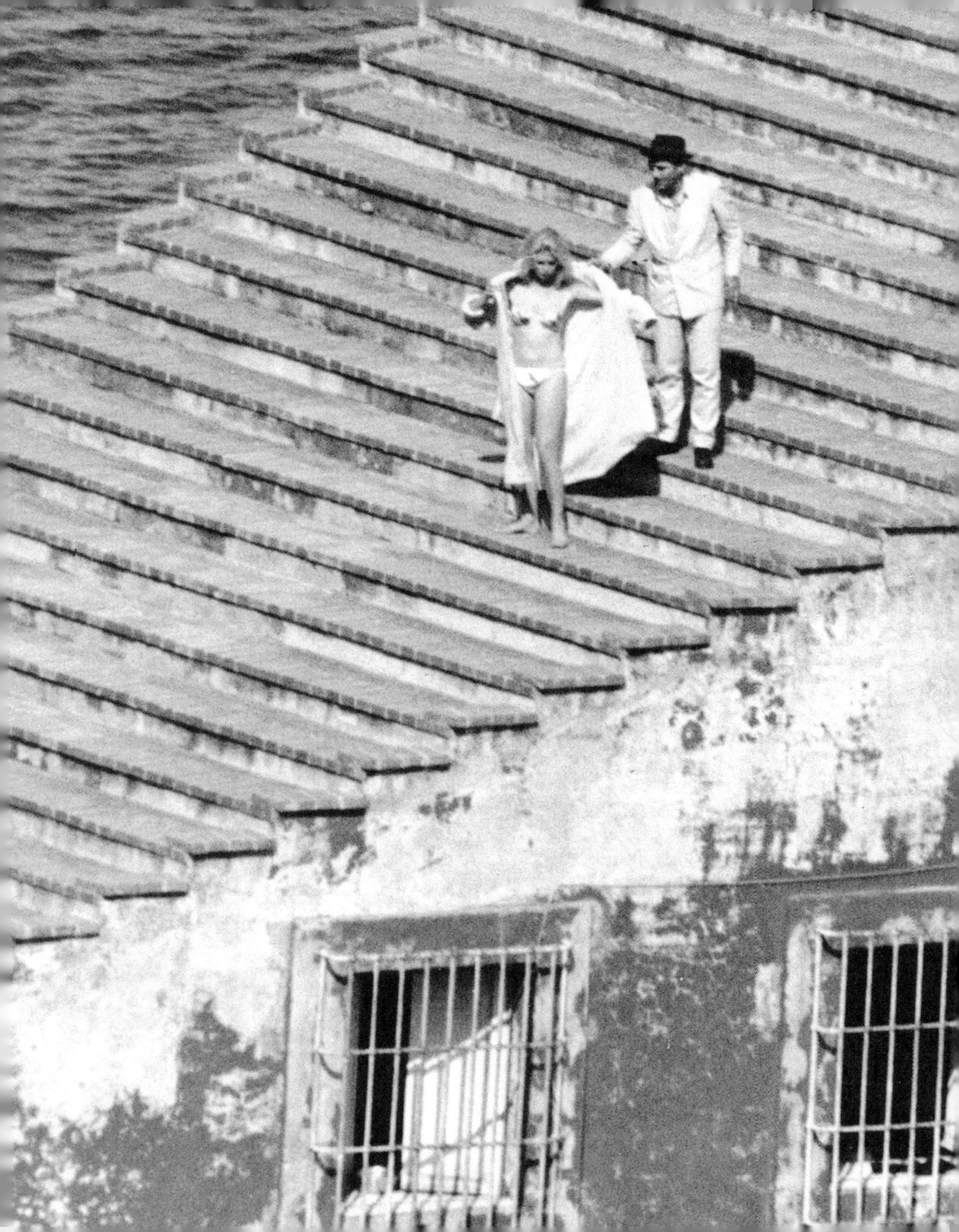

beherrscht ... Es ist das forschende Bewußtsein, das Hinwenden zu dem und Abwenden von dem, was sich in oder von der Zeile im wörtlichen Sinn ertragen läßt ... Und es ist völlig *innerhalb* der Zeile ... Sein Vokabular ist nicht umfangreich und blumig. Es gibt dort eine Intelligenz, die einfach nicht ihre Form überschreitet ... Sie hält sich mit einer wunderbar eloquenten ›humilitas‹ zurück.«

Wie treu waren Sie dem Text bei ihrer Übersetzung von Malaparte-Gedichten wie »Schlafwandeln« oder »Der Wind«?

M: So treu wie ein Übersetzer eben sein kann. Es gibt ein geflügeltes Wort im Italienischen: »Traduttore, traditore« – Übersetzer, Verräter.

O: Also haben Sie seinen Originaltext ab und zu verraten?

M: Ja, aber ich hoffe, ich habe nur die Oberfläche verraten, um an eine tiefere Wahrheit zu kommen. In der einen Sprache läßt sich eine Vorstellung durch ein Wort ausdrükken, eine andere braucht fünf Wörter dafür. Wird jedes dieser Wörter wörtlich übersetzt, ist es falsch. Es kann also besser sein, zu sehen, was passiert, wenn man diese fünf Wörter in einem einzigen konzentriert. Und was bedeutet das für die Architektur des übrigen Texts? Wahrscheinlich muß man als Folge weitere Änderungen machen.

O: Was mich bei Malaparte überrascht, ist sein verstohlener Humor.

M: Er steckt voll davon, aber man muß ihn bemerken. Der Humor ist subtil – besonders für amerikanische Leser – und so verborgen, daß man ihn leicht übersieht. Für mich ist Malapartes Werk damit gesättigt ... Es gibt eine faszinierende Beschreibung eines Abendessens in der *Haut,* das kurz vor dem Einmarsch der Alliierten in Rom stattfindet. Malaparte ist Adjutant bei der französischen Armee, und ihr Quartier liegt auf den Hügeln über Rom. Ein paar französische Generäle und marokkanische Soldaten essen Couscous. Während der Vorbereitung des Essens gibt es eine Explosion – eine Granate schlägt ein, und einer der Marokkaner verliert eine Hand. Beim Essen kommt das Gespräch auf Malapartes Erfahrungen in seinem Buch *Kaputt,* und einer der französischen Generäle protestiert: »Warum passieren Ihnen diese unglaublichen Sachen, Malaparte? Ich bin General und habe den ganzen Krieg mitgemacht, und so Unglaubliches ist mir nie passiert. Sie erfinden das.« Und Malaparte sagt: »Nein, ich erfinde es nicht. Ich ziehe diese Dinge vielleicht an wie ein Magnet, aber sie passieren.«

Die Diskussion geht hin und her, und dann sagt Malaparte: »Während ich mit Ihnen geredet habe, ist tatsächlich etwas völlig Unglaubliches passiert.«

»Was?«

Er antwortet: »Beim Essen habe ich ein paar menschliche Finger in meinem Couscous entdeckt. Als guter Gast habe ich das natürlich nicht erwähnt und sie gegessen, als würden sie dazugehören.«

Alle am Tisch sind höchst schockiert, und Malaparte sagt: »Sehen Sie diese kleinen Knochen auf meinem Teller. Anscheinend ist die abgerissene Hand des Marokkaners im Topf mit dem Lamm gelandet und wurde dann mitgekocht und mir serviert.«

Die Gäste sind alle schockiert, bis Jack, ein amerikanischer Freund Malapartes, den Teller untersucht und merkt, daß es ein Streich war – es sind nur Lammknochen, die sorgfältig in Form einer Hand angeordnet sind. Nach dem Essen schlägt Jack Malaparte auf die Schulter und sagt: »So ein Spaßvogel! So ein Schwindler!« Doch mit der Mischung aus Wahrem und Erfundenem beendet Malaparte die Geschichte in der Mehrdeutigkeit. Zum Schluß ist nicht klar, ob es Menschenfinger waren oder nicht. Vielleicht war auch Jack der Reingelegte. Aber es ist witzig. Und schrecklich. In seiner Einleitung zu *Kaputt* schreibt Malaparte: »Dies ist ein fröhliches und grausames Buch.«

Im allgemeinen kamen die Beschreibungen der Kriegserfahrung auf seiten der Faschisten entweder von Nichtschriftstellern oder von den Nazis selbst, und man mußte mit Vorsicht genießen, was sie sagten. Malaparte, dieser viel neutralere, ironische Beobachter, erzählte aber Dinge, die man nie zuvor gehört hatte, und zwar auf ganz eigene Art. Das hat mich fasziniert.

O: Ich erinnere mich an eine Geschichte, in der William Carlos Williams einen Besuch bei Ford Madox Ford in Frankreich macht. Sie gehen in einem Feld spazieren, und Ford erklärt seine Theorien des Impressionismus, des modernen Romans und so weiter. In seinem Tagebuch schrieb Williams: »Ford redete vierzig Minuten und merkte nicht mal, daß ein Spatz in der Nähe völlig verängstigt war, weil wir uns seinem Nest näherten.« Eine Zeitschrift druckte Williams' Bericht auf der linken Seite und daneben Fords Tagebucheintrag über denselben Nachmittag. Und Fords Eintrag handelte fast nur von dem Spatzen, den er auf dem Spaziergang gesehen hatte. Er hatte nichts mit Ästhetik zu tun. Er war wunderbar, steckte voller Einzelheiten, seine Aufmerksamkeit war ganz von den drei kleinen Vögeln im Nest gebannt.

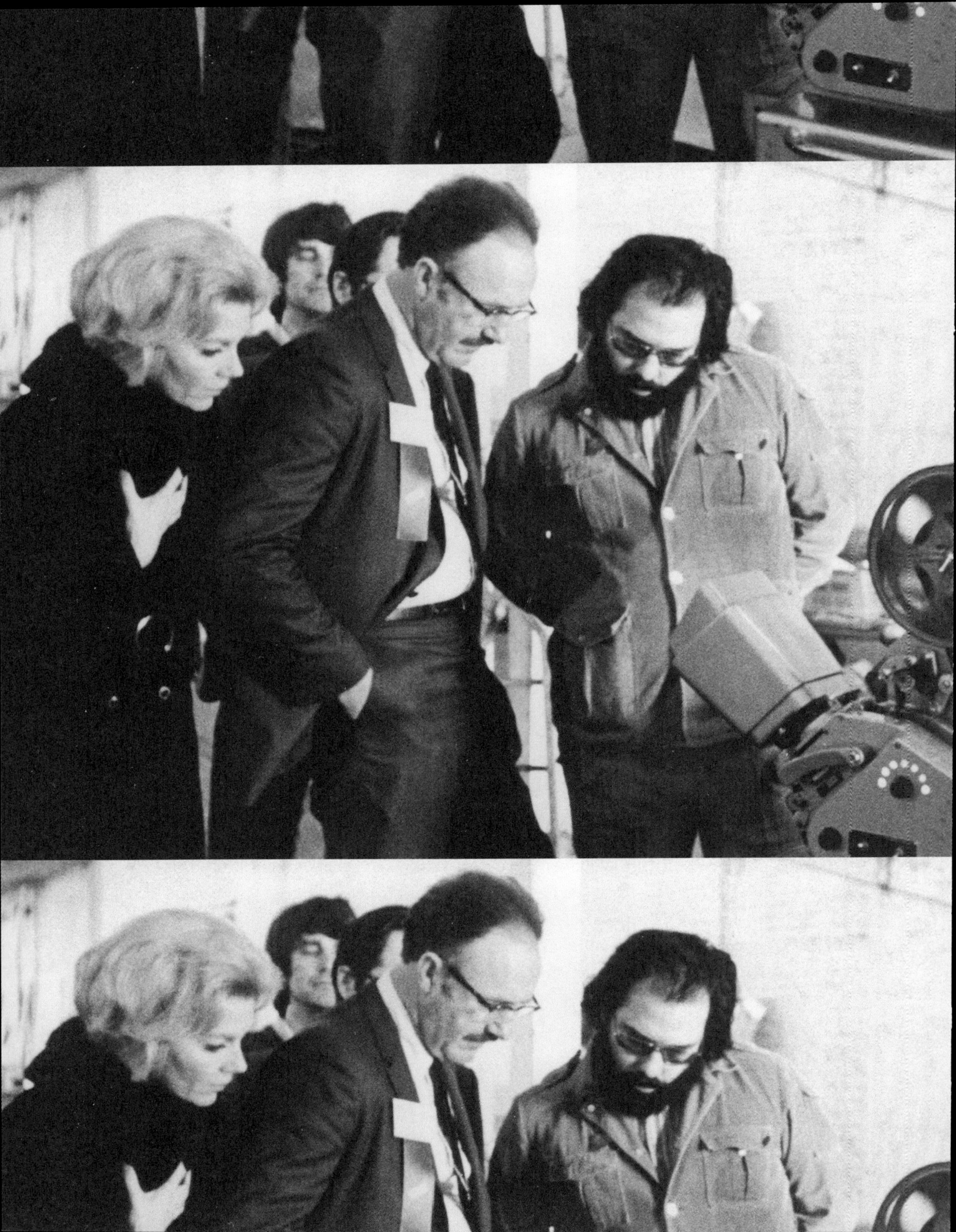

DRITTES GESPRÄCH

New York

Im Herbst 2000 war ich Gastautor an der Medizinischen Fakultät der Columbia University in New York. Jeden Morgen nahm ich den A-Train zum Columbia Presbyterian Hospital in der 168. Straße, wo Duke Ellington die letzten Tage seines Lebens verbracht hatte. In diesen drei Monaten lud ich einige Autoren ein, vor den Teilnehmern meines Kurses zu sprechen. Da Walter möglicherweise im Dezember in New York sein würde, fragte ich ihn, ob er vor den Studenten und Dozenten über seine Arbeit beim Film sprechen würde. Er willigte auch deshalb ein, weil er – präzis wie immer – »vor 57 Jahren und 152 Tagen« in diesem Krankenhaus geboren wurde. So konnte ich ihn dort eines Nachmittags als älteren und weiseren Walter Murch vorstellen.

Sein Vortrag versetzte das akademische Publikum in atemlose Spannung. Walter führte Ausschnitte aus verschiedenen Filmen vor, redete darüber, wie sie strukturiert waren, und demonstrierte mit Hilfe von Dias, wie Bild, Licht, Ton und Elektrizität beim Prozeß der Verstärkung im Kinosaal zusammenwirken. Dank seiner anhaltenden Faszination von den Naturwissenschaften und seiner Kenntnisse hat er sich vor einem solchen Publikum immer sehr wohl gefühlt. Ein Jahr später hielt er in San Diego einen Vortrag über die Zukunft des digitalen Kinos vor einem Kongreß von dreitausend Neurochirurgen.

Am Morgen nach seinem Vortrag im Krankenhaus trafen wir uns zu unserem dritten Gespräch. Das Geräusch der Heizungsrohre in den Wänden des Lofts in SoHo verblüffte uns wegen seiner Lautstärke; es war wie ein unangekündigtes, unsichtbares Gamelanorchester. Diesmal konzentrierte sich unser Gespräch vor allem auf zwei Filme:

Elizabeth MacRae und Gene Hackman schauen sich gemeinsam mit Coppola Muster des *Dialogs* an.

Der Dialog und *Im Zeichen des Bösen,* den Walter Anfang 1998 anhand eines kürzlich entdeckten Memorandums von Orson Welles neu geschnitten hatte. *Der Dialog* war der erste Spielfilm, den Walter schnitt, und in vieler Hinsicht halte ich ihn für das interessanteste (und wahrscheinlich eigenständigste) Beispiel seiner kontinuierlichen Zusammenarbeit als Cutter mit Coppola als Autor und Regisseur.

Unser Gespräch endete mit einem späten Lunch in einem vietnamesischen Restaurant in der Greene Street.

Der Schnitt im *Dialog*

O: Als Sie und Coppola am *Dialog* arbeiteten, muß der Inhalt als das völlig logische Thema erschienen sein, über das Sie einen Film machen würden: eine Überhöhung und Analyse »gewöhnlicher Töne«. Eine Obsession, vergleichbar mit der, als Sie elf Jahre alt waren. Sind Sie dazugekommen, nachdem Coppola das Drehbuch geschrieben hatte, oder waren Sie schon vorher beteiligt?

M: Er schrieb den Film Ende der sechziger Jahre. Die Idee wurde von einem Artikel in *Life* angeregt, auf den Francis von Regisseur Irvin Kershner hingewiesen wurde. Es war ein Porträt von Hal Lipset, einem Überwachungstechniker, der in San Francisco arbeitete. Francis hatte ein oder zwei Jahre vorher Antonionis *Blow Up* gesehen und kam auf die Idee, das Konzept von *Blow Up* mit der Welt der Abhörtechnik zu kombinieren. Die Hauptfigur Harry Caul – ein wenig von Harry Haller in Hermann Hesses *Steppenwolf* inspiriert – ist ein bürgerlicher Mensch, der plötzlich in eine Welt gestoßen wird, über die er keine Kontrolle hat.

O: Der Film ist erstaunlich. Auf einer Ebene ist es ein Thriller, aber er besitzt auch die Mehrdeutigkeit, von der wir schon gesprochen haben. Und der Blickpunkt ist zugespitzt und obsessiv.

»Das Gefühl einer Verdopplung« von Händen und Maschinen: Murch ahmt am Mischpult Hackmans Gesten nach.

TCR 01:38.47.25

38:47

M: Ja, weil die Geschichte allein aus der Sicht dieses Abhörtechnikers erzählt wird. Er ist vom Direktor einer gesichtslosen Firma beauftragt worden, ein junges Paar zu belauschen, das vielleicht eine Affäre miteinander hat. Da das Publikum aber nur weiß, was er weiß, erfährt es nie, was wirklich passiert ist. Man hat bloß Vermutungen. Und weil er ein Tontechniker ist, fängt das Publikum natürlich an, die Welt so zu hören, wie er sie hört. Das war eine wunderbare Gelegenheit.

O: Es ist eine der ganz und gar subjektiven und folglich unzuverlässigen Erzählungen der Filmgeschichte. Und es scheint eine Obsession zu sein, die Ihnen nahe ist ...

M: Während der Film entstand, hatte ich oft das Gefühl einer Verdoppelung. Ich arbeitete spät abends an dem Film, sah das Bild Harry Cauls, der an seinem Tonband arbeitete, und ich sah vier Hände, seine und meine. Mehrere Male war ich so müde und desorientiert, daß ich mich wunderte, wenn Harry Caul den Knopf drückte, um das Band zu stoppen, und der Film weiterlief! Warum blieb er nicht stehen?
   Seltsamerweise habe ich vor kurzem dasselbe bei dem Edison-Dickson-Film gemacht wie Harry Caul mit diesem Tonband.

O: Ihr Handwerk als Toncutter und das von Harry Caul scheinen eng verwandt zu sein.

M: Francis hat mich wohl manchmal studiert, als wäre ich von einem seltsamen Stamm und er ein Ethnologe! Ich war der Toncutter, der ihm am nächsten war – ich überwachte den Ton bei der Nachproduktion von *Liebe niemals einen Fremden,* dem *Paten, THX* und *American Graffiti.*

O: Als ich den *Dialog* sah, hatte ich das Gefühl, Coppola hätte damit auf seltsame Art die Künstler und Profis gefeiert. In dem Handwerk liegt so viel Genugtuung – das spürt man in der Szene, wo Harrys vier Kollegen nach der Konferenz über elektronische Überwachungstechnik über ihr Handwerk und über Harry als einen der großen Meister ihres Fachs reden. Es ist das Porträt eines Künstlerclans.

M: Ja, so sah Francis es auch. Ich erinnere mich, daß er damals sagte, wie faszinierend es ist, einem Handwerker bei der Arbeit zuzusehen, vor allem im Film. Einem Holzschnitzer. Oder einem Steinmetzen. Wie oft schärft er die Klinge? Aha, das ist interessant, nach jedem zehnten Schlag. Das Ganze hat einen sehr taktilen, visuellen Charakter und ist zugleich von großem menschlichem Interesse.

O: Genau wie wir uns bei einem Samuraifilm viel mehr dafür interessieren, wie der Krieg eingehend in der Einsamkeit trainiert wird, als für den Kampf am Schluß.

M: Ja. Und für Francis war Harry Cauls Handwerk natürlich dem Filmemachen sehr ähnlich: Hier ist das Rohmaterial, und wie holt man das Beste heraus? Es gewährt einen Einblick, wie ein solcher Geist funktioniert. Außerdem steckt viel von Francis in Harry Caul, obwohl Sie nicht an Harry denken, wenn Sie Francis treffen. Francis ist ein aufgeschlossener, redegewandter Paterfamilias. Er lädt Sie an seinen Tisch ein. Er mag viele Leute um sich und liebt Diskussionen, er ist gern der Gastgeber und kocht gern für alle – diese sozialen Fähigkeiten sind das Gegenteil des einsamen Harry Caul in seiner anonymen Wohnung, wo er allein Saxophon spielt. Francis hat aber auch eine andere Seite, die Harry Caul sehr ähnelt.

Francis besitzt eine stark entwickelte technische Seite. Wäre sein Leben anders verlaufen, hätte er sich leicht noch mehr mit Technik befassen können: »Harry Coppola«. Die Geschichte, die Harrys Rivale Bernie Moran bei der Party in Harrys Loft erzählt – wie Harry die Telefone der Nachbarn anzapfte, als er zwölf war –, das ist eine wahre Geschichte über Francis.

Jeder Filmemacher ist ja auch eine Art Voyeur. Harrys Voyeurismus ist eben ziemlich eingeschränkt – auf den Ton. Sobald man aber Filme macht, sucht man nach Themen und neuen Formen, die Dinge zu sehen, und schnüffelt nach Einzelheiten aus dem Leben von Menschen; nicht nur als Thema, sondern als Sichtweise auf ein Thema. Ich glaube, es fiel Francis wegen seiner eigenen Erfahrung leicht, Harry Caul und sein Handwerk zu verstehen.

Das war immer eine von Francis' großen Stärken – wie er in seinen Filmen Wege fand, an seine persönliche Erfahrung anzuknüpfen. Wenn manche seiner Filme gescheitert sind oder nicht so weit ausgearbeitet waren, wie es möglich gewesen wäre, dann deshalb, weil er keinen Weg fand, sein Leben und seine Erfahrung als Reservoir für den jeweiligen Film zu nutzen. Es wird dann eher zu einer technischen Übung. Aber in den *Pate*-Filmen, im *Dialog* und in *Apocalypse Now* gelingt es ihm, das Drehen zu einer Art persönlichem Schlachtfeld zu machen und den thematischen Gehalt des Films dadurch anzureichern.

O: Obwohl sie von »großen« Geschichten umgeben sind, sind die meisten Coppola-Figuren Einzelgänger und zwanghaft selbstbezogen – Willard, Michael und die anderen. Sie schauen wie durch verspiegelte Scheiben nach draußen, offenbaren sich selten und stehen in gewisser Weise mit der Außenwelt im Krieg. Da liegt das Drama.

M: Mein persönliches Bild eines Coppola-Films ist die Großaufnahme eines menschlichen Gesichts vor einem breit angelegten historischen Hintergrund – und das Zusammenspiel der beiden Dinge, ohne daß sie einander aus dem Gleichgewicht bringen.

O: Ich erinnere mich daran, wie Sie den Scripter-Preis für Anthony Minghellas Adaption des *Englischen Patienten* annahmen. Sie lasen die Szenenfolge des Drehbuchs vor, dann die Reihenfolge der Szenen im Film. Es war dann ungefähr 1, 42, 2, 98 – alles schien sich während des Schnitts geändert zu haben. Ist so etwas in den meisten Filmen passiert, die Sie geschnitten haben, oder war das ungewöhnlich?

M: Beim Schnitt ändert sich oft die Reihenfolge gegenüber dem Drehbuch. *Der Dialog* wurde stark verändert. Aber was die Verschränkungen betrifft, wurde der *Englische Patient* am stärksten verändert. Im *Englischen Patienten* gibt es eine doppelte Variabilität: Man springt zwischen mehreren Zeitebenen vor und zurück, und der Blickwinkel ist nicht festgelegt. Man kann ebenso leicht in eine Szene zwischen Caravaggio und Hana springen wie in eine zwischen Kip und dem Patienten. Und doch sind alle am selben Ort. *Der Dialog* war dagegen durch den eher linearen Zeitrahmen und durch Harry Cauls festen Blickwinkel begrenzt. Harry Caul ist in *allen* Szenen anwesend. Man sieht entweder Harry oder etwas, was er sieht. Oder hört.

O: Hatten Sie beim Schnitt des *Dialogs* das Gefühl, Sie hätten ihn auf zehn verschiedene Arten formen und neue Wendungen konstruieren können? Wenn ich ihn sehe, habe ich nämlich den Eindruck, die Handlung könnte sich in alle möglichen unentdeckten Richtungen bewegen. War der Schnitt sehr schwierig?

M: Das Besondere an dem Projekt war, daß das Material von rund zehn Tagen nie gedreht wurde. Francis und dem Produktionsteam gingen die Zeit und das Geld aus, um das ganze Drehbuch zu verfilmen, und er mußte mit den Vorbereitungen für den *Paten II* beginnen. An diesem Punkt gab er mir den Rat: Schneide einfach zusammen, was wir haben, und schau mal, ob wir das fehlende Material irgendwie ersetzen können. Wir konnten es also von Anfang an nicht so strukturieren wie im Drehbuch vorgesehen. Ich würde sagen, etwa fünfzehn Seiten Drehbuch wurden nicht verfilmt.

O: Fehlten im fertigen Film nur Nebenepisoden der Handlung, oder war es etwas Wichtiges? Wie haben Sie die fehlenden Szenen ersetzt?

M: Wir mußten ziemlich einfallsreich sein. Zum Beispiel verfolgt Harry in einer Szene Ann, die junge Frau, die er überwacht, in einen Park, wo er ihr sagt, wer er ist und warum er sich Sorgen um sie macht. Francis hatte das Material im Park gedreht, aber das Material, das dorthin führte, darunter eine Verfolgung im Bus, wurde nie gedreht.

O: Im Film gehört das Gespräch im Park zu einer Traumsequenz.

M: Weil wir kein Gewebe hatten, um es in die Wirklichkeit des Films einzubinden, zirkulierte es eine Weile, wie ein Joker, bis wir auf die Idee kamen, es in einen Traum von Harry zu versetzen. So konnte es im Film bleiben. Wenn man nur begrenztes Material hat, muß man die ursprüngliche Struktur verändern, und manchmal gibt es glückliche Lösungen.

O: Gab es noch andere Szenen wie die Park-Sequenz, wo Sie Material anpassen oder sogar neu drehen mußten?

M: Die einzige Einstellung, die wir zusätzlich drehen mußten, war eine Großaufnahme von Harrys Hand, die eine Bandspule vom Tonband nimmt, damit wir zeigen konnten, daß Meredith, die Frau, die ihn auf der Party verführt, das entscheidende Band gestohlen hat. Die Idee, daß Meredith eine Agentin der Firma war, kam uns erst bei der Nachproduktion, und sie verdeutlicht und formt die ganze Geschichte.

O: Es ist fast, als würden Sie während der Arbeit das Drehbuch erfinden und entdecken.

M: Ich habe Teile davon erfunden. Das war notwendig wegen des ungedrehten Materials.

O: Wenn Filme auf diese Art bearbeitet werden, scheinen sie eine romanhafte Aura zu gewinnen. Ich hatte dasselbe Gefühl, als ich Wong Kar-wais *In the Mood for Love* sah, wo er, soviel ich weiß, während des Schnitts eine »Geschichte« aus einer viel größeren Menge von Möglichkeiten schuf. Im *Dialog* haben wir den Eindruck, als gäbe es eine vollständige Geschichte hinter dem ausgewählten Material. Das ähnelt der Art von erzählerischer Dichte, die ein Roman ausstrahlt. Wir sind nicht die Geiseln einer einzigen Geschichte, und wenn wir es sind, wissen wir doch, daß es nur eine Perspektive ist; es gibt unverkennbare Hinweise auf andere Versionen. Das erreichen nicht viele

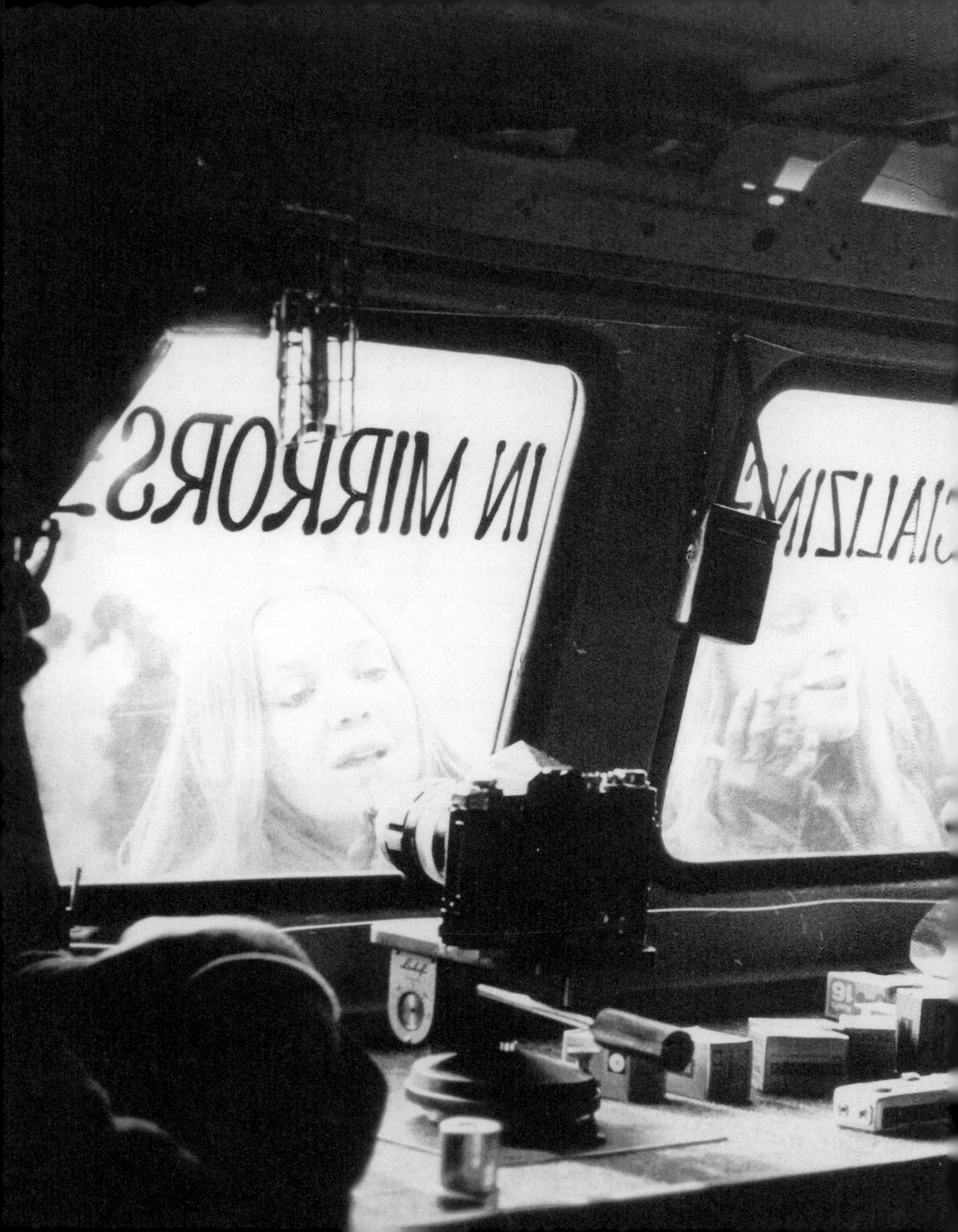
IN MIRRORS

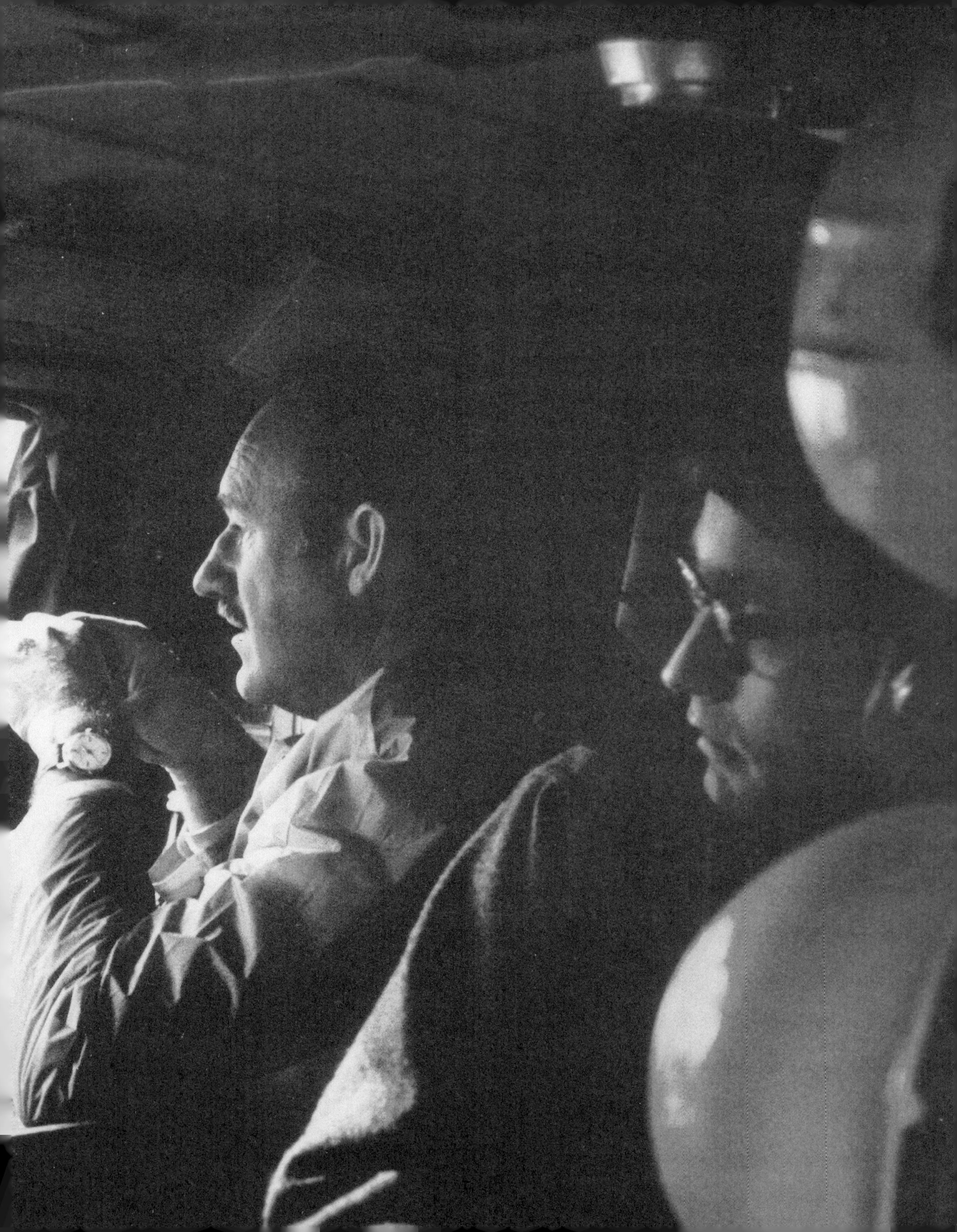

Filme. Ich glaube, Sie erzeugen diese Wirkung, indem Sie durch den Ton suggerieren, daß irgend etwas jenseits des Bildes passiert – die Geräusche, die im *Englischen Patienten* zu uns in den Folterraum dringen, suggerieren andere Welten und andere Geschichten. Wir sehen sie nicht, aber wir hören sie durch die Überlagerung der Geräusche. Im *Dialog* wird etwas Ähnliches erreicht, indem Sie die Reihenfolge der Ereignisse verändern.

M: Wir hatten auch deshalb diese Möglichkeit im *Dialog*, weil Francis der Meinung war, die Leute sollten fast immer dieselben Sachen tragen. Harry trägt einen durchsichtigen Regenmantel und seine komischen Schuhe mit Kreppsohlen. Diese Methode, Kostüme einzusetzen, hatte Francis in anderen Filmen entwickelt, sie entspricht einer genauen Beobachtung. Er merkte, daß die Leute zunächst mal im echten Leben nicht so oft die Kleidung wechseln wie im Film. Beim Film gibt es eine Kostümabteilung, die zeigen will, was sie kann – was ganz natürlich ist –, deshalb wechseln die Figuren beim geringsten Vorwand die Kleider. Allerdings preßt es die Filmemacher in eine strengere Szenenstruktur. Wenn eine Figur aber dieselben Kleider trägt, kann man die Szene an eine andere Stelle setzen, ohne daß es auffällt.

Zweitens herrscht ein heikles Gleichgewicht zwischen der erzählten Zeit eines Films, die mehrere Tage, Wochen oder Monate umfassen kann, und der Tatsache, daß der Film nur zwei Stunden dauert. Man kann die Zeit, in der eine Figur dieselben Kleider trägt, etwas strecken, weil die Zuschauer unbewußt denken: Ich sitze hier erst seit zwei Stunden, deshalb ist es normal, daß er sich nicht umgezogen hat.

Sobald dieser Aspekt offensichtlich wird, muß man sich ihm natürlich stellen – wenn jemand in der Geschichte durchnäßt wird, muß er natürlich seine Sachen wechseln, oder wenn er eine Woche später zu einer offiziellen Veranstaltung geht, wird er andere Kleidung tragen. Abgesehen davon ist es aber erstaunlich, wie einheitlich das Kostüm einer Figur sein kann, ohne daß es dem Publikum auffällt.

O: Auf seltsame Art fordert der Film Einheitlichkeit, mehr noch als das Theater. Nicht nur beim Kostüm und beim Ort, sondern sogar beim Ton.

M: Hm-hm.

O: Ich meine, wenn plötzlich ein anderes, deutlich wahrnehmbares Geräusch oder ein Raumton zu hören ist, ohne erklärt oder eingeführt zu werden, können sie unerklärlich fremdartig klingen. Der Film erzwingt Einheitlichkeit.

Vorangegangene Doppelseite: Gene Hackman und John Cazale bei der Überwachung im *Dialog*. *Oben*: Maggie Cheung und Tony Leung als »Ehemann« und »Ehefrau« in Wong Kar-wais *In the Mood for Love*. *Rechts*: Voyeure: Grace Kelly und James Stewart in Hitchcocks *Fenster zum Hof* (1954).

M: Stimmt, und das kommt daher, daß Filme nicht in der Reihenfolge der Szenen gedreht werden.

Eine der zentralen strukturellen Veränderungen beim *Dialog* ergab sich, als wir merkten, daß die Zuschauer das, was Harry tut – seine Arbeit –, so mysteriös fanden, daß sie nicht nur diese Arbeit kaum verstanden, sondern auch Schwierigkeiten mit den Wendungen *der bestimmten* Situation hatten, in der er sich befindet. Es gab in dieser Zeit viele Testaufführungen, bei denen die Zuschauer völlig ratlos waren!

In der ursprünglich gefilmten Version entdeckt Harry beim Abhören des Tonbands, das er von Ann und dem jungen Mann, Mark, gemacht hat, *sofort* den Satz: »Er würde uns umbringen, wenn er es könnte.« Dann bringt er das Band dem Direktor. Wir experimentierten damit, die Szene zu teilen. Im ersten Teil arbeitet Harry routiniert an dem Band, ohne den Schlüsselsatz zu finden. Am nächsten Tag bringt er das Band dem Direktor, aber daß der Assistent des Direktors – gespielt von einem sehr jungen Harrison Ford – etwas zu sehr darauf aus ist, das Band in die Hände zu kriegen, läßt Harry – und uns – zögern. Er nimmt es mit zurück, um es genauer anzuhören. Jetzt haben wir die zweite Hälfte der Szene, wo er den entscheidenden Satz entdeckt, der in diesem neuen Kontext größeres Gewicht hat.

Diese Struktur erlaubt es dem Publikum, den Ereignissen besser zu folgen. Wir brauchten aber einige Zeit, bis wir merkten, daß es hier ein Problem gab, und eine Lösung fanden.

Elizabeth Hartman und ein Skelett in Coppolas Komödie *Big Boy, jetzt wirst du ein Mann* (1966).

O: Für mich war *Der Dialog* der erste amerikanische Film unserer Generation, der wirklich europäisch war. Er eröffnete eine neue Perspektive, einen neuen Brennpunkt. Ich hatte schon bemerkt, daß in *Big Boy, jetzt wirst du ein Mann* und *Liebe niemals einen Fremden* etwas Seltsames passierte, aber dieser Film war so direkt – in der Art: Okay, wir werden darüber aus dem Blickwinkel der Obsession reden und nicht in der Art von John Ford.

M: Genau. Der Anstoß für Billy Wilders *Appartement* war eine Nebenfigur aus David Leans *Begegnung* – der Mann, der dem Liebespaar für eine Nacht seine Wohnung gibt. Wilder wollte die Randfigur aus einem Film zur Hauptfigur eines anderen machen. Wie ist es, eine solche Person zu sein? Harry Caul ist sehr ähnlich. In einem »normalen« Film wäre Harry die anonyme Figur, die das Tonband aufnimmt. Man sieht ihn nur kurz, wenn er ins Büro geht, das Band abgibt, sein Geld bekommt und wieder geht.

Francis interessierte sich dafür, einer anonymen Person zu folgen und ihr Leben zu erforschen. Es war mutig von ihm, die Geschichte des Mords, der am Schluß geschieht, nicht ausführlich darzustellen. Wir wissen, daß es zwei Verdächtige gibt, aber was und wer sie sind, was ihre wahren Berufe sind und in welcher Beziehung sie zueinander stehen, wissen wir nicht, weil Harry es auch nicht weiß. Und nicht mal Francis wußte es. Er hatte das Gefühl, wenn er es wüßte, würde dieses Wissen ihn irgendwie beeinflussen, und er wäre gezwungen, das zu drehen, um es für alle Fälle zu besitzen. Und wenn es erst existierte, wäre der Drang, es auch in den Film einzubauen, fast unwiderstehlich. Also sagte er bewußt das, was Sie auch sagten: Ich werde nicht darüber nachdenken. Es war mutig und riskant.

Der Film war schwieriger zu schneiden, weil wir nicht viel konventionelles Handlungsmaterial hatten. Schließlich führte er zu einem empfindlichen Gleichgewicht zwischen der Charakterstudie eines eher farblosen Mannes – wie Hermann Hesses Harry Haller – und der dramatischen Geschichte einer Firmenübernahme und eines Mordes – eine Art Hitchcock-Idee. Francis dachte von Anfang an daran, eine Synthese aus Hermann Hesse und Hitchcock zu schaffen, eine eigentümliche Verbindung dieser beiden Empfindsamkeiten. Das Problem beim Film war, dieses Gleichgewicht auf jeder Ebene zu erreichen.

Wir merkten, daß unser Testpublikum die Geduld mit der Charakterstudie verlor, sobald das Gleichgewicht sich leicht zur Krimi-Seite verschob; sie schien dann unnötig: Schmeißt das raus. Aber wir hatten keinen Ersatz dafür ... Wenn wir uns andererseits stärker auf die Charaktere konzentrierten, wurde die Mordgeschichte zu einem Seitenaspekt und wirkte überflüssig. Sie wirkte wie etwas, das die Filmemacher zum Aufpeppen genommen hatten...

O: Ein anspruchsvoller Plot.

M: Ja.

O: Aber genau das liebe ich an dem Film! Es ist das wunderbare Gleichgewicht zwischen zwei Dingen, dem Krimigenre und einer anspruchsvollen Charakterstudie. Als ich ihn wiedersah, war das Interessante für mich, daß er genau wie *Das Fenster zum Hof* als Hauptfigur einen Voyeur, einen Lauscher hat, der später von der Figur, die er beobachtet, angegriffen wird. Und er ähnelt *Vertigo*, wo es eine unterschwellige Nebenhandlung gibt, von der man nicht weiß, ob sie Hitchcock überhaupt bewußt war, die aber gleichberechtigt neben der Krimihandlung steht.

M: Meine Erinnerung an den Versuch, die Struktur des Films so richtig wie möglich hinzukriegen, ist eine riskante Alchemie zwischen zwei Elementen, die sich nicht von Natur aus verbinden. Kupfer und Zinn verbinden sich leicht zu Bronze, aber das hier war etwas anderes. Das Metall der Charakterstudie und das Metall der Mordgeschichte verschmelzen nicht so einfach.

O: Ich weiß. Ich begann die Arbeit am *Englischen Patienten*, indem ich ein Sachbuch über einen Spion las, der während des Zweiten Weltkriegs die Wüste durchquerte. Eine Freundin hatte mir von einem Spion erzählt, den ihr Vater in Kairo verfolgte. »Lies *The Cat and the Mice* von Leonard Mosley«, sagte sie. Dann gab es auch Ken Folletts Roman *Der Schlüssel zu Rebecca*, der auf den Abenteuern dieses Spions basiert. Aber in dem Sachbuch interessierte mich der Mann, der den Spion durch die Wüste führte, viel mehr als der Spion, obwohl er nur in wenigen Zeilen beschrieben wurde. Und ich wußte genau wie Billy Wilder, das war der Typ, über den ich schreiben wollte... Das war Almásy. Ich interessierte mich eigentlich nicht für eine Spionagegeschichte, sondern vielmehr für Almásys Charakter, aber ich wollte auch, daß die Spionagegeschichte beim Schreiben in der Ferne sichtbar war.

■

O: Wie lange haben Sie für den Schnitt des *Dialogs* gebraucht?

M: Etwas länger als für den *Englischen Patienten*. Die Dreharbeiten für den *Dialog* endeten im März 1973, und der Ton und alles andere war etwa elf Monate später fertig. Mehr als üblich, aber nicht extrem lang. Es gab auch eine sehr lange erste Fassung, wie beim *Englischen Patienten:* viereinhalb Stunden. Noch komplizierter wurde es, weil ich zwei Dinge gleichzeitig machte, den Ton für *American Graffiti* und den Schnitt für den *Dialog*. Ich war neu im Beruf, es schien Wahnsinn zu sein, aber machbar. Wenn ich jetzt zurückblicke, kann ich mir nicht vorstellen, wie ich das geschafft habe! Ich war außerdem zum zweitenmal Vater geworden, und Aggie und ich waren gerade umgezogen.

O: Sie haben den Ton für *Graffiti* gemacht, während Sie den *Dialog* schnitten?

M: Am Tag den Schnitt für den *Dialog* und nachts den Ton für *Graffiti* – etwa so. Richard Chew war mein Cocutter beim *Dialog* und unterstützte mich. Wenn ich wegen *Graffiti* eine Weile wegmußte, machte er mit dem Schnitt allein weiter. Später hat er *Einer flog über das Kuckucksnest* geschnitten und für den Schnitt von *Krieg der Sterne* einen Oscar bekommen.

O: Als Sie fünfundzwanzig Jahre später die DVD-Version des *Dialogs* zusammenstellten, sahen Sie das als Möglichkeit, den Schnitt noch zu verbessern?

M: Nein. Wir haben den Film nicht mehr verändert. Wir mischten nur den Ton neu ab. Er wurde 1974 in Mono abgemischt, und diese Art von Ton hatte sich seit den dreißiger Jahren kaum verändert. Nach 1976 konnten wir durch die Einführung von Dolby-Stereo den Ton mit besserer Qualität und in Stereo abmischen. Seitdem hat es natürlich einen gewaltigen technischen Fortschritt gegeben, den digitalen Ton und die verschiedenen Arten raffinierter computergesteuerter Mehrspursysteme. *Der Dialog* war technisch gesehen noch ganz konventionell. Künstlerisch war es etwas ganz anderes. Wir versuchten, etwas Neues zu machen, jedenfalls in bescheidenen Grenzen.

Wenn man einen älteren Film auf DVD rausbringt, ist man fast gezwungen, den Ton neu abzumischen, damit er den Blick durch die Lupe der raffinierten Ausstattung von heute aushält. Zum Glück fanden wir die alten Masterbänder der Musik, die inzwischen fast dreißig Jahre alt sind. Sie waren auf magnetischem Dreispurband aufgenommen. Unsere Idee war damals, daß die drei Spuren es uns erlauben würden, die Balance zwischen den Bässen und den Höhen des Klaviers zu verändern, um dem Monoklang unterschiedliche Farben zu geben.

Wenn man die drei Spuren heute über die Tonanlage eines Kinos laufen läßt, erzeugen sie einen sehr schönen Stereoklang, deshalb konnten wir die Musik in Stereo auf die DVD bringen. Das führte dazu, daß wir einen Teil der Atmosphäre und ab und zu einen Geräuscheffekt in Stereo neu aufnehmen mußten.

O: Es ist seltsam, wenn man sich vorstellt, daß *Der Dialog* zwischen den ersten beiden Teilen des *Paten* entstand – und nicht vorher.

M: In gewisser Weise ist er natürlich älter. *Der Dialog* basiert auf einem Drehbuch, das Francis lange vor dem *Paten* geschrieben hat. Eigentlich wollte er den *Dialog* gleich nach *Liebe niemals einen Fremden* machen, aber die Finanzierung klappte nicht, und zum Glück kam der *Pate* und füllte die Lücke. Wenn das nicht gewesen wäre, hätte American Zoetrope wahrscheinlich nicht lange überlebt.

Trotzdem begann Francis, nachdem der *Pate* fertig war, mit der Produktion des *Dialogs*, er nutzte ihn wie einen Keil, damit er nicht zwischen den Folgen des *Paten* erdrückt wurde. Er stand unter einem gewaltigen finanziellen und dann auch kreativen Druck, eine Fortsetzung zu drehen. Und er nahm es auf sich, das richtig zu machen und zu beweisen, daß auch Fortsetzungen als Filme für sich stehen können.

Jedenfalls hatte *Der Pate* eine so große Ausstrahlung innerhalb der Filmindustrie und in der Kultur überhaupt, daß Francis unbedingt zwischendurch sein persönliches Gebiet abstecken wollte, um nicht bloß »der mit dem *Paten*« zu sein. Die Entscheidung, den *Dialog* gleich nach dem *Paten* zu drehen, erwies sich als kreativ und richtig. Und sie war strategisch wundervoll, weil sowohl *Der Dialog* als auch *Der Pate II* – sehr, sehr unterschiedliche Filme – 1975 für den Oscar als bester Film nominiert wurden. Die Leute dachten: Dieser Typ kann einfach alles!

Der unsichtbare Partner

O: In all Ihren Filmen ist die Musik sehr charakteristisch eingesetzt. Im *Dialog* gibt es eine Szene, in der Harry das Tonband bearbeitet und langsam die Knöpfe ausschaltet, einen nach dem anderen, *klick, klick, klick,* nachdem er deutlich den Satz »Er würde uns umbringen, wenn er es könnte« gehört hat – und dann setzt das Klavier ein. Das ist sehr elegant und unterstreicht zugleich einen erhellenden Moment: Harry begreift etwas. Und die Musik markiert das Ende des ersten Akts. Der Vorhang fällt. Für mich

Roman Coppola, flankiert von seinen Eltern, trägt 1974 in Cannes die Goldene Palme für den *Dialog*; Murch und seine Frau Aggie folgen ihnen.

hat sie dieselbe Wirkung wie die Musik nach der Stille, die auf Michaels ersten Mord im *Paten* folgt.

M: Sie haben recht, die Situation ist sehr ähnlich, obwohl die Filme sehr verschieden sind. In der Szene im *Dialog* erlebt man fünf oder sechs Minuten ohne Musik, abgesehen von der Musik auf dem Tonband. Erst als Harry zu seinem Entsetzen merkt, o nein, dieser Apfel ist vergiftet, setzt die Musik ein. Wie ich schon sagte, Musik scheint am besten zu funktionieren, wenn sie eine Emotion kanalisiert, die bereits durch die Geschichte und den Film erzeugt worden ist.

O: Offensichtlich legen Sie Wert darauf, die Musik nicht überzustrapazieren, aber Sie müssen vor der Versuchung gestanden haben, Jim Morrisons Musik in *Apocalypse Now* viel öfter zu benutzen. Aber sogar die ist sehr zurückhaltend eingesetzt. Die meisten Filmemacher hätten in seiner Musik gebadet.

M: Das ist komisch, wir haben da experimentiert ... An einem bestimmten Punkt der Arbeit wollten wir Jim Morrisons Musik viel stärker einsetzen, aber es stellte sich heraus, daß sie immer zu direkt zu sein schien, egal an welcher Stelle, obwohl die Musik lange vorher geschrieben wurde und mit *Apocalypse Now* nicht eigentlich zu tun hatte. Trotzdem hatte man das Gefühl, als wäre Morrison direkt hinter der Leinwand und erzählte einem genau, was passiert. Wie sehr wir uns anstrengten, es war immer etwas in der Musik, das die Handlung kommentierte. Also machten wir einen Rückzieher und benutzten sie nur am Anfang und am Schluß.

O: Woher kommt die tolle Trommelmusik in *Apocalypse Now*?

M: Mickey Hart spielte Percussion bei den *Grateful Dead* und organisierte eine Gruppe namens *Rhythm Devils*. Francis ließ sie eine Percussionbegleitung für den ganzen Film aufnehmen. Sie sahen den Film und improvisierten dazu.

O: Das gleiche ließ Louis Malle Miles Davis Ende der fünfziger Jahre machen, als er die Musik zu Louis Malles *Fahrstuhl zum Schafott* einspielte.

M: Genau das machten auch die *Rhythm Devils*. Zwanzig Prozent der Musik in *Apocalypse Now* sind von Mickey Hart und seiner Gruppe, manchmal allein, manchmal in den elektronischen Soundtrack einbezogen.

O: Wird die Musik immer erst in der letzten Phase des Films geschrieben und aufgenommen?

M: Im *Dialog* wurde die Musik auf sehr intelligente Weise gemacht – später war ich überrascht, daß es nicht die übliche Methode war. Francis gab dem Komponisten David Shire das Drehbuch lange vor Beginn der Dreharbeiten. Das ist sehr ungewöhnlich, obwohl ich es empfehle, sofern Regisseur und Komponist ein gutes Verhältnis zueinander haben. Francis bat David, so zu tun, als wäre es eine Art von Musical: Das Drehbuch ist der Text, also erfinde Melodien dazu. David schrieb zwei oder drei Themen, die jetzt im Film sind, nur auf der Basis des Drehbuchs. Diese Themen konnte Francis Gene Hackman und den anderen Schauspielern beim Drehen vorspielen, so daß sie wußten, welche Musik die Szene vielleicht begleiten würde. Sie konnten die Färbung der Szene hören, brauchten diese Farbe also nicht zu *spielen*. Dieses Vorwissen gab ihnen die Freiheit, entweder mit oder gegen die Musik zu spielen, in jedem Fall konnten sie ein Yin zu ihrem Yang erwarten.

O: Balanchine sagte über Strawinskys Partitur zu dem Ballett *Apollon Musagète (Musenführer Apoll)*: »Die Partitur war wie eine Erleuchtung. Sie schien mir zu sagen, daß ich gar nicht alles verwenden konnte. Ich konnte auch etwas weglassen.«

M: Ich verstehe nicht, daß es überhaupt anders gemacht wird, wenn man bedenkt, wie entscheidend Musik im Film ist. Sie wird fast immer später geschrieben, und der Komponist reagiert auf Geschehnisse, die schon gedreht und geschnitten sind. Es ist viel besser, wenn die Musik bei der Geburt des Films schon da ist, sich mit dem Drehbuch entwickelt und beide sich beim Drehen und der Nachproduktion verbinden ...

Als ich später den *Dialog* schnitt, konnte ich die Musik dahin setzen, wo sie zu passen schien, und David sagte: »Ja, das sehe ich auch so«, oder: »Nein, das gefällt mir nicht.« Oder er ging weg, schrieb etwas anderes und gab es mir zum Arbeiten. Es existierte also während der Entstehung ein ständiges Feedback zwischen Drehbuch, Musik und Film. Jedes Element konnte die anderen fördern und beeinflußen, was in den meisten konventionellen Filmen nicht geschieht. Meistens kommt die Musik nicht nur sehr spät, sondern der Film wird fast damit lackiert: Bitte zurücktreten! Der Komponist kommt mit einer großen Sprühpistole und lackiert alles rot! An diesem Punkt kann man bloß noch sagen: Es gefällt mir, oder: Es gefällt mir nicht. Vielleicht kann man noch die Stellen verschieben, aber in dieser Phase kann man den Grundcharakter der Musik nicht mehr verändern, und die Musik kann auch den Film nicht mehr formen.

Die Musik wird auch manchmal rausgeworfen, weil sie keine Chance hatte, mit dem Film zu wachsen. Dann entsteht die große Panik, und man ruft irgendeinen armen Komponisten und sagt ihm: »Wir haben noch zwei Wochen, bevor der Film in die Kinos kommt!« Das ist, als wollte man brennendes Öl mit Dynamit löschen.

Meine Erfahrungen bei der Arbeit am *Englischen Patienten* und an *Ripley* mit Anthony Minghella und dem Komponisten Gabriel Yared kommen dem Zusammenspiel von Musik und Film im *Dialog* am nächsten.

O: Ich erinnere mich, daß Anthony beim Drehen der Totenbettszene zwischen Hana und dem Patienten die *Goldberg-Variationen* laufen ließ, obwohl sie später durch andere Musik ersetzt wurde.

M: Diese Technik wurde in der Stummfilmzeit viel verwendet, als es während des Drehens keine Tonaufnahmen gab. Als die Tonaufnahme kam, wurde das natürlich immer weniger gemacht, weil es auf die Dialogspur gekommen wäre. Ich glaube, Kubrick hat die alte Technik bei den Dreharbeiten zu *Spartacus* gewählt und vielleicht auch bei *2001*. Manche Regisseure machen es immer noch sehr oft so, aber dann müssen sie den Dialog neu aufnehmen.

O: Bei Ihrem und Anthonys Einsatz der Musik im *Englischen Patienten* hat mich ebenfalls verblüfft, daß es dem Zuschauer erst später auffällt, wenn die Musik Teil der Realität einer Szene ist. Zum Beispiel hören wir Benny Goodmans Jazz auf der Tonspur und merken erst später, daß Caravaggio dem Patienten eine Platte vorspielt. Die Musik ist dann mehr als eine Kraft von außen – sie ist in der Szene selbst verwurzelt. Ich glaube, in *Ripley* gab es auch ein paar Momente, die so funktionierten.

M: Ja, das ist die große Macht der *source music* – Musik, die aus der Szene kommt, weil entweder ein Orchester spielt, das die Zuschauer sehen, oder weil jemand ein Radio oder einen Plattenspieler laufen läßt. Es hat eine musikalische Wirkung auf die Zuschauer, aber sie werden nicht übermäßig manipuliert, weil die Klänge sich aus der Szene erklären. Es scheint fast zufällig zu geschehen: Oh, diese Musik spielte gerade, als die Szene gedreht wurde. Sie wird nicht als etwas wahrgenommen, das mit dem Subtext des Films zu tun hat. Natürlich hat sie das, aber der bewußte Eindruck sagt das Gegenteil. Toneffekte funktionieren sehr ähnlich.

O: Dann wird es wie ein glücklicher Zufall empfunden.

M: Jede *source music* und jeder Toneffekt zielt auf das Ideal des glücklichen Zufalls. Wir Filmemacher haben nichts damit zu tun! Es ist einfach passiert! Und die Zuschauer mögen es so. Es schleicht sich sozusagen an ihrem Immunsystem vorbei. Das tut eine komponierte Filmmusik nicht, sie muß eine Art Blut-Gehirn-Schwelle überwinden. Wenn man sie hört, spürt man, daß man jetzt musikalisch manipuliert wird, und ändert ein wenig seine Position. Eine neue Stimme ist da. Dagegen kann *source music* in eine Szene eindringen, ohne als neue Stimme wahrgenommen zu werden. Sie erscheint einfach als glücklicher Zufall, wie Sie sagten.

Im *Englischen Patienten* haben wir mit einer Art Zwischenzone gearbeitet. Wir wollten, daß man Benny Goodman als Filmmusik hört, aber dann zerbricht sie und kondensiert, der Wasserdampf der Musik wird zu Flüssigkeit, wenn man sieht, daß sie von einem Plattenspieler in der Szene herrührt. Das hat eine seltsame Wirkung auf das Publikum – fast das Gegenteil dessen, was ich beschrieben habe. Aber ich spiele gern damit. Wie bei all diesen Techniken gibt es eine schmale Grenze; wenn man es übertreibt, wird es vorhersehbar.

O: Ich weiß auch noch genau, daß Sie in den frühen Versionen des Films eine sehr gute Aufnahme der *Goldberg-Variationen* benutzten, wenn Hana Klavier spielt, und die Aufnahme später durch eine weniger gute ersetzen mußten, damit sie realistischer wirkte. Sonst hätte Hana so gut wie Glenn Gould gespielt!

M: Ja, und wir haben das Klavier verstimmt, um anzudeuten, daß es monatelang dem Wetter ausgesetzt war.

Die Moll-Tonart

O: Wenn Sie an die Hauptfiguren der Filme denken, an denen Sie gearbeitet haben – Willard, Michael Corleone, Tomas aus der *Unerträglichen Leichtigkeit,* Ripley und Harry Caul –, ist es doch eine fragwürdige Truppe! Sie scheinen ein starkes Bedürfnis zu haben, Liebe zu diesen Menschen zu erwecken.

M: Und der englische Patient.

O: Ja natürlich, der Patient.

M: Das ist interessant, nicht? Ich weiß nicht, ob *Liebe* das richtige Wort ist. Vielleicht Verständnis oder Sympathie. Ich weiß nicht, wieviel von diesem Muster, das Sie gefunden haben, meine Entscheidung ist und wieviel Zufall. Natürlich kennen alle am Film Beteiligten die problematischen Aspekte der Figuren genau. Aber es ist eine wunderbare Herausforderung, die tieferen und weniger offensichtlichen Seiten von Menschen zu zeigen, die an der Oberfläche unsympathisch oder sogar langweilig sind. Jeder hat eine Geschichte, und Leute, die als uninteressant oder problematisch gelten, haben meistens die aufregenden Geschichten. Sie sind von einem Geheimnis umgeben.

O: Auch wenn das Drehbuch solche äußerst gebrochenen Figuren festlegt, müssen Sie sie als Cutter emotional und intellektuell fair darstellen, damit sie kompliziert und gefährlich bleiben, sich aber nicht leicht oder schnell abtun lassen.

M: Das sehe ich auch so. Soweit diese Figuren in Moll gespielt werden, interessiere ich mich für die Moll-Tonart. Sie kommen von der Seite, Figuren in Dur kommen von vorn …

O: Wie in *Spartacus*.

M: Ja. Ich fühle mich wohl zu Geschichten hingezogen, in denen man sich in eher ungewöhnliche und manchmal unsympathische Figuren einfühlen muß.

Wie man das als Cutter macht, hängt letztlich von der Auswahl der Einstellungen und von Momenten innerhalb der Einstellungen ab, wo die Figur zugleich anziehend und problematisch wirkt – anders gesagt: konfliktbeladen. Welche Einstellung zeigt diesen Konflikt am besten, wenn Sie sieben zur Auswahl haben? Es gibt viele winzige, aber ausdrucksstarke Details, die der Cutter behält oder herausschneidet, um die Zuschauer auf die tieferen Aspekte der Figur hinzuweisen.

Wenn jemand zum Beispiel einen Hut trägt, fällt es auf, sobald er ihn leicht nach hinten schiebt. Er schickt eine Botschaft durch den Winkel des Huts: Ich bin ein unbekümmerter Typ. Wenn er den Hut herunterzieht, sagt er: Ich will mit niemandem reden. Oder wenn er ihn nach vorn schiebt: Ich bin aggressiv. ... Will man aber ernsthaft sein, gibt der zurückgeschobene Hut nicht das richtige Signal.

Es gibt im Film unzählige Variationen davon, wenn ein Blick, ein Aspekt, eine Haltung, eine Geste unabsichtlich stimmig oder falsch ist und die Botschaft der Filmemacher entweder verstärkt oder ihr widerspricht.

Ich benutze »Hut« als Metapher – es muß einen Moment geben, der den Charakter einer Figur in diesem bestimmten Stadium des Films am besten enthüllt.

O: Ich würde Harry Caul vieles verzeihen für den Moment, in dem er das Papiermobile anschaut, das vor ihm an einem Faden hängt, und es ganz vorsichtig anpustet. Es ist eine so zärtliche Szene. In diesem kleinen Moment passiert eigentlich gar nichts und doch so viel.

M: Das ist ein sehr gutes Beispiel. Er kommt in einer Halbtotalen in die Szene, und das kleine Mobile hängt seitlich, ist also fast unsichtbar – man bemerkt es nicht. Dann stößt er dagegen, sein Kopf bewegt sich nach vorn, und er berührt es. Genau an diesem Punkt

---

Source music im *Englischen Patienten*: Das Piano wurde verstimmt, um zu suggerieren, daß es Wind und Wetter ausgesetzt war.

habe ich auf eine etwas größere Aufnahme desselben Geschehens geschnitten, wo das kleine hängende Ding sich sehr interessant dreht. Wenn ich nur die Totale gehabt hätte, wäre es nicht so interessant gewesen.

O: Ich habe den *Dialog* gesehen, als er zum erstenmal lief, und als ich ihn neulich wiedersah, wartete ich auf die letzte Kamerafahrt, wenn Harry Caul seine Wohnung auseinandernimmt –

M: Die oszillierende Kamera...

O: Und dort ist womöglich die Abhörwanze, die er sucht.

M: Ja und nein. Wenn wirklich eine Kamera im Raum wäre, hätte er sie wohl gefunden. Aber die Kamerafahrt suggeriert eine fremde Präsenz im Raum. Die Kamera ist auf keinen Fall ein neutraler »Hut«. Die meiste Zeit fordert uns die Kamera auf, nicht über den Winkel nachzudenken, aus dem sie filmt, sondern über die Handlung – der gewählte Winkel ist zufällig der beste für ein bestimmtes Geschehen. Bei der Einstellung in Harrys Wohnung ist die Kamera aber eine aggressive Präsenz.

O: Gestern abend haben wir beim Essen darüber gesprochen, daß es in der zweiten Hälfte des Films praktisch keinen Dialog mehr gibt, obwohl uns das kaum bewußt wird.

M: Ja. Von dem Augenblick an, wo die Gäste Harrys Party verlassen und nur Harry und Meredith zurückbleiben – die Frau, die ihn verführt und das Tonband stiehlt –, geht der in einem Dialogfilm übliche Gedankenaustausch, in dem die Bedeutung durch Worte vermittelt wird, in etwas anderes über. Der Dialog wird sehr sparsam eingesetzt. Ich glaube, das ermutigt die Zuschauer, auf die Geräusche zu achten, als wären es Worte. Man fängt also an, den Ton nach Bedeutung abzusuchen, weil keine Worte mehr ablenken. Es gibt keinen wahrnehmbaren Unterschied zwischen den Toneffekten in der ersten und zweiten Hälfte des Films, aber wegen des allmählichen Verschwindens des Dialogs bleiben am Schluß nur der besagte »Dialog« und Geräusche übrig. Wenn kein Mond zu sehen ist, achtet man auf die Sterne. Der Dialog ist der Mond, und die Sterne sind die Toneffekte.

    Seltsamerweise war ich mir dessen nicht bewußt, als ich an dem Film arbeitete. Aber als er herauskam und die Leute sagten, er hätte eine interessante Tondramaturgie, fragte ich mich: Wovon reden die? Okay, es handelt von einem Tonspezialisten, und das ermutigt den Betrachter, dessen Standpunkt einzunehmen. Trotzdem war es mir nicht ganz klar, bis ich merkte, daß der fehlende Dialog in der zweiten Hälfte des Films auf die Geräusche hören läßt und ihnen eine Bedeutung gibt, die sie sonst nicht hätten. Im Rückblick erscheint das ganz selbstverständlich.

O: Es ist interessant, wie diese Wahrnehmung einer Abwesenheit manchmal unbewußt stattfindet, auch wenn man ein Buch liest. In der Mitte von Faulkners *Licht im August* gibt es ein kurzes Gespräch zwischen Joe Christmas und der Frau Joanna Burden, nur eine Seite lang. Es ist ein ruhiges Gespräch, und es passiert nicht viel, aber bei dieser Szene habe ich geweint und wußte nicht, warum. Erst später ging mir auf, daß es das einzige Mal im Buch ist, wo Joe Christmas ein echtes Gespräch mit jemandem führt. Er ist völlig allein. Deshalb wirkt ihr Gespräch so schockierend intim und betont das Abwesende vor und nach dieser Szene. Es ist, als würde Harry Caul in der Mitte des Films plötzlich offen mit jemandem reden.

Was ist unter den Händen?

O: Gene Hackman als Harry Caul spielt auf bemerkenswerte Art einen Mann, der nichts von sich preisgibt, trotzdem sind wir von ihm fasziniert. Wie funktioniert das? Ich weiß, daß Sie beim Schnitt des *Englischen Patienten* eine Hauptfigur hatten, die im Grunde die ganze Zeit im Bett lag – aber Sie mußten sie irgendwie dramatisch machen. Mir fiel auf, daß er sich immer ein wenig bewegte, wenn Sie auf ihn schnitten, er lag nicht bloß still, sondern bewegte sich unter der Decke oder beugte sich nach vorne, um etwas zu nehmen, er war also sehr aktiv, obwohl er ans Bett gefesselt und passiv war. Setzten Sie etwas Ähnliches im *Dialog* ein, um Hackmans Figur so faszinierend zu machen? Es war eine großartige Darstellung!

M: Ja, allerdings. Francis beutete den menschlichen Hunger nach Geheimnissen aus. Wenn jemand sagt: »Ich zeige dir nicht, was unter meinen Händen ist«, wird man auf das fixiert, was unter seinen Händen ist. Sogar wenn man meint, da wäre nichts, ist man nicht befriedigt, bis man sich davon überzeugt hat, daß da nichts ist.

Und das passiert, wenn man jemanden wie Harry Caul zeigt, der nichts über sich erzählt. In seiner Wohnung ist nichts, was einem einen Anhaltspunkt dafür gibt, was in ihm vorgeht. Seine Freundin Amy versucht, ihn zum Reden über sich selbst zu bringen, und er sagt, er sei eine Art freier Musiker. Dann sagt sie das Schlimmste, was sie sagen könnte: »Ich möchte dich doch kennenlernen.« Da steht er aus dem Bett auf und geht.

Von dieser geheimen Dynamik gerade genug zu zeigen, war die eigentliche Herausforderung für Hackman. Er spielt gern Figuren, die wenigstens einmal Gelegenheit haben, aus sich herauszugehen, aber im *Dialog* ist alles zurückgenommen und verborgen. Im Gegenzug war es die Aufgabe der Cutter, die Dinge so klar wie möglich zu machen, weil Harrys Tätigkeit als elektronischer Lauscher in sich so schwer zu verstehen ist.

Francis machte das während der Dreharbeiten bereits sehr deutlich. Er wußte, daß Menschen von Tätigkeiten fasziniert sind, deshalb filmte er ausführlich alle Details von Harrys Arbeit – und das gehört zu den Dingen, die einen in Harrys Leben hineinziehen und zur Identifikation führen.

O: Ja, so ist es. Es ist wie Bressons *Pickpocket,* wo er die Poesie in den Details des Handwerks zeigt. Es gibt nichts Interessanteres.

M: Genau.

O: Alles, was im *Dialog* geschieht, hat mit Kommunikation oder Nichtkommunikation zu tun. Harry ist besessen davon, das zu übersetzen, was Menschen in vertraulichen Situationen sagen, aber er selbst sagt nichts und zeigt nichts. Der englische Patient bewegt sich nicht, Harry Caul kommuniziert nicht.

M: Ja ...

O: Alle Aspekte von Harrys Leben, sogar seine Zimmer – seine Wohnung, das Loft – haben Schlösser und deutliche Grenzen.

M: Harrys Leben ist in neutrale Räume aufgeteilt – das motelhafte Aussehen seiner Wohnung ist mit dem Hotelzimmer identisch, in dem der Mord passiert. Außerdem hat er sein Kostüm –

O: Die Glückshaube (*caul*) des Regenmantels, von dem Sie schon gesprochen haben. Aber sogar sein Arbeitsraum – sein »Herz« – ist letztlich ein kleiner Käfig inmitten der verblüffenden »entmilitarisierten Zone« eines leeren Lofts. War das von vornherein geplant?

M: Es entwickelte sich, während Francis das Drehbuch schrieb und sich mit den Chefs der verschiedenen Abteilungen austauschte, der Kostümbildnerin Aggie Rogers und dem Produktionsdesigner Dean Tavoularis.

Ein Detail und eine Szene aus Robert Bressons *Pickpocket* (1959).

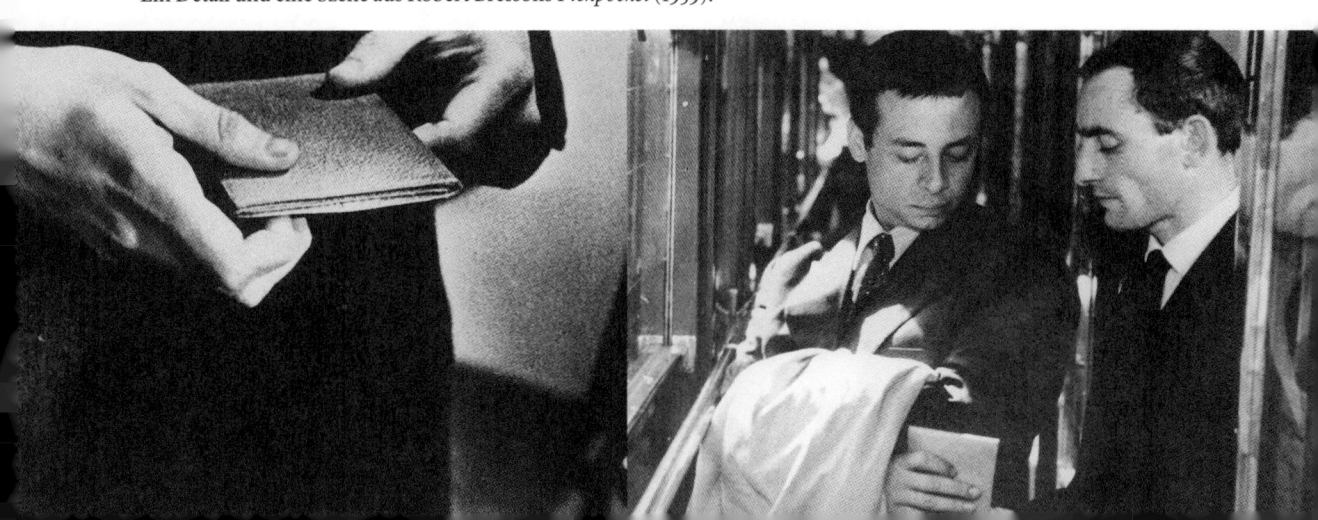

O: Welche Bedeutung hat Harrys ausgefallenes, etwas verworrenes Verhältnis zu den anderen Leuten im Apartmenthaus? Seine Wirtin stellt eine Flasche Wein hinter seine Tür?

M: Das war Teil einer Nebenhandlung, die interessant, aber letztlich überflüssig war. Die Weinflasche ist das einzige Fragment, das davon übrigblieb. Im Drehbuch finden Leute in dem Apartmenthaus heraus, daß Harry Geburtstag hat, und kommen mit einer Geburtstagstorte in seine Wohnung. Dann fangen sie an, sich über die Installationen im Haus zu beschweren, und wählen ihn zu ihrem Vertreter, um mit dem Hausbesitzer über Reparaturen zu reden. Wir entdecken eine weitere geheimnisvolle Ebene an Harrys Charakter, als wir merken, daß Harry selbst der Hausbesitzer ist. Er geht zu seinem Anwalt und fragt: Was soll ich tun? Die Mieter wollen, daß ich mich bei mir selbst beschwere.

O: Also wurde diese Nebenhandlung gedreht?

M: Alles wurde gedreht, aber wegen der Länge herausgenommen. Und auch, um das Gleichgewicht zwischen der Charakterstudie und der Mordgeschichte zu bewahren.

O: Ich fand die Liebesszene, als er nach der Party in seinem Loft von Meredith verführt wird, bemerkenswert. Das einzig Intime, was wirklich zwischen ihnen geschieht, ist, daß sie sein *Ohr* küßt! Und das ganze Liebesgeflüster während des Vorspiels kommt in Wirklichkeit vom Tonband... Es gibt keinen Dialog. Und in dem Moment, wo das Band endet, endet die Liebesszene.

M: Das stand alles im Drehbuch. Francis wollte es genau so, wie Sie es beschrieben haben – ein Dialogfragment auf dem Tonband scheint etwas zu kommentieren, was wir im Loft sehen. Die Beziehung zwischen dem Band und dem Visuellen ist musikalisch. Wir hören, wie das Mädchen auf dem Tonband Mitleid mit einem Obdachlosen hat, der auf einer Parkbank schläft, während Harry auf seinem Feldbett liegt und sich den Kopf über ihr Schicksal zermartert. Auf dem Band sagt das Mädchen zu dem Jungen »Ich liebe dich«, während Meredith Harry etwas ins Ohr flüstert.

Coppolas Drehbuchnotizen zum *Dialog*.

CONVERSATION NOTES

There is always the idea that the sins a man performs are not the same as the ones he thinks he has performed.
Harry confesses that he has performed a sex act on himself; and doesn't begin to see the greater sin — the one he performed on the two young people.

The opening might be built out of fragments of various conversations. So that when we first meet the two young people they seem like just another conversation until we see that the microphone is trained on them: THEY ARE IMPORTANT ONLY BECAUSE SOMEONE IS LISTENING.

The whole assignment would have had to be APPROACHED GEOMETRICALLY, like the film itself.
Firstly, it would take two high-directional microphones, one on either end of the rectangle to be able to cover them.

BLIND SPOT   A

A]⊢   ⊢[B

               B

blind spot

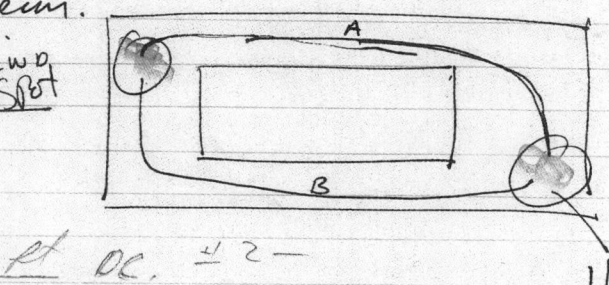

ft 0c ±2 —
48" off floor
6 ft.   1725 indirect

Es ist kompliziert, diese Sachen hinzukriegen. Letztlich hängt alles von der exakten Orchestrierung der Elemente ab. Wie präzise die Dinge in jedem Moment geschehen, hängt hauptsächlich vom Schnitt ab, aber Francis war sich durchaus klar darüber, was er erreichen wollte, und er drehte das Material so, daß es zu machen war.

O: Für mich gibt es einen ähnlichen und noch verblüffenderen Moment im *Englischen Patienten,* der nicht mal im Drehbuch stand, nämlich als Almásy und Katherine mit dem Lastwagen in einen Sandsturm geraten. Er gehört zu einer Rückblende und zeigt, wie sie zum erstenmal ihre Anziehung füreinander erkennen. Er hat ihr Haar berührt, und sie ist nicht zurückgezuckt. Statt dessen dreht sie sich um und legt die Finger auf die Scheibe des Lastwagens, dann blendet die Einstellung langsam *in die Gegenwart,* und wir sehen einen Moment lang Almásys entstelltes Gesicht unter ihrer Hand. So liebkost ihre Hand sein Gesicht mit einer zärtlichen Geste über die Zeit hinweg. Es hat große emotionale Kraft, weil Katherine »in der Gegenwart« nicht mehr am Leben ist.

»Nacht war Nacht«: der Neuschnitt von
Im Zeichen des Bösen

O: Ich habe die Originalversion von *Im Zeichen des Bösen* oft spätabends im Fernsehen gesehen und konnte mich nie ganz darauf konzentrieren. Ich merkte, daß etwas Seltsames vorging, aber der Film erschien mir nie ganz durchgearbeitet. Ich hatte das Gefühl eines »Eingriffs« von außen ... Dann hörte ich Ende der neunziger Jahre, daß Sie den Film neu schnitten und dabei von Welles' berühmtem Memo ausgingen, das er geschrieben hatte, nachdem Universal ihn feuerte, bevor er den Film beenden konnte. Als ich Ihre überarbeitete Version von *Im Zeichen des Bösen* sah, fand ich sie viel dunkler und radikaler als das Original. Wie kam dieses Projekt zustande?

M: Es kam aus heiterem Himmel, durch einen Anruf von Rick Schmidlin, den ich nicht kannte. Damals kannten ihn übrigens nur sehr wenige. Er hatte Werbefilme für Harley-Davidson gedreht, die gerade genug Handlung hatten, damit man Typen Harley-Davidsons fahren und kaufen sieht – »Ein Trip in die Rockies« und so was.

Aber er liebte den Film, die Filmgeschichte und besonders das Werk von Orson Welles. Anfang der neunziger Jahre las er im *Film Quarterly* ein Fragment des Memos, das Welles in einem sorgfältig modulierten Ton der Entrüstung geschrieben hatte, nachdem er sah, was das Studio mit *Im Zeichen des Bösen* gemacht hatte. Das vollständige Memo war seit Jahren verschollen, aber das Fragment hatte eine so starke Wirkung auf Rick, daß er es zu seiner Mission machte, das achtundfünfzig Seiten lange komplette Memo zu finden – was ihm auch gelang – , und dann Universal zu überzeugen, den Film dementsprechend neu zu schneiden.

Rick kannte ein paar Leute bei Universal – er hatte für sie einige Filme für die Veröffentlichung auf Laserdisc restauriert – , und er ging einfach rein und klopfte so lange an die Türen, bis er jemanden fand, der hoch genug in der Hierarchie stand, daß er wußte, wovon Rick redete, sich davon faszinieren ließ und die Sache in Gang setzte.

Rick rief mich an und fragte, ob ich interessiert wäre. Ich hatte gerade einen Film beendet und wußte nicht, was ich als nächstes machen würde, deshalb fragte ich: Ist das Originalnegativ in halbwegs gutem Zustand? (Ja.) Gibt es ein gutes Masterband des Tons mit getrennten Dialogen, Musik und Toneffekten? (Ja.) Ich möchte das Memo lesen! Sobald ich anfing zu lesen, war ich gefesselt.

»Als würde Orson uns Notizen schicken«

Rick Schmidlin

Vor etwa drei Jahren hörte ich im Los Angeles County Museum einen Vortrag von Walter Murch über den Ton. Danach wurde *Der Dialog* gezeigt. Es war vielleicht der wichtigste Vortrag, den ich je gehört habe, und *Der Dialog* inspirierte mich zu dem, was ich später tat.

Als ich grünes Licht bekam, um Orson Welles' *Im Zeichen des Bösen* auf der Grundlage seines Memos neu zu schneiden, war nicht schwer zu erraten, wen ich als Cutter haben wollte. Ich bekam Walters Telefonnummer von einem Freund und rief ihn zu Hause an. Ich sagte: »Walter, ich bin Rick Schmidlin. Sie kennen mich nicht, aber ich werde eine neu geschnittene Fassung von *Im Zeichen des Bösen* machen, und ich stelle mir vor, daß Sie Orson Welles ebenbürtig sind. Haben Sie Interesse?« Walter sagte: »Hmm. Schicken Sie mir das Memo, und ich schau mal rein.«

Also schickte ich ihm das achtundfünfzig Seiten lange Memo. Eine Woche später rief er mich an und fragte: »Können Sie zu mir nach Nordkalifornien kommen, um das Projekt zu besprechen?« Ich fuhr sofort hin. Als ich den Highway 1 an San Francisco vorbeifuhr, erinnerte ich mich an eine seiner Anweisungen: »Wenn Sie an eine Kreuzung mit einem X-Schild kommen, biegen Sie links ab.« Walter lebt irgendwo, wo es nicht mal ein Ortsschild gibt! Man muß sich ganz allein zurechtfinden.

Ich folgte seinen Anweisungen und kam zu einem schönen Farmhaus aus den 1880er Jahren mit einer Lagune, die den größten Artenreichtum an Vögeln auf der Welt hat. Ich saß mit Walter, Aggie und ihrer Tochter Beatrice am Tisch, und er redete – ausgerechnet – über einen einzelnen Gegenschuß, den es in Scorseses *Wie ein wilder Stier* geben soll! Ob ich wohl etwas über eine Kopie mit dieser Version herausfinden könne, die er in Europa gesehen habe? Er rätselte darüber, was es im Kontext der Szene bedeuten sollte. Ich habe die Version immer noch nicht gefunden.

Nach dem Lunch holte Walter das Memo heraus und las es vor, von Anfang bis Ende. Danach legte er es hin und sagte: »Ich mache es.«

Sechs Wochen später wohnte ich in Walters umgebauter Scheune neben dem Farmhaus. Es war faszinierend, ihm während dieser Wochen bei der Arbeit zuzusehen. An manchen Tagen stand er, wenn ich morgens kam, im Bademantel – manchmal nur im

Pyjama – mit verwuscheltem Haar am Avid-Schneidetisch, und mir war klar, daß er um vier oder fünf Uhr früh eine Idee gehabt hatte und seitdem ununterbrochen am Schnitt arbeitete.

Eines Tages erfuhren wir von der Existenz eines zwölfseitigen Ton-Memos – und wir fanden es auch. Das Studio faxte uns die Seiten zu. Es war seltsam ... Als würde Orson uns Notizen schicken.

Es ist keine Übertreibung, daß die Arbeit mit Walter die befriedigendste Erfahrung meines Lebens war. Ich lernte etwas über Mathematik. Ich lernte etwas über Geduld, Struktur, Disziplin, Kreativität, Leidenschaft, Menschlichkeit, Familie, Lyrik, Prosa – und wie es ist, in einem Haus ohne Fernseher zu leben.

O: Wie entstand das berühmte Memo?

M: Man hatte Welles den Film nur einmal sehen lassen, nachdem das Studio monatelang gearbeitet und viel geändert hatte, wobei es die Sprünge der ursprünglichen Struktur glättete und vier neue Szenen von Harry Keller drehen ließ. Sie sollten die Situation deutlicher erklären und den Film für die Zuschauer eines Universal B-Pictures in den späten fünfziger Jahren zugänglicher machen. Welles schrieb seine Notizen während der Vorführung. Ich kann nur vermuten, was er fühlte, als er dasaß und wie besessen im Dunkeln schrieb …

Bis zum nächsten Morgen hatte er achtundfünfzig Seiten Kommentar getippt – scharfsinnig, einfühlsam, beherrscht, aber unter der Oberfläche kochend vor Leidenschaft. Er wußte, daß er seine Gedanken an die Studiochefs richtete, unter ihnen Ed Muhl, die seine offenen Feinde waren. Man sieht also, wie er versucht, ihnen nicht von vornherein die Schuld für das zu geben, was passiert ist, egal, was er dachte. Es bricht einem das Herz, das zu lesen! Einmal wegen der offensichtlichen Vergeudung des Talents und der Intelligenz eines unserer großen Filmemacher, und zum anderen, weil wir heute wissen, daß *Im Zeichen des Bösen* sein letzter Film innerhalb des Hollywood-Systems war, in das er zwanzig Jahre zuvor auf so aufsehenerregende Weise eingetreten war.

Das Memo ist auch wegen seines ursprünglichen Zwecks anregend – da es all die Dinge anspricht, die aus Welles' Sicht an der Studioversion des Films nicht stimmten, und Vorschläge macht, wie man sie korrigieren könnte. Und es enthielt etwa fünfzig praktische Vorschläge, angefangen mit Henry Mancinis Eröffnungsmusik – »Ich nehme an, die Musik am Anfang ist provisorisch« – bis hin zu Vorschlägen, wie Marlene Dietrich ihren berühmten Nachruf auf Quinlan halten sollte, den Welles spielte, während sein Körper im dreckigen Wasser des Kanals schwimmt: »Er war schon ein seltsamer Mann. Aber was hat es für einen Zweck, über Menschen zu sprechen?«

Am Ende der Arbeit konnten wir alle fünfzig Veränderungen einbauen, obwohl wir bloß das Originalnegativ und die Magnet-Tonspur hatten. Natürlich sind keine der herausgeschnittenen Einstellungen von damals erhalten geblieben, obwohl sie noch existierten, als Welles sein Memo schrieb. Einige der neuen digitalen Techniken waren uns eine unermeßliche Hilfe; unvorstellbar, als der Film gedreht wurde.

Ein Blatt des achtundfünfzigseitigen Memorandums, das Welles während der Vorführung von *Im Zeichen des Bösen* schrieb und am nächsten Tag seiner Sekretärin diktierte, nachdem er erfahren hatte, daß dies die einzige Vorführung des Films bleiben sollte, zu der er Zutritt bekam.

I assume that the music now backing the opening sequence of the picture is temporary...

As the camera moves through the streets of the Mexican border town, the plan was to feature a succession of different and contrasting Latin American musical numbers - the effect, that is, of our passing one cabaret orchestra after another. In honky-tonk districts on the border, loudspeakers are over the entrance of every joint, large or small, each blasting out its own tune by way of a "come-on" or "pitch" for the tourists. The fact that the streets are invariably loud with this music was planned as a basic device throughout the entire picture. The special use of contrasting "mambo-type" rhythm numbers with rock 'n' roll will be developed in some detail at the end of this memo, when I'll take up details of the "beat" and also specifics of musical color and instrumentation on a scene-by-scene, and transition-by-transition basis.

In the version I was shown yesterday, it's not clear where you have decided to place the credits. A brief report on this will show whether or not my old ideas for sound and music patterns in this opening reel are still of some potential value. Since a clear description of this original plan will occupy some space and take some little time to put together, I'll postpone this pending your reply.

Kurz nachdem ich anfing, fragte mich ein Freund am Telefon: »Was machst du jetzt so?« Ich antwortete: »Ich stelle Orson Welles' Fassung von *Im Zeichen des Bösen* wieder her.« Er sagte: »Ich hoffe, du machst nichts mit dem Beginn des Films«, und ich sagte: »Das ändere ich als erstes.«

Ich hörte ihn schlucken... Dann erklärte ich ihm, daß ich Welles' Anweisungen ausführte. Langes Schweigen, dann sagte er: »Das klingt, als hätte Gott gerade angerufen und um Änderungen in der Bibel gebeten.«

O: Haben Sie den Inhalt der Szene geändert?

M: Ganz im Gegenteil. Welles wollte die Titel entfernen, die darübergelegt waren, und er wollte einen anderen Ton, etwas aus den Fetzen der *source music* – aus Bordellen, Restaurants, Autoradios, Touristenfallen –, die ineinander übergehen, während die Kamera durch die Straßen dieser Grenzstadt fährt. Mit anderen Worten, das akustische Gegenstück der Kamera.

Wir konnten die Titel entfernen, da wir zum Glück in einer Dose mit Negativen einen Hintergrund ohne Text fanden. Wir setzten ihn digital in den Film ein, deshalb sieht man nicht, wo der Übergang stattfindet.

Die ursprüngliche Titelmusik von Henry Mancini war in sich sehr gut, aber sie erzeugte eine stilistische Erwartung, die der Film nie erfüllte. Die Musik ist voller Bongos und Blechbläser und läßt an einen weltgewandten, gutaussehenden, tatkräftigen Typ wie Peter Gunn oder James Bond denken – aber niemand im Film ist so.

Statt dessen konnten wir etwas konstruieren, das hoffentlich dem nahekam, was Welles wollte: überlappende Fetzen von *source music*, abwechselnd afro-kubanische Musik und Rock 'n' Roll. Im ganzen Film springt die Musik hin und her, während die Handlung immer wieder über die Grenze zwischen den USA und Mexiko wechselt.

Im Zeichen des Bösen setzt sich mit der Idee der »Grenze« auseinander. Was ist eine Grenze? Wie stellen wir uns die Menschen vor, die an der Grenze leben? Welles spielt damit und kehrt diese Erwartungen um. In einem früheren Drehbuchentwurf, der nicht von Welles stammte, war der amerikanische Polizist ein Texas Ranger. Ein aufrechter Mann, und sein mexikanisches Gegenstück entsprach der korrupten, faulen, lüsternen Klischeefigur. Statt dessen ist der amerikanische Polizist Quinlan – Welles – korrupt, übergewichtig, schäbig angezogen, reaktionär und rassistisch. Im Gegensatz dazu ist Vargas, der von Charlton Heston gespielte mexikanische Drogenfahnder, ein liberaler, verklemmter, moralistischer Langweiler und ein Workaholic, der nicht zu seiner Hochzeitsnacht mit Susie – der anziehenden Janet Leigh – kommt, weil er das Verbrechen aufklären muß.

Welles spielte auf viele Arten mit Gegensätzen und kehrte sie um, wenn es ihm paßte. Und das Schöne an der neuen Version des Films ist, daß die Anfangsszene jetzt ein Vor-

Welles gibt für den Film *Im Zeichen des Bösen* Charlton Heston und Janet Leigh Regieanweisungen.

spiel der folgenden Ereignisse ist. Man ist an seinen Sitz gefesselt und läßt sich alle Themen und Ideen vorführen, mit denen sich der folgende Film auseinandersetzt. Wenn wir also nichts außer dieser ersten Szene verändert hätten, wäre der Film schon anders wahrgenommen worden.

O: Das Gefühl aufgelöster Grenzen beherrscht den ganzen Film. Nicht einmal die Grenze zwischen drinnen und draußen existiert. Als Charlton Heston drinnen telefoniert, sieht man, was gleichzeitig auf der Straße passiert: Die beiden Männer, mit denen er reden muß, gehen draußen vorbei. Oder er sitzt im Auto, während seine Frau Susie – Janet Leigh – über ihm die Feuerleiter des Hauses betritt. Sehr oft gleiten wir von drinnen nach draußen und wieder zurück. Es ist der erste Film, den ich gesehen habe, in dem das so deutlich ist und so beiläufig gemacht wird. Es ist kein Schnitt von A nach B.

M: Das war ein technischer Durchbruch des Films. In vielen Fällen wurde eine tragbare Kamera eingesetzt – eine französische Camérette –, und man drehte bei Nacht an Originalschauplätzen. Die Nachtszenen wurden nachts gedreht, es war kein technischer Trick. Das gab den Filmen eine große Freiheit. Welles wollte sogar in einer echten Grenzstadt drehen, aber das schuf zu viele logistische und finanzielle Probleme für das Studio. Also drehte er in Venice (Kalifornien) und erfand es als Grenzstadt neu. Trotzdem war es ein Realschauplatz, und es war wirklich so schäbig und verwahrlost, wie es aussieht. Natürlich betonte er das noch an manchen Stellen. Müll wird vom Wind umhergewirbelt und treibt im Kanal.

O: Es gibt auch erstaunliche Ähnlichkeiten zu *Psycho,* der zwei Jahre später herauskam.

M: Ja. Welles ärgerte sich offenbar sehr über den Erfolg von *Psycho*. Er wurde vom selben Studio gedreht – Universal –, und viele der Techniker arbeiteten an beiden Filmen mit. Janet Leigh spielt die gleiche Art von Opfer. In *Im Zeichen des Bösen* wird sie vergewaltigt, in *Psycho* ermordet, in ähnlichen Motels. Der psychotische Motelbesitzer – Dennis Weaver – in *Im Zeichen des Bösen* ist harmlos, aber in *Psycho* ist er ein Mörder – Anthony Perkins.

O: Und *Psycho* war viel populärer.

M: Was einiges von Welles' Verbitterung erklärt. *Im Zeichen des Bösen* erfand all diese Elemente ... Und *Psycho* hatte den Erfolg. In mancher Hinsicht sind es sehr unterschiedliche Filme, aber auf vielen Ebenen sind sie einander ähnlich. Ich bin sicher, daß Hitchcock von *Im Zeichen des Bösen* viel gelernt hat.

O: Ich war von der Fahrstuhlszene begeistert. Der Fahrstuhl ist zu voll, deshalb geht Heston die Treppe rauf und läßt die anderen Leute (und die Kamera) im Fahrstuhl zurück. Wir fahren rauf und treffen Heston oben wieder – zwei Stockwerke höher.

M: Es war ein echter Fahrstuhl, und es war unmöglich, die Kamera hineinzubekommen und die Leute sprechen zu lassen. Unmöglich. Aber er schaffte es. Die französische

Links: Der Erfolg von *Psycho* verbitterte Welles. Janet Leigh verkörperte dort ebenfalls ein Opfer, in einem ähnlichen Motel und für das gleiche Studio. *Rechts:* Orson Welles als Hank Quinlan und Marlene Dietrich als Tanya.

Camérette war eine tragbare 35-Millimeter-Kamera, und er kriegte sie in den Fahrstuhl. Der Ton war nicht zu gebrauchen, weil die Camérette nicht lautlos arbeitet, aber sie nahmen den Dialog später neu auf.

Ich bin sicher, daß Godard und Truffaut, die große Fans von *Im Zeichen des Bösen* waren, von dieser Szene lernten, wie sie genau das erreichen konnten, was sie wollten – einen unverbrauchten Eindruck von Wirklichkeit und zugleich von Einfallsreichtum.

O: Welles setzt auch das Verstreichen der Zeit sehr sorgfältig ein – angefangen mit der Zeitbombe, die genau auf drei Minuten und...

M: Zwanzig Sekunden eingestellt ist.

O: Und man weiß, daß nach dieser Zeit etwas passiert.

M: Ich führte die neu geschnittene Version in Dänemark vor, und jemand sagte, ein versteckter Vorteil des neuen Anfangs sei, daß man unterschwellig wisse, solange Titel und Vorspannmusik liefen, würde die Bombe nicht explodieren. Ohne Titel und mit fragmentarischem Ton weiß man nicht genau, wann die drei Minuten zwanzig um sind. Die Bombe kann jeden Moment explodieren.

Deshalb sind die Augenblicke, in denen sich das Auto mit der Bombe der Kamera nähert, jetzt gespannter als in der früheren Version. Das Bombenauto hat auch eine musikalische Signatur, ein bestimmtes Lied im Radio, durch das man es identifizieren kann und weiß, daß es sich nähert, auch wenn man es noch nicht sieht.

O: Keine Schlußtakte der Musik, *tick-tick-tick,* und dann die Explosion.

M: Genau.

O: Gab es etwas in Welles' Memo, das Sie umsetzen wollten, aber nicht konnten? Eine Szene, die vielleicht theoretisch funktionierte, aber nicht in der Praxis?

M: Nichts. Nichts. Das war das Bemerkenswerte. Das Studio hatte ihn den Film nur einmal sehen lassen, ohne Unterbrechung. Sein achtundfünfzig Seiten langes Memo ist das Ergebnis dieser Vorführung, bei der er sah, daß neue Szenen, die er nie geschrieben und gedreht hatte, hinzugefügt worden waren.

Versetzen Sie sich in seine Lage – wenn Sie auch nur eine einzige Szene ansehen müßten, die jemand anders geschrieben und gedreht hat und die in Ihren Film eingefügt wurde –, es muß einfach niederschmetternd sein. Es waren aber vier lange Szenen, darum ist es erstaunlich, wie er diesen Aufruhr unterdrückte, weiterschrieb und in der Nacht ein achtundfünfzig Seiten langes Memo hervorbrachte.

Als ich mit der Arbeit an dem Projekt begann, erwartete ich nicht, daß wir alles umsetzen könnten. Nach meiner Erfahrung hat man selbst dann, wenn alle Ressourcen zur Verfügung stehen, Glück, wenn fünfundsiebzig Prozent der Ideen funktionieren – das ist eine gute Quote, gemessen an den Notizen zu einem Film. Aber hier verbesserte jede einzelne Idee den Film, obwohl es einige gab, die ich zunächst rätselhaft fand. Erst nachdem ich die Arbeit beendet und sie im Kontext des ganzen Films gesehen hatte, verstand ich, worauf Welles hinauswollte.

O: Zum Beispiel?

M: Das beste Beispiel ist die scheinbar belanglose Entfernung einer Großaufnahme von Quinlans Gehilfen Menzies, den Joseph Calleia spielte. Im Memo sagte Welles, sie müsse entfernt werden, »wegen des falschen Gebrauchs des Weitwinkelobjektivs, das Menzies' Gesicht grotesk verzerrt. Ohne diese seltsame Großaufnahme ist die Szene in Ordnung.« Als ich das las, dachte ich: Worauf will er hier hinaus? Welles benutzte dasselbe Objektiv ziemlich häufig im Film! An diesem Punkt war es aber mein Job, nur das zu versuchen, was er sagte.

Die betreffende Großaufnahme kommt in einer Szene zwischen Vargas und Menzies, in dem entscheidenden Moment, als Vargas ihm Beweise für Quinlans Doppelspiel gegeben hat. Menzies, der gestanden hat, läßt sich in einen Stuhl fallen, und die Großaufnahme enthüllt seine Verzweiflung. Sofort springt er wieder auf und verteidigt Quinlan, aber der Schaden ist angerichtet: Vargas hat gesehen, daß er die Wahrheit kennt, und – was genauso wichtig ist – Menzies hat gesehen, daß Vargas es sieht. Infolgedessen geschieht alles, was Menzies in der letzten halben Stunde des Films macht, unter Zwang. Er tut es nicht aufrichtig, weil er es für das Beste hält, sondern weil er es tun *muß*, nachdem er Vargas seine Schwäche gezeigt hat. Menzies hat eine metaphorische Leine um den Hals.

Indem wir diese Großaufnahme wegschnitten, durchtrennten wir auch die Leine. Menzies bricht in der Szene mit Vargas nicht zusammen, sondern verteidigt seinen Boß bis zuletzt, aber wir – nicht Vargas – sehen Zweifel und Schmerz auf seinem Gesicht. Vargas sieht es nicht, weil die Szene so inszeniert ist.

Alles, was Menzies von diesem Moment an tut – und er spielt eine zentrale Rolle beim Sturz seines Bosses –, geschieht aufrichtig. Er entscheidet sich dafür, es zu tun, er wird nicht dazu gezwungen. Das gibt seinem Charakter mehr Gewicht im Film und hebt ihn auf eine Ebene mit Vargas und Quinlan. Welles hat *Im Zeichen des Bösen* an anderer Stelle eine Geschichte von Liebe und Verrat zwischen zwei Männern genannt, zwischen Menzies und seinem Boß Quinlan. Die Entfernung von Menzies' Großaufnahme spielt eine wichtige Rolle dabei, diese Interpretation des Films zu verwirklichen.

Es ist interessant, daß Welles in seinem Memo nicht auf die tieferen Gründe für diese Änderung eingeht. Er schrieb schließlich an seinen ärgsten Widersacher, den Studio-

Eine weitere Seite des Memorandums, in dem Welles sich mit der Schnittfassung des Studios auseinandersetzt.

the Grandi-Susan scene be re-examined with an open mind. No great effort will be needed to find the proper footage for inter-cutting from the wealth of material available from the various scenes which play by the flaming car. It's my opinion that the entrance of Quinlan should be saved for this. I think that moving the conflict between Quinlan and Vargas closer to the street scene in front of the hotel will aid clarity and much improve the narrative line. But this is only one of several solutions. Quinlan's arrival through his line "whoever did it, ye jackass" and the cut of the blazing car would also make a most effective transition. You would then return to Grandi (by a quick dissolve, if you prefer) for his line "We used to have a nice, quiet town around here..." This would play beautifully. The subject of Grandi's anxiety would have been dramatically illustrated, we would not have left the scene of the explosion until after all our principals had been established, and the device of cutting away from Quinlan (clearly the most significant

chef. Wenn er zugegeben hätte, daß ihm ein Fehler in der Szene unterlaufen war, hätte es dem Studio mehr Macht über ihn gegeben. Also verbirgt er den echten Grund hinter einer technischen Nebelkerze und schiebt alles auf das falsche Objektiv.

Es gibt oft Momente wie diesen beim Filmemachen, wo wesentliche Fragen von Charakter und Handlung durch die Einbeziehung – oder Streichung – einer einzigen Einstellung entschieden werden, die durch den ganzen Film nachhallt.

Damals erreichte das Memo nicht seinen Zweck, Welles kriegte nicht, was er wollte. Vierzig Jahre später konnten wir aber alles tun, was er sagte. Es ist kein völlig anderer Film, es ist eine konsequentere Version, und das sollte ein guter Film sein.

O: Der Gedanke ist schön, daß er jetzt damit zufrieden wäre.

M: Ja, hoffentlich wäre er's. Er sagte mal in einem Interview mit den *Cahiers du Cinéma:* »Für meinen Stil, für meine Vision des Kinos ist der Schnitt nicht bloß *ein* Aspekt, es ist *der* Aspekt. Die Vorstellung der ›Regie‹ eines Films ist die Erfindung von Kritikern, wie Sie einer sind. Es ist keine Kunst, oder es ist bestenfalls eine Minute am Tag eine Kunst. Diese Minute ist schrecklich wichtig, aber sie hat nur sechzig Sekunden. Die einzige Phase, in der man Kontrolle über den Film ausüben kann, ist beim Schnitt. Die Bilder selbst reichen nicht aus. Sie sind sehr wichtig, aber es sind bloß Bilder. Entscheidend ist die Länge jedes Bildes und das, was auf jedes Bild folgt. Die Eloquenz des Kinos entsteht im Schneideraum.«

Das falsche Echo

O: Der Höhepunkt von *Im Zeichen des Bösen*, bei dem ein Mikrofon statt eines Gewehrs benutzt wird, um den Schuldigen zu jagen, ist auch sehr einfallsreich …

M: Fast wie der Beginn des *Dialogs* …

O: Das Mikrofon als wirksame Waffe.

M: In dieser entscheidenden Szene machte Welles etwas, was mir sehr am Herzen liegt, weil es so sehr dem Beginn vom *Dialog* ähnelt – er baute nämlich die Auflösung der Geschichte auf verschiedenen Schattierungen und Perspektiven des Tons auf.

Quinlan und Menzies gehen nachts durch dieses Labyrinth von Bohrtürmen, und ohne Quinlans Wissen hat Menzies ein Funkgerät mit einem Mikrofon unter der Jacke versteckt. In einiger Entfernung folgt Vargas ihnen mit dem Empfänger und nimmt das Gespräch auf, weil er hofft, daß Quinlan sich selbst belasten wird.

Wenn man nahe an Quinlan und Menzies dran ist, klingen sie normal. Wenn man bei Vargas und dem Tonband ist, klingen sie verzerrt, wie Stimmen im Telefon. Und wenn man weit weg von Jäger und Gejagtem ist, hört man die Stimmen in einer Art widerhallendem Klangfeld. Es ist sehr dynamisch, ohne irgendwelche Musikbegleitung.

Diese Sorgfalt für Einzelheiten zahlt sich großartig aus, als Quinlan und Menzies über eine Brücke gehen und Vargas sich unter einen der Brückenbögen stellen muß, um

Links: Im Film *Im Zeichen des Bösen* überqueren Orson Welles als Hank Quinlan und Joseph Calleia als Sergeant Pete Menzies eine Brücke, während Charlton Heston als Mike Vargas sie abhört (*Mitte*). *Rechts:* Vargas mit seinem Tonband; er benutzt »ein Mikrofon statt einer Pistole, um den Schuldigen zur Strecke zu bringen«. *Ganz rechts:* Vargas entdeckt, daß seine Frau Susie in einem schäbigen Motel unter Drogen gesetzt wurde.

nah bei ihnen zu bleiben. Und jetzt hallt Quinlans auf Tonband aufgenommene Stimme unter dem Brückenbogen wider. Plötzlich bleibt er mißtrauisch stehen – er hört seine eigene Stimme mit dem falschen Echo. Und er beginnt zu verstehen, daß sein Kumpel Menzies ein verborgenes Mikrofon trägt und sein Feind Vargas mit einem Tonband unter der Brücke sein muß.

So führt dieses Echo, dieser besondere Klangcharakter, dazu, daß die Handlungsfäden sich entwirren. Quinlan beschuldigt Menzies, es gibt einen Kampf, Menzies wird getroffen, dann verfolgt Quinlan Vargas und wird schließlich von dem sterbenden Menzies erschossen. Welles baute das ganze Ende des Films auf der Fähigkeit der Figuren im Film *und* der der Zuschauer auf, eine subtile Nuance des Tons zu verstehen: daß es nämlich das falsche Echo ist. Das ist phantastisch.

O: Haben Sie mit Janet Leigh oder Charlton Heston oder anderen Leuten gesprochen, die mit Welles arbeiteten?

M: Wir redeten hinterher mit ihnen, als die Arbeit fertig war und wir ihnen den Film vorführten. Janet Leigh war sehr bewegt – es führte ihr wieder vor Augen, was sie alle damals in so enthusiastischer Stimmung angefangen hatten.

Während des Schnitts redeten wir mit Ernie Nims, der 1958 die Nachproduktion bei Universal leitete. Er war 1946 Cutter bei dem Welles-Film *Die Spur des Fremden* und hatte ein gutes Verhältnis zu ihm.

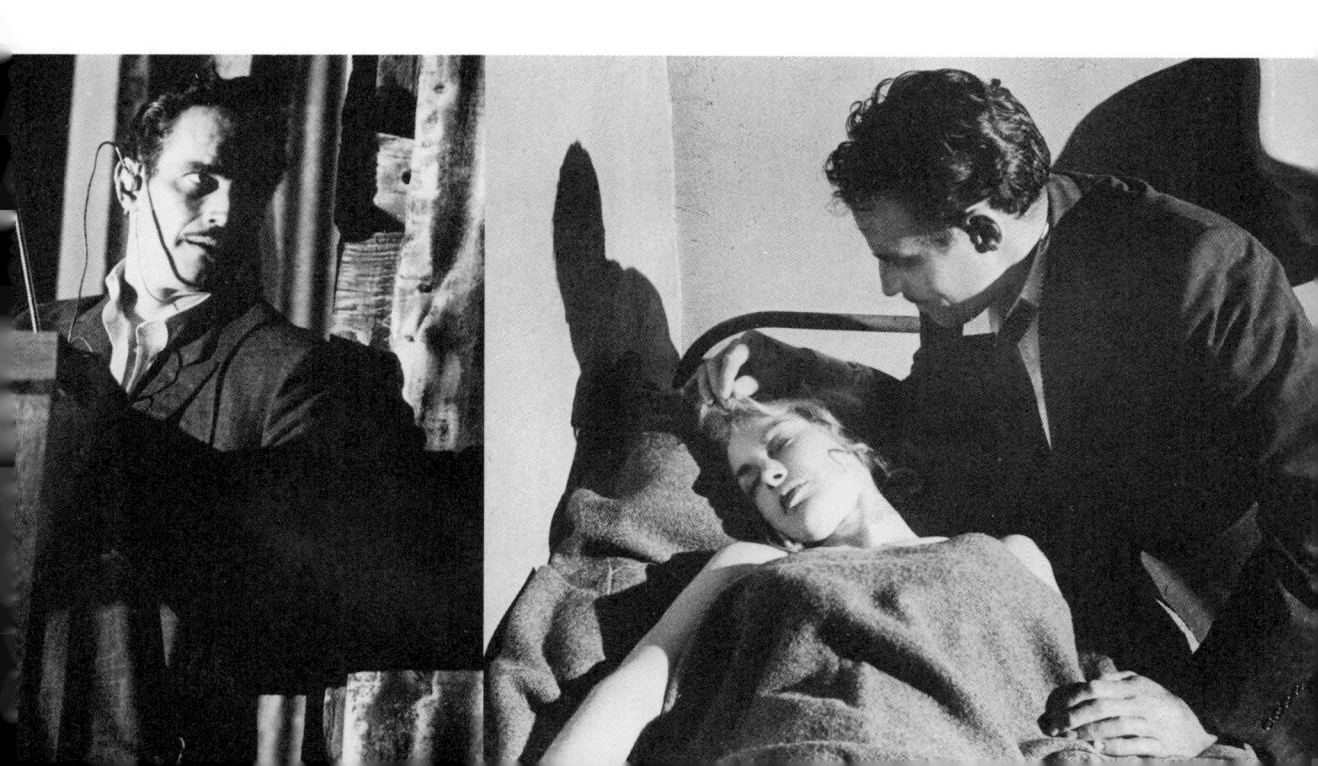

Das Studio hatte uns gesagt, alle an dem Film Beteiligten seien schon gestorben, aber Rick Schmidlin, ganz der Detektiv, hatte so ein Gefühl und rief die Auskunft in Los Angeles an und fragte nach Ernie Nims. Bei der Vorwahl 213 und 818 war nichts, aber bei 310 kam ein Treffer. »Ist da Ernie Nims?« »Ja.« »Sind Sie der Ernie Nims, der die Nachproduktion bei Universal geleitet hat?« »Genau der.« »Haben Sie mit Orson Welles gearbeitet?« »Orson Welles! Das einzige Genie, für das ich je gearbeitet habe. Er war seiner Zeit zwanzig Jahre voraus!«

Laut Ernie entstanden alle Schwierigkeiten für Welles daraus, daß seine Ideen zu fortschrittlich für seine Zeit waren.

Ernie war neunundachtzig, als wir mit ihm sprachen, und es stellte sich heraus, daß er auf seinem Speicher einige Dokumente über den Film aufbewahrt hatte, die uns eine große Hilfe waren: Welles' Notizen über den Ton, die nicht Teil des langen Memos waren, außerdem Memos, die Welles an Ernie über ihre Strategie für den Film geschrieben hatte, um das Studio auszutricksen. Ich vermute, es ist Ernies Eingreifen zu verdanken, daß die Originalversion von *Im Zeichen des Bösen* so gut war, wie sie war. Angesichts der Feindseligkeit von Ed Muhl, dem Studioboß, hätte alles noch viel schlimmer kommen können.

Auf eine weitere Ahnung hin suchte Rick nach Ed Muhl und fand ihn gesund und munter im Vorwahlbereich 818. Er war über neunzig und bereute überhaupt nichts. Seiner Meinung nach war Welles ein Wichtigtuer, dessen Filme nie ihr Geld eingespielt hatten.

O: In gewisser Weise ist Welles ein Prüfstein, nicht nur für große Originalität, sondern auch als Beispiel dafür, wie und wo ein junger Regisseur scheitern kann.

M: Absolut. Die Botschaft seines Lebens ist: Auch wenn du erst fünfundzwanzig bist, kannst du es schaffen, weil ich mit fünfundzwanzig *Citizen Kane* gedreht habe. Es ist möglich. Das ist eine große Ermutigung für junge Leute. Andererseits hatte er so viel Pech im Leben, und seine in der Öffentlichkeit ausgetragenen Kämpfe dauerten so lange, daß man es auch als Mahnung lesen kann: Auch wenn man Erfolg hat – dort liegen die Fallen.

Letztlich würde ich sagen, seine Rolle als Ikone der Filmgeschichte verdankt er nicht nur seinen Erfolgen, sondern auch seinen Mißerfolgen – und der besonderen Art, in der sie Erfolge und Mißerfolge waren.

Der aussagekräftigste Winkel

O: Sie erzählten die Geschichte, wie Orson Welles behauptete, er habe das falsche Objektiv benutzt. Wie wichtig ist die Wahl des Objektivs beim Drehen, wenn Sie als Cutter Filmmaterial bekommen? Diskutiert der Regisseur solche technischen Fragen mit Ihnen, oder sind das Überlegungen, die Sie erst anstellen, wenn Sie den Film schneiden?

M: Die Wahl des Objektivs ist entscheidend. Es existiert eine Chemie zwischen einem Schauspieler und einem bestimmten Objektiv. Das ist der Grund, weshalb Make-up- und Kostümtests mit den Hauptdarstellern gedreht werden, bevor die eigentliche Produktion beginnt. Wir studieren beispielsweise die Chemie zwischen dem Winkel des Objektivs und der Flächigkeit der Gesichter der Schauspieler.

Manche Schauspieler sehen am meisten *wie sie selbst* aus, wenn sie mit einem bestimmten Objektiv aus einer bestimmten Entfernung gefilmt werden. Das hat etwas mit der Übertragung eines dreidimensionalen Objekts – des menschlichen Gesichts – in eine zweidimensionale Fotografie zu tun. Jeder kennt Menschen, die in der Wirklichkeit besser aussehen als auf Fotos, und umgekehrt. Es gibt Menschen, die im wirklichen Leben gewöhnlich aussehen und auf Fotos interessant. Es ist dasselbe Phänomen.

Ein Teleobjektiv neigt dazu, das Motiv flacher erscheinen zu lassen, und ein Weitwinkelobjektiv bewirkt das Gegenteil, es rundet ein flaches Motiv ab.

Ich weiß noch, daß George Lucas von Robert Duvalls markanten Gesichtszügen fasziniert war, den tief liegenden Augen und der runden Stirn. Das ist einer der Gründe, warum er Robert Duvall für *THX 1138* auswählte – abgesehen davon, daß Duvall ein wunderbarer Schauspieler ist.

Die neunjährige Fairuza Balk, die in *Oz – eine fantastische Welt* Dorothy spielte, hatte ein schönes Gesicht, es war bezaubernd, wenn man sie mit einem 45-Millimeter-Objektiv auf ein Meter fünfzig Entfernung filmte. Ich erinnere mich daran wegen der Poesie dieses »fünfundvierzig auf eins-fünfzig« – ich rief das oft, wenn wir eine Großaufnahme von ihr machten.

Robert Duvall in *THX 1138*: »Es existiert eine Beziehung zwischen einem Schauspieler und einem bestimmten Objektiv.«

Welles während der Dreharbeiten zum Film *Im Zeichen des Bösen*.

O: Schlagen Sie dem Regisseur manchmal ein Objektiv vor?

M: Das ist meistens eine Diskussion zwischen Regisseur und Kamerateam. Der Cutter hat die Aufgabe, das Beste aus dem Material zu machen. Wenn ich eine Szene zusammensetze und zum Beispiel merke, daß an einer Stelle die zweite Kamera eingesetzt ist und der Schauspieler damit nicht so gut aussieht, mache ich vielleicht eine Notiz für den Regisseur und schlage vor – falls er noch einen halben Tag übrig hat, an dem er ein paar Alternativaufnahmen für den Schnitt dreht –, diesen Satz mit dem Schauspieler als Großaufnahme nachzudrehen.

Wenn wir uns heute die altägyptische Malerei ansehen, finden wir sie ein wenig komisch, aber die Ägypter versuchten, die verschiedenen Aspekte des menschlichen Körpers so charakteristisch wie möglich abzubilden. Das Gesicht ist im Profil abgebildet, weil so am meisten über das Gesicht eines Menschen ausgesagt wird, aber die Schultern sind frontal zu sehen, weil das der aufschlußreichste Winkel für die Schultern ist. Die Hüften sind nicht im Profil, aber die Füße. Das hat eine seltsame verzerrte Wirkung, aber für die Ägypter war es ganz natürlich. Sie malten das Wesentliche, und um das Wesentliche zu malen, wählten sie den aussagekräftigsten Winkel. Es war eine spirituelle Kunst. Sie versuchte nicht, eine fotografische Realität wiederzugeben, sondern alle grundlegenden Aspekte einer Person in einer Figur darzustellen und zu kombinieren.

Genau das tun wir im Film, nur ist es statt des Körpers der Person das Werk selbst. Der Regisseur wählt den interessantesten Winkel für jede Situation, jede Dialogzeile und jede Szene. Dann dreht er noch Alternativen zu diesem Material und gibt dem Cutter damit zusätzliche Auswahlmöglichkeiten. Wir wechseln genauso zwischen verschiedenen Winkeln. Vielleicht werden unsere Filme, wenn die Leute sie in fünfhundert Jahren sehen, auf eine seltsame Art »ägyptisch« wirken. Wir schneiden zwischen verschiedenen Winkeln, um für jede Situation das interessanteste und aussagekräftigste Objektiv und den Kamerawinkel zu finden.

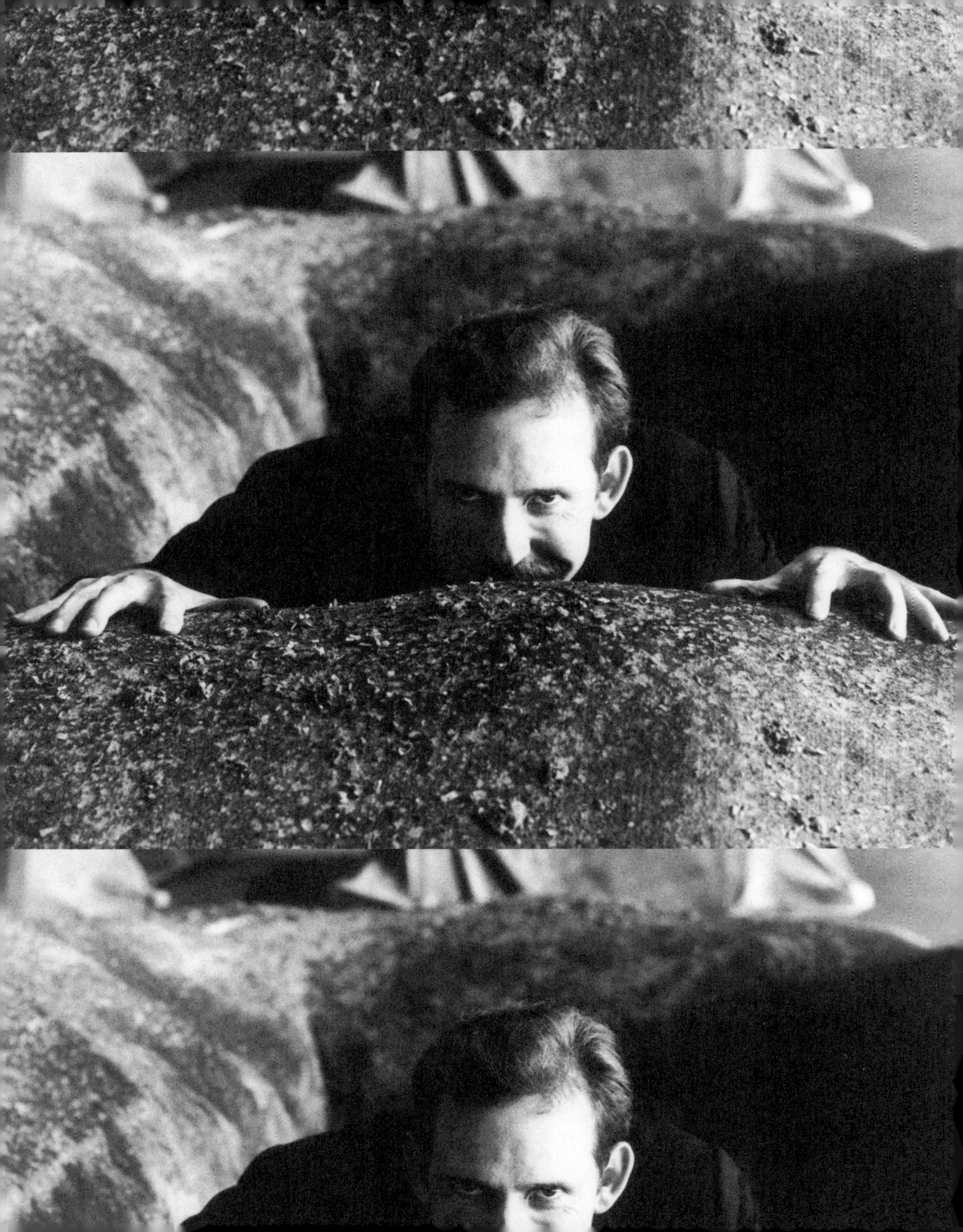

VIERTES GESPRÄCH

San Francisco

Unser viertes Gespräch fand, über mehrere Tage verteilt, im Januar 2001 in Kalifornien statt, zuerst im Zentrum von San Francisco, dann in der kleinen Küstenstadt, wo Walter mit seiner Familie lebt.

Wir verglichen zunächst, wovon und auf welche Art wir beeinflußt worden sind. Walter stellte zwei fundamental verschiedene Arten von Filmemachern einander gegenüber, symbolisiert von Hitchcock und Coppola, und erinnerte sich dann an einen entscheidenden Moment seiner Karriere, die Arbeit als junger Cutter an dem Film *Julia* des Meisterregisseurs Fred Zinnemann. Er sprach davon mit großer Warmherzigkeit. (Nach Zinnemanns Tod drehte er einen kurzen Film mit dem Titel *As I See It* über ihn.) Walter sprach auch über seinen Vater, den Maler Walter Murch, und wie Werk und Laufbahn seines Vaters sein eigenes Leben und Werk prägten. Während wir über diese und andere Themen redeten, bemerkten wir, daß es der Tag der Amtseinführung des amerikanischen Präsidenten war. In einem Foyer des Hotels schauten sich einige Leute die mehrere tausend Kilometer entfernte verregnete Zeremonie im Fernsehen an.

Am zweiten Tag diskutierten wir in Walters Haus erneut komplexere Beispiele für den Ton- und Filmschnitt. Walters vielschichtiger, achtsamer Intellekt und seine große Leidenschaft für seine Arbeit waren unverkennbar, als er über auseinanderlaufende und zusammenlaufende Handlungen in Filmen und über das sich ständig wandelnde Verhältnis zwischen Regisseuren und Cuttern sprach. Als wir eine Mittagspause machten, setzte er sich ans Klavier im Wohnzimmer und spielte »Sphärenmusik«. Sie beruhte auf seiner Theorie, daß die Entfernungen zwischen Planeten sich in Beziehung

---

Murch versteckt sich während der Dreharbeiten zu *Julia* in einem Grab.

zum Abstand zwischen Klaviertasten setzen lassen. Diese Musik war seltsam und wundervoll.

Als ich ihn abends verließ, sagte ich etwas über das schöne graue Licht nach dem Sonnenuntergang. Walter antwortete: »Auf dem Saturn ist das helles Tageslicht.«

Einflüsse

O: Ich möchte Ihnen eine allgemeine Frage stellen. Ich würde gern noch einmal das aufgreifen, was Sie im Werk von anderen beeinflußt hat. Sie haben außer von der europäischen Nouvelle vague nicht viel von anderen Filmemachern oder Cuttern in Ihrer Frühzeit gesprochen. Wahrscheinlich fiele es mir auch schwer zu sagen, wer mich von meinen Zeitgenossen beeinflußt. Ich kann sagen, daß ein Buch wie Derek Walcotts *Another Life* eine Tür für mich geöffnet hat, ebenso ein Gedichtband von Robert Creeley oder Adrienne Rich. Aber wenn ich meine Zeitgenossen lese, geht es mir darum, sie zu genießen und mich in ihrer Welt zu verlieren, bewegt zu werden oder auch nicht. Aber ich fühle mich nie bewußt beeinflußt. Mich beeinflußt eher das Projekt, an dem ich gerade arbeite, da sind die Probleme und Fragen um das Buch herum, das ich zu schreiben versuche. Kennen Sie das?

M: Ja. Wenn ich arbeite, ist es sehr schwer für mich, Filme zu sehen. Ich lasse mich zu leicht entmutigen. Wenn sie schlecht sind, fange ich an, am Filmemachen insgesamt zu verzweifeln. Es scheint der Beweis zu sein, daß es unmöglich ist, einen Film zu machen. Man wird dauernd von der Frage gequält: Können *wir* das machen? Deshalb ist es so entmutigend, einen Film zu sehen, der nicht funktioniert.

O: Gilt das nur für den Schnitt oder für den ganzen Film?

M: Für den ganzen Film. Wenn ich mir einen schlechten Film ansehe, fallen mir oft Dinge auf, die auch in dem Film passieren, an dem ich arbeite. Es ist, als ob ein Hypochonder einer medizinischen Diskussion im Radio zuhört: Ja, ich habe auch so einen Ausschlag! Dieser Husten, den ich vor zwei Tagen hatte, das ist der Beweis! Aber das ist natürlich Wahnsinn, das verführt zu völlig falschen Vergleichen. Etwas, was in einem Film sinnvoll verwendet wird, kann in einem anderen fehl am Platz sein und umgekehrt.

Wenn ich andererseits einen Film sehe, der mir gefällt, denke ich: Ich kann diese Techniken auch anwenden – und ich werde wie eine Elster. Es ist wie jene verrückte Phase der viktorianischen Architektur, als sie die ganze Welt geplündert haben – diese Ananasformen aus Südindien sind wunderbar, die bauen wir auch! Wenn ich also an einem Film arbeite, sehe ich gern Dokumentarfilme und Theaterstücke. Ich finde es aufregend, daß beim Theater jeden Moment etwas schiefgehen kann.

O: Es ist ungeschnitten.

M: Genau, es ist ungeschnitten. Jemand kann seinen Text vergessen oder von der Bühne fallen, es kann etwas Großartiges passieren, das nicht vorgesehen war und vielleicht nie wieder passiert. Dagegen ist der Film immer gleich. Man muß sich keine Sorgen machen, daß die Schauspieler bei der dritten Vorführung des Films ihren Text vergessen haben könnten.

Für mich ist der Film gefräßiger. Hermann Hesse hat darüber gesprochen, wie ein Schriftsteller beeinflußt wird. Er sagte, daß es verschiedene Ebenen des Einflusses gibt, ähnlich wie Chakren. Die niedrigste, unedelste Methode des Einflusses ist es, zum Beispiel Hemingway zu lesen und dann zu beschließen, wie Hemingway zu schreiben. Das ist ganz natürlich, wir machen alle diese Phase durch, aber man muß sie überwinden, um immer höhere Ebenen zu erreichen, bis zu dem Punkt, wo man von etwas wie der Rückseite einer Cornflakesschachtel beeinflußt wird. Irgendwie besitzen völlig alltägliche oder zufällige Dinge einen Zauber, der einen beeinflußt und einem etwas vor Augen führt.

So denke ich über das Kino. Wenn ich an einem Film arbeite, versuche ich, einen bestimmten Teil meines Gehirns zu öffnen und mich zu fragen: Was geht in der Welt vor?

O: Die gewöhnlichen Töne, von denen Sie früher gesprochen haben ...

M: Die manchmal gar nicht so gewöhnlich sind. Ich erinnere mich sehr genau an den Moment, als ich eine Idee für den Ton in *Apocalypse Now* hatte. Es war nach den Dreharbeiten auf einer Party in Francis' Haus – ich glaube, Martin Sheen hatte Geburtstag. Er war Baseballfan, und Francis hatte Marty in dem Glauben gelassen, er werde ein Spiel verpassen, weil die Party länger dauerte. Dann verriet Francis genau im richtigen Moment, daß ein Hubschrauber wartete, um Marty noch rechtzeitig zum Stadion zu fliegen.

Wir gingen alle runter, um uns zu verabschieden, und der Hubschrauber wurde gestartet. Als der Rotor sich zu drehen begann, gab es so ein *Wu-wu-wu,* eine Art Turbinengeräusch. Sofort sah ich den Schnitt in *Apocalypse Now* vor mir, von der Zeile »Charlie surft nicht« zu den Hubschraubern am Strand mit ihren laufenden Rotoren. Bis dahin gab es den Satz »Charlie surft nicht«. Und dann, zack, plötzlich den Schnitt zu den Hubschraubern und dem Lärm. Ich dachte mir, es wäre interessant, dieses Turbinengeräusch etwa fünf Sekunden früher zu haben, so daß man, wenn man die Nachtszene am Strand sieht, ein unerklärliches Geräusch hört, das immer lauter wird, bis Robert Duvall, wenn es sehr laut ist, sagt: »Charlie surft nicht«, und wir schneiden zu den vielen Hubschraubern. Man weiß vor dem Schnitt nicht, woher das Geräusch kommt, und dann merkt man, sofern man überhaupt mitdenkt: Ach, das war es.

O: Als ich den *Englischen Patienten* schrieb, wollte ich während der Recherchen auf keinen Fall die großen Wüstenschriftsteller lesen. Ich habe bewußt nicht Thesiger, Doughty oder T. E. Lawrence gelesen. Meistens las ich Aufsätze voller Daten über die Erdoberfläche von der Royal Geographic Society, Aufsätze über Dünenbildung, die Tiefe bestimmter Brunnen, auf die man sich während einer Reise verlassen konnte. Genau wie in Ihrer Situation war das eher unbearbeitetes Material, waren es unfiktionalisierte Daten.

M: Einige Filmemacher lassen zu Hause viele Bildschirme gleichzeitig mit Filmen laufen, so daß ihr Haus von klassischen Filmen bevölkert ist. Sie sind Teil der Atmosphäre und sollen die Kreativität anregen. Ich könnte nicht so leben, ich glaube, es zerstört letztlich den kreativen Prozeß. Sehen Sie nur, was im zwanzigsten Jahrhundert aus der modernen Malerei oder der modernen Musik geworden ist. Alle neuen Kompositionen beziehen sich auf unergründliche Weise auf frühere Kompositionen. Man baut eine ungeheure Sandburg, ein Kartenhaus mit Anspielungen innerhalb von Anspielungen. Heutzutage ist das auch an manchen Filmen zu beobachten, und ich weiß nicht, ob es eine gute Sache ist. Ab und zu macht es Spaß, aber nicht ständig.

Eliots *Wüstes Land* baut darauf auf. James Joyce auch. Um ihre Bücher wirklich zu verstehen, muß man die literarischen Klassiker kennen. Es sind zwar wundervolle Werke, aber was den schöpferischen Prozeß betrifft, frage ich mich, ob es ein guter Weg war ...

Wenn man aber sehr in die Tiefe geht, ist es etwas anderes. Deshalb ließen sich die großen Komponisten des neunzehnten Jahrhunderts immer wieder von Volksmusik beeinflussen, sie gingen zurück zu den Wurzeln, die für sie und die Gesellschaft, in der sie lebten, eine tiefe Bedeutung hatten. Auch wenn die Bedeutung nicht auf den ersten

Blick sichtbar war, würde ich in einem Film lieber so etwas sehen als oberflächliche Anspielungen auf Filme, die erst ein paar Jahre alt sind.

O: Ein Schriftsteller hat es leichter, Filme ohne dieses kritische Bewußtsein zu betrachten – ich sehe sie immer noch als Zauberei. Wenn ich dagegen intensiv an einem Buch arbeite, würde ich wahrscheinlich keinen wirklich guten Romancier lesen. Ich könnte einen guten Schriftsteller aus einem anderen Jahrhundert lesen, aber keinen Zeitgenossen. Wahrscheinlich würde ich einen tollen Genreroman wie Walter Tevis' *The Queen's Gambit* oder ein Sachbuch lesen. (Vor kurzem habe ich gehört, daß Yeats die Prosa von John Milton las, wenn er Gedichte schrieb, um sich vorzubereiten!) Ich kann gerade deshalb vom Film lernen, weil er *nicht* Teil meiner Welt ist, wobei ich eher vom Handwerk des Schnitts in einem Film beeinflußt werde als von seinem Inhalt. Werden Sie auf ähnliche Art von anderen Künsten beeinflußt? Von Dichtung oder Musik – oder auch von der Naturwissenschaft?

M: Ja. Sie lösen etwas aus. Sie gehören zu den Lebensphänomenen. Ich versuche, alle Aspekte der Realität in diese Magie zu tauchen. Manchmal vermute ich Absichten hinter völlig zufälligen Dingen. Das ist Teil meiner Lebenshaltung, solange ich denken kann.

Schatten im Sand: Dreharbeiten auf den Sanddünen in Tunesien für den *Englischen Patienten*.

Wenn ich einen Film schneide, höre ich immer verschiedene Radiosender, auch auf dem Weg zur Arbeit, und plötzlich höre ich eine Musik, die sich mit einem Bild im Film verbindet. Manchmal suche ich dann dieses Stück und baue es in den Film ein, um zu sehen, was passiert.

∎

O: Wenn Sie, sagen wir, zehn Filme auswählen müßten, die Schnitt und Ton irgendwie verändert haben, welche wären das? Das ist eine dieser schrecklichen Listen! Ich nehme an, *M* und *King Kong* würden dazugehören, aber welche Filme außer diesen haben die Richtung verändert oder neue Möglichkeiten gezeigt?

M: Ich muß darüber nachdenken. Eigentlich interessiert mich so eine Wertung nicht besonders. Mit etwas Anstrengung kann ich über die Geschichte der Einflüsse auf eine unpersönliche Art reden, aber auf der persönlichen Ebene ist es wieder die Rückseite der Cornflakesschachtel ...

O: Etwas außerhalb des Genres.

M: Ja, oder einfach etwas, worin ein Außenseiter nichts Besonderes sehen würde. Ich erinnere mich an den Anfang von John Frankenheimers *Der Mann, der zweimal lebte*, einen Film, den ich als Filmstudent an der Uni sah. Zu Beginn gibt es eine Einstellung, die in die Haupthalle der Grand Central Station führt und die mit einer Handkamera und einem Weitwinkel gefilmt wurde, wie mit einer versteckten Kamera.

Es war ein Film mit der normalen Mono-Tonspur von damals, nichts technisch Spektakuläres, aber das Geräusch der Luft in dieser Einstellung – nur das Geräusch eines riesigen Raums voller Menschen – führte mir plötzlich vor Augen, wieviel sich durch die richtige *Atmosphäre* erreichen läßt. Es zeigte mir alles, was ich über die Macht des atmosphärischen Tons wissen mußte. Es gab auch ein Bohrgeräusch am Schluß – das leicht fließende Geräusch eines Bohrers, der in einen Schädel eindringt –, nachdem das Bild dunkel geworden war.

Der Mann, der zweimal lebte war kein historisch einflußreicher Film, und ich weiß nicht, ob das, was ich geschildert habe, heute irgendwem auffallen würde, aber ich war für die Nachricht aufnahmebereit.

Ungefähr zu dieser Zeit muß ich auch *Im Zeichen des Bösen* gesehen haben. Ich erinnere mich nicht an einen Augenblick der Erleuchtung wie bei *Der Mann, der zweimal*

Peter Lorre in Fritz Langs Film *M* (1930), der Tonfilm und Schnitt maßgeblich beeinflußte.

lebte, aber Welles' Verwendung der *source music* und des perspektivischen Tons hat sich mir eingeprägt und irgendwo in meiner geistigen Geologie eine ergiebige Ablagerung hinterlassen.

O: Übrigens habe ich neulich John Fords *Höllenfahrt nach Santa Fe* gesehen –

M: Den hab ich seit Mitte der sechziger Jahre nicht mehr gesehen.

O: Sie sollten ihn sich noch einmal im Zusammenhang mit der Idee der *source music* ansehen. Gegen Ende des Films, wenn John Wayne von der Frau, Dallas, ins Bordellviertel der Stadt geführt wird, gehen sie einen Weg entlang, und aus jedem der Bordelle am Weg kommt eine andere Musik. Es ähnelt der Verwendung der *source music* in *Im Zeichen des Bösen*. Jemand hat mir erzählt, Welles hätte den Film dreimal gesehen, bevor er anfing, *Citizen Kane* zu drehen, aber der Einfluß scheint in *Im Zeichen des Bösen* deutlicher zu sein.

Ich glaube, wir werden nicht von den ganz großen Werken beeinflußt, den Gipfeln. Kein Autor wird wirklich von *Moby Dick* beeinflußt. Ich habe mal die Rezension einer Biographie über Scott und Zelda Fitzgerald gelesen. Dort wurde beschrieben, wie sie in ihrer Pariser Zeit nicht den Fahrstuhl mit den anderen Mietern teilen wollten, weil sie dann hätten warten müssen. Also klemmte Zelda ein Tuch zwischen den Rahmen und die Fahrstuhltür, damit der Aufzug im vierten Stock blieb. Unverschämt! Etwas von diesem Schwung und dieser Verwöhntheit blieb mir im Gedächtnis, als ich meine Memoiren *Es liegt in der Familie* schrieb. Mein Buch spielt am anderen Ende der Welt, aber dieses kleine Fragment einer Biographie hat seinen Ton beeinflußt.

M: Es gibt eine umgekehrte Version: das Bild der Treppe, über das Sie in der literarischen Zeitschrift *Brick* schrieben.

O: Ja. Als Kind auf Sri Lanka kannte ich nur ein einziges Haus mit einer Treppe, die meisten Häuser waren Bungalows. Wann immer ich also in einem Buch über eine Treppe las, legte sich diese Kindheitserinnerung einer Treppe über die Szene. Etwa im *Grafen von Monte Christo*.

M: Ja! Sie stellen sich diese Treppe vor, obwohl sie in gewisser Hinsicht ganz anders war – aber das ist die Treppe, die *Sie* kennen. Aus solchen Gegenüberstellungen entsteht eine Menge Kreativität. Die ausgefallene Verknüpfung des *Grafen von Monte Christo* und der Treppe auf Sri Lanka ist besonders fruchtbar. Und wenn Dumas in Ihren Kopf schauen und die Treppe sehen könnte, wäre er entsetzt! Das hatte er doch gar nicht gemeint! Aber es ist dennoch sehr fruchtbar.

Es gibt ein wundervolles Zitat von Goethe – er hat wohl über die Unmöglichkeit jeder Verständigung nachgedacht. Er sagte ungefähr: »Es ist völlig sinnlos, durch das Schreiben die feste Überzeugung eines Menschen ändern zu wollen. Man bestärkt ihn nur in seiner Meinung, und wenn er keine hat, überflutet man ihn mit der eigenen.«

O: Ein Lyriker aus Vancouver sagt: »Ich sehe es, wenn ich es glaube.«

M: Genau. Ich bin sicher, Goethe dachte nicht immer so, sonst hätte er nicht mehr schreiben können. Er sprach in Schwarzweißbegriffen: Stimmt mir zu oder nicht! Die fruchtbarste Zone der Kommunikation ist der graue Bereich, in dem Dinge wie Ihre Treppe liegen. Da ist der Leser einigermaßen aufnahmebereit für das, was der Autor schreibt, aber er bringt auch seine eigenen Bilder und Ideen mit. Das ist eine kreative Art, der Vision und den Ideen des Autors Gewalt anzutun. Aus dem, was der Schriftsteller darstellt und was der Leser mitbringt, entsteht eine Synergie. Dieser Kommunikationsakt, der zunächst weder im Sender noch im Empfänger existiert, ist größer als die Botschaft des Autors oder die Gedanken des Lesers allein.

Mit dem menschlichen Sehen ist es ähnlich. Das linke Auge sieht etwas und das rechte etwas anderes, eine etwas andere Perspektive. Sie sind so nah zusammen und doch so verschieden, daß das Gehirn, um ihre Widersprüche aufzulösen, etwas Drittes erzeugt, eine Arena, in der beide Perspektiven existieren – den dreidimensionalen Raum. Dieser »Raum« existiert in keinem der beiden Bilder, jedes Auge hat für sich eine flache, zweidimensionale Weltsicht, aber der Raum, wie wir ihn wahrnehmen, wird durch den Versuch des Gehirns erzeugt, die unterschiedlichen Bilder aufzulösen, die es vom linken und rechten Auge bekommt.

Zwanzig negative Fragen

M: Es gibt ein tolles Spiel namens »Zwanzig negative Fragen« – ich habe vergessen, ob wir schon darüber geredet haben.

O: Nein, haben wir nicht.

M: Es wurde von John Wheeler erfunden, einem Quantenphysiker, der in den dreißiger Jahren bei Niels Bohr studierte. Wheeler erfand den Begriff »schwarzes Loch«. Er ist ein extrem wortgewandter Vertreter der innovativsten Tendenzen der modernen Physik. Ich glaube, er schreibt und lehrt noch heute.

Jedenfalls dachte er sich ein Gesellschaftsspiel aus, das widerspiegelt, wie die Welt auf der Quantenebene konstruiert ist. Es spielen, sagen wir, vier Leute mit: Michael, Anthony, Walter und Aggie. Vom Standpunkt einer der Personen, z. B. Michaels, ist das Spiel das normale »Zwanzig-Fragen«-Spiel – man würde es wohl »Zwanzig gewöhnliche Fragen« nennen. Michael verläßt das Zimmer in dem Glauben, daß die drei anderen Mitspieler gemeinsam einen Gegenstand aussuchen, den er erraten muß – etwa den Wecker. Michael erwartet, daß sie ihn nach ihrem Entschluß hereinholen, damit er versucht, den Gegenstand mit weniger als zwanzig Fragen zu finden.

Unter normalen Umständen ist die Lösung eine Mischung aus Scharfsinn und Glück: Nein, es ist nicht größer als ein Brotkasten. Nein, man kann es nicht essen... Diese Art von Fragen.

In Wheelers Version des Spiels verständigen sich die Mitspieler aber nicht, wenn Michael das Zimmer verläßt, statt dessen entscheidet sich jeder stumm für einen Gegenstand. Dann rufen sie Michael wieder rein.

Es gibt also eine Differenz zwischen dem, was Michael glaubt, und der Wahrheit. Niemand weiß, was der andere denkt. Trotzdem geht das Spiel weiter. Und da beginnt der Spaß.

Michael fragt Walter: »Ist es größer als ein Brotkasten?« Walter – der an den Wecker gedacht hat – sagt: »Nein.« Anthony hat aber an das Sofa gedacht, das größer als ein Brotkasten ist. Da Michael ihn als nächsten fragt, muß Anthony sich schnell umsehen und einen Gegenstand finden, der kleiner ist als ein Brotkasten – eine Kaffeetasse! Wenn Michael also Anthony fragt: »Könnte ich den Inhalt meiner Taschen in den Gegenstand tun?« sagt Anthony: »Ja.«

Aggie hatte sich vielleicht für den kleinen Halloween-Kürbis entschieden, in den Michaels Schlüssel und Münzen auch hineingehen würden. Wenn Michael also fragt: »Ist es eßbar?« sagt Aggie: »Ja.« Das ist ein Problem für Walter und Anthony, die keine eßbaren Dinge ausgesucht hatten; sie müssen ihre Wahl jetzt in etwas Eßbares und Hohles ändern, das kleiner ist als ein Brotkasten.

So beginnt ein komplexer Wirbel von Entscheidungen, eine logische, aber unvorhersehbare Kette von *wenn* und *dann*. Damit das Spiel erfolgreich endet, muß es in weniger als zwanzig Fragen einen Gegenstand hervorbringen, der alle logischen Anforderungen erfüllt: kleiner als ein Brotkasten, eßbar, hohl und so weiter. Zwei Dinge können passieren: Erfolg – dieser Wirbel gebiert eine Antwort, die im Rückblick unvermeidlich scheint: Natürlich, es ist der –! Und das Spiel endet damit, daß Michael immer noch glaubt, er habe »Zwanzig gewöhnliche Fragen« gespielt. In Wirklichkeit hat zunächst keiner den – ausgesucht, und Anthony, Walter und Aggie haben sich mit dieser Gehirngymnastik abgemüht, die immer nur einen Schritt vor dem Scheitern war.

Das andere mögliche Ergebnis ist das Scheitern – das Spiel kann schrecklich in die Hose gehen. Bei Frage fünfzehn haben die Fragen vielleicht so komplexe logische Anforderungen erzeugt, daß nichts im Zimmer sie erfüllen kann. Und wenn Michael Anthony die sechzehnte Frage stellt, gibt Anthony auf, gibt zu, daß er es nicht weiß, und Michael wird schließlich in das Geheimnis eingeweiht: Das Spiel war die ganze Zeit »Zwanzig negative Fragen«. Wheeler ist der Meinung, das Wesen von Wahrnehmung und Realität auf der Ebene der Quanten und vielleicht auch darüber gleiche irgendwie diesem Spiel.

Als ich darüber las, erinnerte es mich lebhaft an das Filmemachen. Es gibt ein festgelegtes Spiel, das Drehbuch, aber während der Entstehung des Films gibt es so viele Variablen, daß jeder eine etwas andere Interpretation des Drehbuchs entwickelt. Der Kameramann entwickelt eine Meinung, dann sagt man ihm, Clark Gable solle die Rolle spielen. Er denkt: Gable? Hm, ich dachte nicht, daß es Gable sein würde. Wenn es Gable ist, muß ich meinen Plan ändern. Dann ändert der Szenenbildner etwas an den Dekors, und der Schauspieler sagt: Das ist meine Wohnung? Na gut, wenn das meine Wohnung ist, bin ich eine etwas andere Figur, als ich dachte. Ich werde etwas anders spielen. Der Kameraschwenker, der ihm folgt, denkt: Warum macht er das? Ach so, weil ... Gut, dann muß ich eine totalere Einstellungsgröße nehmen, weil er diese unvorhergesehenen Dinge tut. Dann macht der Cutter etwas Unerwartetes mit diesen Bildern, und das bringt den Regisseur auf eine Idee für das Drehbuch, und er ändert eine Zeile. Die Kostümbildnerin sieht es und beschließt, den Schauspieler keine Jeans tragen zu lassen. Und so geht es weiter, wobei jeder ständig seine Erwartungshaltung verändert. Ein Film kann am Schluß gelingen und zu einem Ergebnis kommen, das aussieht, als wäre es lange vorher in jedem Detail geplant gewesen, während es in Wirklichkeit aus einem wilden Getümmel entstand, bei dem jeder von den unterschiedlichen Entscheidungen aller anderen profitierte.

Andererseits kann der Film auch scheitern. Irgendein emotionaler oder logischer Widerspruch kann eine Frage stellen, die nichts im »Zimmer« beantworten kann. Die offensichtlichste Art des Scheiterns ist die Fehlbesetzung einer Hauptfigur. Ihre Anwesenheit im Film wirft eine Frage auf, die mit allem anderen im Mißverhältnis steht. Filme können aber auch aus viel subtileren Gründen scheitern – Tod durch tausend Stiche: die Einmischung des Studios, schlechtes Wetter, das Frühstück des Bühnenarbeiters an einem entscheidenden Morgen, die Scheidung des Produzenten. Und so weiter. All das geht auf komplexe Weise in den Film ein. Manchmal zum Guten, dann wird der Film reicher, manchmal auch nicht, dann wird er gewissermaßen abgetrieben, während der Produktion abgebrochen, oder er ist totgeboren, also fertig gedreht, wird aber nie gezeigt, oder er kommt behindert ins Kino, kriegt schlechte Kritiken und spielt kein Geld ein.

Für mich beantwortet der Vergleich des Filmemachens mit Wheelers Spiel teilweise die ewige Frage: Was haben die sich gedacht, als sie den Film machten? Wie konnte irgend jemand glauben, daß es funktionieren könnte?

Niemand macht bewußt einen Film, den man nicht zeigen kann, aber das Spiel des Films kann Fragen aufwerfen, die seine Schöpfer schließlich nicht beantworten können, und dann fällt der Film auseinander.

O: Ich habe das gegen Ende des Schnitts des *Englischen Patienten* erlebt. Die schon abgedrehte Sequenz, in der die Figuren auf die Nachricht von Hiroshima reagieren, funktionierte nicht, und Sie und Anthony mußten etwas suchen, das ein Wecker statt eines Brotkastens sein konnte.

M: Stimmt. Das ist ein klassisches Beispiel. Der Schlüssel, der kleine Funke, aus dem die Lösung kam, war etwas, das meine Assistentin Edie Bleiman sagte: »Na ja, eine Bombe ist eine Bombe.« Sie kam darauf, daß man die Krise von Hiroshima, die am Ende Ihres Romans so wichtig ist, durch die Krise der Bombe ersetzen konnte, die Hardy tötet, wodurch Kip beim Tod seines Freundes in eine Depression gerät, aus der ihn nicht einmal seine Liebe zu Hana befreien kann – diese ähnliche, aber persönlichere Krise ließ sich als Platzhalter benutzen.

Der Film handelte so sehr von fünf Menschen, dem Patienten, Hana, Kip, Katharine und Caravaggio, daß eine Öffnung am Ende, bei der man die Zuschauer aufforderte, sich den Tod Hunderttausender unbekannter Menschen vorzustellen, zu abstrakt war. Also wurde die Bombe von Hiroshima zu der Bombe, die Hardy tötet, eine bekannte Person. Von diesem neuen Anfangspunkt aus organisierte sich alles übrige neu.

O: Ein reales und technisches Problem wird durch eine Metapher gelöst.

M: Genau. Und zufällig war es Edie, die die Metapher entdeckte. Wir hatten zwei Bomben in der ursprünglichen Geschichte, und wenn wir die große Bombe nicht hatten, konnten wir genausogut – oder noch besser – die kleinere als Metapher für die große benutzen.

O: Trotzdem ist es seltsam – und vielleicht eine der Schwächen des Mediums Film –, daß wir nicht in die Welt außerhalb der Hauptgeschichte springen können, in das größere Bild. Es ist fast, als würde Ironie das Drama töten, das der Film geschaffen hat. Kurt Vonnegut sagt, solange »die Liebenden« auf dem Höhepunkt des Films zusammen sind, erscheint es als Happy-End, auch wenn sich vielleicht gerade tausend feindliche Raumschiffe vom Mars nähern.

M: Ja, vielleicht ist der Film träger als die Prosa. Ein Buch kann rasch zu etwas anderem springen, so etwas würde einen Film zerstören.

Erzwungene Untätigkeit

O: Sie haben gesagt, die Anwesenheit von Assistenten gibt dem Künstler Bodenhaftung, im Gegensatz zu einer isolierten Arbeit. Zum Beispiel waren die großen Meister der mittelalterlichen Kunst von ihren Gehilfen umgeben, im Gegensatz zur Isolation des modernen Künstlers.

M: Die Situation verändert sich beim Filmemachen sehr schnell. Die digitale Technik erlaubt es heute, eine einzelne Vision zu verwirklichen, und das birgt eine gewisse Gefahr, weil man weniger Mitarbeiter braucht. Im Moment sind wir in einer Übergangsphase, wo wir sogar mehr Mitarbeiter brauchen, da wir sowohl mit Film als auch mit Digitaltechnik arbeiten müssen, aber ich sehe voraus, daß es möglich wird, einen Film mit sehr, sehr wenigen Leuten zu machen. Der Regisseur Mike Figgis spricht vom Ideal eines »Zwei-Koffer-Films«, bei dem die ganze Ausrüstung in zwei Koffer paßt. In der Frühzeit von Zoetrope, Ende der sechziger Jahre, hatten wir ein ähnliches Ziel. Die Ausrüstung sollte in einen Lieferwagen passen. Trends kommen und gehen.

O: Sie stellen für jedes Projekt eine neue Gruppe von Assistenten an, nicht wahr? Ich glaube, es sind immer neue Leute, deshalb verfallen Sie nicht in Routine. Spüren Sie die Notwendigkeit, jedesmal etwas Neues in den Topf zu geben, wenn Sie an einem Film arbeiten?

M: Ich arbeite nicht bei jedem Film mit neuen Assistenten, aber im Gegensatz zu manchen Cuttern, die immer mit demselben Team arbeiten, habe ich im Lauf der Jahre mit vielen verschiedenen Menschen gearbeitet. Die Abwechslung macht mir Spaß – ich blühe dadurch sogar auf –, nicht nur, weil neue Leute neue Ideen mitbringen, sondern weil *ich* neu nachdenken und *mich* und meine manchmal verborgenen Annahmen neu befragen muß. Wie arbeite ich? Wie treffe ich bestimmte Entscheidungen? Ist es wirklich die beste Art, etwas zu tun? Aus demselben Grund arbeite ich auch gern mit neuer Technik und experimentiere mit neuen Methoden.

Es ist ein Teil meiner allgemeinen Vorliebe für Dinge, die irgendwie ein Element des Zufalls in den Prozeß einbringen und ihn interessanter machen. Ich bleibe dadurch aufmerksamer und letztlich produktiver.

O: Louis Malle hat davon gesprochen, daß er zwischen zwei Spielfilmen immer einen Dokumentarfilm drehen muß. Er nahm eine Kamera und drehte ihn selbst. Vielleicht ist es dasselbe – man begibt sich in eine andere Realität, man folgt anderen Regeln oder einem anderen Tempo, so daß man ständig lernt und seine Grundprinzipien überdenkt.

M: Machen Sie auch so etwas zwischen Ihren Büchern? Ich nehme an, unsere Gespräche gehen in diese Richtung.

O: Ich habe dann das Gefühl, wegzumüssen von der geschriebenen Sprache. Nach der Arbeit an meinem ersten langen Buch, *Die gesammelten Werke von Billy the Kid,* mußte ich weg von den Worten, vom Vokabular meines Gehirns, also machte ich einen Dokumentarfilm. Ich habe das ein paarmal gemacht und beim Film oder im Theater oder im Ballett gearbeitet, so daß ich schließlich mit einem erneuerten Sprachgefühl zur Literatur zurückkam. Mit einer neuen Stimme.

M: Als wir 1969 mit Zoetrope nach San Francisco gingen, bestand einer der Vorteile darin, daß wir das Filmemachen aus einem abgeschlossenen Filmuniversum herausholten. Wenn man eine bestimmte Ebene seines Berufs erreicht hat, ist es in Los Angeles sehr leicht, nur Film zu leben, zu atmen, zu essen und zu denken. Und man bekommt so viele Angebote, daß man pausenlos arbeitet, ohne die Möglichkeit und die Zeit zu haben, etwas Neues zu machen.
   In San Francisco gibt es nicht übermäßig viel Arbeit, dort sitzen nicht so viele Produzenten. Es gibt zwischen den Projekten eine Art erzwungene Untätigkeit, die es einem erlaubt, andere Interessen zu entwickeln und die Ergebnisse dann im besten Sinn in den nächsten Film einzuarbeiten.

Zwei Arten des Filmemachens

O: Sie haben vom Unterschied zwischen zwei Arten des Filmemachens gesprochen: dem Hitchcock-Konzept, bei dem ein Film im Kopf seines Schöpfers bereits vollständig fertig ist – »ich habe ihn mir allein ausgedacht, und jetzt muß ich ihn nur noch drehen« –, und dem Coppola-Konzept, das auf einem Prozeß beruht, bei dem man während des Drehens choreographiert, erfindet und sammelt. Haben Sie den Eindruck, daß das eine Konzept durch die verbesserte Technologie das andere ablöst? Sie haben mit beiden Arten von Regisseuren gearbeitet. Jemand wie George Lucas scheint dem Hitchcock-Stil näherzustehen.

Hitchcock stellt während der Dreharbeiten zu *Ich kämpfe um Dich* (1945) hohe Ansprüche an den jungen Gregory Peck und Ingrid Bergman.

M: Ja, die ersten Leute, mit denen ich professionell gearbeitet habe, waren typische Vertreter der beiden Methoden. Francis begreift das Filmemachen gleichermaßen als technischen wie als menschlichen Prozeß; er ist von beidem fasziniert. George hingegen hat eine vollständig fertige Vision des Films im Kopf. Für ihn besteht das Problem darin, diese Vision so unverfälscht wie möglich auf die Leinwand zu übertragen.

Der extremste Vertreter dieser zweiten Methode ist Hitchcock. Sein Pendant in einem anderen Bereich wäre ein Architekt wie Frank Lloyd Wright, der das ganze Gebäude auf dem Reißbrett hat, bis hin zur Farbe der Tagesdecken, und sich nur Sorgen darüber macht, daß die Firmen »verwirklichen«, was er geplant hat. Die Perfektion existiert bereits.

Die andere Methode – zum Beispiel von Francis – besteht darin, die zufälligen Elemente zu sammeln, die der Prozeß entstehen läßt und die am Anfang nicht vom Filmemacher geplant waren.

Ich übertreibe, um den Unterschied zu verdeutlichen. In Wirklichkeit ist in dieser Hinsicht niemand ganz das eine oder das andere, und ich glaube nicht alles, was Hitchcock schreibt. Ich habe die Storyboardzeichnungen der Duschszene in *Psycho* gesehen, die angeblich bis ins kleinste festgelegt und präzise umgesetzt wurde. Ausgehend von dem, was ich über das Filmemachen weiß, kann ich sagen, daß die Szene im Film nicht genau so ist wie auf dem Storyboard geplant …

Beide Systeme haben ihre Risiken. Die Gefahr des Hitchcock-Systems liegt darin, die Kreativität der Menschen zu ersticken, die am Film mitarbeiten. Selbst wenn er perfekt umsetzt, was jemand im Kopf hatte, kann der Film leblos sein; er scheint für sich zu existieren, ohne die notwendige Mitwirkung der Menschen, die daran arbeiten, oder letztlich sogar der Zuschauer. Er sagt: Ich bin, was ich bin, ob es euch nun gefällt oder nicht.

Andererseits besteht beim prozeßbetonten Film die Gefahr, daß er ins Chaos umkippt. Die zentrale Vision kann so sehr ausgehöhlt und von all den Mitarbeitern derart verfälscht werden, daß der Film unter seinem eigenen Gewicht zusammenbricht.

O: Die Digitaltechnik ermöglicht es Ihnen, auf eine individuellere, persönlichere Art zu arbeiten. Sie können für sich improvisieren und verschiedene Möglichkeiten ausprobieren wie bei einem Manuskript – herumspielen, nach vorn oder hinten schieben … Diese Freiheit hatten Sie nicht, als Sie echten Film geschnitten haben; das war anstrengender.

M: Das stimmt bis zu einem gewissen Grad, aber ich habe immer versucht, auf die leise Stimme in meinem Kopf zu hören, die fragte: Warum nicht den anderen Weg auspro-

Hitchcock gibt Janet Leigh Regieanweisungen für die Duschszene in *Psycho* (1960).

bieren? Es ist nur eine Frage der Zeit, die man für die verschiedenen Wege hat. Mit der Digitaltechnik kann man mehr in kürzerer Zeit erforschen. Die wahre Frage ist aber: Bin ich ein Mensch, der gern forscht?

Es ähnelt dem Unterschied zwischen Fresko und Ölmalerei. Beim Fresko konnte man nichts ändern oder übermalen, sobald das Pigment auf den Putz von Wänden und Decken aufgetragen war. Das Fresko wurde direkt an seinen Standort gemalt, alles mußte sorgfältig im voraus geplant werden. Man brauchte auch die künstlerische Erfahrung, mußte wissen, daß ein bestimmtes Kupferpigment mit der Zeit grün werden würde, auch wenn es zunächst braun aussah.

Das Malen mit Öl auf Leinwand, das bald nach 1400 aufkam, gab dem Maler die Möglichkeit der Bearbeitung, er konnte übermalen, konnte aus einem Apfel eine Melone machen. Außerdem war eine Leinwand tragbar und konnte zweimal benutzt werden, und die Pigmente behielten nach dem Trocknen ihre Farbe.

Ich glaube, der Gegensatz von Öl und Fresko trifft auf jeden kreativen Vorgang zu; manche Schriftsteller planen ausführlich, und ihre ersten Entwürfe sind fast schon endgültig, während Sie, Michael, anscheinend das genaue Gegenteil sind.

O: Wenn ich einen festen Plan mit allen Projekten der nächsten fünf Jahre hätte, würde ich am dritten Tag vor Langeweile sterben. Ich möchte um keinen Preis in ein vorgegebenes Szenario eingesperrt sein. Als Schriftsteller muß ich die Möglichkeit haben, mich selbst zu überraschen und vom Weg abzuweichen. Ich kann immer zurückgehen und Fehler entfernen oder Nebenhandlungen, die nicht funktionieren. Nichts ist in Stein gemeißelt, warum sollte ich mich von einer vorgeplanten Story einschränken lassen?

M: Der Unterschied ist beim Film aber größer, weil das Filmemachen so komplex ist, so viele Mitarbeiter einbezieht und in einer nichtlinearen Weise vor sich geht, so daß der Beobachter von außen nicht versteht, was vorgeht.

Sogar die Herstellung einer Marmorskulptur, bei der der Künstler am Anfang schon eine recht präzise Vorstellung zu haben scheint, erlaubt die Improvisation. Michelangelo sprach davon, während der Arbeit die Skulptur im Marmorblock zu entdecken; wenn er also eine bestimmte Marmorader sah, die weiter innen im Block dunkler wurde, konnte er seinen Plan ändern, um sie einzubeziehen.

O: Bei den Tempelmalereien auf Sri Lanka soll man der horizontalen Linie der Erzählung folgen. Und wenn man ihr folgt, merkt man, daß es da einen Türbogen gibt und der Künstler darüber weitergemalt hat, oder wenn er an eine andere Art Stein kommt, arbeitet er darum herum oder bezieht ihn in das Bild ein. So wird die reale Welt in die Struktur des Kunstwerks einbezogen.

M: Ich liebe besonders den Teil des Prozeßes, wo ein Element des Zufälligen eine Rolle spielt, sogar beim Schneiden, wenn alles fertig gedreht ist. Ich versuche immer, mich für das zufällige Nebeneinander von Bildern zu öffnen, die vielleicht nicht im Drehbuch standen, aber während der Arbeit mit dem gedrehten Material zum Vorschein gekommen sind.

O: Wie kann der Zufall eine Szene während des Drehens beeinflußen?

M: Als Francis *Big Boy, jetzt wirst du ein Mann* drehte, stand im Drehbuch, daß der Junge schließlich mit seinem Vater reden sollte, mit dem er seit langem Schwierigkeiten hatte. Der Vater ist ein besessener Golfspieler. Bei Francis kommt der Junge nach Hause und fragt seine Mutter: »Wo ist Vater?« »O, der ist draußen und übt Golf.« Der Junge geht raus, aber der Vater schaut kaum hoch, um zur Kenntnis zu nehmen, was für den Jungen Fragen von Leben und Tod zu sein scheinen.

Es wurde in einem Vororthaus irgendwo auf Long Island gedreht. Francis' Vision war das Bild eines Mannes, der an einem sonnigen Tag im Garten Golf übt. Am Tag der Dreharbeiten regnete es aber in Strömen. Was macht man da? Den Zeitplan ändern, weil es anders aussieht als das Bild, das man im Kopf hat? Nicht so Francis – er beschloß, den Vater im Regen Golf üben zu lassen.

Die Szene wurde fast genauso gedreht, wie sie im Drehbuch stand, bis auf das Zufallselement des Regens. Es zeigte, daß der Vater das Golfspiel so liebte und so ungern mit seinem Sohn sprach, daß ihn auch das Wetter nicht umstimmen konnte.

O: Spielte das Wetter nicht eine ähnliche Rolle bei den Dreharbeiten von *Apocalypse Now*?

M: In der Szene in *Redux,* wo das Boot beim Sanitätslager anlegt, sieht man, wie der Taifun, der einen großen Teil der Kulissen zerstörte, stärker wird. Diese Szene wurde

»Ein Element des Zufälligen«: Coppola entschloß sich, die Golfszene in *Big Boy, jetzt wirst du ein Mann* trotz des Regens wie geplant zu drehen.

von Anfang bis Ende im Regen gedreht, obwohl das nicht die ursprüngliche Absicht war. Es gibt den Männern und Frauen, die da festsitzen, und der folgenden Sexszene eine durchnäßte Hoffnungslosigkeit. Später wurde der Taifun so stark, daß die Dreharbeiten vorübergehend abgebrochen wurden.

O: Im *Paten II* gibt es eine Szene, auf die ich jedesmal warte, es ist die, in der De Niro den Nachbarschaftstyrannen erschießt. Er dreht die Birne raus, um den Korridor zu verdunkeln, er wickelt ein Handtuch um den Lauf der Pistole, und als er schießt, fängt das Handtuch Feuer. Es wirkt ganz zufällig. Hat man Benzin auf das Handtuch gegossen, oder kam der Effekt durch einen schnellen Schnitt zustande? Wenn der Schnitt kommt, schüttelt De Niro immer noch die Pistole, um die Flamme zu löschen. Man hat den Eindruck, daß der Mord in einem kleinen Detail außer Kontrolle gerät, und es wirkt *echt,* ein echter Zufall, der auf Film festgehalten wurde. Das ist der einzige Moment von etwas Zufälligem bei seinem genau geplanten Mord.

M: Es ist ein inspirierter Moment, der ganz zufällig erscheint. Francis hat ihn aber schon ins Drehbuch geschrieben, er war von Anfang an geplant. Er kam auf die Idee mit den Flammen, als er las, daß man damals manchmal Handtücher als Schalldämpfer benutzte.

O: Die Kraft des Moments entsteht daraus, daß er wie ein Zufall wirkt. Es ist die Kraft eines eiligen, unperfekten Details – wie die Zigarettenschachtel, die während des Über-

De Niro erschießt im *Paten II* den Paten seines Viertels und benutzt ein Handtuch als Schalldämpfer.

falls in *Gefährliche Freundin* in Zeitlupe in die Luft geworfen wird. Die Schnelligkeit brennt einem den Augenblick ein und macht ihn unvergeßlich.

M: Oder der Tabak, der Charles Vanel in *Lohn der Angst* aus der Hand geblasen wird, bevor eine Sekunde später das Nitroglyzerin explodiert.

O: Eine andere Szene, auf die wir ähnlich unvorbereitet sind, ist Grace Kellys Auftritt in *Fenster zum Hof*. Sie kommt aus dem Dunkeln wie eine Mörderin, die Musik spielt eine Art »Mordmusik«, dann küßt sie einen schlafenden Mann, bevor er ganz wach ist. Es ist ihr erster Auftritt im Film, und wir haben keine Ahnung, wer sie ist, deshalb ist die Grenze zwischen Zuneigung und Gefahr so schmal wie nie.

Dann gibt es noch den bemerkenswerten Moment in Ingmar Bergmans *Nach der Probe*. Wenn die letzten Worte gesagt sind, kommt eine schockierend schnelle und harte Schwarzblende. Uns wird kein Moment des Nachklangs gewährt. Es ist hart und auf seltsame Weise auch ermutigend, bewegend, weil wir unerwartet von der üblichen Zeitspanne weggestoßen wurden, die einem Gefühl eingeräumt wird. Ich habe immer versucht, ein Buch auf ähnliche Art enden zu lassen ... Ich glaube, Donald E(dwin) Westlake (Pseudonym Richard Stark, Tucker Coe u. a.) ist es in *Parker's Comeback* auf verblüffende Art gelungen.

Warum hat es ihm besser gefallen?

M: Fred Zinnemann hatte eine interessante Regiemethode, eine einzigartige Kombination des Vorausgeplanten und des Improvisierten. Er war Dokumentarfilmer und Regieassistent, und diese beiden Haltungen bestanden nebeneinander – manchmal auf heikle Weise –, wenn er Spielfilme drehte.

O: Wie lernten Sie Zinnemann kennen?

M: Matthew Robbins rief mich an und sagte, Fred habe gefragt, wer den *Dialog* geschnitten habe. Ich hatte damals gerade keine Arbeit, deshalb schrieb ich ihm, ich hätte gehört, er wolle *Julia* drehen – zufällig hatte ich zuvor Lillian Hellmans Buch *Pendimento* gelesen –, ich würde den Film gern schneiden und ob wir uns treffen könnten. Also flog ich im Frühjahr 1976 nach New York, und wir verstanden uns gut. Er drehte *Julia* in England und Frankreich, das war mein erster Job außerhalb Amerikas, bei einem Studioprojekt, mit Menschen, die ich vorher nicht gekannt hatte – die während der Arbeit aber Freunde wurden.

O: Wie alt war Zinnemann damals?

M: Kurz vor seinem siebzigsten Geburtstag. *Julia* war ein amerikanischer Stoff, Lillian Hellman und ihr Partner Dashiell Hammett waren beide Amerikaner, aber ihre Geschichte über ihre Freundin Julia, die schließlich von den Nazis umgebracht

Der siebzigjährige Fred Zinnemann in Wasserstiefeln während der Dreharbeiten zu *Julia*.

wurde, spielte in Europa. Es war eine sehr europäisch geprägte Produktion. Fred hatte viele Jahrzehnte in Amerika gelebt, war aber in Wien geboren und hatte seit Anfang der sechziger Jahre in London gewohnt. Deshalb wollte er wohl unbedingt einen amerikanischen Cutter, um dem Film auch eine amerikanische Sichtweise zu geben.

O: Er war der erste, mit dem Sie arbeiteten, der nicht Ihrer Generation angehörte, nicht wahr?

M: Ja. Während der Dreharbeiten erhielt er eine Einladung zum fünfzigsten Geburtstag der Filmhochschule in Paris, an der er 1926 als Neunzehnjähriger studiert hatte. Er sagte: »So was läßt einen das Alter spüren!« Er gehörte zur zweiten Generation des Kinos. Zuerst kamen die Griffiths und Chaplins, die zu Beginn des Jahrhunderts anfingen, Filme zu machen. Sie begeisterten ihn für das Kino, als er jung war. 1925 fing er als Teenager an, mit Billy Wilder Filme in Berlin zu machen. Dann gab es eine dritte Generation – Welles, Kubrick, Stanley Donen, Arthur Penn –, und meine Generation ist wohl die vierte. Es war ein großes Privileg für einen jungen Mann wie mich, mit jemandem zu arbeiten, der so talentiert und erfahren war wie Zinnemann. Ich lernte eine Sichtweise und eine Methode kennen, die sich stark von der unserer »Filmschulen«-Generation unterschied.

O: Wie kombinierte Zinnemann die Elemente von Zufall und Kontrolle?

M: Er liebte das Unvorhergesehene so sehr, daß er die Proben häufig mit aufnahm. Da-

Murch und Zinnemann während der Dreharbeiten zu *Julia*.

durch mußten alle Beteiligten von Anfang an perfekt vorbereitet sein. Normalerweise gibt es zuerst eine Probe, und der erste oder die ersten beiden Takes werden gedreht, um zu sehen, wie alles laufen wird. Beim dritten oder vierten Take fängt es eigentlich erst richtig an. Take sieben ist dann vielleicht besonders gut, Take acht wird gedreht, und das war's.

Zinnemann wollte aber sogar die Proben vor Take eins aufnehmen, deshalb blieb den Beleuchtern und Kostümleuten keine Zeit, ein Gefühl für das ganze Projekt zu entwickeln. Er wollte das Unvorhergesehene – gleichzeitig sollte aber jeder perfekt vorbereitet sein. Die Folge war, daß die Leute oft Angst hatten, etwas könne schiefgehen und sie würden ihren Job verlieren.

Ich erinnere mich an eine Szene, die wir in einem Zug drehten. Es war ein echter Waggon in einem Tonatelier, deshalb gab es nicht viel Bewegungsfreiheit, denn Fred wollte ein Gefühl von Eingeschlossensein erzeugen. Weil der Schwenker nicht wie sonst den mehrgängigen großen Schwenkkopf benutzen konnte, hatte er ein kleineres Stativ mit einem kleinen Griff, um die Kamera zu bewegen.

Es sollte eine Großaufnahme von Jane Fonda werden, die Lillian Hellman spielte. Sie steht auf, um eine Hutschachtel aus dem Gepäckfach zu holen, und die Kamera sollte ihr bei der Bewegung zu dieser zweiten Position folgen und sie dann eine Dialogzeile lang fixieren. In der Mitte der Kamerabewegung löste sich der Griff des Stativs. Bei Zinnemann durfte nur der Regisseur »Cut« sagen, deshalb schob Chic, der Kameramann, die Kamera mit der Hand in die zweite Position und schaffte es, sie für die Dialogzeile einzustellen. Der mittlere Teil der Einstellung, bevor der Griff sich löste, war aber völlig chaotisch.

Zinnemann schien das nicht gemerkt zu haben. Er sagte: »Cut. Kopieren! Wir drehen die nächste Szene.« Chic ging zu ihm mit dem Griff in der Hand und sagte: »Sir, es gibt da ein Problem – der Griff ist abgegangen.« Zinnemann kniff die Augen zusammen und wiederholte: »Cut. Kopieren. Wir machen die nächste.« Ich war zufällig am Set, und Chic sah mich an und verdrehte die Augen, als wollte er sagen: »Du bist der Cutter! Du mußt das reparieren!«

Man hatte das Gefühl, Zinnemann setze so unbedingt voraus, die Leute seien vorbereitet, daß er willens war, eine fehlerhafte Einstellung im Film zu dulden – nur um ihnen eine Lehre zu erteilen, weil sie geschludert hatten: Der Film wird beschädigt bleiben, damit sie sich für alle Zeiten daran erinnern, wie der Griff abging! Natürlich tat er das schließlich doch nicht. Ich fand einen Weg, um das Problem herumzuschneiden, wie Zinnemann es erwartet hatte, aber ich war verblüfft. Wenn man schon mit ihm gearbeitet hatte, wußte man vielleicht, was in seinem Kopf vorging, und konnte sich darauf einstellen, aber für Leute, die nicht an die Arbeit mit ihm gewöhnt waren, war es etwas rätselhaft! Er machte aber wunderbare Filme, deshalb war es für ihn offensichtlich die richtige Methode.

Später zog er mich ins Vertrauen. Er sagte: »Mein Problem ist, daß ich als Regieassistent angefangen habe. Es ist ein ungewöhnlicher Weg zum Regisseur. Und ich bin wie ein Feuerwehrgaul. Wenn er die Glocke hört, schnaubt er. Beim Regieführen reagiert ein Teil von mir immer noch wie ein Regieassistent: Sind wir noch im Zeitplan?«

Jeder Regisseur muß darüber nachdenken, aber es gibt einen Kompromiß zwischen dem pünktlichen Fertigstellen des Materials und dem Schaffen einer kollegialen, entspannten Atmosphäre am Set.

Außerdem hatte er zu Beginn seiner Karriere eine Reihe von Dokumentarfilmen und halbdokumentarischen Filmen wie *Die Gezeichneten* und *Die Männer* gedreht. Anfang der dreißiger Jahre lernte er bei Robert Flaherty, dem Regisseur von *Nanuk, der Eskimo*, dem ersten Dokumentarfilm in Spielfilmlänge. Und er mochte es, wenn Schauspieler an die Möbel stießen, wenn sie mit den Kulissen noch nicht vertraut waren und nicht wußten, wohin sie gehen sollten. Er liebte diese Art von Zufällen. Er sagte: »Im Leben passieren die Dinge immer zum ersten, nicht zum siebten Mal.« Besonders zuwider war ihm eine glatte Darstellung, bei der alles perfekt funktionierte.

O: Ich erinnere mich an die Szene im afrikanischen Krankenhaus in *Geschichte einer Nonne*, wo eine der Nonnen getötet wird ... Es ist eine schreckliche Szene. Die Dinge scheinen außer Kontrolle zu geraten, während man zusieht. Es ist quasidokumentarisch, inmitten eines eigentlich klassischen Spielfilms.

M: Die beiden Methoden widersprechen einander nicht, sondern sie ergänzen sich schöpferisch wie Daumen und Zeigefinger. Zinnemanns Spitzname beim englischen Filmteam von *Julia* war »der eiserne Schmetterling«. Er war höflich, zeigte aber genau, wer das Sagen hatte und von wem die Ideen kommen sollten. Es gab einen kleinen Machtkampf zwischen ihm und Jane Fonda, die an mehr Austausch zwischen Regisseur und Star gewöhnt war. Andererseits hatte er diese dokumentarische Seite, dieses aufsässige Element, und er ließ gelegentlich etwas Unperfektes zu.

Wir drehten einen Teil von *Julia* im englischen Lake District, wo Lillian und Julia mit Anfang zwanzig eine idyllische Zeit verbrachten. Die beiden sitzen in einem schönen Segelboot auf einem sonnenbeschienenen See. Wir filmten von einem Lastkahn aus, der wie üblich voller Kaffeebecher, Sandwichreste, verknäulter Kabel und dem ganzen Filmkram war – es paßte kein bißchen zu dem, was wir vor uns sahen.

In einer der schönsten Einstellungen kam der Bug des Lastkahns ins Bild. In dem Moment, wo man dachte: zwanziger Jahre, schönes Boot, zwei Mädchen, sind da plötzlich Sandwichreste und geteertes Holz zu sehen. Was macht man da? Ich ließ die Einstellung auf eigene Faust im Kopierwerk tricktechnisch bearbeiten. Weil das Segelboot sich dauernd bewegt, war es sehr einfach, das Bild optisch so zu komprimieren, daß wir den störenden Kahn herauskopieren konnten, ohne die komplette Einstellung zu zerstören.

Kurz darauf kam Fred in den Schneideraum und sagte: »Ich hab gehört, Sie haben die Einstellung im Kopierwerk bearbeiten lassen. Warum?« Ich erklärte, daß die schöne Einstellung verdorben wurde, als der Lastkahn ins Bild kam. Ich zeigte ihm erst die bearbeitete Einstellung, dann das Original. Er sagte: »Das Original gefällt mir besser! Kein Mensch wird auf den Lastkahn achten, alle gucken die beiden schönen Mädchen im Boot an.«

Ich sagte, der Trick sei unsichtbar, warum sollte man das Risiko eingehen, die Szene zu ruinieren, es sei ein Kostümfilm, was ist, wenn es jemand merkt, und so weiter. Es wurde ein kleiner kreativer Zankapfel.

Er musterte mich mit einer Art ungeduldiger Erheiterung und sagte: »Na gut, weil Ihnen so viel daran liegt, machen wir folgendes. Wir beenden den Film auf meine Art, ohne die Trickaufnahme – und zeigen ihn Douglas Slocombe – dem Chefkameramann –, wenn alles fertig ist. Wenn es ihm auffällt, schneiden wir das Negativ neu und setzen Ihren Trick ein.«

Zu diesem Zeitpunkt hatten wir noch drei oder vier Monate Arbeit vor uns, und jedesmal, wenn ich diese Einstellung sah, zuckte ich zusammen. Wir machten Testvorführungen – niemand sagte etwas über den Lastkahn, das war bedenklich. Dann machten wir im Labor die Nullkopie, von der alle späteren Kopien des Films gezogen werden. Nachdem Douglas sie gesehen hatte, fragte Fred, wie er die Szene auf dem See finde. »Wunderbar, wunderbar! Wir hatten so ein Glück mit dem Wetter.« »Gibt es da etwas, was Sie ändern würden?« »Ändern? Nein, nein! Ganz wunderbar, ich finde es toll.« Fred sah mich an, ich sah ihn an, und das war's. Bis heute sieht man im Film, daß der Bug des Lastkahns mit der Kamera ins Bild kommt.

Das war sehr typisch für Freds Methode, aber ich kapierte einfach nicht, welchen Vorteil es haben sollte, daß dieses Ding ins Bild kam. Warum gefiel es ihm besser? Es gefiel ihm besser, weil ... *irgendwas* ... Ich rätsele immer noch.

O: Ich glaube, Coppola besitzt ein ähnliches Talent, die Gegensätze zu verbinden – Daumen und Zeigefinger ... Die Form seiner Geschichten scheint klassisch zu sein,

Zinnemann dreht im englischen Lake District mit Jane Fonda als Lillian Hellman und Vanessa Redgrave als Julia eine Szene im Segelboot.

aber sie enthalten Dinge, die aus dem Gleichgewicht geraten. Er hat sich selbst mal als Zirkusdirektor in der Manege beschrieben. Ich mag Ihre Geschichte, wie er Mickey Hart und seinen Trommlern *Apocalypse Now* vorführte und sie dann von Anfang bis Ende dazu trommeln ließ. Es ist ein perfektes Beispiel dafür, wie er jeden einbezieht.

M: Ganz genau! Vom Standpunkt des Regieassistenten ist es eine furchtbare Verschwendung. Warum investiert man so viel Zeit und Geld – wofür? Man kriegt vielleicht für einen Bruchteil davon schon ein Ergebnis.

Ich erinnere mich, daß ich mit Zinnemann über Francis' Methode sprach. Beim *Dialog* drehte er viele Takes, manchmal über zwanzig. Ich erklärte Fred die Absicht von Francis, und er sagte: »Ja, Schauspieler kennen eine Szene bei Take sieben gut, dann kommt eine lange Reihe von Takes, bei denen sie sich langweilen. Schließlich entsteht aus dieser Langeweile Frustration, und die Szene wird auf interessante Art neu erfunden. Man durchläuft eine Übergangsphase, aber in Take fünfundzwanzig geht vielleicht etwas Wunderbares aus diesem Schmelzofen hervor.«

O: Stanley Kubrick hat so etwas oft gemacht.

M: Ja, noch viel stärker – manchmal achtzig Takes. Und Fred sagte: »Wir haben dasselbe Ziel, ich möchte es nur früher erreichen, deshalb nehme ich auch die Proben auf!«
    Wir blieben nach *Julia* Freunde und trafen uns, wenn ich in London war oder er in Los Angeles. Vor ein paar Jahren ist er mit fast neunzig gestorben. Obwohl manche Seiten an ihm mir rätselhaft waren, fühle ich mich Fred besonders verwandt. Ich liebe Kontrolle. Und ich liebe den Zufall.

Familienleben

O: Ich habe den Eindruck, daß einige der Konflikte, die ein großer Regisseur wie Zinnemann in sich austrägt, viele Künstler in unserer Gegenwart prägen. Diese seltsame Mischung aus radikal und konservativ, aus dem Dokumentarischen und dem Klassischen. Es ist komisch, ich erzählte einem Freund, dem Künstler David Bolduc in Kanada, daß ich Sie interviewen würde, und er sagte: »Es gibt da noch einen *anderen* Walter Murch ... Den wunderbaren Maler Walter Murch. Er kannte die Arbeit Ihres Vaters gut. Er bemerkte, daß das Werk Ihres Vaters in vielerlei Hinsicht auch diese Gegensätze enthalte.

M: Ja, mein Vater wurde beim Malen von ähnlichen Widersprüchen angetrieben. Er malte gegenständlich, er erkannte also die Autorität des Gegenstands an, was auf jeden Fall eine Minderheitenposition in der New Yorker Kunstwelt der vierziger und fünfziger Jahre war. Er drückte etwas durch seine Wahl der Gegenstände und ihr Verhältnis zueinander aus, und er wählte bewußt Gegenstände, die einander widersprachen, manchmal humoristisch, manchmal mehrdeutig. Der erste Eindruck beim Betrachten seiner Bilder, vor allem aus der Distanz, ist eine Art fotografische Realität.

Je näher man aber kommt, desto vollständiger lösen sie sich in Fragmente auf. Ist man nah genug dran und schaut jeden Quadratzentimeter an, sehen seine Bilder wie die von Jackson Pollock aus, mit allen möglichen Tropftechniken. Sie sehen Tabakkrümel unter der Ölfarbe. Oder er legte ein Bild hin und stellte Farbdosen drauf, so daß die Ringe aufs Bild kamen. Oder er trat auf eine Leinwand und drückte mit den Schuhsohlen Schmutz hinein.

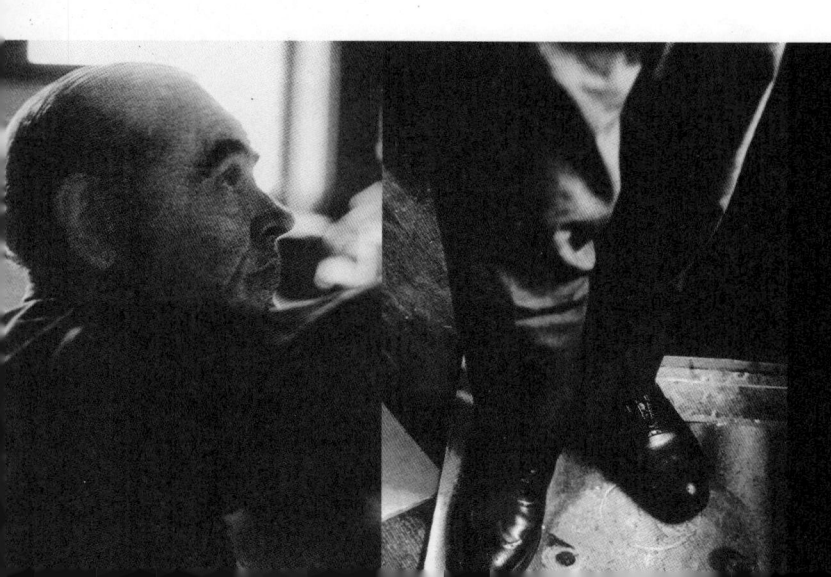

Ganz links: Walter Tandy Murch malend – »Die Luft zwischen dem Gegenstand und meinem Auge ist das einzige, was ich malen will.« *Links:* Auf einer Leinwand stehend, damit sie sich abnutzt und eine Struktur erhält. Murch erinnert sich, daß die Leinwände seines Vaters oft wochenlang im Korridor lagen, während Katzen, Kinder und Besucher über sie hinwegliefen. Sein Vater nannte die Anzeichen der Abnutzung »Haken«, Fixpunkte, um die herum er ein Bild anlegte.

Bevor er ein Bild anfing, wurde die Leinwand für eine gewisse Zeit strapaziert. Wir lebten in einer alten Wohnung am Riverside Drive in New York, und der lange Korridor war häufig wochenlang mit unbemalten Leinwänden gepflastert. Das Leben in der Wohnung mit Katzen, Kindern und Erwachsenen ging einfach weiter. Die Leute gingen auf den Leinwänden hin und her, es passierten Mißgeschicke, etwas wurde darauf vergossen. Dann sah er sie durch und suchte das Stück mit der interessantesten…

O: Abnutzung.

M: Genau, Abnutzung! Dann stellte er die Leinwand auf die Staffelei und malte realistische Stilleben darauf. Irgendwie drangen die Geister dieser zufälligen Ereignisse aber in die Gegenstände ein. Er nannte diese Abnutzungserscheinungen »Haken«. Eine Leinwand ohne Abnutzung war für ihn eine Leinwand ohne Haken, und ohne Haken war der Gegenstand in Gefahr, von der Leinwand zu rutschen. Wenn diese ungeplanten Ereignisse aber schon auf der Leinwand waren, schufen sie Fixpunkte, um die sich bildliche Ereignisse anordnen konnten – obwohl alles sehr genau geplant wirkt.
Die Abnutzung war also von Anfang an da und blieb während des ganzen Vorgangs bestehen.

O: Es kommt mir so vor, als arbeiteten Sie als Cutter mit einer ähnlichen Mischung aus dem Rohmaterial, das Sie gesammelt haben, und dem formalen Rahmen, den man braucht, um ein Werk zu entwickeln. Sie müssen es irgendwie ordnen, obwohl Sie Tausende von Fragmenten und Sackgassen haben, und gleichzeitig auch das ungeplante Element im Film bewahren.

M: Man kann für die Einflüsse von außen nicht *total* offen sein, sonst fällt alles auseinander, es hat dann kein Gerüst, es kann nicht bestehen. Ist man aber für *keinen* Einfluß offen, läuft das Werk Gefahr, hermetisch abgeschlossen zu sein, gefangen in einer vorgeplanten Vision, durch die es letztlich lebensfern ist.

O: Ihr Vater scheint einen merklichen Einfluß darauf gehabt zu haben, was für ein Künstler Sie wurden. War er als Künstler ein Vorbild?

M: Er bewies mir, daß es möglich ist, ein Leben der Ordnung und des Überschwangs zu verbinden und zugleich ein Künstler und ein guter Vater und Ehemann zu sein. Er arbeitete zu Hause, wenn ich also aus der Schule kam, war er da und malte. Ich war in einer Phase, wo wir in der Schule unsere Väter verglichen. Die anderen Kinder sagten: Mein Vater leitet ein Büro, mein Vater fährt einen Lastwagen, mein Vater bedient eine große Maschine, mein Vater ist Direktor einer großen Firma. Was im Grunde heißen sollte, daß das Kind ins Büro gehen und alle Tacker benutzen oder den Lastwagen fahren durfte; ich dachte, das wären Vorteile eines Vaters. Meiner arbeitet zu Hause. Es gibt kein Büro ... Natürlich hatte ich auch gewaltige Vorteile, aber das begriff ich erst später.

Die Anwesenheit meines Vaters hatte bestimmt einen Einfluß auf mich, wahrscheinlich war es das, was Rupert Sheldrake morphogenetische Resonanz nennen würde. Die Umgebung, in der man aufwächst, setzt man ja oft im späteren Leben fort.

Mein Vater kam aus einer sehr musikalischen Familie in Toronto. Seine Eltern und seine drei Brüder waren alle Profi- oder Amateurmusiker, deshalb meinten sie, jeder in der Familie sei musikalisch. Er spielte Violine bis ins Teenageralter und war so gut, daß er in den zwanziger Jahren in Toronto im Radio spielte. Aber das entsprach nicht seinem Selbstbild, und etwa mit siebzehn durchlebte er eine Phase, in der er nicht wußte, was er machen wollte. Seine Mutter war so hellsichtig, eine Kunsthochschule vorzuschlagen, also ging er zum Ontario College of Art. Er trat über die Schwelle, nahm die von Terpentin und Farbe geprägte Atmosphäre auf und wußte: Das ist es! Von da an gab es keine Frage mehr. Es ist wahrscheinlich in der Geschichte der Kunst im zwanzigsten Jahrhundert das einzige Beispiel eines Malers, der Maler wird, weil seine Mutter es vorschlägt, aber sie hatte recht.

O: Fühlen Sie sich der Ästhetik Ihres Vaters nah, oder haben Sie dagegen rebelliert?

M: Nein, sehr nah. Er malte Stilleben, und in seinem Atelier standen die kleinen Modelle, die Gegenstände seiner Bilder, vielleicht fünfzig Zentimeter von ihm entfernt. Er malte sie aber, als wären sie monumental. Obwohl die Bilder selbst kleinformatig sind, erzeugen sie ein Gefühl der Monumentalität. Ich glaube, das war das Ergebnis seiner intensiven Raumerfahrung. Auch wenn es in seinem Fall nur fünfzig Zentimeter waren.

Er sagte mal zu mir: »Ich male nicht den Gegenstand, ich male den Raum zwischen meinem Auge und dem Gegenstand; dieser Raum enthält genauso wie eine Gußform den Gegenstand selbst. Ich male den Raum, und ich konstruiere zugleich etwas auf einem zweidimensionalen Stück Leinwand, das seine eigene Dynamik besitzt, unabhängig von den gemalten Gegenständen.«

Und genauso denke ich über den Ton. Wenn ich ein Türknallen aufnehmen will, denke ich nicht daran, daß ich ein Türknallen aufnehme, sondern ich nehme einen Raum auf, in dem die Tür knallt.

O: Das ist der Kontext des Geräuschs.

M: Ja, ich setze es in einen Kontext und versuche zu erreichen, daß dieser Kontext im einbezogenen Raum des Bilds und auch im größeren einbezogenen Raum der Geschichte funktioniert.

Zwei Generationen Murch bei der Arbeit: Walter Tandy Murch in New York an seiner Staffelei (*ganz links*) und Walter Scott Murch an seinem Avid-Schneideplatz in Los Angeles, der eigens auf einem Architektentisch installiert wurde, damit Murch bei der Arbeit stehen kann (*Mitte links*). *Mitte rechts:* »Das Radio« (1947), Öl auf Leinwand. *Ganz rechts:* »Die Glühbirne« (1961), beides von Walter Tandy Murch. *Nachfolgende Seite:* Die Bombe aus Hitchcocks Film *Sabotage*, der auf Joseph Conrads Roman *Der Geheimagent* beruht.

Die unerwarteten Zusammenstöße der Dinge

O: Als Cutter scheinen Sie wie Ihr Vater sehr traditionell zu sein, und dennoch nutzen Sie die neuen technischen Möglichkeiten Ihres Berufs, digitale und andere. Sie interessieren sich immer für das Neue, vor allem jetzt beim Übergang von Film- zu Digitaltechnik, den Sie die »Doppelleuchter-Phase« nennen – halb Gaslicht, halb Elektrizität. Trotzdem sagten Sie, was den Film angehe, befinden wir uns noch im Mittelalter und seien noch längst nicht am Ziel.

M: Immerhin war das Mittelalter eine Zeit großer Innovation. Die Technologie befindet sich ganz sicher in einer Übergangsphase, und man muß einige der alten Dinge festhalten, weil es das einzige ist, was wir jetzt tun können. Trotzdem muß man das Neue akzeptieren, ob es einem nun gefällt – wie mir – oder nicht.

Außerdem entstehen aus der Kreuzung häufig interessante Sachen, obwohl sie manchmal zunächst wenig elegant sind. Für viele Europäer – vor allem Franzosen – ist Englisch keine elegante Sprache. Es ist ein Bastard der romanischen und germanischen Sprachen und hat beinahe gleiche Anteile von beiden. Für die, die das Englische aber lieben, liegt seine besondere Stärke in dieser historischen Kreuzung. Man kann seinen Stil mehr zum kurzen, einsilbigen, germanisch-keltischen Pol verschieben wie Hemingway oder aber wie Henry James zur romanischen Seite. Und man kann es völlig frei variieren.

Natürlich gibt es Mißerfolge bei der Kreuzung, aber gleichzeitig einen unglaublichen Reichtum, der von den unerwarteten Zusammenstößen der Dinge herrührt. Bei der Arbeit von Tag zu Tag vermittelt mir zum Beispiel mein Fototafelsystem visuelle Gegenüberstellungen, die ich sehr anregend finde.

O: Wann sind Sie auf die Idee gekommen, Fototafeln zu benutzen?

M: Bei der Arbeit am *Dialog*, Anfang der siebziger Jahre. Es gab noch keine PCs, aber ich hatte Karteikarten, eine einfache Form der Datei. Es dauerte mir aber zu lange, die Details jeder Einstellung aufzuschreiben. Ich dachte mir: Wäre es nicht schön, wenn ich ein kleines Bild der Einstellung in der oberen Ecke der Karte anfügen könnte, um mich daran zu erinnern? Ich führte die Idee nicht weiter, aber damals ist sie entstanden. Ich benutzte erst Fotos, als ich Anfang der Achtziger am *Stoff, aus dem die Helden sind* arbeitete.

O: Haben Sie den geschnitten?

M: Nein, aber ich habe bei dem vorhergehenden Sichten des Dokumentarmaterials geholfen. Und weil es so viel Material war, fing ich an, repräsentative Fotos von jeder Einstellung zu machen, um das Ganze zu organisieren. So ging es los. Ich entwickelte das System erst 1986 vollständig bei der *Unerträglichen Leichtigkeit*.

O: Können Sie dieses System erklären?

M: Ganz zu Anfang, wenn ich ein Drehbuch bekomme, teile ich es in Sequenzen ein – ähnlich den Kapiteln eines Buchs –, und die sind das, was die Zuschauer vermutlich als dramatische Szenen auffassen werden.

O: Wie Almásys Flugzeugabsturz in der Wüste am Anfang des *Englischen Patienten*. Das wäre ein Kapitel oder eine Sequenz?

M: Genau. Dann schneidet man von dieser Szene zum Zug mit Hana, und man ist woanders. In diesem Moment ist man am Ende einer Sequenz und am Anfang einer anderen. In einem typischen Drehbuch gibt es durchschnittlich dreißig bis vierzig solcher Sequenzen oder Kapitel, und ich numeriere jede dieser Sequenzen in der Reihenfolge des Drehbuchs. Aus praktischen Gründen, weil das Filmen mit Zügen so teuer ist, drehen wir das ganze Material mit dem Zug auf einmal, obwohl diese Szenen vielleicht über die ganze Handlung verstreut sind.

Während der Dreharbeiten nehme ich ein paar repräsentative Fotos von jeder Kameraposition aus dem sogenannten Setup, meistens zwei bis fünf Bilder. Ich drucke sie und setze die Setup-Nummer in die rechte untere Ecke. Das Team dreht zwischen sieben und dreißig Setups pro Tag. Dann befestige ich die Bilder auf einer Tafel, die etwa sechzig Zentimeter breit und einen Meter zwanzig hoch ist. Für jede Sequenz gibt es mehrere Tafeln. Wenn die Dreharbeiten abgeschlossen sind, gibt es Tausende dieser Bilder, ungefähr vierzig auf jeder Tafel bei vielleicht hundert Tafeln, die ich in der Reihenfolge der Sequenzen ordne.

Wenn ich eine Sequenz schneide, kann ich die jeweiligen Tafeln an die Wand hängen und habe eine numerisch organisierte Übersicht des ganzen Materials, das für die Szene gedreht wurde.

O: Und die Tafeln selbst sind nach der Reihenfolge des Drehbuchs geordnet?

M: Ja, aber die Fotos auf den Tafeln sind in der Reihenfolge, wie sie gedreht wurden. Deshalb ist es eine Mischung aus Chaos und Ordnung.

Das heißt, daß die Tafeln mir vertikal und horizontal visuelle Verknüpfungen aufzeigen, die sehr anregend für mich sind. Ich sehe *dieses* Bild am rechten Rand der Tafel neben *jenem* Bild am linken Rand der nächsten Tafel. Diese Gegenüberstellung ist eventuell vom Drehbuch nie beabsichtigt gewesen, aber weil sie da nebeneinander hängen, sehe ich: Es ist möglich. Eine kleine tickende Bombe darin sagt: Foto X könnte im Film neben Foto Y stehen – du hast nie daran gedacht, aber es ist möglich.

Es kann mehrere »ikonische« Bilder in jeder Einstellung geben. Im Grunde versuche ich die Frage zu beantworten: Warum hat der Regisseur diese Einstellung gewählt? In der Fotografie ist es das, was Cartier-Bresson den »entscheidenden Augenblick« nennt. Ein bestimmtes Bild unter den vielen Tausenden, die für jede Einstellung entwickelt werden, springt mir ins Auge, weil es repräsentativer für die Absichten des Regisseurs ist. Ein Glitzern im Auge eines Schauspielers, ein Zucken in den Mundwinkeln, die Stellung der Kamera zum Licht.

Wenn ich den Film zusammensetze, versuche ich, den exakten Moment zu finden, in dem jede Einstellung ihre optimale Reife erreicht; ich möchte jede Einstellung lange genug auf der Leinwand haben, um etwas auszudrücken, aber in dem Moment schneiden, wo sie auch das Potential hat, zu etwas anderem überzuleiten.

Angenommen, ich habe versuchsweise einen bestimmten Punkt gewählt, um die Einstellung zu beenden. Dann drehe ich mich um, sehe die ganze Wand voller Fotos, und unbewußt springt mein Auge zu einem Bild, das die Frage beantwortet, die ich am Ende der vorigen Einstellung gestellt habe. Aha! Es wäre gut, als nächstes *dieses* Bild zu sehen.

Eine Fototafel für *Apocalypse Now*. Seit der *Unerträglichen Leichtigkeit* druckt Murch zwei bis fünf repräsentative Standfotos von jeder Kameraposition, jedem Setup, markiert sie in der rechten unteren Ecke mit einer Nummer und heftet sie an die Tafel. Jede Sequenz bekommt ihre eigenen Tafeln.

O: Also ist es kein logischer oder rationaler Sprung.

M: Nun, er hat schon eine gewisse Logik, aber im Moment der Auswahl ist es spontaner, wie eine musikalische Improvisation.

O: Sie überraschen sich selbst.

M: Genau. Es herrscht genau der richtige Grad an Turbulenz in diesem System. Es gibt einen Rahmen, und es gibt Teile, wo die Fotos alle dasselbe zeigen, aber manchmal springen sie herum. Das gefällt mir. Ich möchte innerhalb der relativen Starre meiner Daten und Notizen und Strukturen und Nummern auch dieses Element des Zufälligen haben.

O: Das ist William Burroughs als Cutter.

M: Stimmt! Ich bin sicher, wenn Sie unter jedes Foto auf den Tafeln den Dialog schreiben und sie dann so ordnen, würde es sich lesen wie ein Buch von William Burroughs!

Teil einer Fototafel für den *Englischen Patienten*.

Ein Kieselstein, eine Grille, ein Schraubenschlüssel

O: Wie Fred Zinnemann haben Sie neben Spielfilmen auch an Dokumentarfilmen gearbeitet. Ich hatte vor kurzem mit dem langen Dokumentarfilm eines Freundes zu tun und erlebte die traumatische und schwierige Phase, in der man alles radikal umstrukturieren, kürzen und umbauen muß, ohne dabei Tempo oder Handlung des Films zu verfälschen.

M: Dieses Problem gibt es auch bei Spielfilmen, aber bei Dokumentationen kann es besonders groß sein – ich denke da an den dokumentarischen Teil in der *Unerträglichen Leichtigkeit*, wo wir vierzig Stunden Dokumentarmaterial hatten und einen minimalen Teil davon mit den Bildern das Films verbinden mußten. Wie läßt sich ein entscheidender Moment in der Geschichte einer Nation auf fünfzehn Minuten reduzieren, wenn man so viele Stunden Material hat? Es war eine Frage der Zeit, man mußte genug Zeit mit dem Material verbringen und Bilder auswählen, die nicht nur visuell, sondern in jeder Hinsicht eindrucksvoll waren. Dann mußten diese Bilder verbunden werden, so daß sie einander durch Resonanz oder Widerspruch verstärkten. Wenn man etwas sehr Weißes gefunden hat, sucht man nach etwas sehr Schwarzem und stellt beides nebeneinander.

So fängt man an. Bei diesem Filterprozeß versucht man ständig, Wege zu finden, um diese Bilder auf immer tieferen Ebenen zu verbinden. Zuerst fällt einem etwas an der Oberfläche auf – es sei denn, man hat sehr viel Glück oder ist sehr erfahren. Warum hebt man einen bestimmten Kieselstein auf? Man geht an einem Strand entlang, denkt über die politische Situation im Kongo nach und hebt einen Kieselstein auf. Warum gerade diesen? Irgend etwas hat einen dazu gebracht.

Hier ist es ähnlich ... Warum wähle ich diese Einstellung aus? Nachdem ich sie ausgesucht habe, beginnt ein Prozeß der organischen Kristallisation. Ich kann mir kein größeres Lob für einen Film vorstellen, als daß man spürt, er ist zugleich organisch und kristallin. Ist er zu kristallin, fehlt ihm das Leben, ist er zu organisch, das Knochengerüst. Der menschliche Körper besteht aus amorphen Kristallen. Unsere DNA ist ein amorpher Kristall, der gerade strukturiert genug ist, um in einer Welt zu bestehen, die ihn zerstören will. Trotzdem ist er unspezifisch genug, um sich anzupassen.

Einer der Gründe, warum ich für das stärkere Zusammenwirken aller Mitarbeiter an einem Film eintrete, ist der, daß man dem Werk durch die Zusammenarbeit neue Facetten hinzufügen kann. Millionen von Menschen werden den Film sehen, über viele

Jahrzehnte und unter sehr unterschiedlichen Bedingungen, und obwohl der Film etwas Feststehendes ist, soll er viele Facetten haben, damit verschiedene Menschen verschiedene Dinge darin sehen und sich bereichert fühlen.

Der beste und einfachste Weg, zu diesen vielen Facetten zu gelangen, ist der, viele Menschen mitwirken zu lassen, sowie den Zufall, der manchmal nur das Schicksal in anderer Gestalt ist. Jeder dieser Momente der Zusammenarbeit, jeder Beitrag von jemand anderem als dem Regisseur, fügt dem Werk eine etwas andere Perspektive hinzu, einen Pinselstrich, der nicht völlig mit der zentralen Vision übereinstimmt. Und jeder dieser Momente, jede dieser Facetten hat das Potential, das Werk im schöpferischen Sinne »funkeln« zu lassen und es mehr Menschen über eine längere Zeit zugänglich zu machen.

Wenn der Film dagegen eine monolithische Vision ist, hat der Zuschauer keine andere Wahl, als sich ihr zu unterwerfen oder sich abzuwenden.

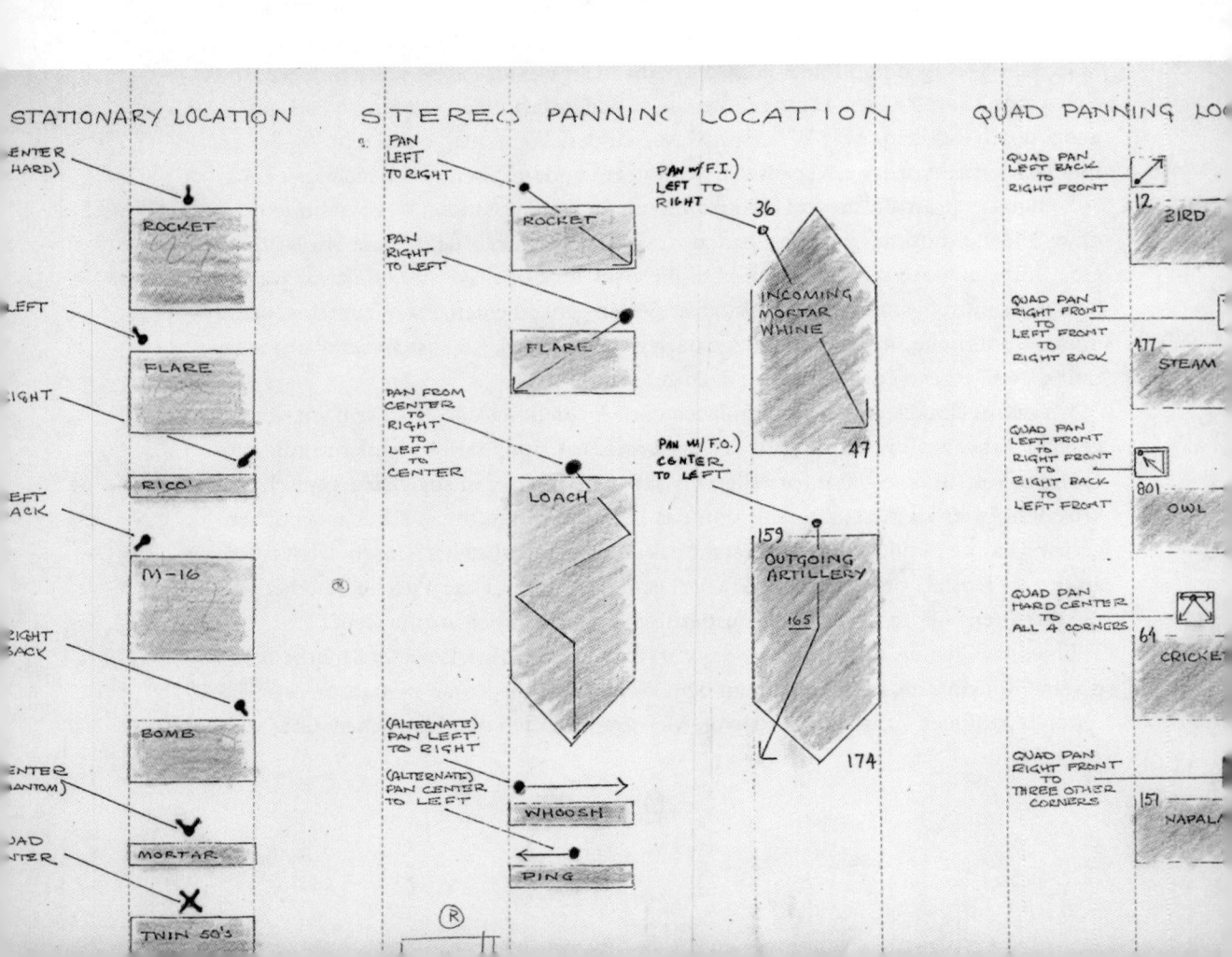

O: Der Theaterregisseur Paul Thompson, der in einem Kollektiv Stücke schreibt und inszeniert, spricht von der Bedeutung eines kollaborativen Gegengewichts, um einer Szene Vielfalt zu verleihen.

M: Ja. Wo er Vielfalt sagt, würde ich Dichte sagen, aber es ist dasselbe Konzept. Man versucht den Dingen Substanz zu geben. Wenn man sie schlägt, schlagen sie zurück. Zugleich muß es Klarheit geben. Ich strebe immer eine klare Dichte an. Ist die Szene klar, aber substanzlos, denke ich darüber nach, was ich tun kann, um ihr, mit den Worten Ihres Freundes, Vielfalt zu geben. Wenn die Szene Dichte hat, aber undurchsichtig ist, versuche ich, Klarheit hinzuzufügen.

Murch hat die Toneinsätze für die Mischung von *Apocalypse Now* präzise festgelegt.

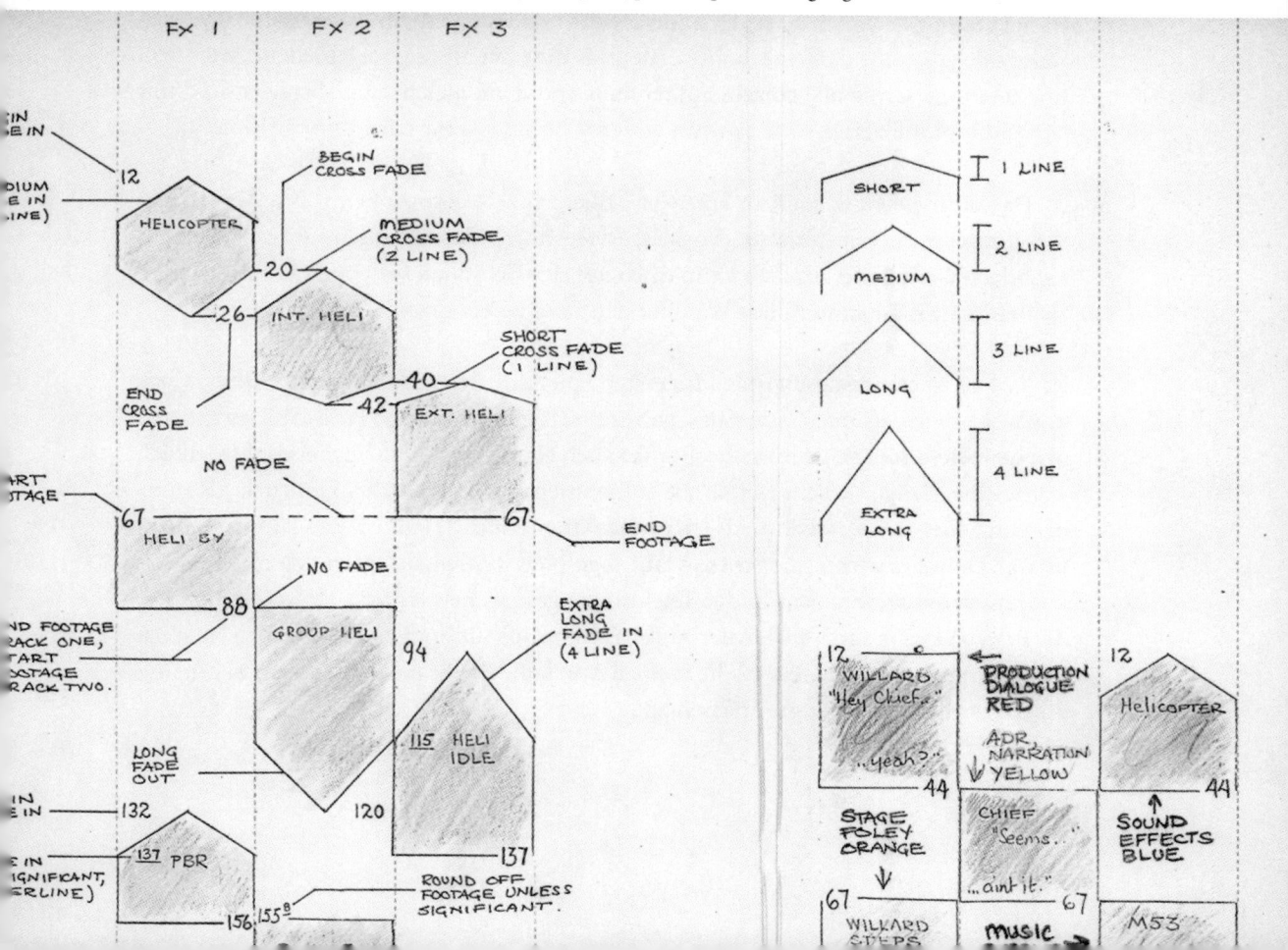

O: Sie haben darüber geschrieben, daß Sie Grillengeräusche für *Apocalypse Now* brauchten und wie Sie aus dem Zirpen einer einzigen Grille den ganzen Ton aufgebaut haben, so daß ein Eindruck von Fülle entstand, aber alle Geräusche auf einer Höhe lagen ...

M: Wir wollten eine halluzinatorische Klarheit, die man nicht erhält, wenn man auf ein Feld geht und Tausende von Grillen aufnimmt. Man bekommt mit so einer Aufnahme natürlich etwas, was ich auch dauernd in Filmen einsetze: einen schimmerndern Klangvorhang. Aber an diesem bestimmten Punkt in *Apocalypse Now* wollten wir das nicht, es war zu real, zu gewöhnlich. Wir wollten etwas Hyperreales und erreichten es, indem wir einzelne Grillen von ganz nah aufnahmen und sie dann elektronisch vervielfachten, bis wir tausend Grillen hatten. Es war, als hätte jede ein kleines Mikrofon um den Hals. Dann hatten wir tausend Tonspuren von Grillen.

O: Mit derselben Tonhöhe.

M: Ja. Eine Grille ähnelt stark der anderen, das erlaubt einem, ihre Geräusche übereinanderzulegen, ohne daß ein Chaos entsteht. Hätte man dreißig verschiedene Arten von Insekten und würde alle einzeln aufnehmen und dann gleichzeitig abspielen und mit tausend multiplizieren, wäre es etwas anderes. Es hätte keine harmonische Einheit.

O: Da kommen wir wieder zur Frage des »Blickwinkels« – sogar beim Ton. Wenn ich in den Tropen einen bestimmten Vogel schreien höre, entfernt mein Ohr alle weniger wichtigen Geräusche, und ich kann mich auf den Schrei dieses Vogels konzentrieren. Sie nehmen als Toncutter diese Wahl für den Zuschauer vorweg.

M: Ja. Das ist ein ideales Beispiel! Im ersten Spielfilm, den ich abgemischt habe – Coppolas *Liebe niemals einen Fremden* –, gab es eine Szene, in der eine Frau (Shirley Knight) in einer Telefonzelle an der Mautschranke nach New Jersey steht. Vorher dachte ich: Ich werde eine Menge Verkehrsgeräusche aufnehmen, das erweckt den Eindruck, als stünde man neben der Autobahn. Als ich es aber tat, merkte ich bald, daß es kontraproduktiv war. Damit es wirkte, mußte es so laut abgespielt werden, daß man sich nicht auf das konzentrieren konnte, was in der Telefonzelle gesprochen wurde. Ich wollte die Idee, die Frau an einem Ort – neben der Autobahn – zu lokalisieren, nicht aufgeben, aber ich wollte hören, was sie sagte, weil die Szene davon handelt. Sie redet mit ihrem Mann und erklärt ihm, warum sie ihn verlassen hat.

Ich entdeckte, daß wenn ich ein sozusagen »auslösendes« Geräusch benutzte, das mit einer bestimmten Umgebung verbunden, aber herausgehoben ist, die anderen Geräusche automatisch folgen würden. Ich nahm also auf, wie jemand fünfzehn Meter entfernt einen Schraubenschlüssel fallen ließ, als wäre das fünfzehn Meter von der Telefonzelle weg in einer Werkstatt. Es war wichtig, daß es entfernt war und daß eine bestimmte Art von Schraubenschlüssel auf eine bestimmte Art Betonboden fiel. Wenn Sie je in einer solchen Umgebung gewesen sind, wissen Sie, wie das klingt, und Sie wissen, daß solche Geräusche in Werkstätten an großen Autobahnen ganz alltäglich sind.

Dieses kleine Geräusch konnte den Verkehr suggerieren. Aber der Verkehrslärm existiert nur im Kopf. Ich verbringe viel Zeit mit der Suche nach diesen Schlüsselgeräuschen, die ein ganzes Universum enthalten. Ich neige dazu, nicht zu visualisieren, sondern zu »auralisieren«, also Geräusch und Raum zu verbinden. Statt nur auf das Geräusch zu hören, höre ich auf den Raum, in dem es auftritt.

Murch mit Babe, der ein von Alan Splet entworfenes Mikrofon trägt, das sein Schnauben für den *Schwarzen Hengst* (1979) aufnimmt.

O: Wie da, wo wir unbewußt eine Glocke im Hintergrund hören, während der englische Patient eine Pflaume ißt. So werden wir uns der Landschaft zwischen seinem Zimmer und der Glocke bewußt, die einen Kilometer entfernt zu sein scheint.

M: Und indirekt auch aller Vögel und Insekten dieser Welt. Das schafft einen Kontrast zu dem Lärm, den man bis dahin im Film gehört hat, dem Lärm der Konvois durch die Berge, der abgeschossenen Flugzeuge und ratternden Züge. Wir sind jetzt in einer Umgebung, die still genug ist, um eine Glocke in der Ferne zu hören. Diese Glocke vermittelt ein ganzes Bündel von Assoziationen, religiöse, geographische und kulturelle, nicht nur räumliche. Und die Grillen, von denen wir geredet haben: Wo sind sie? Sie sind nirgends. Sie sind in Willards Kopf. Sie sind räumlich, aber in einem geistigen Raum.

»Das Blau wirkte tot«

M: Die Chemie von Klängen ist geheimnisvoll und nicht leicht vorherzusagen. Geht man in die abschließende Tonmischung eines Films, weiß man, daß bestimmte Dinge möglich sind, aber nicht, wie sie genau funktionieren werden. In *THX 1138* versuchten wir zum Beispiel, einen starken Kontrast zwischen zwei Umgebungen zu erreichen – der Stille des ortlosen weißen Gefängnisses und dem Chaos außerhalb. In der Stille des Gefängnisses hört man nur ferne gurrende Geräusche, die ich im Exploratorium hier in San Francisco aufgenommen habe, unbestimmte Maschinen, die so fern sind, daß man sie nicht benennen kann. Und ab und zu Donner, das war ein plötzlicher Einfall, weil der Raum so groß ist.

Nachdem sie viele Stunden gelaufen sind, erreichen die Figuren THX und SRT (Robert Duvall und Don Pedro Colley) den Rand des Gefängnisses, dieses weißen Raums. Das Licht wird schwächer, und wie durch Zauberei gibt es da eine Tür ... Sie öffnen sie aus Neugier und werden in einen Korridor gesaugt, in dem Menschen wie ein Sturzbach vorbeieilen, Hunderte von Menschen.

Um dieses Geräusch zu erzeugen, nahm ich ähnliche Umgebungen auf: Zuschauer, die aus dem Football-Stadion kommen, Rollschuhrennen, Marathonläufe, viele Menschen, die sich schnell bewegen. Ich nahm Wasserfälle, Abwasserrohre und zischende Luft auf – all diese Arten von Geräuschen. Wie in *Liebe niemals einen Fremden* schichtete ich sie übereinander, weil ich meinte, mehr und mehr und mehr ergibt mehr. Ich wollte das ein für allemal hinkriegen! Als wir alles zusammen abspielten, gab es aber ein seltsames Wahrnehmungsphänomen. Die Nadel der Aussteuerung des Rekorders sprang ganz nach rechts. Sie war nicht mehr zu sehen, weil die Geräusche so stark waren. Nach unserem Eindruck war das Ganze aber nicht sehr laut. Nach all der Arbeit war das frustrierend. Wieso ergab $1 + 1 + 1 + 1 + 1$ nur 2?

Es lag an der Chemie dieser Geräusche; jedes war ein Rauschen, aber keines hatte Kanten, an denen das Ohr sich festhalten konnte. Objektiv gemessen, war es eine Menge Energie, aber subjektiv war es nicht besonders laut, weil der Ton so wenige Kanten hatte.

Dann erinnerte ich mich – das sind die mysteriösen Dinge: Warum habe ich daran gedacht? –, daß ich vor ein paar Monaten um zwei Uhr nachts in der Academy of Sciences gewesen war und Schritte aufgenommen hatte. Aus irgendeinem Grund hatte ich dann den Rekorder ans eine Ende des afrikanischen Saals gestellt, stand selbst am entgegengesetzten Ende und brüllte einige unverständliche gutturale Sprachfetzen. Sie hallten wunderbar wider. Der Rekorder war fünfzig Meter entfernt, der Klang wurde im Dunkeln von den Marmor- und Glasflächen reflektiert, nachts um zwei.

Ich erinnerte mich an diese Aufnahme und beschloß, sie dem Mix hinzuzufügen. Der Effekt war eine überwältigende Lautstärke. Ich mußte die Regler fast ganz herunterziehen, und es war immer noch zu laut, obwohl die Nadel nur in der Mitte stand und leicht zitterte.

Wieder so ein Paradox. Wir nahmen große Lautstärke wahr, aber objektiv war es nicht sehr viel elektrische Energie. Im Rückblick verstand ich, daß ich eines dieser auslösenden Elemente hinzugefügt hatte – wie den fallenden Schraubenschlüssel oder die Glocke in der Ferne. Diese Stimme erzeugte Kanten, weil sie Anfangs- und Endpunkte hatte – *ak ak uhk uhk ark*. Diese Kanten bündelten alle Energie der Geräusche um sie herum und setzten sie auf erstaunliche Art frei. Deshalb konnte ich den Ton der Szene – in elektrischer Hinsicht – sehr zurücknehmen. Der individuelle Eindruck ist aber, es sei wegen dieses Geräuschs, das die Energie seiner Umgebung freisetzt, sehr laut.

Das Leben der Menschen, die symphonische Musik orchestrieren, muß voller Überraschungen sein, wenn sie als Erkenntnisse überliefert würden ... Zum Beispiel: Wenn man die Oboe mit der Violine koppelt, bekommt man einen Effekt, der die eingesetzte Energie wegen der Synergie dieser beiden ungleichen Elemente weit übersteigt. Das Kochen ist voller solcher Erkenntnisse. Köche versuchen dauernd, ungewöhnliche Substanzen zu finden, deren Zusammenspiel die Geschmacksknospen auf ungewöhnliche Art anregt, weil der eine Geschmack bestimmte Elemente des anderen hervorlocken kann: Der hat gehackte Oliven in den Tortenguß getan! Wenn man den Auslöser wegläßt, entfernt man ein sehr kleines Element, aber der Rest wird dadurch langweilig.

So etwas passiert auch in der Chemie zwischen Ton und Bild. Eine bestimmte Klangfarbe läßt einen die Farben auf dem Bild intensiver wahrnehmen.

1978 gab es eine Krise bei *Apocalypse Now,* als sich herausstellte, daß wir nicht die Rechte an Georg Soltis Aufnahme des *Walkürenritts* besaßen, die wir benutzt hatten. Decca Europa wollte sie uns nicht geben. Wir standen kurz vor dem Abschluß des Films. Was sollten wir machen? Wir arbeiteten in drei Richtungen: Wir baten Decca weiterhin um die Erlaubnis, die Musik zu benutzen, dann planten wir eine Neuaufnahme mit dem San Francisco Symphony Orchestra und versuchten zugleich, eine Aufnahme zu finden, die der von Solti ähnlich genug war und von der wir die Rechte bekommen konnten. Die letzte Aufgabe übernahm ich.

Ich ging zu Tower Records und kaufte alle neunzehn Aufnahmen des *Walkürenritts*, dann setzte ich mich mit einer Stoppuhr und einem Metronom hin und versuchte herauszukriegen, welche Aufnahmen Soltis Tempovorgaben ungefähr folgten. Schließlich war nur noch eine übrig – Erich Leinsdorf mit dem Los Angeles Philharmonic Orchestra. Ich dachte, es ist nicht ganz dasselbe, aber ziemlich nah dran, und wenn wir Glück haben, kann ich die Bilder ein bißchen anpassen.

Ich übertrug die Leinsdorf-Aufnahme auf die Tonspur des Films, ließ alles zusammen laufen und merkte nach zehn Sekunden, daß es nicht funktionierte. Nicht wegen metrischer Probleme – die Metrik kam der Solti-Aufnahme sogar sehr nah –, sondern wegen der Orchesterfarben, die Leinsdorf gewählt hatte. An einem Punkt hatte er die Streicher betont und Solti die Blechbläser ... In diesem Moment schaut man aus einem Hubschrauber an einem Soldaten vorbei auf das Meer vor der philippinischen Küste. Das Blau des Ozeans hatte eine wundervolle Schärfe, die mit dem metallischen Blech der Solti-Aufnahme harmonierte. Bei Leinsdorf hatten die Streicher nichts von diesem metallischen Element, sie waren weich und wolkig, deshalb wirkte das Blau tot. Ich gab die Suche auf. Es war unmöglich.

Zum Glück erreichte Francis schließlich Solti selbst. Er erklärte ihm die Situation, und Solti sagte: »Natürlich, mein Junge, warum hast du mich nicht gleich gefragt?« Solti rief die Leute bei Decca an, und wir durften die Musik benutzen, obwohl es so spät passierte, daß wir die Originalbänder nicht mehr bekamen. Die Musik im Film stammt direkt von der LP.

Jedenfalls kann man nicht voraussagen, was funktioniert. Wir wissen noch nicht genug über die physische Seite des Ganzen oder die psychoakustische Physik, also wie das Gehirn bei seinen Wahrnehmungen arbeitet. Es hat etwas mit Masse, Frequenz und Kanten zu tun, so wie ein Gemälde mit Farbe, Licht und Linie zu tun hat. Und mit dem Zusammenspiel dieser drei Dinge.

Eine falsche Deutung

O: Ist es möglich, daß man in einem Film mit mehr als einem Blickwinkel durch den Ton eine andere Perspektive einnimmt – nicht nur durch das, was man sieht, sondern auch durch den Ton, durch das, was man plötzlich anders hört? Oder muß der Ton, weil ihn die meisten von uns hören, sehr demokratisch sein?

M: Nein! Der Ton ist sehr flexibel. Wenn Filme, die von einem einzigen Blickwinkel aus erzählt sind, dies nicht durch einen flexiblen Ton mildern würden, wären sie fast unerträglich.

O: Genau das habe ich mich gefragt. Wir haben bereits darüber gesprochen, wie literarische Gedankensprünge im Film durch die unbewußten Verbindungen und überraschenden Konfrontationen gespiegelt werden, die Sie herstellen können. Wir deuten eine Episode im *Englischen Patienten* aus Hanas Perspektive, aber vorher waren wir in Kips Kopf, als er eine Bombe zu entschärfen versucht. Beim Lesen sind wir uns dieser Sprünge vom einen zum anderen nicht so stark bewußt, dabei springen wir ständig, und das erzeugt Dichte. Ich glaube, der Ton steht dieser Art von springendem Stil in einem Buch sehr nahe.

M: Ja, und zwar auf komplexe Art. Im *Dialog* zum Beispiel, wo man am Anfang nicht weiß, aus welchem Blickpunkt er gefilmt ist. Es ist nur klar, daß man von hoch oben auf den Union Square in San Francisco hinabschaut und die sanften, wogenden Geräusche der Stadt zur Mittagszeit hört. Dann kommt wie eine gezackte rote Linie quer durchs Bild dieses verzerrte digitale Geräusch – wir wissen nicht, was es ist – dieses @#@*&% … Wir erfahren bald, was es ist, und daß die scheinbar neutrale gottähnliche Perspektive in Wirklichkeit die Perspektive eines versteckten Kassettenrekorders ist, der das Ganze aufnimmt. Diese verzerrten Geräusche sind die unvollkommen aufgenommenen Stimmen der beiden Zielpersonen, des jungen Pärchens, dessen Gespräch manchmal von den Geräuschen auf dem Platz überlagert wird. Aber das ist ein Hütchenspiel, ein kleines Geheimnis, das sich durch den ganzen Film zieht, bis man schließlich die Teile zusammensetzt und versteht, was es ist.

O: Das ist interessant, weil dieses abstrakte Geräusch dann gefiltert und interpretiert und dadurch zu Harrys Perspektive wird, aber letztlich interpretiert er den einzigen wichtigen Satz, den er aufgenommen hat, völlig falsch.

M: Ja, er hört ihn während des Films in allen möglichen akustischen Situationen – wenn er im Labor das Band bearbeitet, wenn es durch die Hotelwand abgespielt wird, und kurz vor dem Mord hört man eine gedämpfte Version davon. Wenn der Direktor (Robert Duvall) ihm das Band stiehlt, hört man den Satz durch die Flure des Bürogebäudes hallen. Man weiß nicht, was dieses Geräusch ist, bis es schließlich zu dem Satz wird: »Er würde uns umbringen, wenn er es könnte.«

Dann entdecken wir ganz unerwartet, daß Harry die ganze Zeit im Geist die Betonung des Satzes verändert hat: ein Fall von Hypersubjektivität, weil früher als Konsequenz seiner Arbeit Menschen getötet wurden. Er *wählt* also, wer von den Personen wahrscheinlich das unschuldige Opfer ist – das attraktive junge Paar, insbesondere das Mädchen. Er will nicht, daß sie so zu Schaden kommt wie die Leute vorher, sobald er also den Satz entschlüsselt und filtert – »Er würde uns *umbringen*, wenn er es könnte.« –, wird ein Mantra daraus, das in jeder Situation die Botschaft verstärkt, die er hören will: Diese beiden Menschen sind die Opfer.

Wenn am Schluß der Direktor ermordet wird, hören wir den Satz wieder. Jetzt heißt er: »Er würde *uns* umbringen, wenn er es könnte.« Mit der Bedeutung: Bevor er uns umbringt, müssen wir ihn umbringen. Ein Satz, der anfangs eine harmlose Bedeutung hat, hat am Schluß eine nicht mehr so harmlose Bedeutung. Harry hat alle seine technischen Filter benutzt, um den Satz deutlicher zu machen, aber er scheitert an seinem geistigen Filter, dem subjektiven Filter, der wegen Harrys Vergangenheit eine falsche Betonung hört.

Divergent/konvergent

O: Es ist faszinierend, wie der Ton die Erzählhaltung komplizieren kann, weil er eine bestimmte Perspektive widergibt. Ebenso können Stimme oder Blickpunkt den Geist einer Romanfigur ausdrücken, ohne daß der Autor etwas kommentiert. Es macht mich rasend, wenn Sätze aus einem Buch zitiert werden, um den Stil des Autors zu zeigen, obwohl sie die Persönlichkeit oder Stimme der Figur verkörpern. In Anthony Minghellas Film *Der talentierte Mr. Ripley* gibt es eine Szene, wo Freddie in Ripleys Wohnung kommt und anfängt, linkisch Klavier zu spielen, und wir nehmen es allein durch

Der lange Zoom auf den Union Square im *Dialog*.

Ripleys sensibles Gehör wahr. In einer Romanszene steht der zitierte Moment vielleicht gar nicht für den Stil des Autors, er zeigt bloß den inneren Zustand der Person, die gerade erzählt.

M: Genau.

O: Ich habe mich gefragt, ob ein Film auch viele Blickpunkte haben kann, oder ob es da eine Grenze gibt. Ich gebe Ihnen ein Beispiel. Als Anthony zuerst davon sprach, den *Englischen Patienten* zu machen, sagte er, man könne Rückblenden von nicht mehr als einer Person haben. Wenn alle vier Figuren Rückblenden hätten, wie im Roman, würde es zu verwirrend.

M: Ja, da muß man vorsichtig sein. Ich denke an den Film *Election*, der vier Erzähler hat. Der Lehrer (Matthew Broderick) erzählt ihn, das Mädchen (Reese Witherspoon) erzählt ihn, dann noch die Sportskanone und als vierte Person die rebellische lesbische Schwester. Man könnte a priori sagen, daß so etwas gar nicht funktionieren kann, aber es funktioniert, und zwar brillant. Die Filmemacher haben es hingekriegt.

O: Kann der Blickpunkt in einem Film wandern?

M: Meine Faustregel ist, daß es zwei Methoden gibt, mit multiplen Blickpunkten in einem Film umzugehen: die divergente und die konvergente.

O: Können Sie das erklären?

M: Bei dem, was ich die divergente Methode nenne, beginnt man mit allen Figuren am selben Ort zur selben Zeit – eine aristotelische Struktur. Danach kann man jeder einzelnen auf ihrem Weg folgen – solange man nur alle an einem Punkt am Anfang zusammen gesehen hat. Dadurch lassen sich diese Personen in ihrem Verhältnis zueinander in Zeit und Raum eindringlich charakterisieren. Einerseits körperlich, wie wir sie nebeneinander sehen und ihr Äußeres beurteilen, andererseits emotional, wie sie sich zueinander verhalten. Sobald das Publikum sich dies eingeprägt hat, ist der Film frei, verschiedene Blickpunkte zu entwickeln.

Der Anfang des *Paten* ist ein gutes Beispiel für eine divergente Struktur: Alle Schlüsselfiguren sind bei der Hochzeit versammelt, die den Film eröffnet. Ebenso der Anfang von *American Graffiti,* wo alle Schlüsselfiguren sich in Mels Drive-in aufhalten, so daß jede so dramatisch, effizient und interessant wie möglich eingeführt wird *und* wir sie zugleich in ihrem Verhältnis zueinander sehen. Es ist wie ein Kongreß, bei dem Leute mit kleinen Namensschildern rumlaufen, auf denen steht: Hallo, ich heiße Kurt, ich bin der Künstler, ich weiß nicht, ob ich die Zukunft akzeptiere, die mir vorgezeichnet ist. Hallo, ich bin John, ich bin der Autofreak, der Angst vor der Zukunft hat. Hallo, ich bin Toad, ich möchte Sex haben. Man bekommt kurze, nicht sehr komplexe, aber überzeugende Charakterisierungen dieser Personen.

Wenn wir Fredo zum erstenmal im *Paten* sehen, ist er betrunken. Fredo ist der Schwächling der Familie. Im Gegensatz dazu trinkt Michael nie Alkohol. Was sagt das über ihn aus, als Menschen, als Italiener, als Mitglied dieser Familie? Fredo ist amüsant und witzig, aber unfähig. Das ist von Anfang an klar, und es wird im Lauf des *Paten I* und *II* immer klarer.

Wenn aber nach einem Drittel des Films eine neue Figur eingeführt wird – jemand mit einem neuen Blickwinkel –, fragt man sich: Wer ist das? Warum soll ich mir Gedanken über diese Person machen? Wenn diese Person nicht Teil des aristotelischen Beginns war, besteht die Gefahr, daß die späte Einführung unelegant oder gezwungen wirkt.

O: Wenn Kay (Diane Keaton) also nicht in der ersten Szene des *Paten* aufgetreten wäre, hätte es ein Problem gegeben?

M: Ja, so erfährt man sofort, wer sie ist. Sie ist ganz klar die naive Außenseiterin: »Wer ist das? ... Guck doch mal, der da drüben! Michael, mein Gott!« Man spürt schnell, daß sie erstens keine Italienerin ist und daß zweitens das Ganze unglaublich fremd für sie ist. Dann sagt Michael zu ihr: »Es ist meine Familie, Kay. Das bin nicht ich«, und wir wissen, daß ihn das Schicksal packen wird.

Das Gegenteil davon ist die Methode der Konvergenz: zwei oder drei Geschichten, die getrennt beginnen und dann zusammenfließen. *Der englische Patient* ist ein gutes Beispiel. Er beginnt mit zwei geheimnisvollen Figuren in einem Flugzeug über der Wüste. Das Flugzeug wird von den Deutschen abgeschossen, und dann – *Schnitt* – sind wir in einem Zug mit einer jungen Frau, einer Krankenschwester, in einer völlig anderen Situation. Sie scherzt mit ein paar verwundeten Soldaten. Die beiden Geschichten scheinen nichts miteinander zu tun zu haben, aber das Publikum vertraut darauf, daß diese beiden Flüsse sich treffen. Wir folgen Hana und ihrer Geschichte, dann kommt der Schnitt zurück zum Patienten, der auf einem Kamel durch die Wüste gebracht wird, dann wieder zu Hana. Und dann kommen wir zu dem Punkt, wo die beiden Geschichten sich fast zufällig verbinden – wenn der Patient als möglicher Spion verhört wird, ist Hana die Krankenschwester, die ihm ein Glas Wasser gibt. Später verbinden ihre Geschichten sich noch enger. Sie bringt ihn vom Konvoi ins Kloster, und sie sind den Rest des Films zusammen.

O: Was ist mit Caravaggio?

M: Hm ... Er tritt nach etwa einer halben Stunde auf, aber er hat keine eigenen Szenen, er ist immer an Hana oder den Patienten gebunden. Es ist nicht so, daß man keine neuen Figuren einführen könnte, obwohl es nach der Hälfte der Spielzeit vielleicht riskant wäre. Sie sollten nur keine Soloszenen haben, wo wir die Dinge aus ihrer Sicht sehen.

O: Was ist mit der Szene, in der Caravaggio seine Daumen verliert?

M: ... Sie haben recht. *Und* es ist eine Rückblende. Hm ... Regeln sind eben dazu da, gebrochen zu werden. (*Er lacht.*)
  Der Pate II ist vielleicht das extremste Beispiel einer konvergenten Struktur. Der Konvergenzpunkt, der Zusammenfluß der beiden »Geschichtsflüsse« kommt ganz am Ende – sogar *außerhalb* des Films.

O: Die letzte Szene, wenn sie sich mit dem Don zum Essen setzen...

Diane Keaton als Kay und Al Pacino als Michael im *Paten*.

M: *Ohne* den Don. Er scheint da zu sein, aber er ist nicht da.

Zu Beginn folgt man der Geschichte, wie der junge Vito Corleone zu Anfang des Jahrhunderts nach Amerika kommt. Dann Schnitt zu seinem Sohn Michael auf dem Höhepunkt seiner Macht im Jahr 1958. Und der Film springt siebenmal zwischen den beiden Geschichten hin und her. Wir bemerken thematische Parallelen zwischen den Leben von Vito und Michael, aber sie spielen sich zu völlig verschiedenen Zeiten ab. Die einzige Stelle, wo ihre Geschichten sich treffen, ist Weihnachten 1941, und die Figur, die sie verbindet – Don Vito – betritt das Haus, aber wir sehen ihn nicht. Er kommt nicht ins Bild. »Papa ist da!« sagt Connie, und alle laufen weg und lassen Michael allein am Tisch sitzen. Und man hört alle singen: »For he's a jolly good fellow!«

Francis wollte, daß Brando als Don Vito in dieser Szene mitspielt, aber Brando wollte es aus irgendeinem Grund nicht. Weil Francis plante, die beiden Teile des *Paten* zu koppeln, sollte der Anknüpfungspunkt innerhalb des Films liegen. Statt dessen verlaufen die beiden Geschichten im *Paten II* wie parallele Linien, die sich niemals treffen. Also konzentrierte Francis sich auf Michael – was ausgezeichnet war – und ließ ihn allein am Tisch sitzen und über sein Schicksal nachdenken. Es ist das Weihnachten nach Pearl Harbor, und er hat Sonny erzählt, daß er sich zu den Marines gemeldet hat.

Am Ende des *Paten II* wissen wir, was sein Schicksal sein wird, aber das ist der Punkt, an dem er sich zum erstenmal von der Familie befreit: Ich hab mich zu den Marines gemeldet. Und für den Rest der Familie ist es unerklärlich.

O: Der Mafiaboß Hyman Roth, der schließlich am Flugplatz erschossen wird, tritt erst

Ron Howard, Candy Clark und Charles Martin Smith in *American Graffiti* (1973).

sehr spät auf und spielt dann eine sehr wichtige Rolle. Da wir von Konvergenz reden – er wird völlig überraschend eingeführt und schlängelt sich dann in den Film hinein.

M: Sie haben recht, aber er wird ziemlich früh angekündigt. Sein Bote Johnny Ola kommt zu der Party in Lake Tahoe und redet über einen Handel. Als Figur erscheint Hyman Roth erst spät, das stimmt, doch nach dem Mordversuch drängt sich sofort der Verdacht auf, daß er dahintersteckt. In diesem Sinne ähnelt er ein bißchen Marlon Brando in *Apocalypse Now,* einer Figur, die von den Ereignissen ziemlich früh angekündigt wird, aber erst am Schluß auftritt.

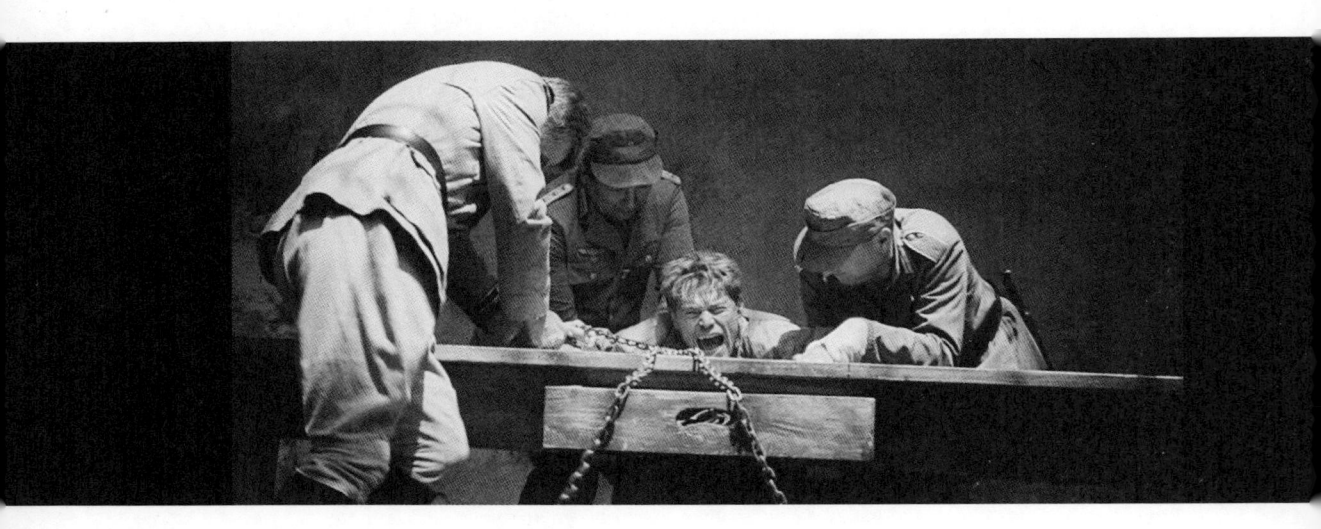

O: Die Ankündigung ist eine ganz zentrale Technik in der Literatur, um den Wert oder die Gefährlichkeit einer Figur zu betonen, die noch nicht aufgetreten ist. Natürlich Kurtz in *Herz der Finsternis,* aber auch Othello im ersten Akt, bevor wir ihn sehen.

M: Im Film können Figuren später in die Geschichte eingeführt werden, aber es ist ungewöhnlich, ihnen einen eigenen Blickwinkel zu geben, also Szenen, in denen sie ohne die etablierten Hauptfiguren auftreten. Hyman Roth hat zum Beispiel keine eigene Szene mit seiner Frau, in der er über Michael Corleone spricht, nachdem Michael gegangen ist. Die einzige Szene, die Roth für sich hat, ist die, wenn er am Flugplatz ermordet wird.

Wenn ich über Divergenz und Konvergenz als Regeln spreche, sind das in Wirklichkeit Annäherungsregeln. Man kann sie ändern oder brechen, aber es ist gut, wenn man die Regeln kennt, die man bricht. Und es ist immer etwas problematisch, sie zu brechen. Es kann interessant sein – wie Caravaggios Daumenszene –, aber es verwirrt die Zuschauer, und um es erfolgreich hinzukriegen, muß man genau wissen, was man tut. Den wahrscheinlich extremsten und erfolgreichsten unerwarteten Wechsel der Perspektive gibt es in Hitchcocks *Psycho*. Janet Leigh, die Heldin, wird auf unerwartete,

dramatische Art nach fünfundzwanzig Minuten ermordet, und dann wechselt der Blickwinkel für den Rest des Films zu einer neuen Figur, dem Detektiv, den Martin Balsam spielt, und schließlich zur Perspektive der Schwester, gespielt von Vera Miles.

Links: Regelbrüche: Willem Dafoe wird als Caravaggio im *Englischen Patienten* gefoltert. Nebenfiguren werden üblicherweise keine eigenen Rückblenden zugestanden. *Rechts:* Konvergente Strukturen am Ende des *Paten II*: Am Weihnachtsabend nach Pearl Harbor bleibt Michael Corleone allein am Tisch zurück.

Der verschwundene Bruder

O: Sie haben die *Pate*-Filme schließlich zu einer Trilogie gekoppelt, und in gewisser Weise steckt die divergente bzw. konvergente Struktur der einzelnen Filme jetzt etwas unbehaglich innerhalb der größeren Struktur. Mir gefallen die Filme einzeln besser als chronologisch geordnet. Wie funktionieren sie in Ihren Augen als Trilogie?

M: Mir gefallen sie als einzelne Filme auch besser, obwohl viele Leute die Geschichte lieber in chronologischer Folge sehen.
 Auch wenn man sie als Triptychon wertet, als drei einzelne Bildtafeln, gibt es im dritten Film, der schwächer ist als die beiden ersten, ein Ungleichgewicht. Man muß zugeben, daß es sehr schwer war, mit den beiden ersten Teilen mitzuhalten – sie stehen regelmäßig weit vorn in den Listen der »besten Filme aller Zeiten«.
 Ich glaube, es gab ein grundsätzliches Problem, das während der Vorproduktion deutlich wurde. Francis wollte zunächst, daß sich die Geschichte um den Tod des vierten Corleone-Bruders Tom Hagen (Robert Duvall) dreht. Francis hatte das Drehbuch bis zu einem bestimmten Punkt ausgearbeitet und schickte es an Duvall mit der Botschaft: »Ich arbeite noch dran, aber ich habe erst sechs Wochen Zeit gehabt. Ich bitte Sie, Vertrauen zu mir zu haben und mitzumachen.« Und Duvall stimmte zu. Er wollte aber die gleiche Gage wie Al Pacino, der Michael spielte, und die Paramount weigerte sich. Es wurde eine richtige Schlacht, und Francis unterlag, deshalb ist Duvall nicht im Film.
 Damit scheiterte Francis' Absicht, jeden der drei Teile vom Tod eines der Brüder handeln zu lassen: Sonny im ersten Teil, Fredo im zweiten, Tom im dritten – eine schöne Symmetrie, wie im Märchen. Es waren einmal vier Brüder ... und der einzige, der am Anfang nicht zur Familie gehören wollte, überlebt am Schluß. Aber um welchen Preis.
 So mußte Al Pacino im *Paten III* den ganzen Film tragen, als Schauspieler und als Figur – König Lear. Es gab einfach keinen anderen Schauspieler oder eine andere Figur von gleicher Statur im Film. Er war viel wichtiger als alle anderen.
 Tom Hagen verschwand also irgendwo zwischen dem *Paten II* und dem *Paten III*. Es war eine dieser verpaßten Gelegenheiten, und damit ließ sich auch das Gleichgewicht nicht mehr herstellen, das Francis für die Trilogie anstrebte. Da sind wir wieder bei den Zwanzig negativen Fragen: Die Figur, die als einzige alle logischen und emotionalen Kriterien erfüllen würde, ist nicht im »Zimmer« des Films.

Einleitungen

O: Sie haben zur Einleitung von *Im Zeichen des Bösen* gesagt, sie fixiere den Zuschauer und führe ihm im kleinen alle Themen und Ideen vor, von denen der Rest des Films handelt. Die Einleitung zur neuen Fassung spricht wirklich alles Folgende an. Gibt es noch andere Beispiele, wo Sie den Anfang eines Films so strukturiert haben, daß dieser Effekt erzielt wird?

M: *Apocalypse Now* ist ein eindeutiges Beispiel. Die ersten acht Minuten, wo Willard allein mit seinen Dämonen in seinem Zimmer ist und auf den Einsatzbefehl wartet. Die Zuschauer lernen ihn und die Welt, in der er sich befindet, kennen.

O: Und die Welt, in der er gewesen ist.

M: Und die Dämonen, die ihn in seine sehr unsichere Zukunft treiben.

O: Im *Paten* gibt es als Einleitung die langsame, dunkle Szene in Vito Corleones Büro. Wollte Coppola dieses Tempo von Anfang an, oder entwickelte es sich während der Dreharbeiten oder beim Schnitt? Woher kam die Entscheidung, es so gedämpft zu erzählen, in so ruhigem Tempo?

M: Das hat Francis entschieden, während er das Drehbuch schrieb. So sah er die Szene. Diese besondere Technik, mit einem langsamen Zoom rückwärts zu beginnen, während eine Figur in einer Art Arie ihre Position darstellt, das ähnelt sehr dem, was Francis in seinem Drehbuch zu *Patton* am Anfang gemacht hat, wo George C. Scott vor der amerikanischen Flagge steht und sagt, woran er glaubt. So etwas zu machen ist sehr mutig.

O: Zu Beginn des *Paten* tut er dasselbe.

M: Nur daß im Unterschied zu Patton der Bestattungsunternehmer Bonasera im *Paten* eine anonyme Figur ist. Wir wissen nicht, wer er ist. Francis filmt ihn im leeren Raum, nur ein Kopf in der Dunkelheit, der sagt: »Ich glaube an Amerika.« Ein sehr starkes Eröffnungsstatement: »Ich glaube an Amerika.« ... Und trotzdem gibt es da ein Problem. Die Zuschauer sollen sagen, ja, ich glaube auch an Amerika, und ich bin auch von diesem Problem frustriert, weil ich es entweder selbst erlebt habe oder Leute kenne, die es erlebt haben. Während wir das denken, wird der Kontext der Rede enthüllt, und schließlich kommt die Schulter des Mannes ins Bild, der das Problem lösen soll. Wir sind ziemlich sicher, daß es Marlon Brando ist, und warten auf den Moment, wo ihm die Frage gestellt wird und er antworten und sich zu erkennen geben muß.

Der Dialog beginnt umgekehrt: Mit der langen Totalen, wo wir langsam auf Gene Hackman als Harry Caul zoomen, der gerade das Liebespaar mit dem Mikrofon verfolgt. Sie führt uns in den Kontext dieser Welt ein, dann konzentrieren wir uns auf den einzelnen. Im *Paten* konzentrieren wir uns auf den einzelnen und bekommen dann den besonderen Kontext, in dem die Geschichte abläuft.

Schon bemerkenswert, daß alle drei Filme – *Patton, Der Pate* und *Der Dialog* – innerhalb von drei Jahren entstanden sind.

O: Sogar *Apocalypse Now* beginnt mit Willards auf dem Kopf stehenden Gesicht und geht von da zurück.

M: Ja. Es ist nicht ganz dasselbe, aber es ist ähnlich. Die Kamera zoomt nicht zurück, aber sie dreht sich, so daß Willard schließlich richtig herum ist. Wir sehen Fragmente – Dschungel, Explosionen, Skulpturen, Flammen, Hubschrauber –, unzusammenhängende Sachen. Dann gerinnen diese Fragmente zu einer Welt. Der Schnitt erzeugt also eine ähnliche Version von dem, was durch Heran- bzw. Wegzoomen im *Paten* und im *Dialog* erzeugt wird, indem wir Fragmente sehen und dann über den Kontext rätseln, in dem sie existieren könnten. Nach einer Weile haben wir in *Apocalypse Now* zumindest genug Kontext, um mit der Geschichte an dem Punkt fortzufahren, wo Willard am Fenster steht und sagt: »Saigon, Scheiße, ich bin immer noch in Saigon.«

∎

O: Offensichtlich gibt es verschiedene gültige Arten von Einführungen. Wie streng ist also diese Regel über Einleitungen? Als ich vor ein paar Monaten bei Zoetrope war, hörte ich, daß *Der Pate III* zuerst einen anderen Anfang hatte.

M: Ja.

O: Und Sie haben sie überzeugt, einen anderen Anfang zu nehmen. Was ist da passiert?

M: Ich hatte das Gefühl, der ursprüngliche Beginn im Drehbuch wäre eine Art religiöse Verdoppelung des Beginns von *Der Pate I*.

O: Der Kardinal sollte da eine Zigarette rauchen. Es war komisch, fast eine Parodie auf den Beginn des ersten Teils.

M: Dann fuhr die Kamera vom Kardinal zurück, und da saß Michael, und sie sprechen über den Handel, den er mit der Kirche machen will; er will sich an »Immobiliare« beteiligen, dem geschäftlichen, dem Immobilienzweig der Kirche. Darauf folgte die Szene in der Kirche, wo Michael in den St.-Sebastians-Orden aufgenommen wird. Und dann kam die Feier.

Ich war erst spät bei dem Projekt eingestiegen, um ihnen zu helfen, ihren Abgabetermin einzuhalten. Das hat Nachteile – man weiß noch nicht so gut, wie alles läuft. Andererseits sieht man manchmal etwas ganz klar, was die Leute, die schon tief in dem Projekt stecken, nicht mehr sehen.

Für mich war es eindeutig, daß die Szene nicht Michaels extrem belasteten, zerrissenen Zustand am Ende des *Paten II* einbezog. Er ist ein bißchen wie Harry Caul am Schluß des *Dialogs*. Er sitzt allein in einem Stuhl am See, aber er fühlt sich leer. Nun treffen wir ihn viele Jahre später wieder, und er ist wieder »voll«. Die Frage ist: Was ist passiert? Wie ist er wieder so voll geworden, nachdem er so leer war? Ich hielt es für interessanter, in der Kirche zu beginnen, mit all den Assoziationen von Sünde, Erlösung und Beichte.

In der Kirchenszene, wo Michael zum Ritter geschlagen wird – und während wir hören, was für ein wunderbarer Mensch er ist –, konnten wir noch einmal die Bilder vom Tod seines Bruders Fredo hineinbringen. Dies ist ein Mensch, der die höchste Ehrung der Kirche erhält, aber in Wirklichkeit der Mörder seines Bruders ist. Er ist Kain und Fredo Abel. Hier wird jemand von der Kirche zum Ritter geschlagen, der die älteste Sünde begangen hat – den Brudermord.

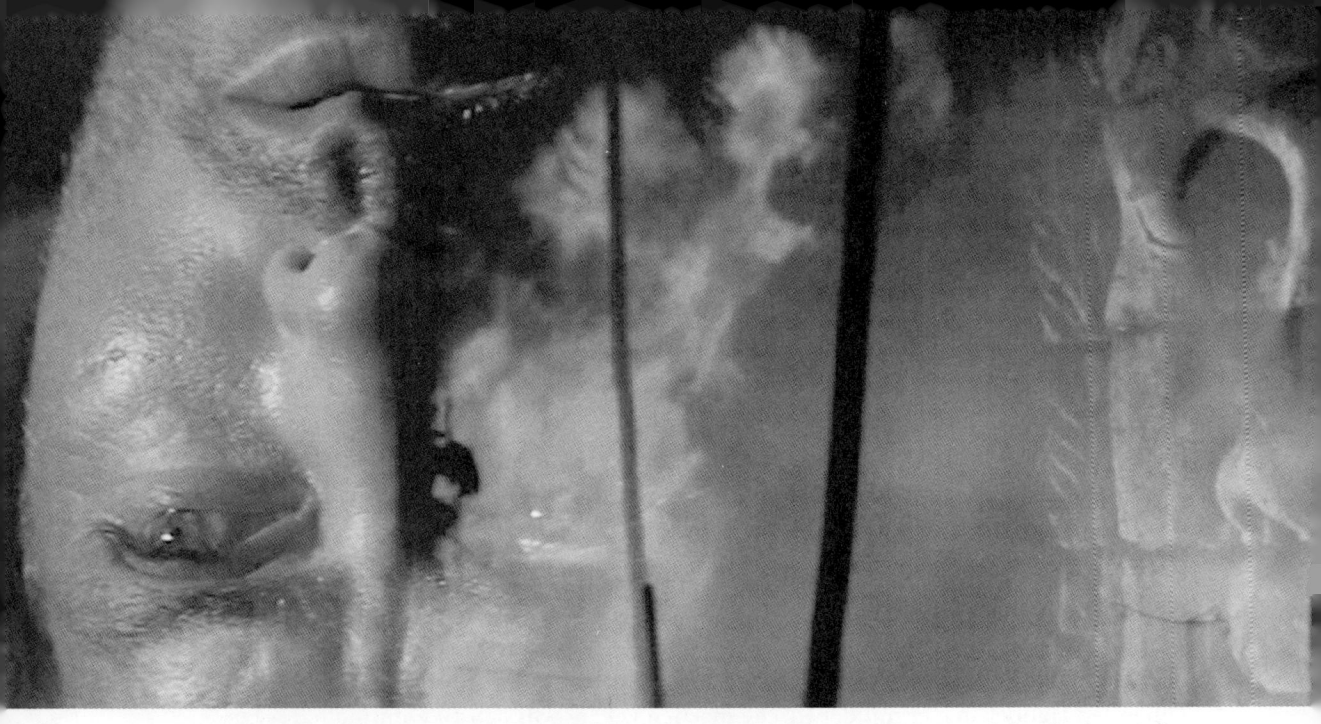

Die Eröffnungssequenz von *Apocalypse Now*: kein Zoom, sondern eine Drehung, so daß Willard am Ende auf dem Kopf steht.

Darin liegt eine Spannung, die ich als interessanten Anstoß für den Rest des Films empfinde. Ja, Michael, du bist jetzt finanziell erfolgreich, aber du mußt dich dieser uralten Sünde stellen. Ich nahm auch an, daß die drei Filme zusammen gezeigt werden würden, so daß jeder in gewisser Weise den Faden da aufnehmen mußte, wo der vorige aufhörte – auch wenn wir das erst fünfundzwanzig Jahre später schafften.

Jetzt ist die Reihenfolge also Kirche, Feier und dann das Treffen im Vatikan, das den Handel besiegelt.

∎

O: Ich mag besonders die Einleitung zum *Dialog*, wo die Kamera zu Beginn aus dem Himmel herunterfährt – ein langsamer Zoom –, genau auf den Union Square zu dem Pantomimen, und wenn man sich nähert, hört man das Geräusch seiner Schritte, etwas sehr Persönliches, nachdem wir praktisch aus dem Weltraum gekommen sind. Dieser Typ ist brillant eingesetzt; die Art, wie er Gene Hackman in der ersten Einstellung über den Platz verfolgt, zeigt Hackmans Paranoia. Er weiß, daß er verfolgt wird und daß sich die Aufmerksamkeit auf ihn richtet, aber er versucht, es zu unterdrücken.

M: Es ist lustig zu beobachten, wie leicht es für den Pantomimen ist, andere Leute nachzumachen oder zu verspotten, und wie er an Hackman scheitert. Harry Caul ist so anonym, daß nicht mal der Pantomime weiß, wie er ihm einen Charakter geben soll; er kann nur imitieren, wie Harry den Kaffeebecher hält. Es ist eine wunderbar orchestrierte Einstellung, weil es ein langer, mechanischer Zoom ist, sehr fließend, und etwa so lang wie der Anfang von *Im Zeichen des Bösen*. Nur die Vorspanntitel liegen drüber, ungefähr drei Minuten.

O: Ich habe erst viel später gemerkt, daß der ganze Film zwar konsequent aus Harrys Sicht erzählt wird, daß wir aber in allen späteren Szenen, wo Harry das Band abhört, immer wieder die Anfangsszene sehen, denn diese zusätzliche visuelle Erfahrung haben wir Harry voraus.

M: Das stimmt.

O: Harry hat nichts als den Ton.

M: Ich nehme an, es funktioniert deshalb so gut, weil es Harrys Gefühl ausdrückt, diesen beiden Menschen so nahe zu kommen, daß er sich die Einzelheiten ihres Spaziergangs um den Platz vorstellen kann und diese Einzelheiten im Geist wiederholt, so wie wir sie sehen.

O: Stimmt es, daß es am Union Square Probleme mit dem Ton gab und daß er neu aufgenommen werden mußte?

M: Der Film wurde 1972 begonnen, das war noch früh in der Entwicklung drahtloser Mikrofone, und die benutzen wir im Film, wenn wir sehr weit von sprechenden Figuren entfernt sind. Wir verstecken ein kleines Mikrofon von der Größe einer Erdnuß irgendwo in ihren Kleidern und einen Sender in ihrer Tasche. Dieselbe Technik benutzt Vargas am Schluß von *Im Zeichen des Bösen*: Er gibt Menzies ein drahtloses Mikrofon.

Die drahtlosen Mikrofone waren damals aber nicht so gut, und sie fingen auch alles mögliche statische Rauschen und Mikrowellen auf, die eine Stadt wie San Francisco überfluten. Dadurch wurde der Ton, den wir beim Drehen bekamen, ebenso unvollkommen wie die Aufnahme, die Harry am Union Square macht! Alles war gut, und auf einmal rauschten da Mikrowellen. Man hörte Verzerrungen und seltsame Töne, die alles andere verschluckten.

Ich habe etwas von diesem Getöse im fertigen Film benutzt; als Geräusch ist es sehr gut, aber ich brauchte als Arbeitsmaterial eine komplette Aufnahme des Gesprächs ohne Nebengeräusche. Als etwas anderes gefilmt wurde, ging ich eines Tages mit Cindy Williams, die Ann spielte, und Frederic Forrest, der ihren Liebhaber spielte, in ein ruhiges Wohnviertel in San Francisco. Ich nahm keine drahtlosen Mikrofone, ich hatte nur einen Nagra-Kassettenrekorder mit einem tragbaren Mikro – wie für ein Interview mit dem »Mann auf der Straße«. Cindy und Fred spazierten durch einen Park, in dem nur ein paar Vögel zwitscherten, und ich ging mit dem Mikrofon vor ihnen her und nahm auf, was sie sagten. Wenn die Schauspieler das möglichst bald nach dem Drehen der Szene tun, entspricht ihr Sprachrhythmus noch der Filmszene. Es gibt kleine Variationen, aber weniger, als man meinen sollte.

Ich nahm dieses Gespräch dreimal auf. Die fertige Tonspur der Eröffnungsszene ist also eine Mischung aus dem echten Gespräch, das mit drahtlosen Mikrofonen auf dem Union Square aufgenommen wurde, und diesen späteren, die unter akustisch besser kontrollierten Bedingungen entstanden.

Ein zusätzlicher Vorteil war es, daß Fred Forrest bei der dritten Aufnahme aus Versehen sagte: »Er würde *uns* umbringen, wenn er es könnte.« Ich behielt das als falsche Betonung des Satzes im Kopf und kam erst acht Monate später darauf zurück, als ich die Eingebung hatte, wenn wir diese Betonung als endgültige Interpretation des Films benutzten, würde das Publikum leichter verstehen, daß in Wirklichkeit diese beiden jungen Leute die Mörder waren und der Direktor, den es vielleicht für den Mörder hielt, in Wirklichkeit das Opfer war.

O: Also war nicht geplant, daß der Satz am Schluß des Films anders betont wurde, mit der Hervorhebung von »uns«?

M: Nein, das war ganz zufällig – eines der Dinge, die aus unserer unermüdlichen Suche entstanden, den Film Informationen über die Handlung vermitteln zu lassen, ohne den einheitlichen Blickwinkel aufzugeben, der zu Harry gehört.

Die Frage ist die: Harry Caul ist ein Mann am Rand, der nicht weiß – er sagt am Anfang sogar, er *will* nicht wissen –, was vorgeht; wie zeigt man also am Schluß, was wirklich passiert ist? Es war stilistisch unmöglich, einen Perry-Mason-Schluß zu haben, wo jemand sagt: Tja, Stan, in Wirklichkeit ist das und das passiert! Trotzdem mußten wir die Zuschauer zu dem Punkt bringen, wo sie verstanden, was passiert war und wer der Mörder war.

Es dauerte eine Weile, bis uns das gelang. Wir probierten verschiedene Lösungen aus, und diese Interpretation des Satzes am Schluß war nur eine von vielen. Sie ergab sich sehr spät; als ich die Idee hatte, mischte ich gerade den Ton in San Francisco ab, und Francis drehte schon den *Paten II* in New York. Als ich fertig war, nahm ich die Tonspur mit nach New York und spielte sie Francis vor. Die Idee der veränderten Betonung gefiel ihm, deshalb blieb sie im Film.

Es war eine riskante Sache, weil sie der Grundprämisse des Films widersprach, die darin bestand, dasselbe Gespräch immer zu wiederholen. Wegen der verschiedenen Zusammenhänge sollten die Zuschauer jedesmal andere Bedeutungsschattierungen hören, obwohl das Gespräch identisch blieb.

Dann basteln wir ganz am Schluß am Gespräch selbst, und die Betonung des Satzes verändert sich.

Manchmal kommt man mit einem Bruch der Grundprämisse davon, wenn dadurch die Prämisse noch deutlicher hervorgehoben wird.

Coppola spricht mit dem Pantomimen aus dem *Dialog*.

```
FADE IN:

EXT     UNION SQUARE    DAY

MEDIUM VIEW
A band of street musicians have just set up in the park: Clarinet,
trombone, banjo, saxophone and trumpet. They wear fragments of
velvet and silk, pieces of old uniforms and odd-ball hats. They
haven't yet attracted a crowd. One of them takes a top hat from
his head on the ground, and throws a few coins and bills into it.
They break into a jazz ~~~~~~~~~~~ "Red, Red Robin".

HIGH FULL VIEW
December in San Francisco. The Downtown area, centering around
Union Square. Christmas decorations are already up, the electricity
turned on in the middle of the afternoon. The crowds of shoppers
have swelled with office workers out for their lunch hour.

THE CREDIT TITLES ARE PRESENTED IN SIMPLE LETTERS

A young Mime dressed as a Drum-Major has a slight crowd drawn
around him as he imitates certain unsuspecting people as they
come down a park walkway. He is very good, and usually gets a
round of applause for his imitations.

CLOSE VIEW ON THE MUSICIANS
One of them puts down his instrument and does a rollicking tap
dance, his ruby-red tap-shoes out of another period than his long
hair and youthful beard.

CLOSER VIEW
The tap-shoes step out rhythms near the top hat.

VIEW ON THE MIME
Immitating a middle-aged, slow, bobbing walk. But precise and
purposeful. He sips coffee out of an imaginary cup.

THE VIEW ALTERS revealing the subject: a chubby near-balding man
in his middle forties, dressed immaculately in an out of fashion
suit, with a slow, bobbing walk. He sips coffee from a steaming
cardboard cup wrapped in a paper bag. THIS IS HARRY CAUL.

THE MUSICIANS
The saxophonist blares into a raspy solo to everyone's delight,
especially Harry's. He stops for a moment, appreciatively, as
they go into the last chorus of ~~~~~~~~ "Red, Red Robin".
```

Eine Seite aus dem Drehbuch zum *Dialog*.

Ein Fettstift und Echtzeit

»And the threshing floor for the dance? Is it anything but the line? And when the line has, is, a deadness, is it not a heart which has gone lazy?«
                                                                                        Charles Olson

O: Können Sie mir mehr darüber sagen, wie Sie einen Film in Echtzeit schneiden?

M: Wenn Sie eine Szene zusammensetzen, müssen Sie drei Schlüsselaspekte immer neu entscheiden: Welche Einstellung verwende ich? Wo soll sie beginnen? Wo soll sie enden? Ein durchschnittlicher Film hat vielleicht tausend Schnitte, also sind es dreitausend Entscheidungen. Wenn Sie diese Fragen auf die interessanteste, komplexeste, musikalischste Art beantworten, wird der Film so lebendig wie möglich.

Für mich ist die für den Rhythmus wichtigste Entscheidung die dritte: Wo beendet man die Einstellung? Man beendet sie in genau dem Moment, in dem sie alles gezeigt hat, was sie zeigen kann, ohne überreif zu wirken. Beendet man die Einstellung zu früh, ist sie wie eine zu früh gepflückte Frucht. Ihr Potential ist nicht völlig entwickelt. Hält man eine Einstellung aber zu lange, neigen die Dinge zum Verrotten.

O: Wie in den Reden des Polonius.

M: Genau! Für jede Einstellung gibt es *einen* passenden Schluß. Ein bestimmtes Bild, und nicht das davor oder danach. Also ist die Frage: Wie entscheidet man, welches Bild das ist?

Man kann in eine Falle tappen, wie ich es bei meinen sehr frühen Jobs als Cutter für die Encyclopaedia-Britannica-Filme getan habe: Man spult die Einstellung vor und zurück und sucht nach dem Bild, wo sich zum Beispiel die Tür schließt. Man markiert dieses Bild und schneidet danach. Es funktioniert, aber nicht besonders gut, und es hilft dem Film nicht.

Sie sagten, daß Ihnen die Zeilenenden in meinen Malaparte-Übersetzungen gefielen. Das ist eine ganz ähnliche Entscheidung. Mit welchem Wort soll man in einem Gedicht die Zeile beenden? Dieser Endpunkt hat wenig oder nichts mit der Grammatik des Satzes zu tun. Die Zeile ist an diesem Punkt einfach voll und gesättigt, voller Bedeutung und gesättigt mit Rhythmus. Indem er da endet, wo er endet, konfrontiert der Dichter das letzte Wort mit dem weißen Seitenrand und betont es dadurch. Wenn er noch zwei

Wörter hinzufügt, taucht er das Wort in die Zeile ein und macht es weniger bedeutsam. Im Film tun wir fast das gleiche. Das Ende einer Einstellung verleiht dem letzten Bild eine zusätzliche Bedeutung, die wir uns zunutze machen.

Im Film konfrontiert man im Moment des Schnitts ein Bild mit einem anderen; das ist das Gegenstück des Reims. So funktionieren Reim und Alliteration in Gedichten, so konfrontieren wir zwei Wörter oder zwei Bilder. Entweder wird das Thema dadurch betont, oder es wird ihm etwas entgegengesetzt, das es moduliert, wie ein unsichtbarer griechischer Tragödienchor. Das Statement ist das eine. Aber indem wir zwei verschiedene Bilder im Moment des Schnitts konfrontieren, und zwar so deutlich wie möglich, können wir sagen: Ja, aber da passiert noch etwas anderes.

Der Trick besteht darin, dieses Fließen organisch in den Prozeß einzubeziehen. Schnitt ist Konstruktion, ein Mosaik in drei Dimensionen, zwei räumliche und eine zeitliche. Es ist ein Miniaturabbild des Vorgangs, wie Filme entstehen, nämlich künstlich, und Schritt für Schritt.

Um das letzte Bild festzulegen, sehe ich mir die Einstellung intensiv an. Sie läuft, und an einem bestimmten Punkt zucke ich zusammen – es ist ein fast unwillkürliches Zucken, wie ein Blinzeln. Dort, wo ich zucke, lasse ich die Einstellung enden.

O: Und Sie drücken eine Taste. Oder benutzen Sie einen Fettstift?

M: Am Anfang, als ich mit einem Moviola arbeitete, markierte ich das Bild mit einem Fettstift. Beim *Dialog* drückte ich aber ein Zählwerk auf 0, dann wiederholte ich das Ganze. Ich ging zu einem zufälligen Anfangspunkt zurück, ließ die Einstellung noch mal ablaufen und zuckte wieder. Beim Avid drücke ich heute eine Taste. Das war's. Cut.

O: Ihre Reaktion ist also: Genug! Wir wollen wegsehen.

M: Ja, genau. Jede Einstellung ist ein visuell ausformulierter Gedanke oder eine Kette von Gedanken. Bevor ein Gedanke seine Kraft verliert, schneidet man. Es soll der Moment sein, in dem der Impuls, zur nächsten Einstellung überzugehen, am stärksten ist, so daß der Zuschauer in sie hineingestoßen wird. Dauert die Einstellung zu lange, stirbt der Impuls ab, und wenn dann die nächste Einstellung kommt, fehlt ihr eine gewisse Energie. Ich versuche immer, ein Gleichgewicht zwischen dem Reifen der inneren Dynamik des Gedankens und dem Rhythmus der Einstellung zu finden.

Das bedeutet in der Praxis, daß ich es schaffen muß, genau diesen Punkt mindestens zweimal hintereinander zu treffen. Ich lasse also die Einstellung durchlaufen und markiere einen Punkt. Dann spule ich zurück, schaue sie wieder an und zucke erneut. Jetzt kann ich vergleichen, wo ich beim erstenmal unterbrochen habe und wo beim zweitenmal. Habe ich beide Male genau dasselbe Bild getroffen, beweist es, daß dieser Moment etwas organisch Wahres hat. Es ist völlig unmöglich, das durch eine bewußte Entscheidung zu erreichen. Stellen Sie sich vor: In jeder Sekunde laufen vierundzwanzig Ziele vorbei, und Sie müssen mit Ihrem Gewehr eines der vierundzwanzig in jeder Sekunde treffen.

O: Und das passiert.

M: Ja. Wenn es nicht passiert, schneide ich an diesem Punkt nicht. Ich muß es schaffen, die Stelle zu treffen. Das beweist mir, daß ich auf etwas jenseits meiner Kontrolle reagiere, das nur mit Gedanken und Emotion zu tun hat, mit Rhythmus und Musikalität.

O: Wenn Sie also erst bei Bild siebzehn zucken und dann bei Bild neunzehn...

M: Dann schneide ich nicht. Es sagt mir, etwas stimmt nicht. Wenn ich zuerst siebzehn treffe und dann neunzehn, ist etwas an meiner Methode falsch. Ich denke nicht richtig über die Einstellung. Also frage ich: Was stimmt nicht? Vielleicht brauchen wir mehr Zeit; ich kalkuliere nicht genug Zeit dafür ein, daß die Schauspielerin in der Szene den Mantel auszieht. Sie sagt etwas, zieht aber auch den Mantel aus. Der Satz ist ein Gedanke, aber »den Mantel ausziehen« auch.

Das Publikum braucht Zeit, um sowohl den Dialogsatz als auch das Mantelausziehen zu verstehen und zu würdigen. Das muß ich berücksichtigen. Ich merke, daß ich nur an den Satz gedacht habe und nicht an den Mantel. Gut, dann denke ich an den Satz *und* an den Mantel und schneide bei Bild sechsundzwanzig. Diesmal passiert es hier. Gut. Ich versuch's noch mal. Aha, sechsundzwanzig, okay, dann kommt hier der Schnitt. Und so geht es weiter.

Das ist der wichtigste Teil meiner Arbeit. Wenn ich ein Element meiner Arbeit abstrahieren sollte, würde ich sagen, das ist eine gute Sache, egal, wie man als Cutter arbeitet. Man kann ansonsten völlig andere Methoden haben, aber das sollte man tun.

Der wunderbare Vorteil dabei ist – und für mich ist es wirklich ein Wunder –, daß man rasch ein lehrreiches Feedback entwickelt. Nicht nur über diese bestimmte Einstellung, sondern über das eigene Talent als Cutter. Wenn ein Cutter einen Schnittpunkt wählt, ist es, als ob er Violine spielt ... Es gibt eine Bogentechnik, die man entwickeln und beherrschen muß, egal, welche Musik man spielt. Man braucht einen eigenen Ton.

Wenn ich erst Bild siebzehn und dann Bild neunzehn markiere, habe ich bei jedem ein bestimmtes Gefühl. Wenn ich Bild neunzehn markiere, spüre ich: Oh, diesmal war es etwas länger – ich kann es spüren. Dann sehe ich auf das Zählwerk und merke, es war zwei Bilder später. In diesem Kontext entsprechen zwei Bilder einer Zwölftelsekunde. Inzwischen spüre ich aber instinktiv, wie lang eine Zwölftelsekunde bei diesen Einstellungen in diesem Kontext ist, und daraus lerne ich etwas.

Während der ganzen Zeit arbeitet man mit den Rhythmen der Schauspieler und den Rhythmen der Kamerabewegungen. Man verinnerlicht alles – das Sprechtempo der Schauspieler, die Art, wie sie sprechen, wie sie sich im Raum bewegen, wie die Kamera sich im Raum bewegt oder nicht bewegt. Man bezieht all das ein, und mit der Zeit assimiliert man die besondere Sprache dieses Films. Was ist die rhythmische Signatur dieser Szene? Und was die des ganzen Films?

Jedesmal, wenn Dirigenten ein Stück mit einem neuen Orchester spielen, müssen sie die rhythmische Signatur festlegen. Ein Cutter macht das mit dem Film.

O: Wenn Sie den Film in diesem Rhythmus geschnitten haben und dann den Ton abmischen, ändert das dann nicht das Tempo der Szene? Wenn Sie zum Beispiel Musik oder das Geräusch von Regen hinzufügen?

M: Ja, und das ist eine der Besonderheiten meiner Arbeitsweise. Wenn ich eine Szene zum erstenmal zusammenfüge, drehe ich den Ton weg, auch wenn es eine Dialogszene ist. Ich schaue die Gesichter der Personen an, stelle mir vor, was sie sagen, und lese ihre Körpersprache. Durch diese Umhüllung aus Stille kann ich mir den Ton so vorstellen, wie er schließlich sein wird. Ich lasse von Anfang an Raum für diese Geräusche, auch wenn ich nicht ganz sicher bin, welche es sein werden.

Ich finde diese Methode unverzichtbar, denn der einzige Ton, der beim Drehen aufgenommen wird, ist der Dialog, und der ist manchmal noch recht roh. Man kann von den Besonderheiten dieses Tons hypnotisiert werden, was nicht geschieht, wenn alles gereinigt und mit Musik und Geräuscheffekten verbunden ist. Beim ersten Zusammensetzen einer Szene ist es für mich wichtig, mir das Zusammenwirken von Musik, Geräuschen und Dialog in einer idealen dynamischen Form vorzustellen.

O: Also geschieht diese Markierung des siebzehnten Bilds ohne Ton?

M: Ich sehe es mir wie ein Stück Stummfilm an und stelle mir Musik und Geräusche möglichst genau vor. Ich konstruiere die ganze Szene ohne Ton, lasse sie ohne Ton zurücklaufen und mache die Änderungen auch so. Funktioniert es? Ich drehe den Ton an und stelle mich dem, was jetzt durch den Dialog hinzukommt. Manchmal ist es genau so, wie ich es mir vorgestellt habe. Dann sind wieder zufällige Dinge passiert, die viel interessanter sind als alles, was ich bewußt hätte erreichen können, wenn ich den Ton gehört hätte.

Natürlich kann es Fehler geben. Vielleicht wähle ich einen visuell guten Take, ohne zu wissen, daß ich mir den Dialog von einem anderen Take vorstelle, der besser ist. Also mache ich eine Korrektur: Ich benutze den guten Ton des anderen Takes und kombiniere ihn mit der visuell besseren Version. Wir sehen den Schauspieler also etwas sagen, obwohl der Ton von einem anderen Take stammt, denn das ist es, was ich vor meinem inneren Ohr gehört habe, als ich die Szene zusammensetzte. Jean Renoir hätte mich auf dem Scheiterhaufen verbrennen lassen! Ich versuche aber, diese Gelegenheiten zu ergreifen, die manchmal zufällig kommen und manchmal von einem Eindruck hervorgerufen werden, der tiefer ist als die sichtbare Wirklichkeit.

Diese Methode erlaubt es mir, die rhythmische Signatur des Films auf Einstellungen zu übertragen, die keinerlei Eigendynamik besitzen und nur eine bestimmte Länge haben müssen.

Zum Beispiel sitzt die Hauptfigur im *Talentierten Mr. Ripley* am Strand und schaut aufs Meer hinaus. Es kommt eine Einstellung des Meeres. Wie lange hält man sie? Man hält sie so lange, wie die Gedanken Ripley beschäftigen, während wir zuschauen. Während wir die Einstellung des Meeres sehen, nehmen wir Ripleys Blickwinkel ein und denken, was er denkt. Wenn mir diese Gedanken durch den Kopf gegangen sind, markiere ich das Bild. Dann wiederhole ich es und hoffe, dasselbe Bild zu treffen. Es verblüfft mich immer noch, daß es klappt, obwohl ich es schon seit dreißig Jahren so mache. Weil die Gedanken aber eine interne Dynamik besitzen, die seltsam unveränderlich ist, kann die Einstellung fünfzehn Sekunden oder länger dauern – dreihundertsechzig Bilder – und man trifft trotzdem mehrmals dasselbe Bild, das dreihunderteinundsechzigste.

O: Und diese Entscheidung ist dadurch vorbereitet, daß Sie schon wissen, wie Ripley gedacht hat?

M: Ja. Ich habe die Rhythmen des Schauspielers und die des Kameramanns verinnerlicht. Der Kameramann hat ebenfalls die Rhythmen des Schauspielers verinnerlicht und dazu die Rhythmen, die der Regisseur ihm vorgibt. So kommt alles zusammen, und jetzt nehme ich das alles auf und komme zu dem Punkt, an dem ich diese Rhythmen sogar auf Einstellungen ohne innere Dynamik übertragen kann – ohne Dialog, ohne Kamerabewegung, ohne Bewegung der Schauspieler.

O: Wie ein geübter Tontaubenschütze, der weiß, wie lange das Ziel in der Luft sein muß, bevor er das Gewehr hebt und zielt ...

M: Es hat viel Ähnlichkeit mit dem Schießen. Deshalb stehe ich auch beim Schneiden – ich setze den ganzen Körper ein. Es ist nicht unmöglich, aber schwer vorstellbar, daß jemand Tontauben im Sitzen schießt. Irgend etwas im rhythmischen Einsatz des ganzen Körpers läßt einen die Tontaube treffen.

O: Wie ist es mit der anderen entscheidenden Überlegung beim Schnitt – wo eine Einstellung *beginnen* soll?

M: Ich merkte sehr früh, während des *Dialogs,* daß ich gegen eine bestimmte Art von Schnitt allergisch war: Man könnte sie »übereinstimmende Bewegung« nennen. Das ist die Standardform des Hollywoodschnitts, bei der man mitten in der Bewegung einer Figur von einer Einstellung zu nächsten schneidet. Als das erfunden wurde, hielt man es für wichtig, weil es scheinbar den Moment des Schnitts verbarg. Irgendwie wollte man dem Publikum vorgaukeln, alles sei eine durchgehende Handlung.

Als ich anfing, versuchte ich brav in dieser Art zu arbeiten und merkte, daß mir das nicht gefiel. Statt dessen suchte ich Stellen, wo die Bewegung der folgenden Einstellung gerade begann, wie eine sich öffnende Blüte. Also schneide ich im allgemeinen nicht in der Mitte, sondern am Anfang einer Bewegung.

Ich bereite lieber die Bewegung der folgenden Einstellung vor. Ich führe eine Einstellung bis zu dem Punkt, an dem eine Figur den Kopf bewegen will, dann schneide ich und bereite dadurch diese Bewegung in der nächsten Einstellung vor. Manchmal mache ich das auch nicht, vor allem in Kampf- und Actionszenen.

Meistens kalkuliere ich aber ein, wo die Augen des Publikums im Moment des Schnitts sind, in welche Richtung sie sich bewegen, und wie schnell. Der Cutter muß sich das Zentrum der Aufmerksamkeit des Publikums während der Vorführung vorstellen und vorhersagen können, wo neunundneunzig Prozent der Zuschauer in einem

Aus dem *Talentierten Mr. Ripley*: Wie lange hält man die Einstellung, in der Ripley aufs Meer hinausschaut? »So lange, wie die Gedanken dauern, die Ripley anscheinend denkt, während wir zuschauen.«

»Warten auf die Provokation«

Anthony Minghella

Walter ist untrennbar mit meinen Vorstellungen von Kino und meinen Plänen als Filmemacher verbunden. Seine Konzentration im Schneideraum, die Standards, die er sich selbst gesetzt hat und von seinen Mitarbeitern erwartet, die unausgesprochene Auffassung, daß er ein gleichberechtigter Kollege, kein Diener, des Regisseurs ist, und sein tiefes Verständnis für jeden Aspekt des Filmemachens – all das macht ihn zu einem Partner, und zwar zu einem höchst anregenden. Er hat schon geschrieben, Regie geführt und Pionierarbeit dafür geleistet, wie Filme klingen und aussehen. Zu den vielen Dingen, die Walter mich gelehrt hat, gehört die Notwendigkeit, daß jedes Element im Film funktionieren und mit allen anderen zusammenwirken muß. Seine Methode, im Schneideraum Fotos aus allen Filmszenen aufzuhängen, erinnert ständig daran, daß jeder Schnitt den gesamten Film beeinflußt, daß jede Sequenz Teil eines Ganzen ist und daß die inneren Bezüge einer Szene zu den größeren Bezügen passen müssen.

Er besitzt ein außerordentliches Verständnis dafür, wie Musik in einem Film funktioniert, und das ist, für Walter sehr ungewöhnlich, keine theoretische Strategie. Er scheint Musik in den Film zu werfen, indem er die Einsätze zerstückelt und ihre vorgesehenen Positionen in Frage stellt: ein Gelehrter in Sachen Partitur. Ihn mit Gabriel Yareds sorgfältig choreographierten Skizzen arbeiten zu sehen, bringt jemanden, der stolz darauf ist, ein Musiker zu sein und ein musikalisches Gehör zu haben, völlig aus dem Konzept. Ich erinnere mich, daß ich Gabriel zunächst ein paar Regeln gab, um die Komposition der Musik für den *Englischen Patienten* zu organisieren, mit besonderer Orchestrierung für die Szenen im Kloster und in der Wüste. Walter hörte sich diese Einsätze mit einer gewissen Distanz an, während ich ihre jeweiligen Positionen erklärte. Dann stand er wie immer an seinem Schneidepult und markierte scheinbar zufällig Einsätze, wobei er mit dem Avid die jeweilige Länge dehnte oder kürzte, oft gar nicht auf das ganze Stück hörte und ganz sicher nicht auf den Plan achtete, den ich skizziert hatte. Die Ergebnisse waren oft verblüffend und immer provokativ.

Das war einer von mehreren Anlässen, bei denen einer von uns, oder auch beide, den Schneideraum mit gefährlich angespannten Nerven verlassen hat. Trotzdem spiegelt der fertige Film ebensosehr Walters Auffassung wider, wie die Musik klingen sollte, wie meine oder Gabriels.

Und ich habe gelernt, entspannt damit umzugehen und auf diese Provokationen zu warten, ebenso wie ich sie beim Bild erwarte. Wenn ich die Muster des Tages sehe, habe ich kein Interesse daran, Walter zu sagen, wie ich mir den Schnitt einer Szene vorstelle, obwohl ich immer eine Schnittsequenz geplant habe. Ich habe mit der Zeit verstanden, daß die Freude am Film darin liegt, alle mitspielen zu lassen und dieses Spiel möglich zu machen. Walter weiß, wer Regie führt; der Regisseur weiß, daß er in ihm einen riesigen Schatz an Ideen besitzt, den er ausnutzen sollte.

Im Vorspann zu *Ripley* ist »talentiert« das letzte Adjektiv in einer Serie von Beschreibungen, die Ripleys Namen vorausgehen: mysteriös, unglücklich, zerbrechlich und so weiter. Es ist ein Versuch, die Widersprüche dieser komplexen Figur zu zeigen. Also: der brillante, verblüffende, spröde, loyale, zärtliche, brummige, undurchschaubare, weise, wundervolle, optimistische, strenge, besessene, liebevolle, abrupte, professorale, allwissende, geduldige, ungeduldige und unverzichtbare Mr. Murch.

bestimmten Moment hinschauen. Sie haben gesagt, Sie schauen immer zu der Person, die tippt, der Stenotypistin in Gerichtsszenen. Sie sind vielleicht die einzige Person, bei der ich es nicht vorhersagen kann! Im großen und ganzen muß ich aber mit einiger Sicherheit sagen können, daß in einem bestimmten Moment neunundneunzig Prozent der Zuschauer auf *diesen* Punkt auf der Leinwand schauen und im nächsten Moment *dorthin*. Das heißt, ihre Augen bewegen sich zum Beispiel mit einer gewissen Geschwindigkeit von links in die obere rechte Ecke der Leinwand. Wenn ich an diesem Punkt bei Bild siebzehn schneide, weiß ich, daß ihre Augen im Koordinatensystem der Leinwand dort oben sind.

Das ist eine sehr wichtige Information. Wenn ich die nächste Einstellung auswähle, suche ich ein Bild aus, auf dem genau dort, wo die Augen der Zuschauer beim Schnitt gerade sind, etwas Interessantes zu sehen ist, um ihre Aufmerksamkeit zu erregen und in eine neue Richtung zu lenken. Jede Einstellung hat ihre eigene Dynamik. Eine der Pflichten des Cutters ist es, den Brennpunkt der Aufmerksamkeit des Publikums wie ein heiliges Gefäß zu tragen und auf interessante Art über die Leinwand zu bewegen.

In einer Kampfszene darf man aber die Erwartungen der Zuschauer durchkreuzen. Man kann ihre Augen in eine Richtung lenken und dann auf etwas schneiden, das in die völlig andere Richtung geht. Das erzeugt beim Publikum ein Gefühl der visuellen Desorientierung, wie sie in einem echten Kampf entsteht. Man weiß nicht, woher der nächste Schlag kommt. Dieses Gefühl versuchen wir visuell zu imitieren.

O: Und womöglich auch in einer Liebesszene.

M: Ja. In der Liebe gibt es keine Achsensprünge. In einer leidenschaftlichen Liebesszene ist es sogar ein Vorteil, wenn man die Bildachse möglichst oft überschreitet. Sieht man die Tanzszene aus *Ghost – Nachricht von Sam* an, nachdem Sam und Molly mit Lehm gespielt und angefangen haben, zur Musik der Jukebox zu tanzen ... Sie steckt voller Schnitte, die die Bildachse überschreiten. Wenn der Tanz leidenschaftlich wird, bringt jeder Schnitt die Figuren auf die »falsche« Seite des Bilds.

Visuell gesehen, führe ich das Auge, das passiert rhythmisch und sinnlich, aber – Moment mal! Soll sie nicht links sein und er rechts? Nein, es ist andersherum! Dadurch geraten wir in den Zustand, den wir bei leidenschaftlicher Liebe erleben – Desorientierung, Raumlosigkeit. Wir sind körperliche Wesen, aber wir sind an einem Ort jenseits des Raums. Indem ich die Grammatik des Films so fragmentiere, suggeriere ich dem Publikum ein wenig von demselben Gefühl.

Würde ich es so schneiden, wie man es nach der klassischen Filmgrammatik schneiden *soll,* wäre die Wirkung etwas plump: Diese Menschen tun leidenschaftliche Dinge, und wir stehen bloß daneben und sehen ihnen zu. Indem man die Regeln bricht, kann man das Publikum diesem Wahn näherbringen, der die leidenschaftliche Liebe ist.

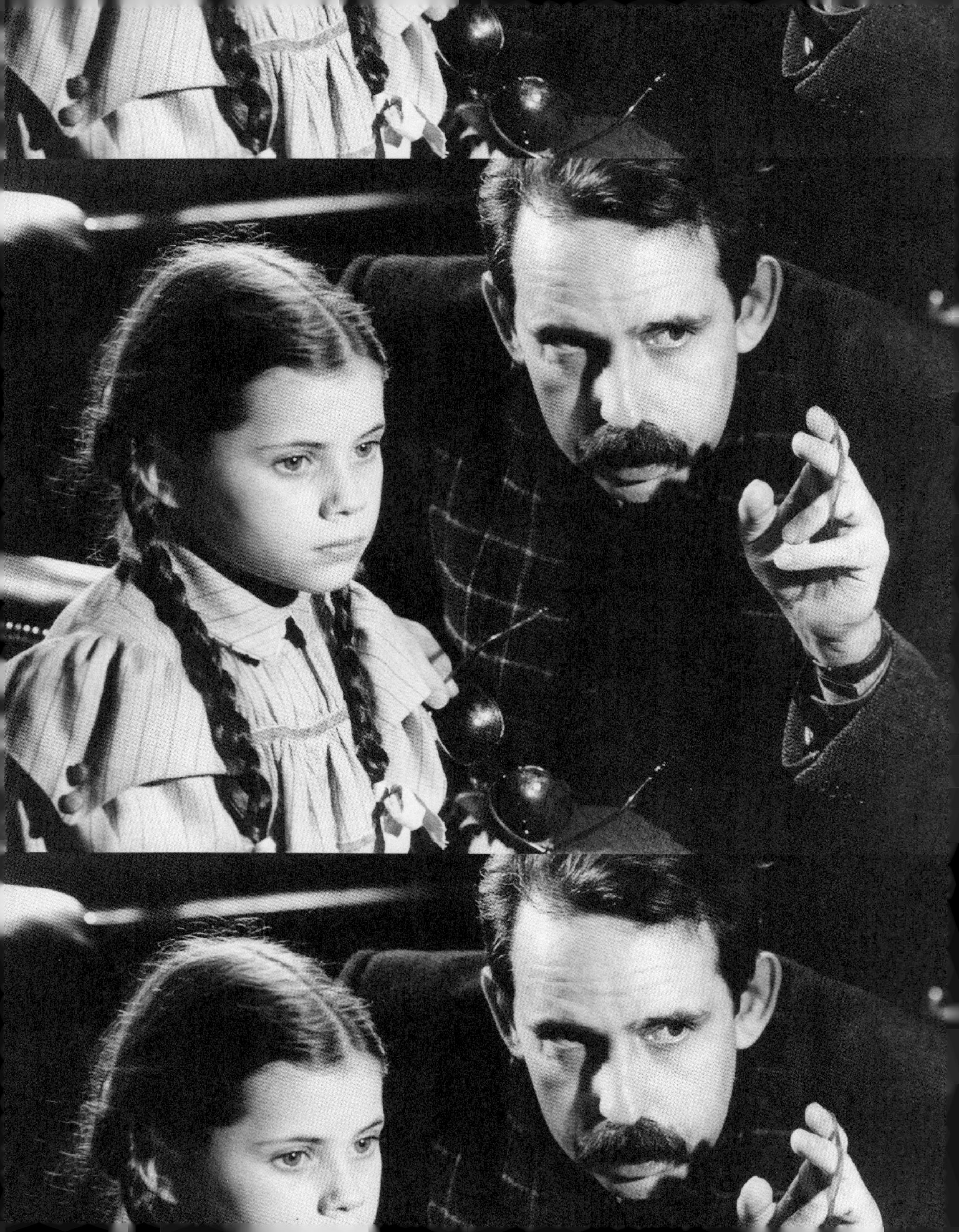

LETZTES GESPRÄCH

Toronto

1928 ging Walters Vater aus Toronto in die USA. Jetzt war Walter wieder zurück in der Stadt, über siebzig Jahre später und in Begleitung seines Sohns (der auch Walter heißt und Schnittassistent ist), um mehrere Monate lang an *K-19: Showdown in der Tiefe* zu arbeiten, einem Film mit Harrison Ford und Liam Neeson über eine geheime Episode der sowjetischen Geschichte – den tschernobylartigen Untergang des ersten russischen Atom-U-Boots. Unser letztes Gespräch fand deshalb im Juni 2001 in Toronto statt.

An seinem letzten Sonntag dort trafen wir uns in meinem Haus. Wenige Tage später wollte er zurück nach Kalifornien, um den Schnitt abzuschließen. Walter war entspannt und sprach über seine Erfahrungen als Regisseur und Drehbuchautor. Er erinnerte sich an seine frühe Liebe zu den *Oz*-Büchern und daran, wie er das Kultbuch *Wisconsin Death Trip* als historische Quelle für seinen Film *Oz – eine fantastische Welt* verwendete.

Außerdem dachte er darüber nach, ob man vielleicht, wie für die Musik, auch für den Film ein Notationssystem erfinden könnte. Und als unser Gespräch sich dem Ende zuneigte, kam er noch einmal auf das Thema Träume zurück.

Murch gibt Fairuza Balk, die in seinem Film *Oz – eine fantastische Welt* (1985) die Dorothy spielt, Regieanweisungen.

Selige Unruhe

O: Ich möchte mit Ihnen über Ihre Arbeit als Regisseur von *Oz – eine fantastische Welt* reden. Seit damals – 1985 – haben Sie weiter als Cutter gearbeitet, aber nicht mehr als Regisseur. Wollen Sie wieder Regie führen? Haben Sie sich dabei wohlgefühlt?

M: Ich habe etwas dabei gelernt, daß mir nämlich von meinem Temperament her nichts daran liegt, Regie zu führen um der Regie willen. *Oz* war ein Projekt, das mir am Herzen lag. Ich brachte es in Gang und bin sehr froh, den Film gemacht zu haben, den ich wunderbar und seltsam finde, ganz im Geist der originalen *Oz*-Bücher. Manche lieben den Prozeß des Regieführens, der Mobilisierung vieler Menschen um seiner selbst willen. Francis ist dafür ein klassisches Beispiel. Ich tue das nicht – ich bin eher ein Einzelgänger.

Im Moment der Arbeit ist man als Cutter wohl in einer sehr ähnlichen geistigen Verfassung wie ein Schriftsteller, der das Material neu ordnet, das er schon geschrieben hat, und beschließt, welche Reihenfolge er wählt und was er streicht oder kürzt.

Der Vorteil beim Schreiben und Schneiden ist, daß man jederzeit aufhören und einen Spaziergang machen, essen, telefonieren oder im Garten graben und nachdenken kann. Der Cutter hat in jedem Augenblick die Freiheit, sich mit dem Material zu beschäftigen oder nicht. Man kann immer einen Schritt zurücktreten und ein wenig das Unbewußte arbeiten lassen.

Wenn beim Regieführen erst mal der Rahmen festgelegt ist, muß man sich ziemlich eng daran halten. Wenn man eine Szene dreht, muß man weiter drehen, auch wenn sie nicht so gut funktioniert, und man muß das Beste daraus machen, egal, was die Variablen sind. Ich übertreibe jetzt, um es zu verdeutlichen. Falls etwas *wirklich* nicht funktioniert, muß der Regisseur natürlich unterbrechen und nachdenken, aber damit stoppt er eine gewaltige Maschinerie, und das bedeutet hohe Folgekosten, die noch lange nachwirken.

Das bringt mich auf einen anderen Punkt. Der Regisseur ist das Publikum, für das Schauspieler und Techniker arbeiten. Sie schauen ihn an, um zu sehen, wie es läuft. Er ist der emotionale Lackmustest. Das spitzt sich noch zu, wenn man die Szenen in anderer Reihenfolge dreht – das heißt, ein Schauspieler muß manchmal an einem einzigen Tag von ausgelassenem Überschwang zu tiefer Trauer übergehen. Erst muß er dreißigmal den Überschwang wiederholen, dann kommt die Mittagspause, und dann tiefe Trauer.

Es fehlt der normale Leitfaden der Kontinuität, der das Spiel eines Theaterschauspielers auf Kurs hält. Also wird der Regisseur der Leitfaden. Er muß den ganzen Film im Kopf haben und sagen können: Ja, diese Trauer ist sehr gut, der Schauspieler trauert zu Recht, aber die Trauer, die ich sehe, ist zu blau, sie muß röter sein – was immer das heißt –, und zwar wegen der Position der Szene im Film. Der Regisseur hat einen Fixpunkt, der für die anderen nicht unmittelbar verständlich ist, er weiß, daß die Trauer die falsche Farbe hat, und muß den Schauspieler jetzt bitten, sie zu ändern.

Als Regisseur muß man also absolut in der Gegenwart leben und auf all die winzigen Sachen achten, die alle anderen gerade tun. Zugleich wird man davon überrascht – meistens teilweise positiv, teilweise negativ. Während man die Szene vorantreibt, versucht man, das Gute zu betonen und das Schlechte zu eliminieren oder abzuschwächen, entweder durch die Schauspieler oder durch die Kameraposition. Dann muß man es mit dem schon gedrehten Material und dem, das man noch drehen muß, in Einklang bringen. Die Entscheidungen, die man trifft, müssen mit dem verschmelzen, was vorausgegangen ist – und sie werden das beeinflussen, was noch kommt. Um wirklich effektiv zu sein, muß man zugleich in der Vergangenheit, der Gegenwart und der Zukunft leben.

Das ist ein völlig unnatürlicher Zustand, jedenfalls für mich. Am nächsten kommt ihm wahrscheinlich der Zustand eines Generals, der mitten in der Schlacht seine Truppen organisiert. Sie als Schriftsteller und ich als Cutter dürfen manchmal einen Schritt zurücktreten, wir müssen es sogar. Das ist kein Luxus, es ist eine absolute Notwendigkeit. Aber ein Regisseur kann keinen Schritt zurücktreten.

O: Es gibt eine herrliche Geschichte, wie Chaplin die Dreharbeiten für einen Film stoppt, um über ein ästhetisches Problem nachzudenken …

M: Er war ein Meister dieser Art von höherer Gewalt und machte es wahrscheinlich öfter als jeder andere in der Filmgeschichte. Wegen seiner Stellung hatte er eine beispiellose Kontrolle über den ganzen Prozeß, er war Drehbuchautor, Regisseur und Schauspieler. Seine Drehbücher waren anders, als wir sie kennen. Er inszenierte etwas und dachte lange nach, was am lustigsten wäre, dann sah er es später an und sagte: Nein, es funktioniert nicht, wir fangen wieder von vorn an.

Er hatte wahrscheinlich als einziger die Freiheit, an die Sie und ich als Schriftsteller und Cutter gewöhnt sind, weil er so unglaublich reich war, an Geld wie an Macht. Es hat vorher und nachher niemanden wie ihn gegeben.

O: Ich glaube, es war in *Lichter der Großstadt,* wo er das Problem lösen mußte, wie das blinde Mädchen den Tramp für einen Millionär halten konnte. Schließlich kam er darauf, daß der Tramp eine belebte Straße überquert, indem er durch die Autos steigt, auf der einen Seite rein, auf der anderen raus, bis er auf der anderen Straßenseite ist. Das letzte Auto ist eine Limousine, und das blinde Mädchen hört dieses Türschlagen und interpretiert den Status des Tramps falsch. Alles hängt also an einem Geräusch, und das in einem Stummfilm!

M: Obwohl es ein Stummfilm ist, werden wir aufgefordert, das Geräusch mit den Ohren des blinden Mädchens zu hören und seine Schlüsse daraus zu ziehen. Es war ein Geniestreich.

O: Mir kommt das Regieführen wie die Hölle vor, als müßte man in kurzer Zeit etwas auf dem Center Court von Wimbledon komponieren!

M: Als wir 1984 in London die Dreharbeiten zu *Oz* beendeten, lud Jim Henson am vierten Juli alle Amerikaner, die dort an Filmen arbeiteten, zu einer Party im Regent's Park ein. Während wir unsere Hot Dogs aßen und Baseball guckten, fragte mich Jim: »Sind Sie glücklich?« Ich war einen Moment geschockt. Ich hielt es für eine seltsame Frage von einem Regisseur an einen anderen. Natürlich verstand ich, daß er meinte: »Wie läuft's bei Ihnen?« Er meinte nicht *glücklich* im tieferen, wörtlichen Sinne. Also antwortete ich: »O ja, ich bin sehr glücklich. Es läuft toll!« Später dachte ich aber darüber nach: Was ich gesagt habe, war die richtige soziale Reaktion, aber was ist die wahre Antwort auf so eine Frage – zwischen zwei Regisseuren? Die beste Antwort, die mir jetzt einfiel, war: »Nein, ich bin nicht glücklich, aber ich wäre völlig verzweifelt, wenn ich nicht tun könnte, was ich gerade tue. Halten Sie mich nicht auf – ich bin verzweifelt, aber halten Sie mich nicht auf. Ich bin auf die erstaunliche, kosmische Weise verzweifelt, wie es ein Regisseur sein kann.«

Die Choreographin Martha Graham hat mal über diesen Zustand gesprochen. Sie nennt es »selige Unruhe«. Wenn ich wieder bei dieser Party wäre, würde ich zu Jim sagen: »Hm, ja, ich lebe in seliger Unruhe.«

Das Drehbuch für *Oz – eine fantastische Welt*

O: Sprechen wir über Sie als Autor – und über das Schreiben für den Film. Sie haben mit George Lucas das Drehbuch für *THX 1138* geschrieben, die Sampan-Szene in *Apocalypse Now* und mit Gill Dennis *Oz – eine fantastische Welt*.

M: Ich habe beim Schreiben immer mit jemandem zusammengearbeitet. *THX* mit George, das erste Drehbuch für *Der schwarze Hengst* mit Caroll Ballard und Gill Dennis und dann *Oz* mit Gill. Dann schrieben Gill und ich ein Drehbuch mit dem Titel »Störende Begräbnisse«, das nie verfilmt wurde. Wir arbeiten einfach gern zusammen.

O: Ich habe neulich mit ihm gesprochen, und er sagte, die Entstehung von *Oz – eine fantastische Welt* habe sehr viel Zeit beansprucht. Das Schreiben dauerte drei oder vier Jahre. Stimmt das?

M: Wir haben 1981 das Treatment geschrieben und ein paar Monate später das Drehbuch. Dann folgten mehrere Fassungen, wie Sie wissen. Die Vorproduktion begann im Frühjahr 1983, die Dreharbeiten begannen im Frühjahr 1984. Die ganze Zeit über schrieben wir weiter am Buch.

O: War das ein Projekt, das Sie sich zusammen ausgedacht haben und dann einem großen Studio zeigten, oder wurden Sie gefragt: Haben Sie Interesse?

M: Nein. Es war ein Anruf aus heiterem Himmel von Tom Wilhite, der damals bei Disney arbeitete. Das Studio hatte Mitte und Ende der siebziger Jahre mehrere empfindliche Erschütterungen erlebt, vor allem wegen der Konkurrenz durch *Krieg der Sterne* und *Der schwarze Hengst*. Sie erkannten, daß es genau die Art von Filmen war, die sie eigentlich selbst drehen sollten. Disney war damals ein fast hermetisch abgeriegeltes Studio. Man hätte vergessen können, daß es in Hollywood lag. Wenn man bei Disney arbeitete, dann nur dort. Und das galt auch umgekehrt – sie holten keine Leute von außen. Ich glaube, das war Teil von Walt Disneys Haltung gegenüber Hollywood. Und sie setzte sich nach seinem Tod fort.

Also sahen sie sich *Krieg der Sterne* und *Der schwarze Hengst* an und dachten, irgendwas passiert da draußen. Es ist Zeit, die Tore des Klosters zu öffnen und andere Leute

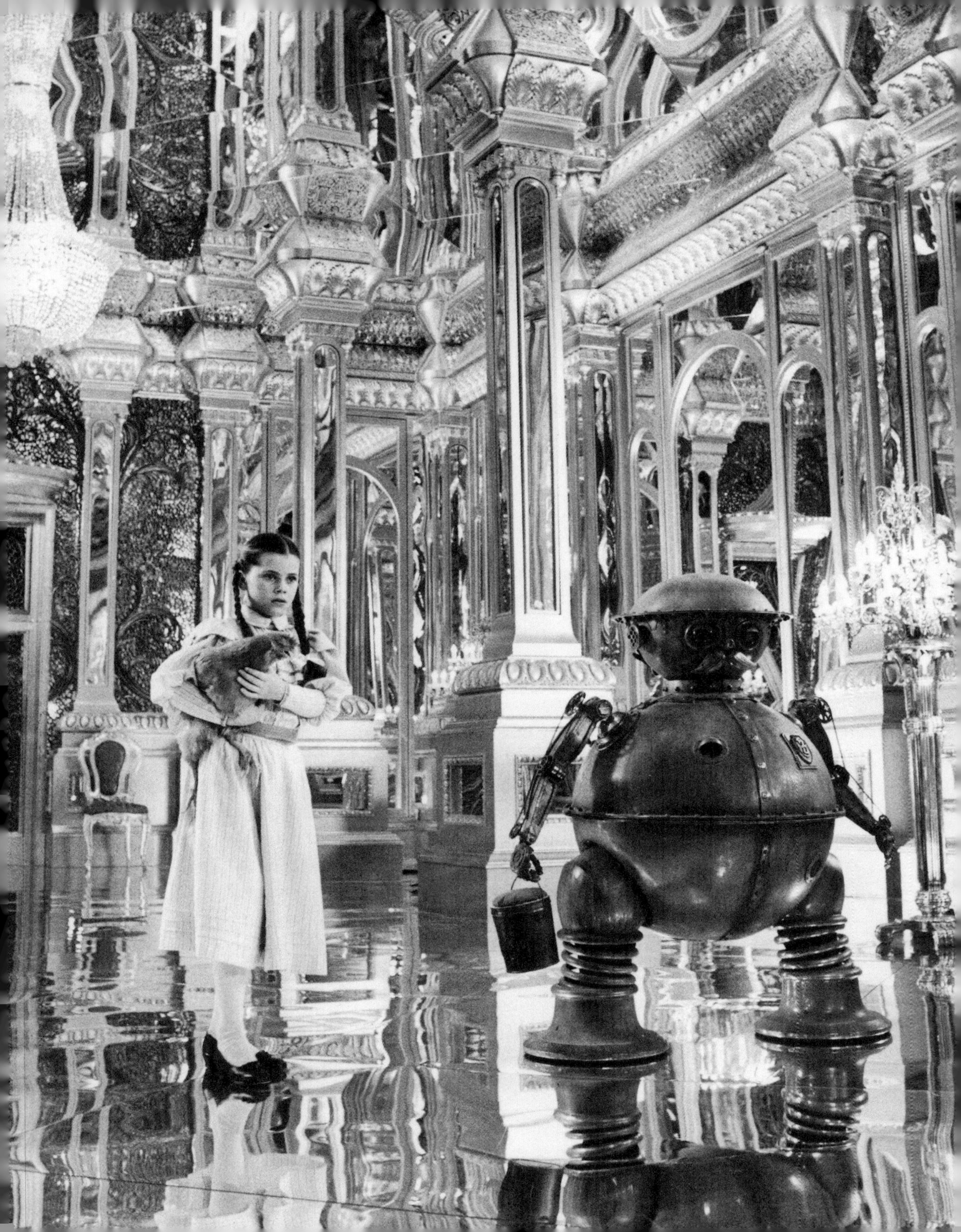

reinzuholen. Ich stand auf einer Liste, die ein Filmkritiker der *L. A. Times* für Wilhite zusammengestellt hatte – Leute, die noch keine Regisseure waren, es aber vielleicht bald wären. Wahrscheinlich kamen die Disney-Leute bis M und riefen mich an.

Sie fragten, welche Art von Film sie und mich interessieren könnte. Ich sagte sofort: Eine Fortsetzung zum *Zauberer von Oz*, und zwar aus drei Gründen. Als ich klein war, hatte ich L. Frank Baums *Oz*-Bücher geliebt. Zweitens gefiel mir die Herausforderung, eine Fortsetzung zu drehen. Es war ein bißchen wie: Drehen wir eine Fortsetzung zu *Vom Winde verweht*. Es ist ein Filmklassiker. Als *Oz – eine fantastische Welt* anlief, war das auch eins der Argumente, mit denen der Film angegriffen wurde: Wie können Sie es wagen, eine Fortsetzung zum *Zauberer von Oz* zu drehen? Und wie können Sie es wagen, sie so zu machen? Ich wußte von Anfang an, daß es riskant war.

O: Ich erinnere mich, daß David Cronenberg erzählte, wie alle, als er das Remake von der *Fliege* drehte, geschrien hätten: O Gott, wie können Sie einen so bekannten Film nehmen! Und er antwortete: Hört mal, es ist *Die Fliege*, nicht *Citizen Kane*. Aber in gewisser Weise handelte es sich bei Ihrem Film *doch* um *Citizen Kane*.

M: Ganz sicher als kulturelles Artefakt. *Der Zauberer von Oz* besitzt eine enorme kulturelle Raffinesse, er betrifft die amerikanischen Gesellschaft sehr stark. Also wollte ich etwas reichlich Schwerwiegendes unternehmen.

Der dritte Grund war, daß ich nach der Geburt meines Sohns Walter anfing, *Sesamstraße* mit den Muppets zu gucken. In den Muppets entdeckte ich eine Empfindsamkeit und eine technische Schlichtheit und Raffinesse, die mich an *Oz* erinnerte.

O: Wissen Sie noch, wann Sie die *Oz*-Bücher zum erstenmal gelesen haben?

M: *Ozma von Oz* und *The Land of Oz* – die Bücher, auf denen *Oz – eine fantastische Welt* basiert –, waren die allerersten Bücher, die ich las. Ich war fünf Jahre alt und sagte: »Ich werde ganz allein ein Erwachsenenbuch lesen!« Also ein Buch mit viel mehr Wörtern als Bildern. Meine Mutter hatte mir schon ein paar der anderen *Oz*-Bücher vorgelesen. Als sie um die Jahrhundertwende in Ceylon aufwuchs, war sie davon überwältigt. Die Bücher waren das kulturelle Gegenstück zu Harry Potter heute.

Dorothy, Billina und Tiktok in *Oz – eine fantastische Welt*.

Meine Mutter war die Tochter kanadischer Missionsärzte, die um 1880 nach Ceylon gingen, um ein Krankenhaus aufzubauen. Ihre Eltern sprachen davon, »nach Hause nach Kanada« zu gehen, und sie wußte, daß es eines Tages geschehen würde. So schlugen die *Oz*-Bücher, mit den Reisen zwischen gewöhnlichen und exotischen Welten und der ausgeprägten, vieldeutigen Beschwörung von »Zuhause«, eine bestimmte Saite bei ihr an. Es war, als wäre meine Mutter eine Dorothy, die in Oz geboren wurde und wußte, sie würde eines Tages nach Kansas gehen.

O: Frank Baum war ein Sozialradikaler, nicht wahr? Ich glaube, seine Bücher waren in den öffentlichen Bibliotheken in Kansas verboten.

M: Und sie sind immer noch nicht in allen Bibliotheken erhältlich, weil darin Hexen vorkommen – die Existenz von Hexen gilt als antichristlich –, und damit sollten Kinder sich nicht beschäftigen. Aber es gibt auch viele Hexen in Grimms Märchen, dagegen hat niemand was. Es hat damit zu tun, daß Baum so durch und durch amerikanisch ist und doch von Hexen erzählt. Das macht die Leute nervös. Hexen sind nicht amerikanisch, sie sind etwas Europäisches. In Europa, dem Land der Kröten und Kobolde, ist das in Ordnung. Aber man darf nicht Amerika mit Hexen koppeln. Das ist eine wundervolle Dissonanz. Sie sprach mich sogar schon an, als meine Mutter mir die Bücher vorlas. Außerdem behandelt Baum herrliche metaphysische Fragen. Er zwinkert einem nicht dabei zu oder meint, sie wären zu hoch für Kinder.

Ein gutes Beispiel ist *The Tin Woodman of Oz*. Der blecherne Holzfäller war erst ein Mensch, der bei Unfällen Körperteile verlor. Er hackte sich einen Arm ab und ersetzte ihn durch einen aus Blech. Dann hackte er den anderen ab, wieder bei einem Unfall, und ersetzte ihn auch durch einen Blecharm. Dann das eine Bein, dann das andere. Und schließlich wurde sein Kopf abgehackt, und er setzte einen aus Blech auf. So war er schließlich ganz aus Blech.

Die metaphysische Frage ist: Wo liegt das Selbst? Kann das Selbst die Verstümme-

Links: In einer Buchillustration von John R. Neill verwandelt Mombi den Jungen Tip zurück in die Prinzessin Ozma, die über die Smaragdstadt herrschen soll. *Rechts:* Jean Marsh als Mombi in *Oz – eine fantastische Welt*.

lung des Körpers überleben? Eine tiefsinnige Frage, über die manche Leute viele Jahre lang diskutieren. Wenn ich ein Stück von mir verliere, bin ich dann weniger ich selbst?

Im *Tin Woodman of Oz* gibt Baum der Frage aber einen weiteren Dreh: Der blecherne Holzfäller trifft im Verlauf der Handlung seinen früheren Kopf, der in einem Kasten steckt, und sie unterhalten sich. Der Kopf ist verständlicherweise wütend und beschwert sich: »Du rennst da draußen rum, und ich stecke hier im Kasten! Setz mich wieder auf!« Und der Holzfäller antwortet, er sei froh, ganz aus Blech zu sein. Er muß sich vor Rost hüten, aber er hat keine körperlichen Bedürfnisse. Er braucht nichts zu essen. Offenkundig denkt Baum hier an die Anfechtungen des Fleisches, von denen der Blechmann jetzt befreit ist. Im *Zauberer von Oz* war das einzig Menschliche, was er wollte, ein Herz. Er bedauerte nur, nicht fühlen zu können. In diesem Buch schließt er aber den Kasten mit seinem alten Kopf und geht weg. Trotzdem denkt man: Worin liegt das Selbst?

Daß in Oz niemand stirbt, hat eine gewisse Mehrdeutigkeit. Deshalb kann der Kopf des blechernen Holzfällers auch in einem Kasten überleben. Es ist eine Welt, in der es Verstümmelung gibt, aber keinen Tod. Aber stellen Sie sich vor, als Kopf mit einem Bewußtsein für immer in einem Kasten zu leben. Höllisch! So jung ich auch war, das bekam ich doch mit.

Von einem bestimmten Standpunkt aus – den man einen traditionellen, amerikanischen, optimistischen, christlichen, hierarchischen Standpunkt nennen könnte – ist Baums Botschaft also anarchisch. Außerdem ist sie feministisch. Alle wirklich kreativen, interessanten Menschen in seinen Büchern sind Frauen. Die Männer sind zum größten Teil Scharlatane und Narren – die Soldaten, der Zauberer selbst, die Dämonen,

Murch mit dem blechernen Holzfäller und Jack Kürbiskopf während der Dreharbeiten zu Oz – *eine fantastische Welt* in England.

der Nomenkönig. Die wirklich intelligenten, wohlwollenden Leute sind Ozma, Dorothy und Glinda die Gute, diese wunderbaren Wesen, die vernünftig sind und das Gute sehen.

Die Männer, die *wahre* Männer sind und ein Herz haben, sind künstliche Geschöpfe: Jack Kürbiskopf, der Holzfäller, die Vogelscheuche und Tiktok. Sie alle sind Metaphern für Menschen, die sich verstümmelt und neu erschaffen haben, oder Leute wie Jack Kürbiskopf, dessen Kopf ständig fault und ersetzt werden muß. Denken Sie an die metaphysischen Implikationen der Sache! Er ist ein Geschöpf, das durch magisches Pulver zum Leben erweckt ist, aber alle zwei Wochen muß er sich einen neuen Kopf schnitzen und aufsetzen.

Aus all diesen Gründen hatten Baums Bücher ihre Bewunderer wie ihre heftigen Gegner. Weil *Oz – eine fantastische Welt* diese Fragen direkt ansprach – ohne die Zerstreuung durch Songs und die künstlichere, vaudevilleartige Form des *Zauberers von Oz* von 1939 –, war er wohl auch kein Kassenerfolg. Ich spürte dieselbe Art von Opposition, die sich gegen Baum geregt hatte. Manche der Bücher waren zwar populär, aber nicht bei einem bestimmten Teil des amerikanischen Publikums.

O: Gill Dennis sagte, ich solle Sie nach *Wisconsin Death Trip* fragen. Das ist ein bemerkenswertes Buch – aber in welcher Beziehung steht es zum Film?

M: Ich glaube, das ist ein weiterer Grund, warum meine Version von *Oz* die Leute verstörte. Gill besaß dieses Buch von Michael Lesy. Es ist eine Collage aus Fotos und Zeitungsmeldungen aus Wisconsin um 1890, dazwischen ab und zu ein Gedicht aus Edgar Lee Masters *Spoon River Anthology*. Es ist ein realistischer Blick auf das damalige Leben in diesem Teil der Welt, kurz vor der Jahrhundertwende, ziemlich genau die Welt, in die eine wirkliche Dorothy hineingeboren worden wäre. Sobald etwas vorbei und unerreichbar ist, neigen wir dazu, es in einem goldenen Schimmer zu sehen. Wenn das Leben doch nur wieder so einfach wäre wie damals! Wenn die Leute doch nur wieder auf Farmen leben und ihre eigenen Nahrungsmittel anbauen könnten!

Die Wirklichkeit sah ganz anders aus. Es gab Wahnsinn, Krankheit, Brandstiftung und Rache. Ich fragte mich: Was wäre, wenn die erste Geschichte, *Der Zauberer von Oz*, wirklich passiert wäre und in einer Lokalzeitung gestanden hätte? Daß ein Tornado das Haus eines alten Ehepaars zerstörte – was dauernd vorkam – und ein Mädchen, die Nichte des Ehepaars, als sie wunderbarerweise lebend gefunden wurde, eine Geschichte erzählte, wo sie gewesen sei. Was hätten ihre Tante und ihr Onkel gedacht? Was wären die realen Lebensbedingungen dieser Familie? Was, wenn sie ein neues Haus mit einer

»Ich habe ein wunderbares Bild aus *Wisconsin Death Trip* von einem Mädchen, das uns den Rücken zukehrt, an einem Flußufer. Für mich war sie stets die wahre Dorothy.«

neuen Hypothek bauen müßten und der Onkel sich beim Tornado das Bein gebrochen hätte und als Farmer zu überleben versuchte? Und wenn ihre Nichte dann über diesen magischen Ort sprechen würde, an dem sie gewesen war. Sie würden sagen: »Red kein dummes Zeug, so einen Ort gibt es nicht!« Was sollte sie tun? Sollte sie leugnen, daß sie dagewesen wäre? Das ist Dorothys Dilemma zu Beginn unseres Films. *Oz – eine fantastische Welt* ist eine Fusion aus der Realität von *Wisconsin Death Trip* und der Fantasy von *Ozma von Oz*.

Ein anderer wichtiger Einfluß war Willa Cathers *Meine Antonia*. Ich besuchte sogar ihr Haus in Red Cloud, Nebraska ...

O: Als Sie mit Gill das Drehbuch schrieben, arbeiteten Sie da ständig zusammen?

M: Nein. Jeder für sich. Wir entwickelten den Handlungsbogen zusammen, teilten ihn auf und schrieben jeder eine Hälfte. Dann trafen wir uns, lasen es zusammen, machten Anmerkungen dazu und tauschten: Ich überarbeitete seine Hälfte und er meine. Es war ein literarisches Reise-nach-Jerusalem-Spiel. Wir hatten eine sehr ähnliche Sichtweise.

O: Die animierten Plastilinfiguren (Claymation) in dem Film waren wundervoll.

M: Damals fragte ich mich, was ich mit dem Nomenkönig und seiner Armee von Nomen machen sollte – im Buch waren sie sechzig Zentimeter große runde Geschöpfe, die in grauen Kostümen mit kleinen Bärten und Spitzhacken herumliefen. Ich schauderte bei dem Gedanken, es in einem Studio mit hundert Kleinwüchsigen zu drehen – das wollte ich nicht, ich wollte etwas anderes, etwas mit mehr Magie. Zum Glück sah ich bei einem Filmfestival Will Vintons Claymation. Ich schickte ihm ein Exemplar des Drehbuchs und meine Idee, daß die Nomen Geister waren, die im Fels lebten, daß sie Fels *waren* und manchmal menschliche Gestalt annehmen konnten. Er fand die Idee toll. Sein Studio hatte sich mit dem Ton abgemüht und versucht, ihn wie Fleisch wirken zu lassen. Hier hatten sie die Chance, ihn das sein zu lassen, was er wirklich ist: eine formbare Art von Fels.

O: Was ist mit Figuren wie Tiktok und Jack Kürbiskopf? Haben Sie die Illustrationen in Baums Buch als Vorbild genommen?

M: Ich versuchte, die Ausstattung und die Figuren – mit Ausnahme der Nomen – so eng wie möglich an den Originalillustrationen zu halten. Meine Mutter liebte vor allem die Fortsetzungen, die von John Rea Neill illustriert waren. Er hatte einen ganz anderen Stil als W. W. Denslow, der Illustrator des *Zauberers von Oz*. Baum und Denslow zerstritten sich über künstlerische und finanzielle Fragen, deshalb stellte Baum Neill an, einen jungen Illustrator aus Philadelphia. Von Anfang an war meine Verbindung zur Welt von Oz durch Neill inspiriert.

O: Wie sehr unterscheidet sich das Talent zum Schneiden von dem, sich einen Film auszudenken oder ihn zu schreiben?

M: Ziemlich stark. Jeder kreative Mensch besitzt Elemente von beidem. Der bearbeitende Teil von mir ist ziemlich ausgeprägt, aber der schöpferische Teil ist schwächer, etwas unterernährt. Oder er hat Angst vor der Kraft des anderen.
Wenn ich also schreibe, muß ich einen Weg finden, beide Teile gefahrlos zusammenarbeiten zu lassen. Geborene Schriftsteller sind eben Leute, bei denen diese beiden Seiten ihres Geistes im Gleichklang leben. Ohne sich dessen bewußt zu sein, bringen sie etwas

Rechts oben: Der König der Nomen in *Oz – eine fantastische Welt*, dessen Armee von Will Vinton im Claymation-Verfahren geschaffen wurde. *Rechts unten:* Eine Filmszene mit dem Gump. *Links:* Dorothy, Tiktok, die Vogelscheuche, Jack Kürbiskopf und der blecherne Holzfäller fliegen auf einer Originalillustration von John R. Neill auf dem Gump.

hervor und bearbeiten es gleichzeitig, in vollkommenem Gleichgewicht. Es ist wie diese doppelhälsigen Tuben mit Epoxidharzkleber, die zu gleichen Teilen das Harz und den Härter abgeben.

In meinem Fall spürte ich die Gefahr, daß ich eine Idee haben würde, die im selben Moment von meinem bearbeitenden Anteil angegriffen würde. Damit erreicht man nichts. Wenn andererseits der kreative Teil sehr stark und der bearbeitende sehr schwach ausgeprägt ist, hat man eine Menge Wörter, aber es fehlt die Struktur und Präzision der Ideen.

Wenn ich ein Drehbuch schreibe, lege ich mich hin – weil es das Gegenteil vom Stehen ist. Ich schneide im Stehen, deshalb lege ich mich zum Schreiben hin. Ich nehme einen kleinen Rekorder und versinke in einer leichten hypnotischen Trance, ohne mir dessen bewußt zu sein. Ich tue so, als wäre der Film schon fertig und ich würde bloß beschreiben, was passiert. Ich fange chronologisch an, aber dann springe ich hin und her. Alles, was mir einfällt, spreche ich auf das Band. Weil ich liege und meine Augen geschlossen sind, weil ich nichts ansehe und die Ideen nur von diesem stummen Schreiber – dem Kassettenrekorder – festgehalten werden, gibt es nichts, was ich kritisieren könnte. Es kommt einfach heraus.

Auf diese Weise entwaffne ich meine bearbeitende Seite. Ich versetze mich in eine Situation, die der Art, wie ich schneide, möglichst entgegengesetzt ist, körperlich wie geistig, damit diese Ideen ermutigt werden, aus dem Wald zu kommen wie kleine Tiere, die am Teich trinken und fressen, ohne das Gefühl zu haben, der Falke wird herabstoßen und sie zerreißen.

O: Was für ein blutrünstiger Beruf!

Direkt unter der Oberfläche

O: Ich weiß, daß Sie sich für die Idee einer Notation von Filmszenen interessieren.

M: Ja, ich habe so eine Ahnung, daß irgendeine systematische Form von filmischer Notation möglich ist, aber sie muß erst noch entwickelt werden.

Wie ich schon mal sagte, ich glaube, Filmemacher ähneln den Kathedralenbaumeistern des Mittelalters, die ein praktisches und zugleich mystisch-intuitives Gefühl für Dynamik und Physik hatten. Die Gebäude stehen immer noch, aber wenn man ihnen gesagt hätte, sie sollten die Regeln dafür aufschreiben, hätten sie nicht weitergewußt.

Im zehnten Jahrhundert befand sich auch die Musik in dieser Phase, es gab kein modernes Notationssystem. Irgendwie entstand die Musik und wurde durch Imitation weitergegeben. Jemand sang sie, dann ahmten sie alle nach, und sie entwickelte sich weiter. Anfang des elften Jahrhunderts kam Guido von Arezzo dann auf die fabelhafte Idee, daß man Musik aufschreiben konnte.

Die Tatsache, daß sich diese Töne, ätherische, religiöse Klänge, irgendwie durch Punkte notieren ließen, ist bemerkenswert, genauso bemerkenswert wie die Erfindung der Schrift.

Die Fähigkeit, Musik zu notieren, beeinflußte erkennbar die Musik, die geschrieben wurde, so wie die Erfindung der Schrift den Charakter der Geschichten veränderte, die man erzählte.

O: Und was erzählt oder rezitiert wurde, hing ursprünglich davon ab, wieviel man sich merken konnte. Wenn es aufgeschrieben ist, kann man die Erzählung stärker auffächern, zurückspringen oder vorausdeuten ...

Der Benediktinermönch Guido d'Arezzo (ca. 990 bis 1050) entwickelte ein musikalisches Notationssystem, in dem er die »Guidonsche Hand« benutzte.

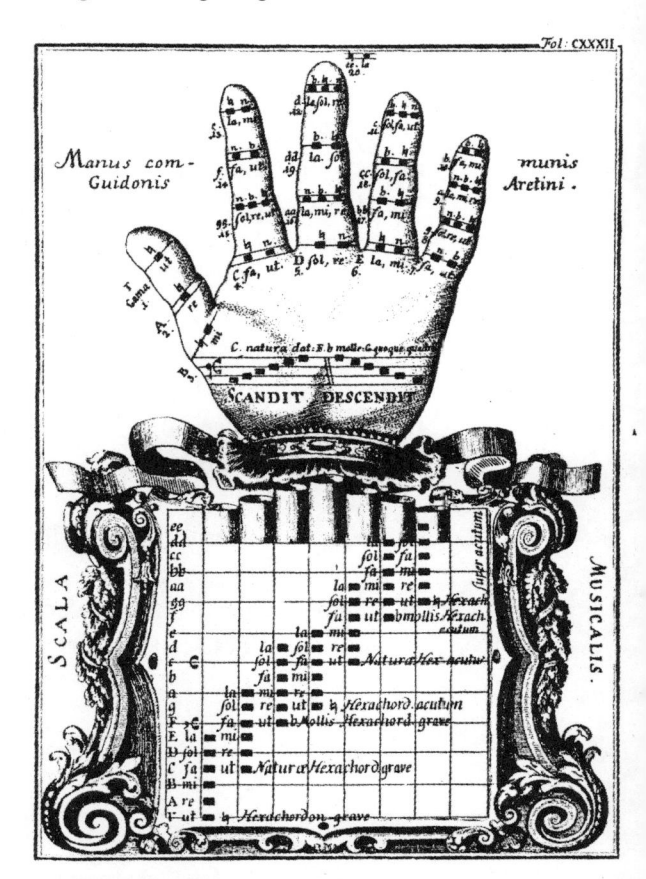

M: Richtig. Sie wird synaptischer, es lassen sich detailliertere Verbindungen herstellen. Das passierte auch in der Musik. Vor der Notation gab es keine Polyphonie. Es war einfach zu schwer für den Geist – abgesehen davon, daß sie als gottlos galt. Wenn es aber erst mal auf dem Blatt stand, konnte man eine zweite Melodie schreiben, die mit der ersten harmonierte, und ein anderer sang diese Melodie. Dann konnten die anderen Instrumente wieder etwas anderes tun. Alles floß nach einem komplexen Muster zusammen. Die westliche Musik der letzten achthundert Jahre ist eine kontinuierliche Weiterentwicklung von Guidos Idee.

Wir drehen jetzt seit hundert Jahren Filme und haben noch keinen Guido von Arezzo. Vielleicht kann man aber den Weg zur Erfindung eines Notationssystems für den Film als etwas wie das chinesische I Ging betrachten, das uralte chinesische System zur Vorhersage der Zukunft.

O: Wie würde sich das I Ging zum Film verhalten?

M: Auf einer tiefgründigeren Ebene ist das I Ging ein Versuch, die Komplexität der menschlichen Existenz festzumachen, indem man sie in vierundsechzig verschiedene Zustände aufteilt, die durch Muster, Hexagramme, symbolisiert werden. (Vierundsechzig ist übrigens eine wichtige Zahl – groß, aber nicht zu groß. Denken Sie an die vierundsechzig Felder des Schachbretts oder an die Tatsache, daß der Code des Lebens in der DNA aus vierundsechzig möglichen Dreibuchstabenkombinationen besteht.) Das passende Hexagramm wird zufällig gewählt, durch sechs Würfe von je drei Münzen. Jedes Hexagramm hat einen Namen, der sich auf eine Existenzform bezieht: Das Kreative, Das Rezeptive, Schwieriger Anfang, Jugendlicher Leichtsinn und so weiter. Und zu jedem Namen gibt es ein Urteil und eine Erklärung.

Trotz seiner Oberfläche ist das Filmdrama ebenfalls ein Versuch, der Komplexität der menschlichen Existenz eine Struktur zu geben. Vor ein paar Jahren begann ich mich zu fragen, ob es eine Verbindung zwischen der Struktur der I-Ging-Hexagramme und der Inszenierung von Filmszenen gäbe. Der Film, der diesen Gedanken auslöste, war Sydney Pollacks *Die Sensationsreporterin,* und die besondere Szene war ein geheimes Treffen zwischen einem Geschäftsmann (Paul Newman) und dem Bezirksstaatsanwalt von Miami.

Newman war vorübergehend die schwächere Figur – er wollte etwas, was der Staatsanwalt ihm nicht geben wollte –, und die Kamera stellte ihn auf die rechte Seite des Bilds, von wo er nach links aus dem Bild zum Staatsanwalt guckte.

Die Position des Staatsanwalts war aber überraschenderweise auch auf der rechten

Seite, so daß sein Bild beim Schnitt das von Newman überdeckte, als wollte es sagen: »*Nein!*« Um diese Ablehnung noch zu verstärken, waren der Blick und der Körper des Staatsanwalt fast immer von Newman weggerichtet, der dadurch dreifach abgelehnt wurde.

Die Szene ging mir ein paar Tage lang durch den Kopf und fügte sich dann plötzlich in ein Organisationssystem ein. Eine Art Guido-von-Arezzo-Idee im Miniformat: Man könnte die Inszenierung eines Geschehens mit einem sehr einfachen Code aufschreiben, einem Code aus zwei binären Triaden: Für jede Figur gibt es drei Fragen, und jede Frage wird mit Ja oder Nein beantwortet.

Für Newman waren die drei Fragen: 1) Schaut er den Staatsanwalt an? 2) Ist sein Körper zum Staatsanwalt gerichtet? 3) Akzeptiert seine Position im Bild den Staatsanwalt, oder lehnt sie ihn ab? Bei Newman waren die drei Antworten: Ja, Ja, Ja.

Die gleichen drei Fragen für den Staatsanwalt hätten die Antworten: Nein, Nein, Nein.

Plötzlich sah ich die Verbindung zum I Ging. Genauso ist es organisiert: zwei Ja/Nein-Trigramme. Beim I Ging ist es Yin und Yang, und da hatte ich Ja und Nein; Yin mit einer unterbrochenen Linie, Yang mit einer durchgehenden.

In jedem Film gibt es einen Bittsteller und einen Gewährenden, eine schwächere und eine stärkere Figur, sonst gäbe es keine Szene. Das Machtverhältnis kann offensichtlich oder aber einer oder sogar beiden Figuren verborgen sein. Also existiert in jedem Moment jeder Szene eine Dynamik zwischen zwei Menschen, die sich auf viele Arten ausdrücken läßt.

In der *Sensationsreporterin* haben wir den mächtigen Staatsanwalt als Gewährenden und Newman, den Helden, als Bittsteller. Die drei Linien des Staatsanwalts sind: Nein, Nein, Nein.

―――――――
―――――――
―――――――

Newmans drei Linien sind: Ja, Ja, Ja.

――― ―――
――― ―――
――― ―――

Beim I Ging wird das stärkere Trigramm nach oben und das schwächere nach unten gestellt, deshalb würde es für die Szene in *Die Sensationsreporterin* vollständig so aussehen – das zwölfte Hexagramm, Stillstand:

```
―――――   ―――――
―――――   ―――――
―――――   ―――――
―――――       
―――――       
―――――       
```

Das Urteil des Hexagramms Stillstand lautet: *Das Böse wird nicht gedeihen. Durch Beharrlichkeit wird der Überlegene seine Ziele erreichen. Die Starken gehen, die Schwachen kommen näher.*

Natürlich hat eine so orakelhafte Aussage viele Bedeutungen, aber man kann sie so verstehen: *Der Staatsanwalt wird nicht gedeihen, und Newman wird durch Beharrlichkeit seine Ziele erreichen,* und das kommt der Wahrheit, die dieser Szene zugrunde liegt, sehr nah.

Es wäre eine interessante Übung, ein Drehbuch zu nehmen, für jede Szene das I Ging zu werfen und zu lesen, was die Hexagramme über die möglichen Inszenierungen dieser Abschnitte und die jeweilige menschliche Situation zu sagen haben. Zumindest wäre es anregend!

0: Das ist auch in bezug auf den Anfang des *Paten* interessant. Vito Corleone (Brando) erscheint zunächst besorgt und zögernd, obwohl er die Macht hat, während der Bittsteller klar und wirkungsvoll plädiert.

M: Genau. Manchmal erscheint die objektiv schwächere Figur stärker und umgekehrt –, und dann kommt im Verlauf der Szene eine überraschende Umkehrung. Im ersten und zweiten Teil des *Paten* gibt es viele Beispiele für die kreative Manipulation dieser grundlegenden Inszenierungselemente. Da ist im *Paten I* die Szene zwischen Kay und Michael im Hotel.

0: Kay ist an der linken Seite des Bildausschnitts zu sehen und Michael an der rechten mit dem leeren Raum hinter sich.

M: In dieser Szene ist Kay die Bittstellerin; sie möchte Michael begleiten, wenn er seinen Vater im Krankenhaus besucht, und Michael ist dagegen. Er versucht nett zu sein und ihre Gefühle nicht zu verletzen, vor allem im ersten Teil der Szene. Er sieht sie an, wendet sich ihr zu, und seine Position im Bild ist entgegenkommend. Ja, Ja, Ja. Kays Haltung ist ebenfalls Ja, Ja, Ja.

Sie bittet ihn aber immer weiter, mitkommen zu dürfen, bis er eine entschiedenere Haltung einnehmen muß. Er steht auf, um seinen Mantel zu nehmen – er ist immer noch nett zu ihr, immer noch zu ihr gewandt, aber wenn er sich wieder setzt, hat seine Position sich verändert: Er ist jetzt seitlich angeschnitten. Er schaut sie immer noch an, ist ihr immer noch zugewandt, aber seine Position im Bild verneint sie: Ja, Ja, Nein. Wenn der Schnitt zwischen den beiden Einstellungen kommt, landet sein Bild genau auf ihrem, und es gibt einen großen leeren Raum in der rechten Bildhälfte, der Raum, zu dem Michael sich wenden wird, wenn er das Zimmer verläßt, um seinen Vater zu besuchen. Durch diesen leeren Raum ist die Familie unsichtbar ins Zimmer getreten und läßt ihre Anwesenheit spüren.

Das Wunderbare ist, daß Michael Kay immer noch anschaut und sich ihr zuwendet. Scheinbar hat sich nichts verändert. Auf einer tieferen Ebene hat sich jedoch etwas verändert, unsichtbar, aber machtvoll. Wir alle kennen das Gefühl. Die Verwendung und Orchestrierung dieser Art von Kadrierung gibt Filmemachern ein machtvolles Werkzeug in die Hand, um das, was zwischen den Figuren gesagt oder an der Oberfläche mitgeteilt wird, zu kommentieren, in Frage zu stellen oder zu verstärken.

O: Es ist ein Schachspiel.

M: Genau das. Einer der größten Praktiker auf diesem Gebiet ist Sidney Lumet. Wenn Sie seinen bahnbrechenden Film *Die zwölf Geschworenen* ansehen, bemerken Sie, daß sich alles um die Orchestrierung von zwölf Personen in einem Raum dreht und darum, daß diese Inszenierung widerspiegelt, was an der Oberfläche gesagt wird, und auch um die verborgenen Bedeutungen und Spannungen direkt unter der Oberfläche.

O: Zwölf Männer in einem Raum, den sie nicht verlassen können, das hält man zunächst für dramatisch kaum entwicklungsfähig.

M: Wenn alle nur um den Tisch sitzen, einander anschauen und ihren Text sprechen würden, wäre es natürlich nicht auszuhalten. Daß man aber sieht, wie Lumet die Beziehung zwischen diesen Leuten und zwischen ihnen und der Kamera voll ausspielt, macht ihn zu einem faszinierenden klassischen Film. Die Kamera hat in seinen Filmen nicht nur die Aufgabe, etwas festzuhalten, sondern insgeheim auch den Auftrag, die verborgene Psychologie zu zeigen – die den Figuren vielleicht verborgen ist, die er uns aber zeigt.

O: Wie ist es bei etwas wie der scheinbar so formellen Tanzsequenz im *Englischen Patienten* mit Kristin Scott Thomas und Ralph Fiennes? Die beiden halten einander in den Armen ... aber es gibt einen ständigen Kampf und Wechsel in diesem Verhältnis.

M: Gesellschaftstanz ist ein wundervoller Spezialfall. Die Regeln des Tanzes zwingen einen, sich auf bestimmte Art zu bewegen – die soziale Konvention zwingt den Körper, sich dem anderen zuzuwenden. Das ist die Natur der Sache, auch wenn man seinen Tanzpartner nicht mag. Aber der Kopf – und speziell der Blick – kann ausweichen oder

Links: In den *Zwölf Geschworenen* ließ Sidney Lumet die kaum verborgenen Spannungen unter den zwölf Titelfiguren an einem einzigen Schauplatz hervorbrechen. Im Vordergrund: Henry Fonda und Lee J. Cobb. *Mitte:* Garbo tanzt in George Cukors *Die Frau mit den zwei Gesichtern* (1941) den Chica-choca. *Rechts:* Kristin Scott Thomas als Katharine und Ralph Fiennes als Almásy bei ihrem ersten Tanz im *Englischen Patienten*.

den anderen ansehen. Auch die Kadrierung, wie die Menschen im Kontext des größeren Tanzes gezeigt werden, kann eine Menge aussagen.

O: Hat Anthony diese Tanzsequenz als eine Einstellung gedreht? Sie schien wie eine einzige ausgedehnte Einstellung.

M: Nein, es waren vier oder fünf.

O: Was waren da die unausgesprochenen Aspekte, als Sie geschnitten haben? Wie haben Sie die Szene interpretiert?

M: Wir fragen uns, warum Katharine mit Almásy tanzt – sie hätte sagen können: »Nein, ich bin müde.« Aber sie hat zugestimmt. Sie fühlt sich offensichtlich von ihm angezogen, fürchtet sich aber vor dieser Anziehung. Also sieht sie ihn während des Tanzes eine Weile nicht an. Sie redet mit ihm, aber sie sieht ihn nicht an. Da aber ihr Körper ihm zugewandt ist, wird der Moment, wo sie ihn *doch* ansieht, sehr eindringlich. Ihre einzige Freiheit besteht darin, die Augen abzuwenden oder ihn anzusehen.

O: Aber ihre *Worte* sind auf Streit aus, obwohl die intime Tanzsituation weitergeht.

M: Das ist das Tolle daran! Katharine könnte sagen: Ich hasse dich – aber ich sehe dich nicht an, das bedeutet, ich sage eigentlich, ich liebe dich. Und mein Körper ist dir zugewandt, also liebe ich dich wirklich. Andererseits kann das distanziert ins Bild gesetzt sein, also liebe ich dich doch nicht.

So fügt man der Szene eine komplexe Harmonie hinzu, denn wir wollen, daß Filme sich auf interessante Art entwickeln, durch die gesprochenen Worte und die ausgedrückten Emotionen. Wir haben die Handlungslinie vom Drehbuch übernommen, und jetzt wird sie visuell, räumlich, rhythmisch und klanglich orchestriert. Was es so anziehend macht, ist, diese Mehrdeutigkeit zu zeigen und weiterzuentwickeln, bis sie sich in irgendeiner Weise am Ende der Szene oder des Films auflöst.

O: Es wäre interessant, diese Art von Bildaufbau auf Screwball-Komödien anzuwenden, in denen es so wenig Sex, aber so viel anarchischen Slapstick gibt, daß irgendwie alles auf eine Bindung hinausläuft. Ein Film wie *Die Falschspielerin,* wo der passive

Henry Fonda von der aufgeweckten und nervösen Barbara Stanwyck verfolgt wird, führt zu einer Menge Herumgehüpfe, wenn die Liebenden in einer kleinen Kabine mit einer womöglich giftigen Schlange eingesperrt sind und so weiter ...

Haben Sie bei der Liebesszene zwischen Katharine und Almásy während der Weihnachtsfeier im *Englischen Patienten*, wo die beiden von vielen moralischen und gesellschaftlichen Kräften umringt werden, daran mitgewirkt, all diese Blickwinkel durch den Schnitt zu choreographieren?

M: Viele dieser Elemente sind mir natürlich dadurch vorgegeben, wie Regisseur, Kameraleute und Schauspieler die Szene gedreht haben. Manchmal kann man als Cutter die Inszenierung verändern, aber nur begrenzt. Wenn der Regisseur dagegen das Verhältnis der Schauspieler zueinander arrangiert, ringt man wirklich mit diesen Elementen. Andererseits geschehen manche Dinge zufällig, und der Cutter kann sie sich zunutze machen.

Die Liebesszene während der Weihnachtsfeier ist eine gefährliche Situation. Es ist schließlich Weihnachten, und Almásy und Katharine sind ein ehebrecherisches Paar, das sich an einem halböffentlichen Ort liebt. Wenn jemand im falschen Moment um die Ecke käme, wäre es eine Katastrophe. Die sexuelle Spannung der Szene wird durch die Gefahr gesteigert und kompliziert. Nicht nur die Geographie der Party ist komplex – wie sie sich treffen, was er zu ihr sagt und wohin sie gehen –, auch die Tonebene dieser Szene ist sehr komplex. Man hört arabische Musik und Leute, die ausgerechnet in Kairo

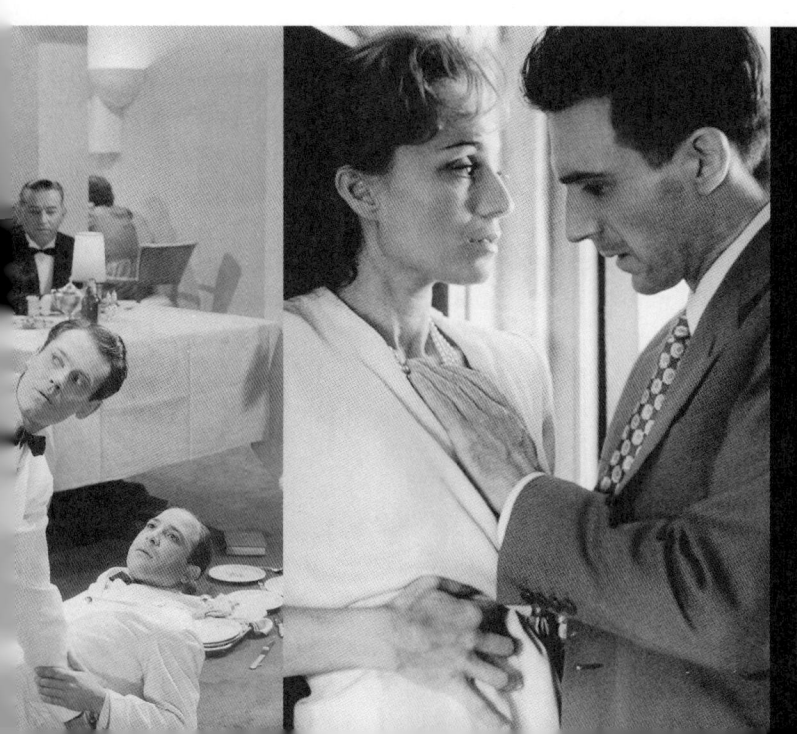

Links und Mitte: Zwei verrückte Szenen aus der *Falschspielerin*: Die überdrehte Barbara Stanwyck verfolgt den passiven Henry Fonda. *Rechts: Der englische Patient:* »Die Liebesszene während der Weihnachtsfeier ist eine gefährliche Situation.«

Weihnachtslieder singen. Eine sehr englische Party. Außerdem das Liebesthema, die Orchestermusik. Alle drei sind gleichzeitig zu hören.

O: Und manchmal ist ein Thema stärker als die anderen, so daß wir die Verschiebung in der Machtstruktur der verschiedenen Emotionen *hören*.

M: Stimmt! Ich würde sagen, daß in dieser Szene der Zusammenprall der Emotionen, das widersprüchliche Chaos der Emotionen, durch den Ton stärker unterstrichen wird als durch irgend etwas, was ich beim Schnitt tue.

Das gleiche läßt sich zum Beispiel durch Kostüme erreichen. Der Kostümdesigner kann ausdrücken: Diese Figur Tom Ripley will eine bestimmte Art von Mensch sein, ist aber in Wirklichkeit ein anderer. Also ziehe ich ihn so an, daß der innere Widerspruch eindringlich, aber subtil enthüllt wird. Alles ist perfekt, außer seinen Schuhen ... Wenn man seine Schuhe sieht, merkt man, daß er nicht der Mensch ist, für den er sich ausgegeben hat. Regisseur, Kameramann und Schauspieler können sich das zunutze machen, indem er die Beine übereinanderschlägt und unbewußt zeigt, daß seine Schuhe falsch sind. Oder weiß er, daß sie falsch sind, und versucht, sie zu verstecken?

So etwas läßt sich auch durch die Ausstattung erzielen. Wie zeigt und steigert der Wohnraum einer Figur ihre Wünsche und Widersprüche? Was wir hier diskutieren, sollte auf jeder Ebene entwickelt werden, der Inszenierung, der Besetzung, der Kameraführung, dem Ton, der Musik, dem Schnitt, den Kostümen, der Ausstattung, den Kulissen ...

Wenn man einen Film macht, versucht man, die interessanteste Orchestrierung all dieser Elemente zu erzielen, gleichzeitig harmonisch und widersprüchlich. Sind die Elemente total widersprüchlich, gibt es Chaos. Das klingt dann so wie das Stimmen der Instrumente vor Beginn des Konzerts – man findet keinen Zusammenhang. Es ist ein faszinierender, anregender Klang, aber nur für etwa fünfzehn Sekunden. Spielen dagegen alle Instrumente dieselben Noten – sind sie mit anderen Worten zu harmonisch –, gibt es zwar Zusammenklang, aber man ist nach wenigen Minuten gelangweilt.

Eine Sinfonie kann eine Stunde oder länger dauern, weil der Komponist und die Musiker eine harmonische Argumentation entwickelt haben, musikalische Fragen und Antworten, Widersprüche, Affirmationen und Auflösungen, die auf stets überraschende und letztlich doch logische Weise zusammenhängen.

Ein Film versucht eigentlich dasselbe, indem er die verschiedenen Sparten des Filmhandwerks zusammenführt, *einschließlich* der Musik.

O: Ich erinnere mich an Ihre frühen Schnittversionen der Weihnachtsszene im *Englischen Patienten*. In den letzten Phasen, kurz vor der Tonmischung, gab es einen großen Sprung; da war nun ein Durcheinander von Klängen – romantische Musik, Singen, dann der Schrank, der hinter Katharine an die Wand stößt. Eine gewaltige Landschaft von Klängen. Als Cutter sind Sie in diesem Moment der Dirigent, der bestimmt, wie lange Almásys Arm ihren Schenkel berührt, wie lange er sie ansieht –

M: Und welche Musik in diesem Moment gespielt wird. Das möchte ich wenigstens kurz ansprechen. Als der Toncutter Pat Jackson und ich darüber sprachen, sagte ich, es wäre toll, das Geräusch eines an die Wand stoßenden Schranks zu haben. Das gibt ein rhythmisches Element, aber es fügt auch ein Element der Gefahr hinzu – es ist ein Geräusch, das jemand hören kann. Wenn die Leute aufhören würden zu singen, würden sie es hören, und Katharine und Almásy würden entdeckt. Sie können sich auf leidenschaftliche und geräuschvolle Art lieben, und Ralph Fiennes und Kristin Scott Thomas engagieren sich in diesem Moment wirklich total. Das ist die Grundlage, auf der alles andere aufgebaut ist.

O: Anthony Minghella sprach davon, wie er als Regisseur die Liebesszene choreographieren mußte. Er gab den Schauspielern sehr genaue Anweisungen. Er skizzierte jede Bewegung, was ihnen größere Freiheit zum Spielen gab, denn sie mußten sich nicht anstrengen, um sich etwas auszudenken oder die Bewegungen selbst zu erfinden. Dann erzeugten Sie beim Schnitt eine andere Art von dreidimensionaler Choreographie, indem Sie das Material kunstfertig bearbeiteten.

M: Ich glaube, worauf ich mit dem Ganzen hinaus will – einschließlich dieser I-Ging-Geschichte –, ist, daß Filme, wenn sie funktionieren, auf einer komplexen Ebene ein harmonisches Zusammenspiel von Tönen und Bildern, Schauspiel, Kostümen, Ausstattung, Kamera und so weiter erreichen. Am Anfang haben wir ein Drehbuch, das wie eine einfache melodische Linie ist, so komplex es auch sein mag, aber wir haben noch keine orchestrierte Partitur. Der Regisseur, der in visueller Hinsicht dem Dirigenten am nächsten kommt, kann den Ablauf noch nicht orchestrieren, es sei denn durch Reden und Beispiele und manchmal anscheinend durch eine Art göttlichen Beistand. Wenn jede Entscheidung, die beim Film getroffen wird, ausführlich erklärt werden müßte, würde er nie fertig ...

O: Aber das Fehlen von Regeln und Codes und einer elaborierten Theorie ist doch auch das, was den Film lebendig macht. Natürlich ist der Film eine *Kunstform*, eine gemachte Form, aber das Wundervolle daran ist, daß er auch eine unkontrollierte Wirklichkeit einfängt. Es gibt die Chance des Zufälligen, das von Regisseur und Cutter ausgewählt und geformt werden kann. Deshalb mag ich auch keine Zeichentrickfilme, denn sie sind zu hundert Prozent vorgeplant, total manipulativ, völlig künstlich.

M: Stimmt. Das ist das Erstaunliche am Film. Ich habe den Verdacht, einen Guido von Arezzo des Kinos kann es nicht geben, aber wer weiß? Wer hätte im fünften Jahrhundert die moderne musikalische Notation vorausgesagt?

Wenn man sieht, was alles in so kurzer Zeit getan werden muß und was zugleich in einer Struktur und auf wunderbar zufällige Art harmonieren muß... Filmemacher hängen stark vom Glück ab, vielleicht sogar von Sheldrakes morphischer Resonanz: Irgendwie bringt schon die gleichzeitige Anwesenheit an einem Ort und das Denken über dieselben Dinge Menschen in sehr verschiedenen Situationen dazu, sich spontan zu ordnen, wie Eisenspäne durch einen Magnet. Sonst wüßte ich nicht, wie wir das tun können, was wir tun.

Ein wunderbarer Vers von Rilke

O: Glauben Sie, Erfolg und Mißerfolg können die Lektionen verzerren, die ein Künstler lernen kann?

M: Es gibt einen wunderbaren Vers von Rilke, daß es Ziel sei, an immer Größerem zu scheitern. Wir erkennen, daß all unsere Taten in gewissem Sinne nutzlos sind – die Erde wird in vielleicht einer Milliarde Jahren von der Sonne verbrannt –, aber in einem anderen Sinn ist es der Zweck unserer Reise, jedesmal einen Schritt weiter zu gehen. Also versucht man mit jedem Film etwas Neues, das auch scheitern kann. Ich glaube, im Sinne Rilkes scheitern wir ständig, wir wissen, daß wir nicht alles erreicht haben, was sich erreichen ließe. Weil wir es aber versuchen, entwickeln wir unser Talent oder unsere Muskeln oder Strategie jedesmal weiter.

Jeder Film kann uns etwas lehren, wenn wir diese Lektionen richtig verstehen. Das ist das Schwierige. Ich glaube, es ist am schwierigsten in Umgebungen, wo es nur völlige Ablehnung oder totale Anbetung gibt, unerklärliche Anonymität oder seelenzerstörende Prominenz. Wie geht man damit um? Diese Dinge haben ohne Zweifel eine Auswirkung auf die Psyche.

Ich bekam die Gefahren des Erfolgs sehr deutlich vor Augen geführt, als ich 1980 zu den Disney-Studios kam, um über das *Oz*-Projekt zu reden. Walt Disney war seit fünfzehn Jahren tot, aber so intensiv präsent, daß jedes seiner Worte, sogar der zufälligste Kommentar, heilig war. Einmal, heißt es, habe er sich die Aufnahmen des Tages für einen Realfilm angesehen und gefragt: »Was ist die rechnerische Blende bei dieser Einstellung?« Die rechnerische Blende bestimmt die Tiefenschärfe, wieviel im Schärfebereich ist. Jemand antwortete: »5,6.« Disney sagte: »Das gefällt mir. Es ist genug im Schärfebereich, aber nicht zu viel, es ist genau richtig.« Irgendwer merkte sich das, und es wurde ein Gesetz. Bei jedem Film der Disney-Studios mußten die Außenaufnahmen mit einer Blende von 5,6 gedreht werden, damit die Disney-Tiefenschärfe entstand.

Ob Disney das gewollt hätte oder ob es ihn schockiert hätte, daß die Antwort auf eine zufällige Frage von einem seiner Jünger notiert und zum Gesetz der Disney-Studios erhoben wurde, weiß ich nicht. Wenn etwas Erfolg hat, wird meistens alles, was dazugehört, das Gute wie das Schlechte, zu einem Erfolgsrezept zusammengeworfen. Es wird sehr schwierig, zu trennen, was daran wahr und was falsch, was gut und was schlecht, was oberflächlich und was tief war.

Die Vorstellung dieser Art von Erfolg – daß die Leute seine Bilder mögen und er in einem bestimmten Muster erstarren könnte – erschreckte van Gogh so sehr, daß sie zu seiner psychischen Labilität und seinem Selbstmord beitrug. Er wollte eigentlich forschen. Insgeheim genoß er die Freiheit, die Armut und Anonymität ihm gaben.

Die Verzerrungen des Mißerfolgs sind natürlich entsprechend: Alles wird grundlos abgelehnt. Das ist zumindest das Risiko. Aus einem gescheiterten Werk läßt sich wirklich viel lernen, aber es ist als Mißerfolg abgestempelt, und dann neigt man zu der Meinung, alles daran sei falsch gewesen und man müsse es beim nächstenmal unbedingt anders machen. Diesem Impuls muß man widerstehen, genau wie den klebrigen Fesseln des Erfolgs. Das sind schon fast religiöse Fragen. Was die Welt für einen Erfolg hält und belohnt, hat manchmal sehr wenig mit dem eigentlichen Inhalt des Werks zu tun und damit, in welcher Beziehung es zum Autor und seiner Entwicklung steht.

O: Wahrscheinlich ist es so zu erklären, daß ich meine Bücher nicht noch einmal lese, wenn sie erschienen sind. Deshalb besteht meine Erinnerung an *Anils Geist* oder an den *Englischen Patienten* oder an *In der Haut eines Löwen* aus der Erinnerung an meine emotionale Beziehung zu dem jeweiligen Buch, kurz bevor es erschien. Ich hänge in der Luft. Ich weiß nicht, ob es funktioniert oder nicht, aber es ist das Beste, was ich an diesem Punkt zustande bringe. Danach ist es entweder Pudding oder nicht, wie Wordsworth sagt ...

M: Ja. Es ist wichtig, daß man dieses In-der-Luft-Hängen festhält. Das ist das einzige, woraus man auf lange Sicht echte Lehren ziehen kann. Es kann Jahre dauern, bis man sie erkennt.

O: Und es gibt immer etwas, was mir im vorigen Buch nicht gelungen ist. Das nehme ich irgendwie mit, ich muß es beim nächstenmal lösen. Es gab einen Moment in *In der Haut eines Löwen,* den ich nicht ganz hinbekam – es hatte mit Ambrose Small und der seltsamen Einsamkeit kurz vor seinem Tod zu tun. Jetzt kann ich zurückschauen und sehe, daß viel von Almásys Situation im *Englischen Patienten* von diesem »Mangel« in dem früheren Buch kommt.

Träume

O: Ich möchte Ihnen eine letzte Frage stellen. Über Träume. Ich möchte wissen, ob der Ton – da Sie im wachen Zustand viel damit arbeiten – eine große Rolle in Ihrem Geist spielt, wenn Sie schlafen. Ist der Ton in Ihren Träumen wichtiger als in denen anderer Menschen?

M: Ich glaube nicht. In meinen Träumen spielt der Ton seltsamerweise kaum eine Rolle. Ich versuche mich zu erinnern – ich glaube, ich hatte vor sechs Monaten einen Traum, in dem der Ton wichtig war.
   Allerdings passiert mir etwas Komisches, besonders in der letzten Phase eines Films. Alles ist dann auf ein bestimmtes Ziel gerichtet, und man muß hellwach sein, aber man muß die Dinge auch auf das Wesentliche reduzieren, weil es einen Abschlußtermin gibt. Sachen, die man vorher erforscht hätte, wofür jetzt aber keine Zeit mehr ist. In solchen Zeiten träume ich selten. Der Film beschäftigt den träumenden Teil meines Geistes so sehr, als hätten Terroristen den Flugplatz besetzt. Die Träume möchten landen und können es nicht.
   Wenn ich einen Film beendet habe, gibt es eine leere Phase von etwa einer Woche. Dann kommen sehr schnell bestimmte Arten von Träumen, und einen Monat lang lebe ich in einem Zustand, in dem die Träume so intensiv und wirklich sind, daß ich morgens beim Aufwachen erschöpft bin.

O: Haben diese Träume mit dem Film zu tun, an dem Sie gearbeitet haben?

M: Nein.

O: Alles ist neues Material?

M: Ja. Was an den Träumen so erstaunlich und auch so anstrengend ist, das ist die Tatsache, daß sie nicht die Leichtigkeit von Träumen haben. Es sind antifilmische Träume. Träume und Filme haben die Fähigkeit, von einem Ort zum anderen zu springen. Auf einmal sind wir im Grand Canyon! Eben gingen wir noch durch den Dschungel, aber jetzt sind wir im Grand Canyon. Wieso? Was ist die Handlung?
   Diese postfilmischen Träume haben eine lastende Realität. Wenn ich träume, daß ich

in einem Raum von einer bestimmten Größe bin, erlebe ich jeden Schritt einzeln, wenn ich ihn durchquere. Stapf, stapf, stapf, stapf. Dann rede ich mit Ihnen in der Ecke da drüben. Dann holen wir uns einen Kaffee. Dann stapf, stapf, stapf, stapf, wieder zurück. Ich nehme an, in gewisser Weise gleichen diese Träume die »Leichtigkeit« des Films wieder aus, dieses Hin-und-her-Springen.

O: Vielleicht waren Sie während des Schnitts der blecherne Holzfäller, der die überzähligen Glieder der menschlichen Zeit abgehackt hat.

M: Ja!

O: Nun sind Sie wieder in einer langsameren Wirklichkeit.

M: Die Träume werden ungeduldig mit mir. Sie wollen hereinkommen und können es nicht, weil etwas anderes ihren Platz eingenommen hat – der Film. Erst wenn dieser Platz leer ist, können sie kommen. Und sie kommen, um die Situation wiederherzustellen. Anscheinend sind sie gnadenlos zeitlich ...

ENDE

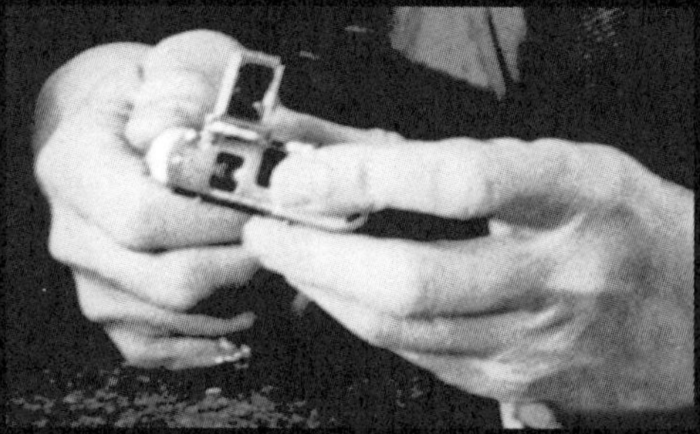

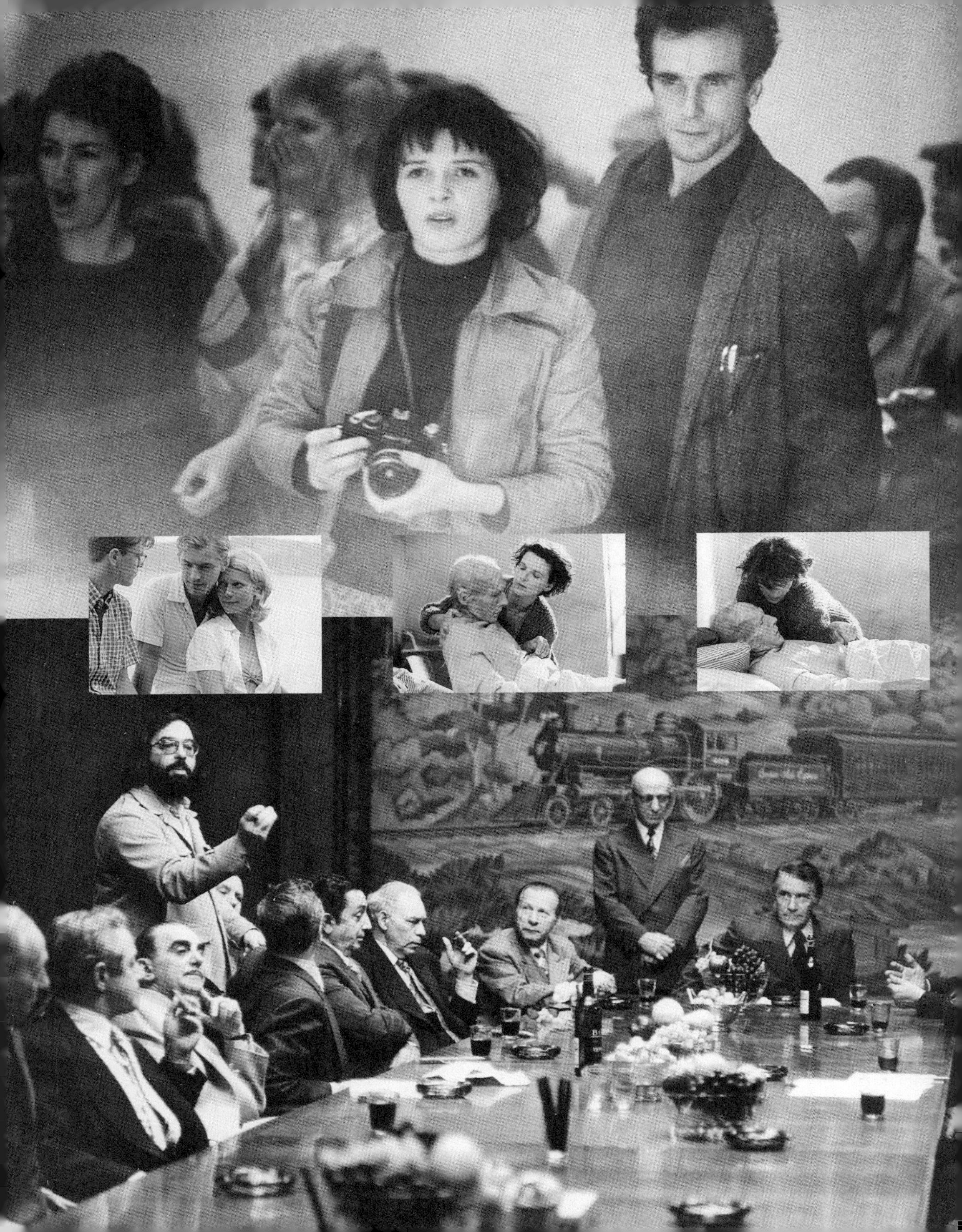

ANHANG

MURCH UND SEINE FILME

The Rain People / Liebe niemals einen Fremden (1969), Tonschnitt und Mischung. Amercian Zoetrope / Warner Bros. Drehbuch und Regie: Francis Ford Coppola. Darsteller: James Caan, Shirley Knight, Robert Duvall, Marya Zimmet, Tom Aldredge

Gimme Shelter (1970), Kamera. Maysles Films / Cinema 5. Regie: Albert Maysles, David Maysles und Charlotte Zwerin. Darsteller: Rolling Stones, Ike und Tina Turner, Jefferson Airplane, Flying Burrito Brothers, The Grateful Dead

THX 1138 (1970), Co-Autor, Tonschnitt und Mischung. American Zoetrope / Warner Bros. Drehbuch: George Lucas und Walter Murch. Regie: George Lucas. Darsteller: Robert Duvall, Donald Pleasence, Maggie McOmie, Don Pedro Colley, Ian Wolfe

The Godfather / Der Pate (1972), Ton. American Zoetrope / Paramount. Drehbuch: Francis Ford Coppola und Mario Puzo nach dem gleichnamigen Roman von Mario Puzo. Regie: Francis Ford Coppola. Darsteller: Marlon Brando, Al Pacino, James Caan, Richard Castellano, John Cazale, Diane Keaton, Talia Shire, Robert Duvall, Richard Conte, Sterling Hayden, John Marley

American Graffiti (1973), Tonschnitt und Mischung. Lucasfilm / The Coppola Company / Universal. Drehbuch: George Lucas, Willard Huyck und Gloria Katz. Regie: George Lucas. Darsteller: Richard Dreyfuss, Ron Howard, Paul LeMat, Charles Martin Smith, Cindy Williams, Candy Clark, Mackenzie Phillips

The Conversation / Der Dialog (1974), Schnitt, Tonschnitt und Mischung. American Zoetrope / The Coppola Company und The Directors Company / Paramount. Drehbuch und Regie: Francis Ford Coppola. Darsteller: Gene Hackman, John Cazale, Allen Garfield, Frederic Forrest, Cindy Williams

The Godfather, Part II / Der Pate – Teil II (1974), Tonschnitt und Mischung. American Zoetrope / The Coppola Company / Paramount. Drehbuch: Francis Ford Coppola und Mario Puzo nach dem gleichnamigen Roman von Mario Puzo. Regie: Francis Ford Coppola. Darsteller: Al Pacino, Robert Duvall, Diane Keaton, Robert De Niro, John Cazale, Talia Shire, Lee Strasberg, Michael V. Gazzo, Troy Donahue

Julia (1977), Schnitt. Twentieth Century-Fox. Drehbuch: Alvin Sargent nach dem Buch *Pentimento* von Lillian Hellman. Regie: Fred Zinnemann. Darsteller: Jane Fonda, Vanessa Redgrave, Jason Robards, Maximilian Schell, Hal Holbrook, Rosemary Murphy, Meryl Streep, Cathleen Nesbitt, Maurice Denham

Apocalypse Now (1979), Schnitt, Ton und Mischung. Omni / American Zoetrope / Paramount. Drehbuch: John Milius und Francis Ford Coppola. Regie: Francis Ford Coppola. Darsteller: Marlon Brando, Robert Duvall, Martin Sheen, Frederic Forrest, Albert Hall, Laurence Fishburne, Sam Bottoms, Dennis Hopper

Dragonslayer / Der Drachentöter (1981), Mischung. Walt Disney / Paramount. Drehbuch: Hal Barwood und Matthew Robbins. Regie: Matthew Robbins. Darsteller: Peter MacNicol, Caitlin Clarke, Ralph Richardson, John Hallam, Peter Eyre, Albert Salmi

Return to Oz / Oz – eine fantastische Welt (1985), Co-Autor und Regisseur. Walt Disney / Silver Screen Partners. Drehbuch: Gill Dennis und Walter Murch nach den Büchern *Ozma of Oz* und *The Land of Oz* von L. Frank Baum. Regie: Walter Murch. Darsteller: Fairuza Balk, Jean Marsh, Nicol Williamson, Piper Laurie, Matt Clark

Captain Eo (Musikvideo, 1986), Schnitt. LucasFilm / Disney. Drehbuch und Regie: Francis Ford Coppola. Darsteller: Michael Jackson, Anjelica Huston, Dick Shawn

The Unbearable Lightness of Being / Die unerträgliche Leichtigkeit des Seins (1987), Schnitt. Saul Zaentz / Orion. Drehbuch: Jean-Claude Carrière und Philip Kaufman nach dem gleichnamigen Roman von Milan Kundera. Regie: Philip Kaufman. Darsteller: Daniel Day-Lewis, Juliette Binoche, Lena Olin, Derek de Lint, Erland Josephson, Daniel Olbrychski

Call from Space (1989), Schnitt. Showscan Co. Drehbuch: Chris Langham und Sarah Paris. Regie: Richard Fleischer. Darsteller: Bill Campbell, James Coburn, Charlton Heston

Ghost (1990), Schnitt und Mischung. IP / Paramount / Howard W. Koch. Drehbuch: Bruce Joel Rubin. Regie: Jerry Zucker. Darsteller: Patrick Swayze, Demi Moore, Whoopi Goldberg, Tony Goldwyn, Stanley Lawrence, Christopher J. Keene, Susan Breslau, Martina Degnan

The Godfather, Part III / Der Pate – Teil III (1990), Schnitt und Mischung. Paramount / Zoetrope. Drehbuch: Francis Ford Coppola und Mario Puzo nach dem gleichnamigen Roman von Mario Puzo. Regie: Francis Ford Coppola. Darsteller: Al Pacino, Diane Keaton, Talia Shire, Andy Garcia, Eli Wallach, Joe Mantegna, George Hamilton, Bridget Fonda, Sofia Coppola, Raf Vallone, Franc D'Ambrosio, Donal Donnelly, Richard Bright, Helmut Berger, Don Novello

The Godfather Trilogy: 1901-1980 / Der Pate – Trilogie, Schnitt. Paramount Pictures. *Der Pate* (1972), *Der Pate – Teil II* (1974) und *Der Pate – Teil III* (1990).

House of Cards / Das Kartenhaus (1993), Schnitt und Mischung. A&M Films / Penta. Drehbuch und Regie: Michael Lessac und Robert Jay Litz. Darsteller: Kathleen Turner, Tommy Lee Jones, Park Overall, Shiloh Strong, Asha Menina, Esther Rolle, Michael Horse, Anne Pitoniak

Romeo Is Bleeding (1994), Schnitt und Mischung. Working Title / Polygram. Drehbuch: Hilary Henkin. Regie: Peter Medak. Darsteller: Gary Oldman, Lena Olin, Annabella Sciorra, Juliette Lewis, Roy Scheider, David Proval, Will Patton

I Love Trouble / I Love Trouble – Nichts als Ärger (1994), Co-Schnitt. Caravan / Touchstone / Buena Vista. Drehbuch: Nancy Meyers und Charles Shyer. Regie: Charles Shyer. Darsteller: Julia Roberts, Nick Nolte, Saul Rubinek, James Rebhorn, Robert Loggia, Kelly Rutherford, Olympia Dukakis, Marsha Mason, Charles Martin Smith

Crumb (1994), Mischung. Artificial Eye / Superior. Regie: Terry Zwigoff. Darsteller: Robert Crumb, Aline Kominsky, Charles Crumb, Maxon Crumb, Dana Crumb, Beatrice Crumb

First Knight / Der erste Ritter (1995), Schnitt und Mischung. Columbia / Zucker Brothers. Drehbuch: Wiliam Nicholson. Regie: Jerry Zucker. Darsteller: Sean Connery, Richard Gere, Julia Ormond, Ben Cross, Liam Cunningham, Christopher Villiers, Valentine Pelka, John Gielgud

The English Patient / Der englische Patient (1996), Schnitt und Mischung. Saul Zaentz / Miramax / Tiger Moth / Miramax. Drehbuch: Anthony Minghella nach dem gleichnamigen Roman von Michael Ondaatje. Regie: Anthony Minghella. Darsteller: Ralph Fiennes, Juliette Binoche, Willem Dafoe, Kristin Scott Thomas, Naveen Andrews, Colin Firth, Julian Wadham, Jürgen Prochnow

Touch of Evil / Im Zeichen des Bösen (1998), Restaurierung des Films von 1958 in Schnitt und Ton. Drehbuch: Orson Welles nach dem Roman *Badge of Evil* von Whit Masterson. Regie: Orson Welles. Darsteller: Charlton Heston, Janet Leigh, Orson Welles, Akim Tamiroff, Ray Collins, Dennis Weaver, Marlene Dietrich, Joseph Calleia

The Talented Mr. Ripley / Der talentierte Mr. Ripley (1999), Schnitt und Mischung. Mirage / Miramax / Paramount. Drehbuch: Anthony Minghella nach dem gleichnamigen Roman von Patricia Highsmith. Regie: Anthony Minghella. Darsteller: Matt Damon, Gwyneth Paltrow, Jude Law, Cate Blanchett, Philip Seymour Hoffman, Jack Davenport, James Rebhorn, Sergio Rubini, Philip Baker Hall, Rosario Fiorello, Stefania Rocca

Apocalpyse Now Redux (2001), Schnitt und Mischung. American Zoetrope / Miramax

K-19: The Widowmaker / Mein Mann ist ein Mörder (2002), Schnitt und Mischung. First Light / Intermedia / Paramount. Drehbuch: Christopher Kyle und Louis Nowra. Regie: Kathryn Bigelow. Darsteller: Harrison Ford, Liam Neeson, Peter Sarsgaard, Joss Ackland, Ravil Issyanov

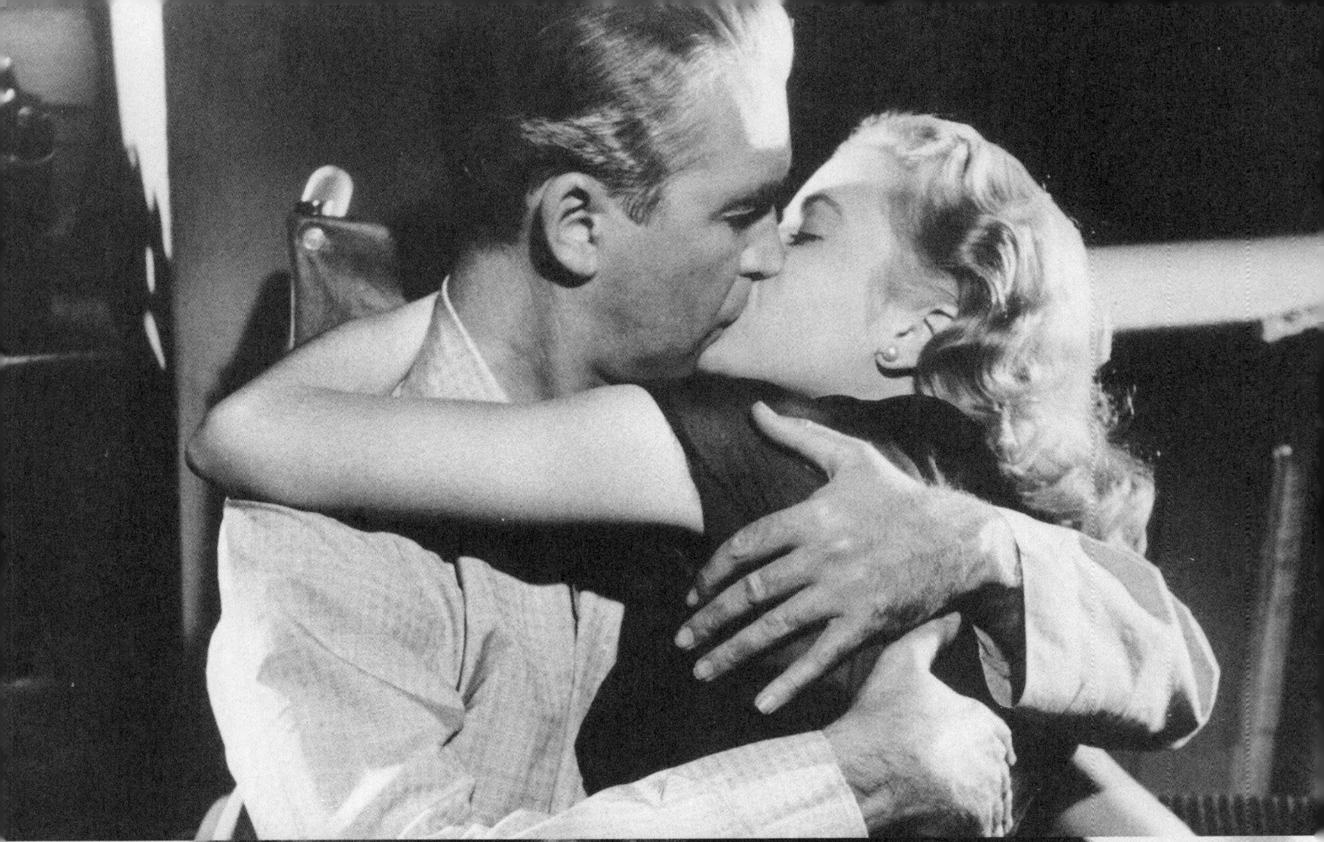

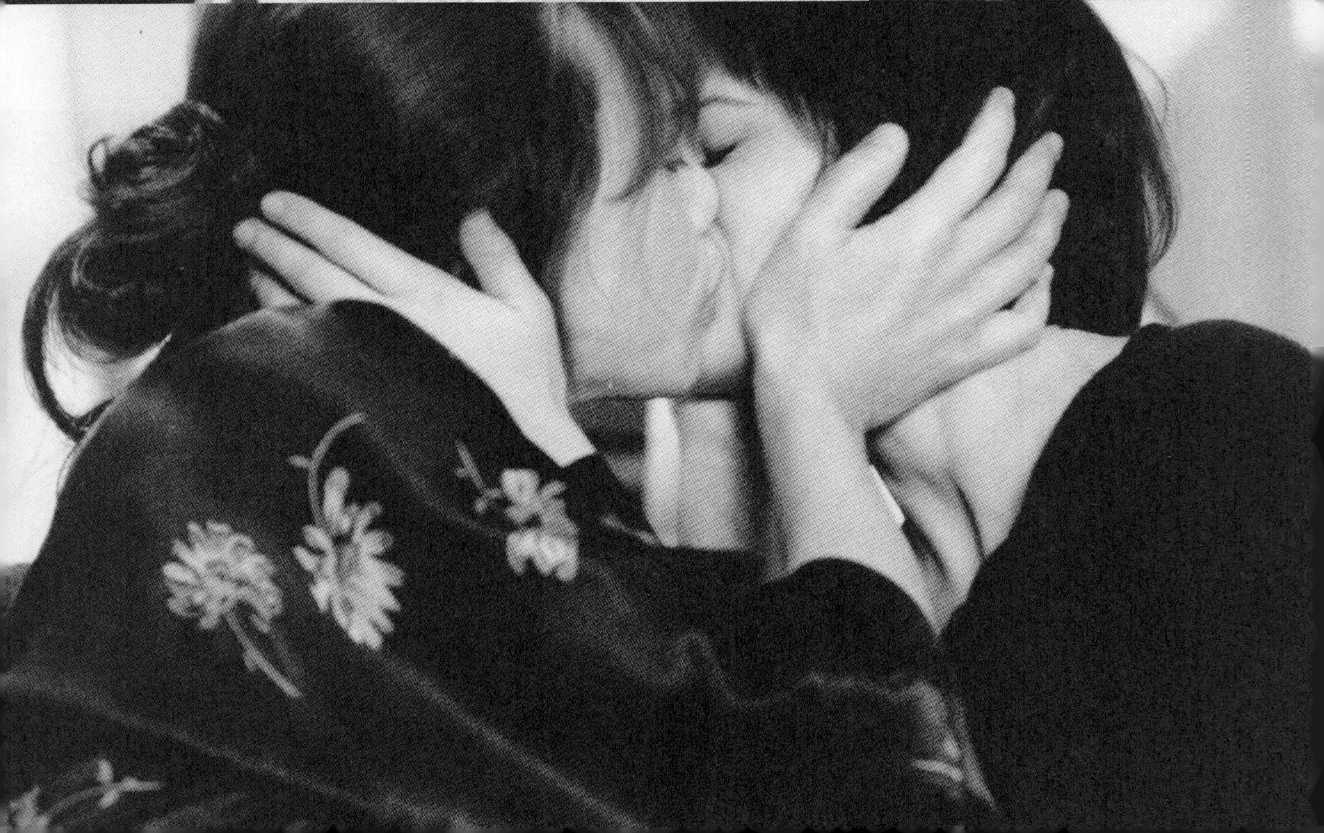

DANKSAGUNG

Danken möchte ich Shelley Wanger und Louise Dennys, die an diesem Buch fast von Anfang an mitgearbeitet haben, ebenso Aggie Murch, die mich mit jenem ersten Dreier-Interview inspirierte und mir später half, viele der Privatfotos, die in diesem Buch abgebildet sind, zu finden und zuzuordnen. Ich danke George Lucas, Francis Coppola, Rick Schmidlin und Anthony Minghella für ihre persönlichen Gedanken zu Walter Murch. Die Zitate von George Lucas und Rick Schmidlin sind Reden entnommen, die sie im Rahmen einer Ehrung von Walter im Oktober 2000 in der Academy of Motion Pictures in Los Angeles hielten. Die Äußerung von Francis Coppola setzt sich teilweise aus Bemerkungen zusammen, die er bei ebendiesem Anlaß machte, teilweise aus einem Interview, das er mir gab. Anthony Minghellas Anmerkungen wurden speziell für dieses Buch geschrieben.

Ich möchte mich bei allen Mitarbeitern des Knopf Verlags in New York und von Vintage Canada in Toronto bedanken, besonders bei Kathy Hourigan, Susan Roxborough, Carol Carson, Kapo Ng und Deirdre Molina, ebenso bei Rick Simon, Darren Wershler-Henry und Stan Bevington von der Coach House Press in Toronto. Ich danke Donya Peroff für die Transkription der vielstündigen Gespräche, Ann Schneider für die Fotorecherche und Fantasy Films, Miramax und Phil Bray für die Fotos vom Set des *Englischen Patienten*. Außerdem danke ich Walter Murch junior für seine Bemühungen bei der Bildbeschaffung zu verschiedenen Filmen und auch Sean Cullen.

Mein Dank geht auch an John Berger, an Donald E. Westlake, an Dai Vaughan für den Gebrauch von Zitaten aus *Portrait of an Invisible Man* (BFA), an Sharon Thesen, Atom Egoyan, Alexandra Rockingham, Gill Dennis, Davia Nelson, Kim Aubray von Zoetrope, Ellen Harrington, The Directors Guild of Canada sowie Ellen Levine und Tulin Valeri.

Schließlich geht mein Dank an jene, die mir mit meinem Manuskript in verschiedenen Stadien der frühen Entwürfe geholfen haben: Esta Spalding, Griffin Ondaatje, Linda Spalding, Liz Calder und Sonny Mehta.

Und an Saul Zaentz.

Michael Ondaatje

181A-G 5/7   181A-G 6/7

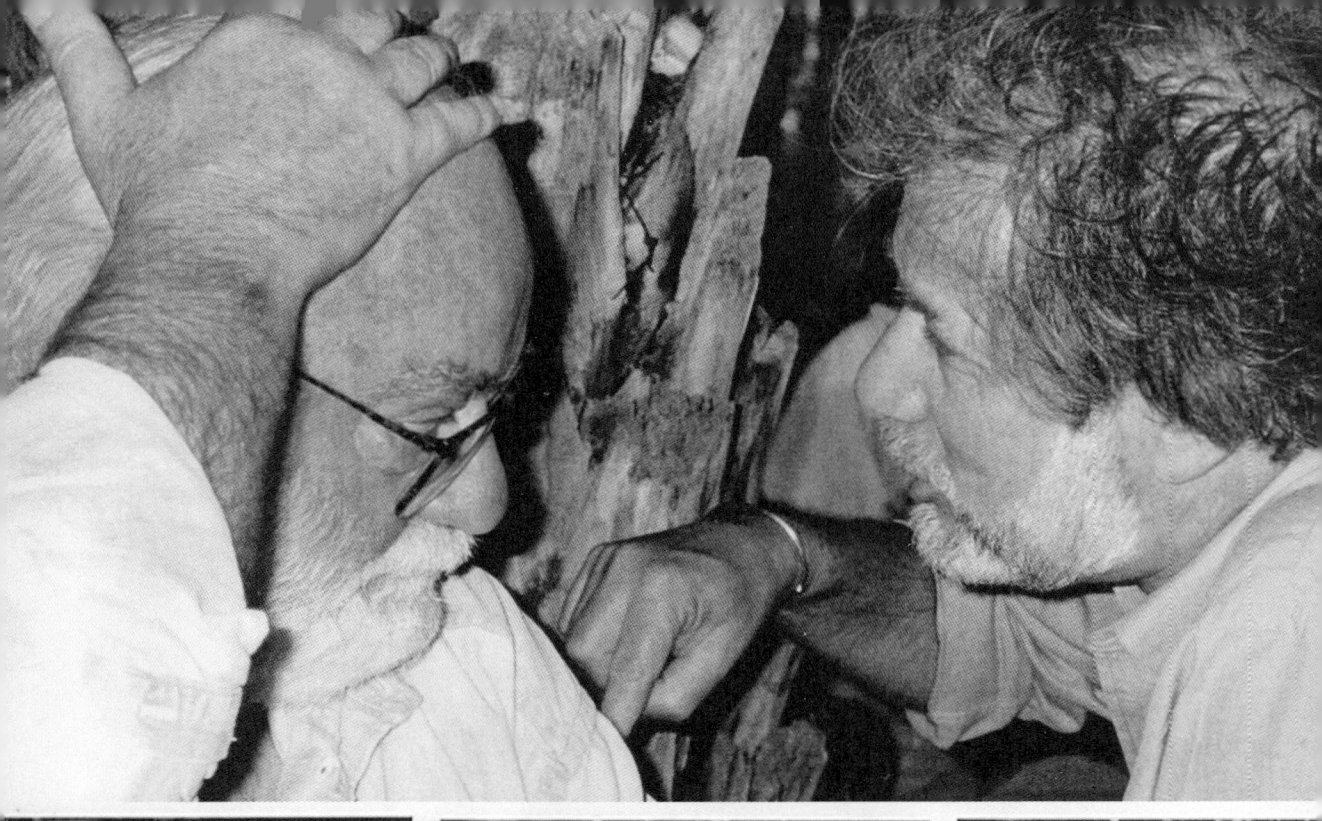

181J 1/3   181J 2/3

BILDNACHWEIS

I Phil Bray © 1996 The Saul Zaentz Company. Alle Rechte vorbehalten / © Miramax Films
II / III Phil Bray © Miramax Films / MPTV
IV / V Kim Aubry © American Zoetrope; rechts: The Murch Family Collection
VII © Warner Brothers
VIII The Everett Collection
X / XI © American Zoetrope
XII Phil Bray © 1996 The Saul Zaentz Company. Alle Rechte vorbehalten / © Miramax Films
XXIV / 1 © American Zoetrope

Erstes Gespräch

2 Kim Aubry © American Zoetrope
7 © American Movie Classics
8 © Robert Doisneau / RAPHO
11 Photofest
12 Photofest
13 Photofest
14 Matthew Robbins / The Murch Family Collection
16 / 17 © American Zoetrope
18 Photofest
21 The Murch Family Collection
22 links: The Murch Family Collection; rechts: MPTV
23 links: The Murch Family Collection; rechts: Francis Ford Coppola
24 Culver pictures
25 © Films du Carrosse / SEDIF
28 / 29 von links nach rechts: Mit freundlicher Genehmigung von Dede Allen; Photofest; The Ronald Grant Archive
30 Mit freundlicher Genehmigung der Academy of Motion Picture Arts and Sciences
31 Richard Biggs © American Zoetrope
35 Movie Still Archives
40 Mit freundlicher Genehmigung von Michael Ondaatje
42 © American Zoetrope / Paramount
44 Mit freundlicher Genehmigung von Walter Murch
48 Phil Bray © 1996 The Saul Zaentz Company. Alle Rechte vorbehalten / © Miramax Films
52 Photofest
55 Wayne Miller / Magnum Photos
56 The Ronald Grant Archives

57 Mary Ellen Mark
60 / 61 © American Zoetrope / Paramount
62 Photofest
67 beide © American Zoetrope / Miramax
71 © American Zoetrope / Paramount
72 Jacqueline Lopez
75 © American Zoetrope / Miramax Films
76 © American Zoetrope / Miramax Films
78 © American Zoetrope / Paramount
79 © American Zoetrope / Miramax Films
80 © American Zoetrope / Miramax Films
83 oben: Mit freundlicher Genehmigung der Academy of Motion Picture Arts and Sciences; unten: Jack Guez © AFP / Corbis

Zweites Gespräch

86 The Murch Family Collection
93 SNARK / Art Resource, N.Y.
94 / 95 The Library of Congress
96 *Grierson* © The National Film Board of Canada
97 links: Globe Photos; rechts: © American Zoetrope / Paramount
98 © Steve Schapiro
101 The Murch Family Collection
106 John R. Neill © William Morrow & Company, Inc.
108 Photofest
109 Photofest
110 Mit freundlicher Genehmigung von Michael Ondaatje
113 Photofest
114 / 115 Brown Brothers
120 © Paramount Pictures
121 © Paramount Pictures
126 beide The Everett Collection
129 beide Phil Bray © 1998 The Saul Zaentz Company. Alle Rechte vorbehalten
132 / 133 beide Phil Bray © 1998 The Saul Zaentz Company. Alle Rechte vorbehalten
135 beide © 1996 The Saul Zaentz Company. Alle Rechte vorbehalten / © Miramax Films
138 / 139 Mit freundlicher Genehmigung des Estate of Elizabeth Bishop
145 Casa Malaparte Foundation Archives
147 Olympia Publifoto

Drittes Gespräch

- 150 © American Zoetrope
- 153 Kim Aubry © American Zoetrope
- 158 / 159 Globe Photos
- 161 oben: Photofest; unten: The Kobal Collection
- 162 The Everett Collection
- 167 Léo Mirkine / The Murch Family Collection
- 172 beide © 1996 The Saul Zaentz Company. Alle Rechte vorbehalten / © Miramax Films
- 177 links: Ronald Grant Archive; rechts: Photofest
- 179 Mit freundlicher Genehmigung von Walter Murch
- 185 © Universal Pictures
- 187 Photofest
- 188 The Neal Peters Collection
- 189 The Lester Glassner Collection / Neal Peters
- 192 © Universal Pictures
- 194 beide © Universal Pictures
- 195 links: Mit freundlicher Genehmigung der Academy of Motion Picture Arts and Sciences © Universal Pictures; rechts: The Everett Collection
- 197 MPTV
- 198 Photofest

Viertes Gespräch

- 200 The Murch Family Collection
- 205 Annette Carducci
- 207 Photofest
- 216 The Everett Collection
- 218 Photofest
- 220 © Warner Seven Arts
- 221 Photofest
- 223 Photofest
- 224 The Murch Family Collection
- 228 Mit freundlicher Genehmigung der Academy of Motion Picture Arts and Sciences
- 230 Katherine Louise Scott Murch / The Murch Family Collection
- 232 links: The Murch Family Collection; rechts: Kim Aubry / American Zoetrope
- 233 links: *The Radio* von Walter Tandy Murch; rechts: *The Lightbulb* von Walter Tandy Murch; beide mit freundlicher Genehmigung einer Privatsammlung
- 234 © Gaumont British
- 237 Mit freundlicher Genehmigung von Walter Murch
- 238 Mit freundlicher Genehmigung von Walter Murch
- 240 / 241 Mit freundlicher Genehmigung von Walter Murch

243 The Murch Family Collection
249 beide © Paramount
252 Photofest
253 The Kobal Collection
254 Photofest
255 © Paramount
260 © American Zoetrope / Paramount
263 © American Zoetrope
264 © American Zoetrope
271 © Miramax Films
272 Phil Bray © Miramax Films/MPTV

Letztes Gespräch

276 Richard Blanschard / Mit freundlicher Genehmigung von Walter Murch
282 Richard Blanschard / Mit freundlicher Genehmigung von Walter Murch
284 / 285 links: John R. Neill © William Morrow & Company, Inc.; rechts: Richard Blanschard / Mit freundlicher Genehmigung von Walter Murch
286 / 287 Richard Blanschard / Mit freundlicher Genehmigung von Walter Murch
289 The Van Schaick Collection / Mit freundlicher Genehmigung der State Historical Society of Wisconsin
291 links: John R. Neill © William Morrow & Company, Inc.; oben rechts: Richard Blanschard / Mit freundlicher Genehmigung von Walter Murch; unten: Richard Blanschard / Globe Photos / Rangefinders
293 The Lebrecht Collection
298 The Everett Collection
299 links: Photofest; rechts: Phil Bray © 1996 The Saul Zaentz Company. Alle Rechte vorbehalten / © Miramax Films
300 / 301 links: Photofest; Mitte: The Everett Collection; rechts: Phil Bray / The Neal Peters Collection
309 The Everett Collection
310 oben: Phil Bray © 1998 The Saul Zaentz Company. Alle Rechte vorbehalten / The Kobal Collection; mittlere Reihe, links: Globe Photos, Mitte und rechts: Phil Bray © 1996 The Saul Zaentz Company. Alle Rechte vorbehalten / © Miramax Films; unten: © American Zoetrope
311 oben: *Portrait of Joseph Cornell* von Walter Murch aus dem Smithsonian American Art Museum, Schenkung von Mr. und Mrs. John A. Benton; mittlere Reihe, links: © Warner Brothers, Mitte und rechts: © Metro Tartan / Block 2 / Paradis / Jet Tone; unten: The Everett Collection
312 Susan Sterner / A. P. Wide World Photos
315 Susan Sterner / A. P. Wide World Photos
316 oben: The Everett Collection; unten: Phil Bray © 1998 The Saul Zaentz Company. Alle Rechte vorbehalten
318 oben: Annette Carducci; unten: Mit freundlicher Genehmigung von Walter Murch
334 / 335 Phil Bray © 1996 The Saul Zaentz Company. Alle Rechte vorbehalten / © Miramax Films
336 Phil Bray / Globe Photos / Rangefinders
337 Mit freundlicher Genehmigung von Walter Murch

Personen- und Sachregister

Academy Awards 82, 87, 166
Ahornsirup-System 137
Alexander Newsky 108
Allen, Dede XIII, 26, *28*
American Graffiti XVI, 19, 21, 70, 98, 117f., 154, 250, 253
– Anfangsszene 250f.
– Arbeit am Ton 165
– Musik 19
– Verwendung von *source music* 117f.
American Zoetrope XVII, 3ff., 13ff., 20f., 26, 52, 70, 166, 214f.
An die Hölle verraten (Herr) 63
Anils Geist (Ondaatje) XIV, 9, 37, 39, *41*, 306
Ankündigung (Erzähltechnik) 254
Another Life (Walcott) 202
Antonioni, Michelangelo 152
Apocalypse Now XIV, XVI, 3f., 6, 10, 21, 30, 53, 56–71, 77f., 82, 84, 136, 168, 220, 228, 242, 245, 254
– Anfangssequenz 60, *260*
– Beerdigung von Clean 77, 79
– Beteiligung mehrerer Cutter 3, 61f., 84
– Brandos Verhalten bei den Dreharbeiten 66–69
– Coppolas Entscheidung, die Regie zu übernehmen 59
– Direkter Blick in die Kamera 70f.
– Drehbucharbeit 62ff., 69f.
– Episodische Struktur 56
– Erzählstimme 62–65
– Fototafel 237
– Geschnittene Szenen 4f., 77
– Grillengeräusche 242f.
– Harvey Keitel wird ersetzt 56, *57*f.
– Hubschrauber-Sequenz (Walkürenangriff) 61, 245f.
– Kilgore-Sequenz 60, 74
– Kurtz' Monologe 67f.
– Mythologische Struktur 3

– Nicht verwendetes Filmmaterial 58, 60
– Probleme bei den Dreharbeiten 4, 66–69, 76, 78
– Probleme mit der Synchronität 82
– Sampan-Massaker 54, 61, 77, 281
– Taifun während der Dreharbeiten 76, 220f.
– Teil des amerikanischen Unbewußten 3
– Ton 82, 203f.
– Toneinsätze *241*
– Verwendung der Musik 168
– Willard erhält seinen Auftrag 69f.
– Willards Passivität 57
Apocalypse Now Redux XIV, 5, *67*, 74–84, 78, 80, 82, 93, 220
– Drei-Streifen-Prozeß beim Kopieren 82
– Endgültige Schnittfassung 5, 82
– Neu aufgenommener Dialog 75, 82
– »Neue« Szenen 4f., 67, 74ff.
– Schnitt des Negativs 82, 84
– Szenen auf der französischen Plantage 4, 77–80, *78*
– Szenen mit Kurtz *67*, *67*
– Umstellung von Szenen 74
– Wasserski-Szene 74
Apostel! 32ff.
Appartement, Das 163
As I See It 201
Auden, W.H. 34, 128
Außer Atem 24
Avid-Schneidetisch 32f., 74, 183, 272

Baby wird bestraft 112
Bach, Johann Sebastian 50f.
Balk, Fairuza 196, *277*
Ballard, Carroll *14*, 281
Balsam, Martin 255
Balzac, Honoré de 89
Banks, Russell 65
Bardot, Brigitte *146*

Barretts of Wimpole Street, The 27
Baseheart, Richard 64
Baum, L. Frank 106, 283–286, 288, 291
Bean, Henry 126
Beckett, Samuel 39
Beethoven, Ludwig van XV, 50, 87–90
Begegnung 163
Beggs, Richard 82
Beleuchtung 115
Bellow, Saul 128
Berger, John 91
Berger, Mark 3, 82
Bergman, Ingmar 22ff., 27, 84, 222
Bergman, Ingrid 216
Berndt, George 81
Bernstein, Cal 13
Big Boy, jetzt wirst du ein Mann 97, 162, 163, 220, 220
Bildachse 41
Bildkomposition, Verschiebung in der 42
Binoche, Juliette *XIII*, XIX, *48*, 131, *131*
Bishop, Elizabeth 136, *139*
Bleiman, Edie 212
Blow Up 152
Bluhdorn, Charles 100
Bode, Johannes XVI
Bohr, Niels 210
Bolduc, David 230
Bonnie und Clyde 26
Booth, Margaret XIII, 27
Bottoms, Sam 82, *82*
Brando, Marlon 3, 57, 253f., 258, 296
Bresson, Robert XX, 176, *177*
Broderick, Matthew 250
Burgess, Anthony 39
Burroughs, William S. 238

Caan, James *12*
Cage, John 8f.
Calleia, Joseph 191, *194*
Cannes (Filmfestival) 21, 82, 167
Carrière, Jean-Claude 128
Cartier-Bresson, Henri 236

Cat and the Mice, The 164
Cather, Willa 290
Cazale, John *161*
Chabrol, Claude 126
Chang, William XIII
Chaplin, Charlie 279
Cheung, Maggie *161*
Chew, Richard 165
Citizen Kane 196, 208, 283
Clair, René 111
Clark, Candy 253
Claymation (Plastilinfiguren) 290, *291*
Clément, Aurore 79f., *80*, 82
Coates, Anne 26
Cobb, Lee J. 299
Cohn, Harry 137
Colley, Don Pedro 244
Colucci, Joe 123
Columbia 137
Conrad, Joseph 66, 68f., *233*
Coppola, Eleanor 4
Coppola, Francis Ford XVII, 3ff., *3*, *12*, 13ff., *14*, 21, 28f., *30*, 43, *54*, 56, 57–61, 62, 63, 68f., 71, *76*, 77f., 81, *82*, 87, 96, *97*, 98f., 120, 130, *151*, 154–157, 160, 162, 163, 166, *167*, 169, 177f., 180, 201, 203, 216f., 220f., *220*, 227f., 246, 253, 256f., 263
– *Apocalypse Now* (siehe dort)
– *Apocalypse Now Redux* (siehe dort)
– *Der Dialog* (siehe dort)
– *Der Pate* (siehe dort)
– *Der Pate – Teil II* (siehe dort)
– *Der Pate – Teil III* (siehe dort)
– Erinnerung an Murch 52f.
– Erste Filme 12–15, 18–21, 96f.
– Regiemethode 216f.
– Rückgriff auf persönliche Erfahrungen 59, 157
Coppola, Roman *167*
Coward, Noël 98
Creeley, Robert 146, 202
Cronenberg, David 283
Cukor, George 299
Cullen, Sean 94

Dafoe, Willem XIX, XSIf., *254*
Davis, Miles 137, 168
Day-Lewis, Daniel *129*, 131, *131*
De Niro, Robert 221, *221*
Decca 245f.
Decugis, Cécile XIII
De Mille, Cecil B. 111
Dennis, Gill 281, 288, 290
Denslow, W.W. 291
Dialog, Der XVI, 21, 28f., 33f., *34*, 53, 59, 95, 127, 140, 152–170, *161*, *167*, 172–180, 194, 223, 228, 235, 249, 259–263, *263*, 266, 270
– Ausgangsidee 152
– Balance zwischen Charakterstudie und Kriminalhandlung 163f., 178
– Bildkompositionen 28
– Coppolas Identifikation mit der Hauptfigur 155
– Drehbuch 156f., 166, 169, 177, 178f., *264*, *178*
– Entstehung des Namens Harry Caul 34
– Eröffnungssequenz 154, 258, 260ff.
– Erzählperspektive 33, 154, 156
– Fehlender Dialog in der zweiten Hälfte 174f.
– Geschnittene Szenen 134f., 140
– Harry Caul als Figur 176ff.
– Harrys Cauls Voyeurismus 155, 164
– Kleidung der Darsteller 160, 177
– Linearer Zeitrahmen 156
– Mobile-Szene 173f.
– Murchs Identifikation mit der Hauptfigur 154, 172f.
– Nicht gedrehte Szenen 156f.
– Schlußszene 174, 262f.
– Strukturelle Änderungen 162
– Ton 165f., 174f., 248, 261f.
– Verwendung der Musik 167–170
Dickson, William K. L. XIV, 93ff., *94*, 154
Dietrich, Marlene 184, *189*
Digitaltechnik 151, 186, 214, 217f., 234
Disney (Studios) 281f., 305
Disney, Walt 281, 305
Divergente Struktur 250f., 255
Dokumentarfilme XX, 95, 203, 215, 223, 226, 239
Donen, Stanley 224

Dostojewski, Fjodor 140
Dove Films 13
Dr. Seltsam oder: Wie ich lernte, die Bombe zu lieben 22
Drehbuch 43ff., 211, 235f., 292f.
Drehen
– in nichtchronologischer Reihenfolge 10, 36
– Licht- und Tonsetzung 114f.
– mit Handkamera 188
– Musikbegleitung während Dreharbeiten 169f.
– Viele Takes 228f.
– Wahl des Objektivs 191ff., 197, 199
Drei-Streifen-Prozeß 82
Duchamp, Marcel 47
Dumas, Alexandre 208
Duvall, Robert 32f., 60, 62, 74, 82, 197, *197*, 204, 244, 248
Dynamik 88–91

Edison, Thomas A. XIV, 88, 92–95, *93*, *94*, 154
Ein Lidschlag, ein Schnitt (Murch) XVI, XVIII, 142
Einer flog über das Kuckucksnest 165
Einleitungen 257–262
Eisenstein, Sergej 87, 105, *108*
Election 250
Eliot, T.S. 204
Encyclopaedia Britannica Educational Films 12f., 265
englische Patient, Der (Ondaatje) 46, 110, 127, 164, 204, 306
englische Patient, Der XIII, XIV, XVIf., XIX, XX, 43, 44, 48, 116f., 129f., 134, *135*, 164f., 170f., *173*, 176, 180, 204, 205, 212, 236, 247, 250f., 298–303, *299*, *301*
– Almásys Geständnis am Ende 134
– Drehbuch XXI, 129
– Fototafel *238*
– Geräusch der entfernten Glocke XXII
– Hana nach ihrem Abschied von Kip 134
– Klang der Wüste 116f.
– Konvergente Struktur 251f.
– Lese- vs. Filmerfahrung 45f.

- Liebesszene während der Weihnachtsfeier 301ff., *301*
- Schrecken der Stille XXII
- Streichung der Hiroshima-Szene 212f.
- Tanzsequenz XVII, XIX, 298ff.
- Tonschnitt XXII
- Totenbettszene 170
- Verhör von Caravaggio XXIf., *44*, 254
- Verwendung der Musik 170f., 272, 301ff.
- Zeitsprünge 129f., 156, 180

Entwürfe von Büchern und Filmen 37
Eraserhead 116
Erin Brockovich 26
Erpressung 112
Erzählperspektive 45, 154
Erzähllinie 129
Es liegt in der Familie (Ondaatje) 45, 208
Étant donnés (Duchamp) 47
Europäisches Kino 12, 22
Evans, Robert 99f.
Exorzist, Der 112

Fahrstuhl zum Schafott 168
Falschspielerin, Die 300, *301*
Faulkner, William 175
Fellini, Federico 21f.
Fenster zum Hof, Das 161, 164, 222
Fiennes, Ralph *48*, 298, 299, *301*, 303
Figgis, Mike 214
Filmarchive 20, 96
Filmemachen 211f., 214
- Hitchcocks vs. Coppolas Regiemethode 216ff.
- Rückgriff auf eigenen Erfahrungen des Regisseurs 59
- Scheitern eines Film 212
- Zinnemanns Regiemethode 223–229
- Zufallselemente 217, 219ff., 224ff., 262
- Zusammenarbeit 84f.
Filmgeschichte
- Frühe technische Errungenschaften 88–95
- Östliche und westliche Tradition 105, 107
Filmschnitt
- als Phase der Kontrolle über den Film 193

- Assistenten 214
- Aufgaben des Cutters 28, 30f., 72, 199
- Aufmerksamkeit des Publikums 41, 49
- Auswahl der Einstellungen 173, 199, 265
- »Blaues Licht«-Theorie 137
- Cutter vs. Schauspieler 72
- Cutterinnen 26
- Desorientierung des Publikums 41
- Entfernung von Schlüsselelementen 137, 140
- Erster Rohschnitt 31, 37, 49
- Filmlänge in Relation zur Erzählperspektive 34
- Filmschnitt als Folge von Entscheidungen 156
- Fototafeln 235–238
- »Hiob-Momente« 134f.
- Improvisation 217f., 238
- in östlicher und westlicher Tradition 105, 107
- Intuition 39
- Kürzen des Films 33, 130, 136f.
- Lidschlag und Schnitt 142f.
- Mathematische Einflüsse 48
- Mechanische vs. elektronische Schnitttechniken 32
- mit »halb geschlossenen Augen« 36
- Murchs Methoden 265–270, 274f.
- Notizen zum Drehbuch 43ff.
- Passender Schluß für eine Einstellung 265
- Plötzliche Übergänge 49
- Prokustes-Methode 137
- Recherchen 127
- Rhythmus der Einstellung 266f.
- Rhythmische Signatur 268f.
- Rückblenden XVII, 180, 250, 252
- Schnitt in der Bewegung 270
- Schnitt vs. Drehbuchschreiben 291f.
- Schnitt vs. Regie 28ff., 199, 201, 278f.
- Sehen mit den Augen des Publikums 41, 72, 270, 274
- Spaghettisoßen-Methode 136f.
- Timing 72
- Träume und Filmschnitt 49
- Überschreiten der Bildachse 274
- Umstellen von Szenen 43
- Wechsel zwischen Kamerawinkeln 199

– Warum Filmschnitt funktioniert 49
– Zufallselement 214, 239
– Zusammenarbeit mehrerer Cutter 3, 61f., 84
Finney, Albert 56, 58
Fishburne, Larry 77
Fitzgerald, F. Scott 208
Fitzgerald, Zelda 208
Flaherty, Robert 226
Flaubert, Gustave 87–90, 126
Fliege, Die 283
Follett, Ken 164
Fonda, Henry 299, 301, *301*
Fonda, Jane 225f., *228*
Ford, Ford Madox 149
Ford, Harrison 69, 162, 277
Ford, John 207
Forrest, Frederic 75, 262
Fotografie 89, 95
Fototafel-System 235–238
Frankenheimer, John 206
Frau mit den zwei Gesichtern, Die 299
Fruchtman, Lisa 61

Gangsta Bone (Banks) 65
Garbo, Greta 74
Geburt einer Nation, Die 91
Gefährliche Freundin 222
Geheimagent, Der 233
Geheimnisvolle Erbschaft 28
Géricault, Théodore 91
gesammelten Werke von Billy The Kid, Die (Ondaatje) 215
Geschichte einer Nonne 226
Gewerkschaften 15, 53
Gezeichneten, Die 226
Ghost - Nachricht von Sam XVI, 274
Glühbirne, Die (Walter T. Murch) 233
Godard, Jean-Luc 22, 24, 27, *146*, 190
Goethe, Johann Wolfgang von 208f.
Gogh, Vincent van 306
Goldberg-Variationen (Bach) 170f.
goldene Regenbogen, Der 14
Goldwyn, Sam 15

Goodis, David 25
Goodman, Benny 170f.
Gould, Glenn 171
Graf von Monte Christo, Der (Dumas) 208
Graham, Bill 75f.
Graham, Martha 280
Grammatik des Films 90f., 105, 275
Gravano, Salvatore 122f.
Green, Henry XIX
Greenberg, Jerry 61
Grierson, John 95, *97*
Griffith, David Wark 91
große Eisenbahnraub, Der 91
Growing Up in Hollywood (Parrish) 137
Guido d'Arezzo XV, 293ff., *293*, 304

Hackman, Gene 28, 34, *151*, *152*, *161*, 169, 176, 260f.
Haie der Großstadt XIV, 25
Hall, Albert 75, 82
Hambling, Gerry XIII, 27
Hammett, Dashiell 223
Handkamera 188
Hart, Mickey 168, 228
Hartman, Elizabeth *97*, 162
Haut, Die (Malaparte) 148
Haydn, Joseph 89
Hearts of Darkness (Dokumentarfilm) 69
Hegel, Georg Wilhelm Friedrich 105
Hellman, Lillian 223
Hemingway, Ernest 203, 235
Henry, Pierre 7
Henson, Jim 280
Herr, Michael 62ff.
Herz der Finsternis (Conrad) 66, 68, 254
Hesse, Hermann 152, 163, 203
Heston, Charlton 186, 187–189, *194*, 195
Hitchcock, Alfred 87, 112, *161*, 163f., 201. 216f., *216*, 218, 233, 255
Hochzeitsreise (Coward) 98
Hodgson, Les 64
Höllenfahrt nach Santa Fe 207
Hopper, Dennis 3
Housing Problems 97

Howard, Ron 253
Hoyle, Fred XVI
Huppert, Isabelle 126
Huston, John 64, 142

I Ging 294ff., 303
Ich kämpfe um dich 216
Im Zeichen des Bösen XVI, 94, 97, 152, 181–196, *187*, *194*, *198*, 206, 208
— Eröffnungssequenz 186ff., 190, 257, 261
— Fahrstuhlszene 189f.
— Großaufnahme von Menzies 191ff.
— Mikrofonszene 194ff.
— Motiv der »Grenze« 186, 188
— Nachtszenen 188
— Verwendung von *source music* 97, 186, 190, 208
— Welles' Memo zum Schnitt 152, 181–185, *184*, 190f., *192*, 193
— Welles' Ton-Memo 183, 196
In der Haut eines Löwen (Ondaatje) 306
Insider 136
In the Mood for Love 157, 161
Intimität der Erzählstimme 64f.

Jackson, Pat 303
James, Henry 235
Joyce, James 204
Julia XVI, 30, 63f., 129, 201, *201*, 223–229, *223f.*
— Dreharbeiten bei den Proben 224f.
— Erzählerstimme 63
— Fehlerhafte Einstellungen 225ff.

K-19: Showdown in der Tiefe 277
Kameliendame, Die 27
Kamera
— Direkter Blick in die Kamera 70
— Großaufnahme 191, 197
— Handkamera 188
— Schwenk während eines Monologs 69
— Wahl des Objektivs 191ff., 197, 199
Kampfszenen 41, 90, 274
Kant, Immanuel 105
Kaputt (Malaparte) 144, 148f.

Kar-wai, Wong 157, *161*
Kastner, Peter 97
Kaufman, Philip 128, *129*
Keaton, Diane 251, *252*
Keitel, Harvey 56ff.
Keller, Harry 184
Kelly, Grace *161*, 222
Kershner, Irvin 152
Kinetoskope 47, 94
King Kong 87, 111, *113*, 206
Kirchberger, Michael 81
Knight, Shirley *12*, 242
Konvergente Struktur 250–255
Kreativität 204
Krieg der Sterne 70, 165, 281
Krieg der Welten (H. G. Wells, O. Welles) 113, *115*
Kubrick, Stanley 22, 170, 224, 229
Kundera, Milan 128
Kurosawa, Akira 22, 27, 87, 105, *108*

Land of Oz, The (Baum) 283
Lang, Fritz 111, *207*
Lawrence von Arabien 26, 56, 58
Lawrence, T. E. 204
Lean, David 27, *28*, 163
Léaud, Jean-Pierre 25
Leigh, Janet 187ff., *187*, *189*, 195, *218*, 255
Leinsdorf, Erich 246
Lesy, Michael 288
Leung, Tony *161*
Licht im August (Faulkner) 175
Lichter der Großstadt 280
Liebe niemals einen Fremden 12f., 15, 18, 20, 52f., 97, 154, 166, 242, 244
— Ton 52f., 97, 242f.
Liebesszenen 274
Lipset, Hal 152
Literaturverfilmungen 126ff., 144
Little Big Man 26
Lohn der Angst 222
Lorre, Peter *207*
Loughney, Patrick 94
Low-Budget-Filme 96

Lucas, Marcia 20, *21*
Lucas, George XV, *12*, 13ff., 20, 52, 70, 87, 96, 117, 197, 216f., 281
– *American Graffiti* (siehe dort)
– *Apocalypse Now* 70
– Erinnerungen an Murch 18f.
– Erste Filme 12–15, 18–21, 96
Lumet, Sidney 297
Lumière, Brüder 88
Lyrik 34, 145

M - eine Stadt sucht einen Mörder 206, *207*
McAllister, Stewart XIII, 48
MacRae, Elizabeth *151*
Madame Bovary (Flaubert) 126
Malaparte, Curzio XVI, XXI, 87, 144ff., *145*, 148f., 265
Malerei 88–91, 107, 199, 218f.
Malkin, Barry 20, 27
Malle, Louis 168, 215
Mancini, Henry 99, 186
Manet, Edouard 91
Mann, der herrschen wollte, Der 137
Mann, der zweimal lebte, Der 206f.
Mann, Michael 136
Männer, Die 226
Marks, Richard 27, 61
Marsh, Jean 285
Marx, Karl 105
Masters, Edgar Lee 288
Mathematik 48, 50
Matthäuspassion (Bach) 50f.
McBride, Jim *14*, 28
Meine Antonia (Cather) 290
Meuterei auf der Bounty 27
MGM 27, 99
Michelangelo 219
Mifune, Toshiro 25
Miles, Vera 255
Milius, John *14*, 63, 68ff.
Minghella, Anthony XIX, XXI, 43, 117, 127, 129, 170, 249f., 299, 303
– *Der englische Patient* (siehe dort)

– *Der talentierte Mr. Ripley* (siehe dort)
– Erinnerungen an Murch 272f.
Moby Dick 64, 208
Morrison, Jim 87, 168
Mosley, Leonard 164
Muhl, Ed 184, 196
Murch, Beatrice (Tochter) 23, 182
Murch, Muriel (Aggie) XIV, 15, 20, 23, 73, 87, 165, *167*, 182
– Radiogespräch mit Murch und Ondaatje XX, 72f.
Murch, Walter
– Arbeitsatmosphäre beim Schneiden 204, 206
– Beschäftigung zwischen Projekten 144–149, 215
– Einflüsse 202ff., 206, 231
– Erfahrungen als Regisseur 278ff.
– Erste Filme 12–22
– Erste Tonaufnahmen 6
– Interessen als Kind 6–10
– Kreativer Prozeß 204
– Sympathie für die Hauptfiguren 172f.
– Vorbilder 22–27, 202
– Vorliebe für ungewöhnliche Figuren 173
– »Walter McBoing-Boing« 6, *11*
– Warum er kaum Filme sieht 202f.
Murch, Walter (Sohn) 15, 23, 283
Murch, Walter Tandy (Vater) 9, 230–232, *230*, *233*, *234*
– Arbeitsweise als Maler 231
Musik 19
– »Chemie« zwischen Bild und Musik 245f.
– Dynamik 88–91
– Einfluß auf den Filmrhythmus XIX
– Emotionale Wirkung 89, 102, 121
– Fertige Filmmusik vor dem Dreh 169
– Mathematische Struktur 50
– Notation 50, 293f., 304
– Orchesterfarben 245f.
– Richtiger Zeitpunkt des Musikeinsatzes 121
– Rohschnitt ohne Musik 169
– Source music 97, 117, 170f., 173, 186, 207f.
Musique concrète 6f., *8*
Muybridge, Eadweard 93

Nach der Probe 222
Nanuk, der Eskimo 226
Neeson, Liam 277
Neill, John Rea 285, 291, *291*
neununddreißig Stufen, Die 112
Newman, Paul 25, 294ff.
Nims, Ernie 195f.
Ninotschka 74
Noble, George 7
Noble, Joe 7
Notation von Filmszenen 50, 293–296
Nouvelle vague 11f., 202

O'Toole, Peter 56
Objektiv 191ff., 197ff.
Olin, Lena 129
Olympia (Manet) 91
One Art (Bishop) 136, *138f.*
Over the Rainbow (Lied aus dem *Zauberer von Oz*) 99, 110
Oz - eine fantastische Welt XVI, 104f., 196, 277, *277*, 281–291, *283*, *287*
– Drehbucharbeit 281, 290
– Identität von Ozma 104f.
– Murch imitiert einen Hund 110
– Prinzessin Ozma von Oz 106
Ozma von Oz (Baum) 283, 290

Pacino, Al 252
Parallelhandlung 91, 251, 253f.
Paramount 96, 100
Parker, Alan 27
Parker's Comeback (Westlake) 222
Parnassus 144
Parrish, Robert 137
Pate, Der XVI, 21, 42, 98, 103, 119–124, 154f., 166, 252
– Bildkomposition 42
– Carlos Ermordung 101f.
– Divergente Struktur 251
– Eröffnungsszene 250f., 257, 259, 296
– Geräusche 101f., 119, 124f.
– Hochzeitssequenz 96, *98*
– Hotel-Szene 296f.
– Michaels Abschied von Kay 42
– Pferdekopfszene 99ff.
– Restaurantszene 119–123, *120f.*, 125
– Ton 96–102
– Türenschließen am Schluß 124f.
– Verwendung von Musik 21, 99–102, 121f.
– Wie es zu Coppolas Regie kam 21
Pate – Teil II, Der XVI, 21, *54*, 58, 97, *101*, 129, 166, 221, *221*, 252ff., 259, 263
– Das brennende Handtuch 221
– Konvergente Struktur 252ff.
– Weihnachtsabend 253, 255
Pate – Teil III, Der XVI, 256
– Duvalls Ausstieg 256
– Eröffnungsszene 259f.
– Gleichgewicht der Figuren 256
Patton 257
Peck, Gregory 216
Penn, Arthur 26, 224
Pentimento (Hellman) 223
Perkins, Anthony 189
Perspektive 209
– Filme mit nur einer Erzählperspektive 33, 247
– Verschiebung der Perspektive 42, 49
– Wechselnde Erzählperspektive 34, 255
Piccoli, Michel *146*
Pickpocket 176, *177*
Polanski, Roman 119, 124
Pollack, Sydney 294
Portman, Dick 100
Portrait of an Invisible Man (Vaughan) XIII, 48
Proben 224f.
Psycho 189, 217f.
– Duschszene 217, *218*
Publikum 33, 41
– Aufmerksamkeit des Publikums 41, 270, 274
– Einfluß des Cutters auf das Publikum XVIII
– Erzählperspektive und Publikum 33
– Gedankenrhythmus und Montage 142
– Gruppenerfahrung 47

- Intimität 46f.
- Mitwirkung des Publikums 46

Puzo, Mario 122

Queen's Gambit, The (Tevis) 205

Radio, Das (W. T. Murch) 233
Realismus in Literatur, Malerei und Film 88–91
Recherchen 127
Redgrave, Vanessa 127, *228*
Regisseure
- Arbeit mit Drehbuchnotizen des Cutters 43
- Cutter vs. Regisseure 28ff., 201, 278f.
- Erstes Publikum für Schauspieler und Techniker 278
- Rolle des Regisseurs 28f.
- Zwei Regiemethoden 216ff.

Reibelaute 142f.
Renoir, Jean 87, 111f., 269
Rich, Adrienne 202
Richie, Donald 105, 107
Rilke, Rainer Maria 305
Robbins, Matthew 12, *14*, 20, 22, 87, 223
Rogers, Aggie 177
Romane
- Erste Entwürfe 37f.
- Prosa vs. Film 213
- Realismus im Roman 89ff.
- Redigieren 38f.
- Schreiben als Prozeß des Entdeckens 38, 128
- Struktur eines Buchs 45
- Verfilmungen 126ff.

Rossen, Robert 25, 137
Rota, Nino 21, *98*, 99f.
Rotter, Steve 27

Sabotage 234
Sampling 8
San Sebastian (Filmfestival) 52
Saul Zaentz Film Center XVII
Schaeffer, Pierre 7, 8
Schauspieler 228
- Blinzeln der Schauspieler 142
- Fehlbesetzung 212
- Körpersprache 120
- Rhythmen der Schauspieler 268, 270
- Unterschwellige Signale XX
- Wahl des passenden Objektivs 197

Schießen Sie auf den Pianisten 25
Schlacht um Algier 27, 30
Schlafwandeln (Malaparte) 148
Schlüssel zu Rebecca, Der (Follett) 164
Schmidlin, Rick 87, 94, 181ff., 196
- Erinnerungen an Murch 182f.

Schnitte siehe Filmschnitt
Schoonmaker, Thelma XIII, 27, *28*
Schreibfehler, nützliche 34
Schuld und Sühne (Dostojewski) 140
schwarze Hengst, Der 21, *243*, 281
Scorsese, Martin 27, 182
Scott, George C. 257
Scott Thomas, Kristin 298, *299*, *301*, 303
Screwball-Komödien 302
Seiche-Ton 108
Semel, Steve 58
Sensationsreporterin, Die 294f.
Sheen, Martin 56, 57f., 79, 82, 203
Sheldrake, Rupert XV, 232
Shimura, Takashi 23
Shire, David 104, 169
Sie küßten und sie schlugen ihn 22
sieben Samurai, Die 23
siebte Siegel, Das 23f.
Slocombe, Douglas 227
Smith, Charles Martin 253
Solti, George 245f.
»Sound Designer« 53
Source music 97, 117, 170f., 173, 186, 207f.
Spartacus 170, 173
Splet, Alan 243
Spaghettisoßen-Methode 136
Spoon River Anthology 288
»Springende Lyrik« 34
Spur des Fremden, Die 195
Stanwyck, Barbara 301, *301*
Star Wars siehe *Krieg der Sterne*

Steiger, Rod 82
Steppenwolf, Der (Hesse) 34, 127, 152
Stevens, Wallace 141
Stewart, James *161*
Stille im Film XVII, XXII, 121
Stoff, aus dem die Helden sind, Der 235
Storaro, Vittorio 82
Störende Begräbnisse (Drehbuch) 281
Storyboard 217
Strawinsky, Igor 169
Struktur eines Films 29
– divergent vs. konvergent 250–255
Studiosystem in Hollywood 12, 96f., 184
Stummfilmzeit 26, 170
Sweeney, Louise 142
Synchronisation als Teufelswerk 111f.
Synchroner Ton 91, 93ff.

talentierte Mr. Ripley, Der XVII, 33f., 116, 170, 249, 269, 273
– Erzählperspektive 33, 45
– Ripleys Blick aufs Meer 269, *271*
– Verwendung der Musik
Tavoularis, Dean 82, 177
Technicolor 82
Tevis, Walter 25, 205
Theater 38, 90, 203
Thesen, Sharon 146
Thesiger, Wilfried 204
Thom, Randy 87, 116
Thompson, Paul 241
THX 1138 12, *14*, 19ff., 22, 97, 99, 154, 197, 244, 281
– Drehbuch und Schnitt 20f.
– Tondramaturgie 19, 97
Tin Woodman of Oz, The (Baum) 285
Toller, Ernst 48
Ton 108–119, 242–247
– Akustische »Tiefenschärfe« 118
– Akustischer Raum 114
– Aufnahme von Toneffekten 20, 108
– »Auslösende« Geräusche 242f., 245
– Authentizität 119

– »Chemie« der Geräusche 244
– Drahtloses Mikrofon 261f.
– Erste bekannte Tonfilmaufnahme 93ff., *94*
– Fiktionalisierung des Tons 111
– Geräusch und Raum 243
– Hitchcocks Verwendung des Tons 112
– Licht und Ton 114f.
– »Männliches« Element
– Metaphorischer Ton 119, 124f.
– Naturaufnahmen 112
– Perspektivischer Ton 194, 207
– Realistischer Ton 111, 122
– Rohschnitt ohne Ton 268f.
– Simulation von Raum 114f., 117
– Synchroner Ton 91, 93ff.
– Tonmischung 103, 114f., 244
– Tonschnitt XVIII
– Tonspur von Trickfilmen 111
– Verschiebung der Perspektive 96f.
– »Verweltlichen« des Tons 118
– Welles' Verwendung des Tons 97, 194f.
Tonarchive 20, 96
Tonfilm 94f.
Träume 49, 116, 307f.
Trickfilme *7*, 111, 304
Truffaut, François 22, 25, 27, 190

Übersetzen 144f.
unerträgliche Leichtigkeit des Seins, Die XVI, 127–130, *129*, 131, 144, 172, 235, *237*, 239
– Integration von Dokumentarmaterial 131, *131*, 239
– Invasionsszene 131, 144
– Zeitstruktur 128ff.
Universal 181, 184, 189, 195f.
University of Southern California (USC) 9, 11f., 18

Vanel, Charles 222
Vaughan, Dai XIII, XIV, 48
Véa, Alfredo 3
Verachtung, Die 146
Vertigo 164

Vinton, Will 290, *291*
Vonnegut, Kurt 213

Wahrnehmung, visuelle 49
Walcott, Derek 202
Walkürenritt (Wagner) 245
Warner Bros. 13ff., 20, 70
Warner, Jack 15
Washington Square XIX
Wayne, John 208
Weaver, Dennis 189
Weber, Carl Maria von
Welles, Orson XVI, 32, 87, 94, 97, 113ff., *115*, 152, 181f., 184–197, *186*, *189*, *194*, *198*, 207, 224
— *Im Zeichen des Bösen* (siehe dort)
— Konflikt mit dem Studiosystem 184, 196
— Radiotechniken 113f.
— über den Filmschnitt 193
Werbefilme 13, 181
Westlake, Donald E. 222
Wexler, Haskell 13
Wheeler, John 210f.
Wie ein wilder Stier 27, 182
Wilder, Billy 163f., 224
Wilhite, Tom 281f.

Williams, Cindy 262
Williams, William Carlos 149
Wind, Der (Malaparte) 148
Wisconsin Death Trip (Lesy) 277, 288, *289*, 290
Witherspoon, Reese 250
Wolfman Jack 118
Wordsworth, William
Wright, Frank Lloyd 217
wüste Land, Das (Eliot) 204

Yared, Gabriel 170, 272
Yeats, William Butler 205

Zaentz, Saul XIX, 87
Zauberer von Oz, Der (Baum) 127, 283, 286
Zauberer von Oz, Der XVI, 99, 283, 288
Zeitlupe 23
Zeitstruktur 128f.
Zinnemann, Fred 63f., 103, 210, 223–229, *223f.*, *228*, 239
Zufall 214, 217, 219ff., 226, 231, 262
»Zwanzig negative Fragen« 210
zwölf Geschworenen, Die 297, 299

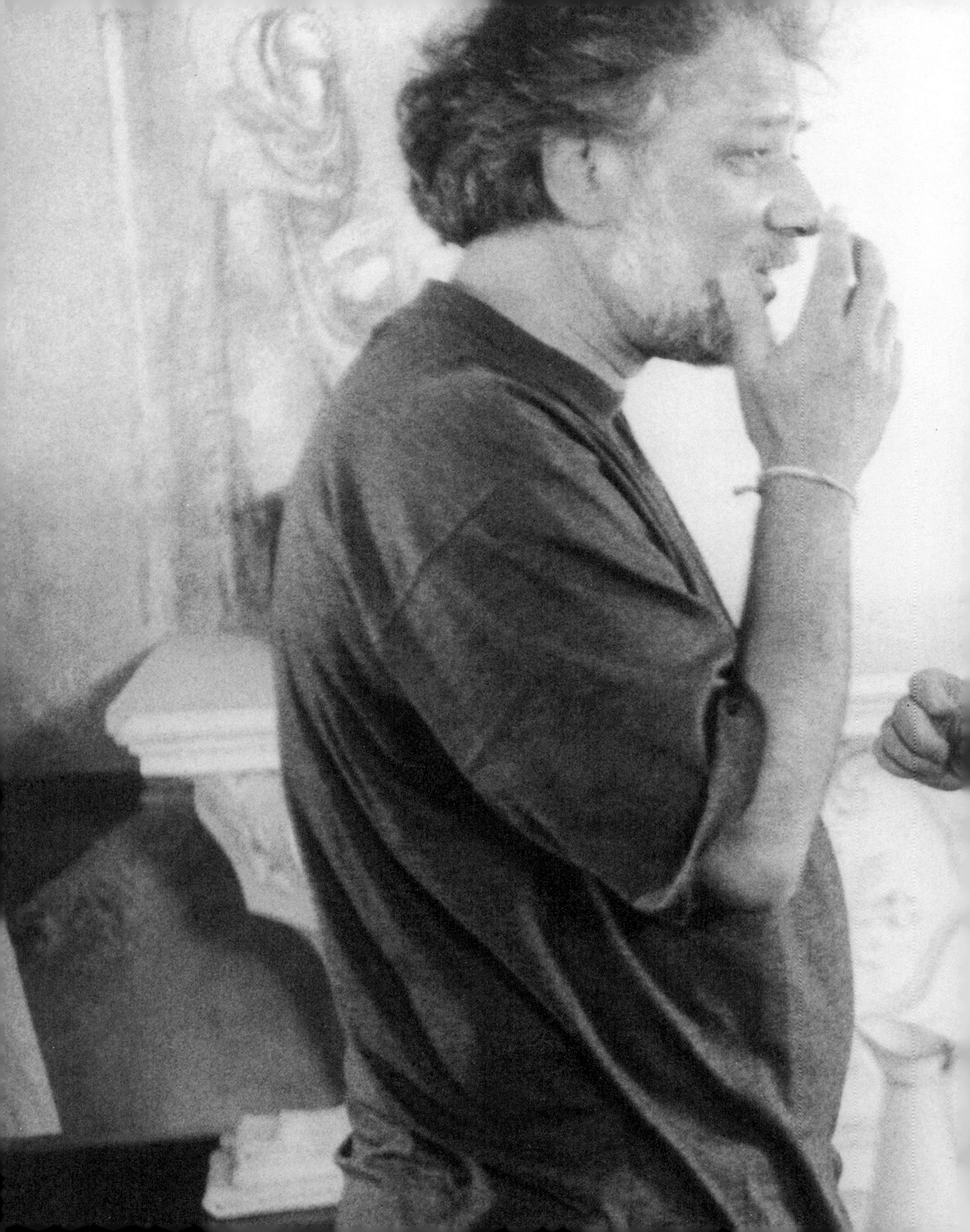

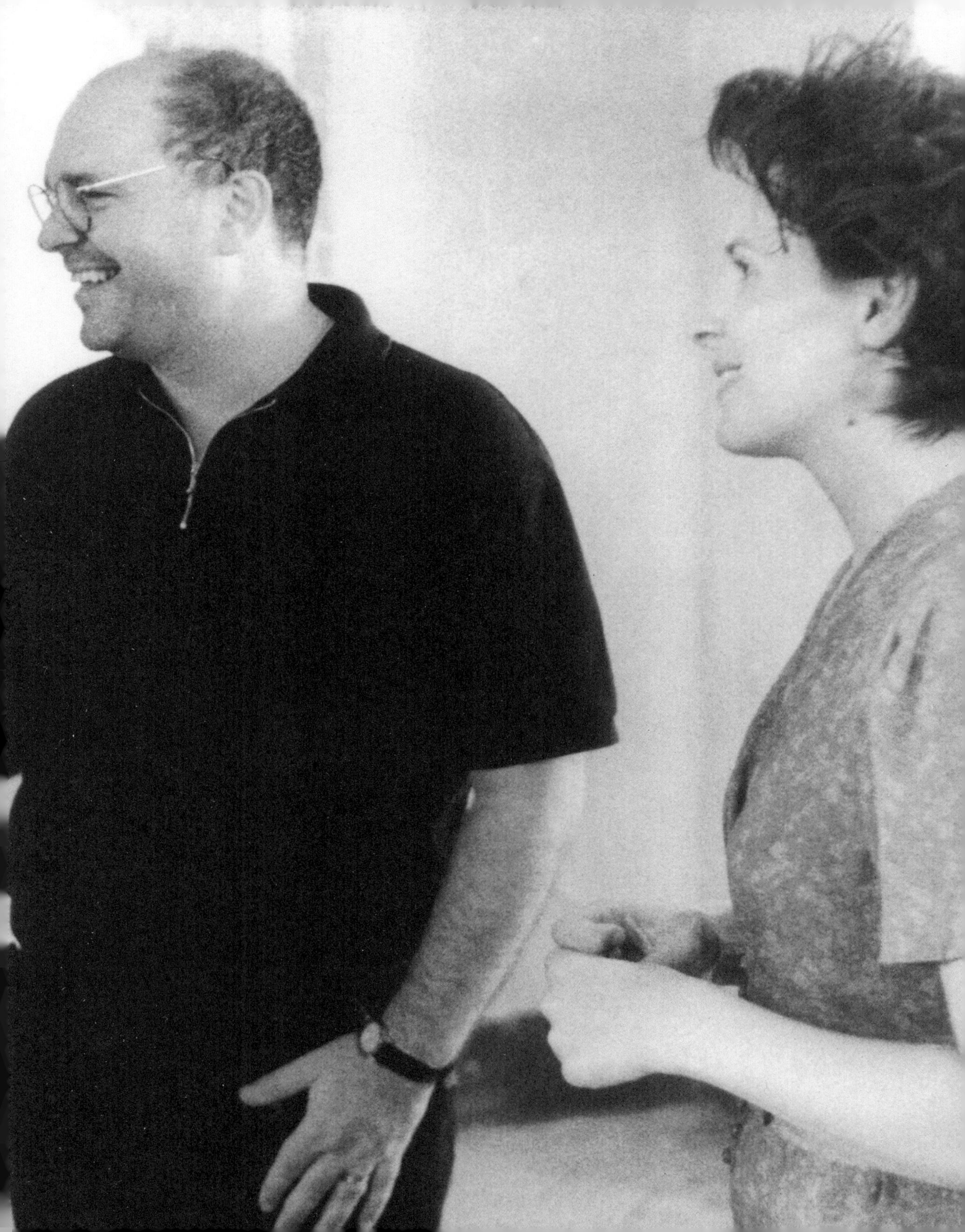

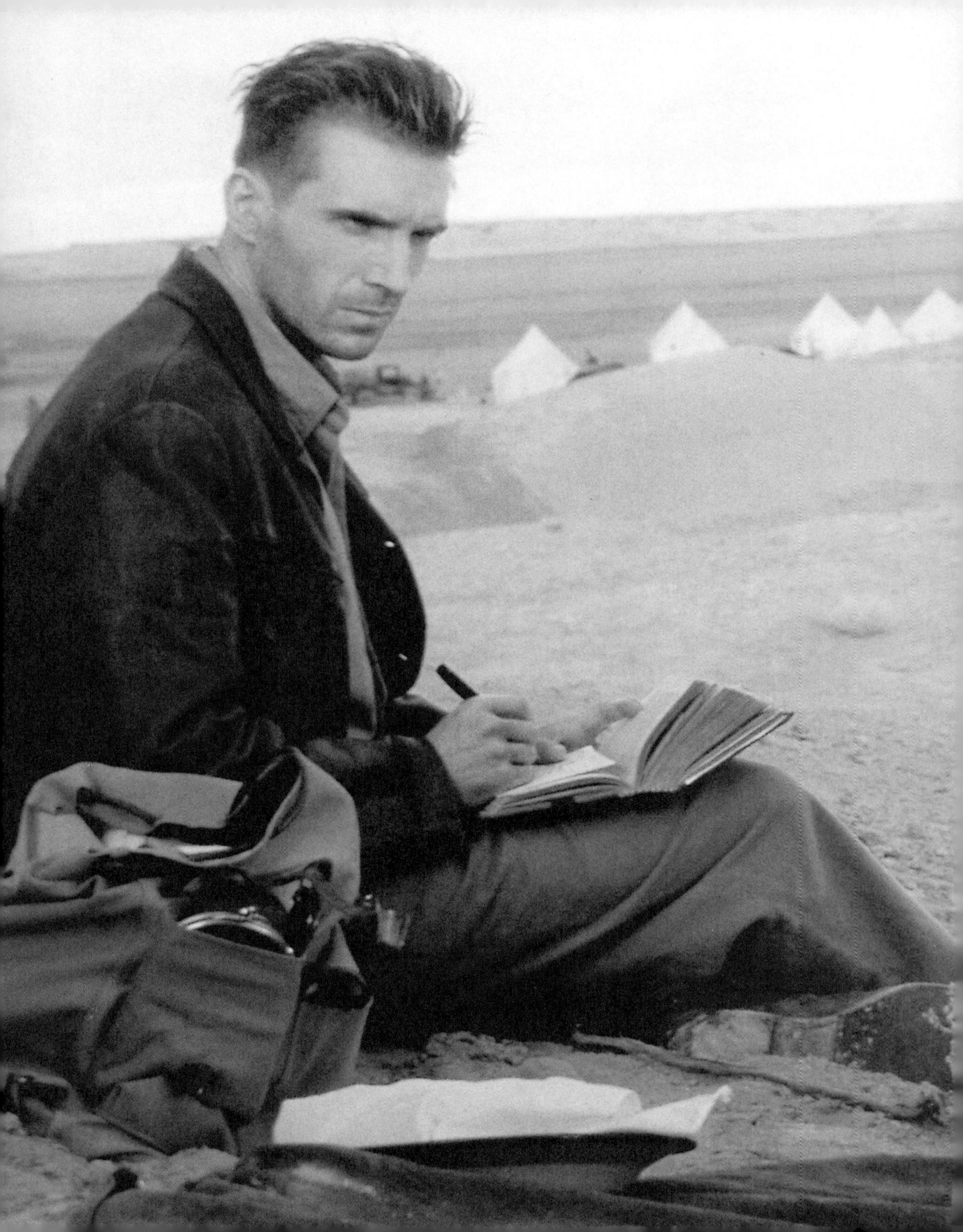

Michael Ondaatje, 1943 in Sri Lanka geboren, ist holländisch-tamilisch-singhalesischer Abstammung und lebt heute in Kanada. Bei Hanser erschienen u.a. *In der Haut eines Löwen* (Roman, 1990), *Es liegt in der Familie* (1992), *Der englische Patient* (Roman, 1993), für den Ondaatje den Booker-Preis erhielt, *Anils Geist* (Roman, 2000) und *Handschrift* (Gedichte, 2001).

Walter Scott Murch, 1943 in New York geboren, ist Cutter, Sound-Designer, Regisseur und Drehbuchautor. Bei Filmen wie *American Graffiti*, den drei Teilen des *Paten*, der *Unerträglichen Leichtigkeit des Seins*, dem *Englischen Patienten* und dem *Talentierten Mr. Ripley* war er für Ton und Schnitt verantwortlich. Für *Apocalypse Now* erhielt Murch den Oscar für den besten Ton und für den *Englischen Patienten* zwei Oscars für Schnitt und Ton.

Michael Ondaatje
im Carl Hanser Verlag

Anils Geist
Roman
Aus dem Englischen von Melanie Walz
2000. 328 Seiten

»Das größte Kompliment, das man einem Autor machen kann, ist, wenn der Geist eines Buches es schafft, einen Leser innerlich, psychisch, seelisch zu verändern. Und das schafft Ondaatje.«
Denis Scheck, Kulturzeit

»Dieser Roman ist ein Rohdiamant, funkelnd nach allen Seiten, immer neue Blicke und Reflexionen auf sich ziehend. Gedanklich und bildlich fügt er sich wie ein logischer Baustein in das schöne Œuvre Michael Ondaatjes.«
Ursula März, Die Zeit

»*Anils Geist* zeigt Ondaatje auf der Höhe seines Könnens. Seine Werke sind vielstimmige Riffs, so lange geschichtet und gestaffelt, bis aus ihrer Tiefe eine mythische Wahrheit an die Oberfläche steigt. Immer wieder gelingen Ondaatje jene großartigen, pathetischen Szenen, die ihm den Ruf eingetragen haben, ein in Filmbildern denkender Schriftsteller zu sein.«
Susanne Weingarten, Der Spiegel

»Was dieses Buch so spannend und lesenswert macht, ist seine Vielschichtigkeit und das umfangreiche Wissen. Und alles wird zusammengehalten von einer düsteren, beklemmenden Schönheit, die aus der Sprache kommt.«
Anna Mitgutsch, Der Standard

»In einer brillanten Collage zeigt Ondaatje die Zusammenhänge auf von Religion und Tradition, Mystik und Magie, Rassenunterschieden und Ressentiments.«
Jürgen Deppe, Kulturreport

Michael Ondaatje
im Carl Hanser Verlag

Der englische Patient
Roman
Aus dem Englischen von Adelheid Dormagen
1993. 328 Seiten

»Die Intensität der Handlung, die Komplexität der Figuren und die Eindringlichkeit der Sprache bestätigen den Autor als eine der originellsten Stimmen der Gegenwartsliteratur.«
Stefana Sabin, NZZ

»Diese vielstimmige Richtung der Erzählung ins Verborgene, um ihre Rätselhaftigkeiten aufzuklären, ihre Andeutungen zu verstehen, ihren Winken zu folgen, macht Spannung und Faszination Ondaatjes aus.«
Wolfram Schütte, Frankfurter Rundschau

»Ondaatje entwirft Szenen von so origineller Wucht, daß sie dem Gedächtnis auch dann noch eingeprägt bleiben, wenn man ihr narratives Umfeld vergessen hat.«
Denis Scheck, Die Welt

Michael Ondaatje
im Carl Hanser Verlag

Handschrift
Gedichte
Aus dem Englischen von Simon Werle
2001. 88 Seiten

Die gesammelten Werke von Billy the Kid
Aus dem Englischen von Werner Herzog
1997. 144 Seiten

Buddy Boldens Blues
Roman
Aus dem Englischen von Adelheid Dormagen
1995. 184 Seiten

Es liegt in der Familie
Aus dem Englischen von Peter Torberg
1992. 216 Seiten

In der Haut eines Löwen
Roman
Aus dem Englischen von Peter Torberg
1990. 248 Seiten

Werner Herzog
im Carl Hanser Verlag

Eroberung des Nutzlosen
2004. 336 Seiten

Cobra Verde
Filmerzählung
1987. 96 Seiten

Wo die grünen Ameisen träumen
Filmerzählung
1984. 105 Seiten

Fitzcarraldo
Erzählung
1982. 166 Seiten